Die Haftung des Unternehmensverkäufers für falsche Abschlussangaben nach neuem Schuldrecht

Europäische Hochschulschriften

Publications Universitaires Européennes
European University Studies

Reihe II
Rechtswissenschaft

Série II Series II
Droit
Law

Bd./Vol. 4245

PETER LANG
Frankfurt am Main · Berlin · Bern · Bruxelles · New York · Oxford · Wien

Christian Köster

Die Haftung des Unternehmensverkäufers für falsche Abschlussangaben nach neuem Schuldrecht

PETER LANG
Europäischer Verlag der Wissenschaften

Bibliografische Information Der Deutschen Bibliothek
Die Deutsche Bibliothek verzeichnet diese Publikation in der Deutschen Nationalbibliografie; detaillierte bibliografische Daten sind im Internet über <http://dnb.ddb.de> abrufbar.

Zugl.: Marburg, Univ., Diss., 2005

D 4
ISSN 0531-7312
ISBN 3-631-54242-9

www.peterlang.de

Meinen Eltern

Vorwort

Die vorliegende Arbeit wurde im Wintersemester 2004/2005 von der Juristischen Fakultät der Philipps-Universität Marburg als Promotion angenommen. Literatur und Rechtsprechung konnten bis Februar 2005 berücksichtigt werden.

Ich möchte mich an dieser Stelle vorab bei all denjenigen bedanken, die es mir überhaupt erst ermöglicht haben, diese Arbeit zustande zu bringen.

Mein herzlicher Dank gilt zunächst Herrn Prof. Dr. Johannes Wertenbruch für die Anregung des Themas, die Betreuung während der Bearbeitung und die Erstellung des Erstgutachtens. Herrn Prof. Dr. Wolfgang Voit danke ich für die schnelle Zweitkorrektur.

Mein Dank gebührt darüber hinaus meiner Schwester Annika Hagemeyer und meinen Großeltern sowie meinen Freunden und Wegbegleitern während dieser Arbeit. Sie haben mir während dieser Zeit viel Unterstützung und Geduld entgegen gebracht und konnten mich dadurch stets aufs Neue motivieren. Besonders gilt dies für Rouven Kober, Nadine Hartung, Claudia Dressler und Doris Hendig, die mir außerdem bei der abschließenden Durchsicht der Arbeit geholfen haben, sowie für Heiko Seibt.

Meinen ganz besonderen Dank möchte ich an dieser Stelle gegenüber meinen Eltern Bärbel und Paul Köster zum Ausdruck bringen. Sie haben mich nicht nur bei dieser Arbeit, sondern während meiner gesamten Ausbildung in jeglicher Hinsicht und vorbehaltlos unterstützt. Damit haben sie nicht nur den Grundstein für die vorliegende Arbeit gelegt, sondern auch für das, was noch kommen mag.

Hamburg, im Mai 2005

Christian Köster

Inhaltsverzeichnis

Einleitung

Das Unternehmen als Einheit stellt das Zentrum wirtschaftlicher Betätigung am Markt dar. Es verwundert daher nicht, dass gerade die Veräußerung dieser Einheit im Wirtschaftsleben häufig vorkommt. Soweit es um die Verschaffung der einzelnen Wirtschaftsgüter des Unternehmens geht (sog. „Asset Deal"), ist zwar aufgrund des sachenrechtlichen Spezialitätsgrundsatzes eine einheitliche dingliche Übertragung nicht möglich, es ist inzwischen jedoch unbestritten, dass das Unternehmen im Ganzen das Objekt einer Übertragungsverpflichtung darstellen kann[1]. Umso umstrittener war nach der Rechtslage bis zur Schuldrechtsmodernisierung 2002 die Frage der gesetzlichen Behandlung falscher Abschlussangaben beim Kauf eines Unternehmens.

Klärungsbedürftig ist bereits der Begriff der Abschlussangaben. Eine kaum klar geäußerte, aber nicht fernliegende Möglichkeit besteht darin, darunter alle Angaben anlässlich des Abschlusses eines Unternehmenskaufvertrags zu verstehen. Verbreitet und auch in der hier vorgenommenen Untersuchung zugrunde gelegt ist allerdings das Verständnis, damit alle im Rahmen der Vertragsverhandlungen vorgelegten Informationen zu erfassen, welche in den Jahresabschlüssen des Unternehmens enthalten sind[2]. Davon umfasst sind dann sowohl die Informationen über die Gewinn- und Verlustrechnung als auch über Aktiva und Passiva. Praktisch am relevantesten und oftmals einzig unter der Bezeichnung „Abschlussangaben" diskutiert wird allerdings das Problem unzutreffender Aussagen über Geschäftsergebnisse, also über Erträge, Umsätze, Gewinne oder Verluste[3]. Diese Frage bildet auch den zentralen Gegenstand der vorliegenden Arbeit.

Die Lösungsversuche der Haftung für falsche Abschlussangaben reichten im bisherigen Recht vom Gewährleistungsrecht über die culpa in contrahendo bis zur Störung der Geschäftsgrundlage in unterschiedlichen Kombinationen und mit unterschiedlichen Modifikationen. Man konnte deshalb durchaus von einem „Meinungschaos" sprechen[4]. Die Praxis neigte dazu, sich von der Hoffnung auf eine endgültige Klärung der Haftungslage zu verabschieden und regelte das Problem im Kaufvertrag selbst, zumeist in Form von selbstständigen Garantien

1 Vgl. Bergjan, S. 62 f.

2 So etwa Hommelhoff, Sachmängelhaftung, S. 1 u. 59; G. Müller, Lossagungsrecht, S. 179 ff.; ähnlich Grunewald, Grenzziehung, S. 100: alle Aussagen über Gewinn, Umsatz und Vermögen des Unternehmens, häufig in Form von Bilanzvorlage.

3 Vgl. Angermann, S. 87; auch Hollenberg versteht unter Abschlussangaben die wichtigsten für den Käufer wertbestimmenden Faktoren, zu denen er Zugang nur über den Verkäufer erhält (S. 5).

4 So schon Baur, BB 1979, 381 (382); Canaris, ZGR 1982, 395 (398).

verbunden mit Haftungsbeschränkungen[5]. Dadurch ist die praktische Relevanz einer gesetzlichen Lösung stark herabgesunken. Sie kann in den wenigen Fällen zum Vorschein kommen, in denen ein kleineres Unternehmen „per Handschlag" verkauft wird oder die vertraglichen Regelungen zu Leistungsstörungen unwirksam sind. Im Übrigen kann man aber auch die Risiken einer vertraglichen Regelung kaum überblicken, wenn die gesetzliche Lage unbekannt ist. Zu Recht wird deshalb nach wie vor versucht, eine gesetzliche Antwort auf die Haftungsfragen zu finden.

Die Schuldrechtsmodernisierung bietet nunmehr erneut einen Ansatzpunkt, die Probleme zu lösen. Mit der Änderung des Kaufrechts stellte die Regierungsbegründung zur Diskussion, die Haftung für falsche Umsätze und Erträge wieder ins Gewährleistungsrecht zurückzuführen, ohne das Problem aber entscheiden zu wollen. Geäußert wurde lediglich, dass die Gründe für das Ausweichen auf die culpa in contrahendo weitgehend entfallen seien[6]. Gerade die praxisorientierte Literatur neigt dazu, dieser Aufforderung nachzukommen. Inzwischen häufen sich jedoch Gegenstimmen, die es zweifelhaft erscheinen lassen, in naher Zukunft eine Klärung der Rechtslage herbeiführen zu können[7].

Die vorliegende Arbeit greift die dogmatischen Probleme der einzelnen Ansätze erneut auf und untersucht sie im Hinblick auf die geänderte Gesetzeslage. Im ersten Kapitel wird erläutert, warum gerade die im Mittelpunkt der Untersuchung stehenden rein gesamtunternehmensbezogenen Angaben Zweifel in haftungsrechtlicher Sicht hervorrufen. Angaben über einzelne Teile des Unternehmens wie sachliches und rechtliches Substrat werden am Rande erläutert[8]. Den Schwerpunkt bildet das zweite Kapitel, in dem die Haftung für falsche Geschäftsergebnisse untersucht wird, die das Hauptproblem der gesamtunternehmensbezogenen Angaben darstellen. Berücksichtigt werden dabei sowohl die fortsetzungsfähigen Argumente nach alter Rechtslage als auch Argumente, die für eine Neuorientierung nach der geänderten Gesetzeslage sprechen könnten. Das dritte Kapitel enthält Ausführungen zum Sonderproblem der Abschlussangaben, welche die Verbindlichkeiten des Unternehmens betreffen. Hier steht in Frage, wie eine unvollständige Auflistung der Verbindlichkeiten zu behandeln ist.

Gemeinsam ist diesen Ausführungen, dass sie den Kauf des Unternehmens selbst behandeln. Weil zum Vollzug eines solchen Kaufs alle Gegenstände und Rechte einzeln übertragen werden müssen, kann es sich anbieten, nicht das Unternehmen selbst zu veräußern, sondern die Anteile einer Gesellschaft, die das Unternehmen betreibt (sog. „Share Deal"). Eine solche Veräußerung betrifft

5 Vgl. Hölters-Semler, Teil VI, Rn. 176 ff.; Knott/Mielke/Weidlich, Unternehmenskauf, Rn. 402 ff. Zum neuen Recht Bergjan, S. 161 f.; Liebs, Der Unternehmenskauf, Rn. 109.

6 BT-Drucks. 14/6040, S. 242.

7 Vgl. dazu die Übersicht in Kap. 2 I 4.

8 Dazu insbesondere die Ausführungen in Kap. 2 III 1 c).

entweder alle Anteile der Gesellschaft oder nur einen Teil davon. Für die Praxis kaum weniger relevant ist deshalb, inwiefern sich die gesetzliche Regelung für den Unternehmenskauf auch auf den Kauf von Unternehmensbeteiligungen anwenden lässt. Dieses Problem wird im vierten Kapitel behandelt.

1. Kapitel: Die Konzentration des Haftungsproblems auf gesamtunternehmensbezogene Abschlussangaben

I. Die Besonderheit des Kaufgegenstands „Unternehmen"

Für die Einordnung der Abschlussangaben in das Gesamtgefüge der gesetzlichen Regelungen bedarf es einer Herausstellung ihrer Besonderheiten. Schon das Unternehmen als Gegenstand, auf den die Angaben bezogen sind, lässt sich nur schwer einheitlich erfassen. Im alten wie im neuen Recht gelten die §§ 433 ff. BGB vom Wortlaut her unmittelbar nur für den Sachkauf. Zum Teil wird geäußert, das Unternehmen stelle eine Sachgesamtheit dar[1], was aber zu kurz greift. Neben den Betriebsmitteln und sonstigem Anlagevermögen besteht das Unternehmen auch aus Rechten wie Forderungen, Nutzungs-, Marken-, Patent- oder Firmenrechten. Selbst als Sach- und Rechtsgesamtheit ist aber eine vollständige Erfassung nicht möglich[2], denn im Allgemeinen resultiert der über die Summe der Einzelgegenstände hinausgehende Wert des Unternehmens vor allem aus den immateriellen Gütern. Darunter fallen etwa die Organisation, der Ruf bei Kunden und Lieferanten (good will), Absatzchancen, Know-how und viele weitere nicht im Einzelnen fassbaren Werte, also auch rein tatsächliche Verhältnisse[3]. Diese für das Kaufrecht maßgeblichen Differenzierungen lassen sich allerdings nicht ohne weiteres auf andere Rechtsgebiete projizieren, so dass es eine einheitliche Definition des Begriffs „Unternehmen" nicht gibt[4].

Nach bisherigem Recht hinderte diese Komplexität des Unternehmens Rechtsprechung und Literatur nicht daran, das Unternehmen als möglichen Gegenstand eines Kaufvertrags anzusehen[5]. Zwar können gerade immaterielle

---

1 Vgl. Grunewald, Grenzziehung, S. 85.

2 So aber etwas ungenau RGZ 133, 113 (115); BGH NJW 1988, 1668 (1669); 1990, 44 (45); WM 1993, 249 (250); Hiddemann, ZGR 1982, 435 (437 f.); Kiethe, DStR 1995, 1756 (1757).

3 Vgl. RGZ 70, 226 (228); BGH NJW 1978, 1427 (1428); 2002, 1042 (1043); MüKoHGB-Lieb, Anh § 25 Rn. 3 u. 7; Soergel-Huber, § 433 Rn. 29; Staudinger-Matusche-Beckmann (2004), § 434 Rn. 18; Staudinger-Beckmann (2004), § 453 Rn. 22; Angermann, S. 12 f.; Hommelhoff, Sachmängelhaftung, S. 6 ff.; Larisch, S. 8 f.; Wollny, Rn. 1138; Canaris, ZGR 1982, 395 (398 f.).

4 Moosmayer, S. 4 f.; Picot, in: Picot, Unternehmenskauf, Teil I, Rn. 6; Kiethe, DStR 1995, 1756.

5 Nur das RG ging explizit darauf ein: Grundlegend RGZ 63, 57 (58 ff.); bestätigend RGZ 67, 86; 68, 49 (54); 70, 226 (228); 98, 289 (292); 138, 354 (355 f.); JW 1935, 1558; DR 1942, 465 (446). Der BGH ging davon in den Fällen, die Unternehmenskäufe betrafen, regelmäßig ohne Erläuterung aus. Vgl. auch MüKo-Westermann (3. Aufl.), § 433 Rn. 9 f.; Staudinger-Köhler (1995), § 433 Rn. 53; Hollenberg, S. 102 ff., 113 f.; Hommelhoff, Sachmängelhaftung, S. 5 ff.; ders., ZHR 140 (1976), 271 (273); Larenz, Schuldrecht II/1, § 45 II (S. 163 f.); Noll, WM 1985, 341. Regelmäßig wurde die

Werte nicht auf herkömmliche Weise durch Übereignung und Besitzverschaffung bzw. Abtretung übertragen werden[6]. Andererseits haften auch die immateriellen Werte nicht unübertragbar der Person des Unternehmensträgers an, sondern größtenteils dem Unternehmen als selbstständiger Einheit. Der Ruf eines Unternehmens kann zwar mit unterschiedlicher Gewichtung am Unternehmen selbst oder an dessen Betreiber orientiert sein. Auch bei mehr persönlicher Ausprägung wie etwa bei einem Architektenbüro bleiben jedoch die Kunden, welche das Unternehmen kennen, leichter daran gebunden, als wenn der Käufer ein gleichartiges Unternehmen neu aufbauen würde. Der Sicherung dieser Ausgangslage dienen unter anderem Wettbewerbsverbote bzw. etwaige Pflichten zur Einführung bei den Kunden. Damit sind alle Pflichten darauf gerichtet, einen Wert von einem Vermögen in ein anderes zu übertragen, worin die typische Pflichtenstruktur eines Kaufvertrags liegt[7]. Dies ist der Grund dafür, dass § 453 Abs. 1 BGB das Unternehmen als „sonstigen Gegenstand" nun ausdrücklich dem Kaufrecht zuordnet[8].

Analogie auf § 433 BGB a. F. gestützt, während andere Autoren auch eine Anwendung des § 445 BGB a. F. befürworteten, vgl. Hollenberg, S. 104; Baur, BB 1979, 381 (382); offenlassend Prölss, ZIP 1981, 337. Rechtliche Konsequenzen hatte diese Differenzierung aber ohnehin nicht. Eine abweichende Meinung vertrat in neuerer Zeit noch Fuest, S. 8 ff., der von einem gemischten Vertrag ausging, dessen Schwerpunkt die Übertragung der Unternehmenssubstanz bilde. Weitere abweichende Ansichten finden sich nur noch in der älteren Literatur. Vgl. dazu die Ausführungen bei Hommelhoff (S. 5) und Hollenberg (S. 107 ff.).

6 Vgl. Soergel-Huber, § 433 Rn. 29.

7 So zu Recht Fritzen, S. 20 ff.; Hommelhoff, Sachmängelhaftung, S. 15 ff.; ders., ZHR 140 (1976), 271 (273).

8 Regierungsbegründung, BT-Drucks. 14/6040, S. 242; vgl. auch Bergjan, S. 71 ff.; Fritzen, S. 19 ff.; Larisch, S. 11 ff.

II. Probleme bei der gewährleistungsrechtlichen Einordnung von Abschlussangaben

Mit der Einordnung im Kaufrecht ist allerdings noch nicht viel gewonnen. Die Primärleistungspflichten richten sich im Wesentlichen nach den vertraglichen Regelungen. Werden diese Pflichten verletzt, stellt sich die Frage nach sekundären Rechten. Während vollständige Nichterfüllung und Verzug sich weiterhin nach allgemeinem Leistungsstörungsrecht richten, besteht der Schwerpunkt der kaufrechtlichen Bestimmungen in der Regelung der Schlechtleistung. Es stellt sich dann die Frage, ob das Gewährleistungsrecht tatsächlich für alle Schlechterfüllungen vertraglicher Pflichten beim Unternehmenskauf offen steht. Das Problem besteht unabhängig von der Einordnung des Unternehmens als Kaufgegenstand, denn die nun gesetzlich angeordnete entsprechende Anwendung des Gewährleistungsrechts über § 453 Abs. 1 BGB kommt nur für die Bereiche in Betracht, in denen eine entsprechende Interessenlage besteht[1].

Versteht man den Begriff der Abschlussangaben nun im Sinn der Angaben aus Jahresabschlüssen, zeigt sich, warum ihre Behandlung nur beim Unternehmenskauf zur Debatte steht. Der Verkauf immaterieller Werte unterscheidet den Kauf des Unternehmens vom Kauf einzelner Gegenstände oder einer Gesamtheit von Gegenständen des Unternehmens. Kommt es nur darauf an, Inventar, Forderungen oder etwa einzelne Rechte zu erwerben, soll nicht der besondere Wert des Unternehmens als Einheit übertragen werden. Deshalb interessieren auch Angaben zum Gesamtgefüge des Unternehmens nicht so sehr. Es werden zumeist Inventarlisten erstellt oder die zu übertragenden Forderungen und Rechte im Einzelnen bezeichnet. Erst wenn das Unternehmen als Ganzes oder auch nur ein strukturell selbstständiger Teil des Unternehmens inklusive der immateriellen Werte verkauft werden soll, bemühen sich die Parteien, Informationen über das Gesamtgefüge zu erhalten bzw. zu verschaffen. Hier liegt es näher, gesamtunternehmensbezogene Angaben in Form bilanzieller Zahlen zu machen und durch zusätzliche Informationen zu vervollständigen.

Anhand dieser Besonderheit lässt sich auch das Gewährleistungsproblem falscher Abschlussangaben aufzeigen. Es betrifft nicht das Pflichtenprogramm, welches durch das Erfordernis der Verschaffung immaterieller Werte außerhalb der sachenrechtlichen Vorschriften aufgestellt wird[2]. Diese Pflichten dienen allein dem Vollzug des bestehenden Kaufvertrags. Auch in diesem Rahmen kön-

---

1 Vgl. zum altem Recht: MüKo-Westermann (3. Aufl.), § 433 Rn. 10. Einigermaßen deutlich auch zum neuen Recht: Haas/Medicus/Rolland/Schäfer/Wendtland-Haas, Kap. 5, Rn. 544; Huber/Faust-Huber, Rn. 16/5 ff.; Eidenmüller, ZGS 2002, 290 (295); U. Huber, AcP 202 (2002), 179 (224); Triebel/Hölzle, BB 2002, 521 (523); Weitnauer, NJW 2002, 2511 (2513). Eher missverständlich dagegen Dauner-Lieb/Thiessen, ZIP 2002, 108 (110); Gronstedt/Jörgens, ZIP 2002, 52 (53); Wolf/Kaiser, DB 2002, 411.

2 Vgl. dazu Bergjan, S. 91 ff.

nen Informationspflichten bestehen, insbesondere was die Einweisung in die Unternehmensführung betrifft. Solche Pflichten richten sich aber nur auf die Durchführung. Sie bleiben in dieser Arbeit genau wie Wettbewerbsverbote, Pflichten zur Einführung bei Kunden und Lieferanten etc. außer Betracht.

Die Besonderheit der Abschlussangaben liegt vielmehr darin, dass es sich um Informationen handelt, die im Vorfeld des Vertragsschlusses ausgetauscht werden und deshalb ausschlaggebend dafür sein können, ob der Vertrag überhaupt zustande kommt. Macht der Verkäufer einer Sache falsche Angaben über deren Zusammensetzung, kann die Abweichung der sachlichen Beschaffenheit von der Beschreibung einen Sachmangel darstellen, etwa wenn eine vergoldete Uhr als goldene verkauft wird[3]. Hinsichtlich der Angaben in Jahresabschlüssen, die das sachliche oder rechtliche Substrat betreffen, gilt kaum etwas anderes als beim Kauf einer Sach- oder Rechtsgesamtheit. Das Problem liegt dann vor allem darin, aus den Jahresabschlüssen verlässliche Daten herauszufiltern, weil sie durch die Bewertungsfreiheit des Verkäufers von einer unmittelbaren Beschreibung erheblich abweichen können. Zudem stellt sich die Frage, wie sich Mängel in diesen Bereichen auf den Kaufpreis auswirken, der für das Gesamtunternehmen gebildet wurde.

Als schwieriger erweist sich allerdings die Behandlung solcher Angaben, die ausschließlich das Gesamtunternehmen betreffen, die aber nicht vorkommen, wenn nur eine Gesamtheit von Sachen und Rechten verkauft wird. Diese Angaben können vielseitig sein und etwa Rückstellungen, Umsätze, Erträge, Verbindlichkeiten oder das Eigenkapital betreffen. Gemeinsam ist ihnen, dass sie dem Käufer dazu dienen, Informationen über das Unternehmen zu sammeln, um herauszufinden, ob es seinen Bedürfnissen entspricht und er es kaufen will. Gerade weil es um Informationen geht, die das Zustandekommen des Vertrags betreffen, stehen hier vorvertragliche Pflichtverletzungen im Mittelpunkt und nicht die Verletzung vertraglicher Nebenpflichten im Sinne der bisherigen positiven Forderungsverletzung. Die Nähe der Abschlussangaben zu den Beschaffenheitsbeschreibungen im Sachkauf liegt deshalb nahe, weil sie ähnlich maßgeblich für die Kaufentscheidung des Käufers sein können und deshalb eine Nähe zur Leistungspflicht besteht[4]. Die Zurückhaltung bei der Anwendung des Gewährleistungsrechts begründet sich andererseits darin, dass es sich nicht nur um die Beschreibung des sachlichen und rechtlichen Substrats handelt, sondern um die außerordentlich schwierige Beschreibung des Unternehmens in seiner Gesamtheit. Die Abschlussangaben können nur einige Anhaltspunkte zur Gesamtstruktur geben. Zudem haben diese Auskünfte eine sehr unterschiedliche Gewichtung im Rahmen der Auswertung durch den Käufer, die sich zudem an sehr individuellen Kriterien ausrichten kann, welche der Verkäufer nicht kennt. Die strengere Einstandspflicht des Kaufrechts gegenüber der nun in den

3 BGHZ 96, 214 (217 f.).

4 Vgl. auch Völker, S. 127.

§§ 280 Abs. 1, 311 Abs. 2, 241 Abs. 2 BGB gesetzlich verankerten culpa in contrahendo scheint deshalb nicht überall sinnvoll anwendbar oder gerechtfertigt. Daraus erklärt sich, dass in diesem Bereich sehr zurückhaltende Ansichten zu finden sind, die ausschließlich nach den §§ 280 Abs. 1, 311 Abs. 2, 241 Abs. 2 BGB vorgehen wollen und zum effektiven Schutz des Käufers eher die Maßstäbe dieses Rechtsinstituts verschärfen[5]. Auf der anderen Seite wird die Anwendung des Gewährleistungsrechts mit veränderten Maßstäben vorgeschlagen[6].

Eine einheitliche Diskussion zu den Abschlussangaben ist wegen der vielschichtigen Bezugspunkte kaum möglich. Deshalb werden in dieser Arbeit vor allem die Geschäftsergebnisse aufgegriffen, die den wichtigsten Bereich der gesamtunternehmensbezogenen Abschlussangaben darstellen. Ihnen kommt regelmäßig die größte Bedeutung bei den Verhandlungen zu, und Falschangaben in diesem Bereich stellen meistens die streitauslösenden Umstände dar. Je ungewisser ihre gewährleistungsrechtliche Behandlung ist, desto eher muss dies für andere Abschlussangaben gelten, die entweder Nebeninformationen zur Auswertung und Projektion der Geschäftsergebnisse für die Zukunft liefern oder wie im Fall der Eigenkapitalangaben überwiegend Ergebnisinformationen darstellen.

Einen besonderen Fall der Abschlussangaben stellen die Angaben über Verbindlichkeiten dar. Sie erscheinen auf den ersten Blick keine andere Lösung als Angaben über sachliches oder rechtliches Substrat zuzulassen, denn es handelt sich nur um Forderungen gegen das Unternehmen. Dennoch ist ihre Behandlung in rechtlicher Sicht nicht einfach, weil beim Verkauf von Sach- oder Rechtsgesamtheiten regelmäßig nur positive Werte verschafft werden, die Übernahme einer Verbindlichkeit aber isoliert betrachtet keinen kaufrechtlichen Vertrag darstellt. Nur dadurch, dass das Unternehmen als Ganzes verkauft wird, kommt eine kaufrechtliche Sichtweise in Betracht.

Daraus ergibt sich, dass die Ausführungen dieser Arbeit zur Behandlung gesamtunternehmensbezogener Abschlussangaben nur für die Fälle gelten, in denen tatsächlich das Gesamtunternehmen mit den immateriellen Werten Gegenstand des Kaufvertrags ist. Werden bloß Einzelgegenstände des Unternehmens gekauft, können gesamtunternehmensbezogene Informationen nicht den Kaufgegenstand betreffen. Welcher dieser beiden Fälle vorliegt, kann nur

5 Dazu neigt bisher die Rechtsprechung, indem sie nur die Ertragsfähigkeit als Eigenschaft anerkennt und die Maßstäbe dafür sehr hoch ansetzt. Im verbleibenden Bereich greift sie auf die culpa in contrahendo zurück, schaffte dort jedoch insbesondere über Kausalitätsvermutungen ein dem Gewährleistungsrecht ähnliches Wahlrecht, vgl. Kap. 2 I 1. Ähnlich argumentieren die Vertreter der Ansichten, die auch die Ertragsfähigkeit als Eigenschaft nicht anerkennen wollen, vgl. Kap. 2 I 3 b) und Kap. 2 I 4.

6 Dazu neigen insbesondere die Autoren, die alle bilanziellen Kennzahlen als potentielle Beschaffenheiten anerkennen wollen, aber dann bei der Frage der Vereinbarung restriktiver argumentieren, vgl. Kap. 2 I 3 a) und Kap. 2 I 4.

einzelfallbezogen durch Auslegung ermittelt werden[7]. Relevant ist, ob „ein Inbegriff von Sachen, Rechten und sonstigen Vermögenswerten übertragen werden soll und der Erwerber dadurch in die Lage versetzt wird, das Unternehmen als solches weiterzuführen“[8].

---

7 Zu den Fällen, in denen ein Unternehmenskauf bzw. Teilunternehmenskauf angenommen wurde vgl. RGZ 68, 49; BGH DB 1977, 1042; NJW 1978, 1427 (1428); WM 1980, 10 (12); NJW 1988, 1085 (1086) und 1668 (1669 f.); 1990, 44 (45); WM 1993, 249 (250); NJW 1995, 1547; OLG München HRR 1940 Nr. 979; nur von Grundstückskäufen ausgehend dagegen RGZ 144, 62 (64); BGH NJW 1990, 1658 (1659); 1992, 2564 (2565).

8 BGH NJW 2002, 1042 (1043).

III. Relevanz der Abschlussangaben für den Unternehmenswert

Klärungsbedürftig bleibt im Vorfeld, welches Gewicht den Abschlussangaben für den Vertragsschluss und eine etwaige Vertragsanpassung überhaupt zukommt und warum gerade die Geschäftsergebnisse in diesen Bereichen so wichtig sind. Prägend für die Erwartungshaltung des Käufers sind die wert- und preisbildenden Faktoren des Kaufgegenstands. Die Enttäuschung dieser Erwartungshaltung veranlasst den Käufer dazu, Ansprüche gegen den Verkäufer geltend zu machen und nötigt zu der Entscheidung, ob und wie der Vertrag den Erwartungen angeglichen werden kann und Schäden auszugleichen sind. Preis und Wert des Unternehmens sind deshalb nicht nur in der Betriebswirtschaftslehre eine viel diskutierte Frage, sondern stellen auch ein rechtliches Grundproblem bei Leistungsstörungen dar. Das Problem liegt darin, dass Unternehmen höchst individuelle Einheiten darstellen, für die ein Verkehrswert regelmäßig nicht existiert[1]. Dies spielt für die Parteien solange keine Rolle, wie sie aus einer rein subjektiven Bewertung des Unternehmens den für sich angemessenen Preis finden und sich davon bei den Verhandlungen leiten lassen. Für spätere Anpassungen des Kaufpreises vor allem im Rahmen der Minderungsformel kann der „wirkliche“ Wert der Kaufsache als Basis zur Feststellung der Wertminderung aber nicht außer Betracht bleiben[2]. Die Feststellung dieser Basis beschäftigt die Bewertungspraxis seit Jahren, ohne dass eine einheitliche Lösung gefunden wurde. Inzwischen existiert jedoch ein vom Institut der Wirtschaftsprüfer in Deutschland e. V. (IDW) entwickelter Standard, der allgemeine Grundsätze zur Durchführung von Unternehmensbewertungen enthält (IDW S 1) und an dem sich die Bewertungspraxis orientiert[3].

---

1 Vgl. Grossfeld, JZ 1981, 641 (644). Anerkannt ist inzwischen, dass die Unternehmensbewertung zweckabhängig ist und nur auf dieser subjektiven Grundlage objektivierte Verfahren anbieten kann, vgl. Hölters-Widmann, Teil II, Rn. 11; Mandl/Rabel, Unternehmensbewertung, S. 12 ff.; Piltz, S. 8, 12; W. Müller, JuS 1973, 603 (605); Kraus-Grünewald, BB 1995, 1839 (1844). Diesen objektivierten Wert meint die Rechtsprechung auch, wenn sie vom objektiven Wert oder Verkehrswert spricht, vgl. Piltz, S. 94 f.

2 Eine Rolle kann der Wert des Unternehmens aber auch beim Schadensersatz oder im Rahmen der §§ 280 Abs. 1, 311 Abs. 2, 241 Abs. 2 BGB spielen, wenn festzustellen ist, was der Käufer „zu viel“ bezahlt hat, denn auch dort kann nicht außer Acht gelassen werden, ob der Käufer das Unternehmen günstig erworben hat und deshalb etwa kein voller Ausgleich der Störung erfolgt. Beim Schadensersatz kann aber auch der subjektive Wert für den Käufer eine Rolle spielen, also etwa Gewinne, die nur er erwirtschaften konnte, nicht aber ein Dritter, vgl. Piltz, S. 104 f; Kiethe, DStR 1995, 1756 (1759 f.).

3 Wpg 2000, 825 ff.; siehe auch den Entwurf des Standards (IDW ES 1), Wpg 1999, 200 ff., sowie die Stellungnahme des Hauptfachausschusses des IDW aus dem Jahr 1983 (HFA 2/1983), Wpg 1983, 468 ff.

1. Die Rechtsprechung zur Unternehmensbewertung

Eine breite und kaum überschaubare Rechtsprechung zur Frage der Ermittlung des Wertes eines Unternehmens ist dort entstanden, wo die angemessene Abfindung ausscheidender Gesellschafter in Frage steht[4]. Als angemessen wird von der Rechtsprechung nur der Betrag anerkannt, der dem wahren Wert entspricht[5]. Die Rechtsprechung nutzt hier zur Ermittlung des Unternehmenswerts regelmäßig die im Folgenden näher zu erläuternde Ertragswertmethode[6], die vom BVerfG grundsätzlich gebilligt wurde[7].

Das Problem der vorbehaltlosen Übertragung dieser Rechtsprechung auf Unternehmenskäufe liegt darin, dass es sich bei Abfindungszahlungen um gesetzliche Verpflichtungen handelt, denen in der Regel keine Verhandlungen zugrunde liegen, man also mangels besserer Anhaltspunkte darauf zurückgreifen muss, wonach sich der Wert eines Unternehmens normalerweise richtet[8]. Leistungsstörungen bei Unternehmenskäufen geht allerdings eine Kaufpreisverhandlung der Parteien voraus. Dieser Umstand führt jedoch nicht dazu, dass sich der Wert des Unternehmens mit dem ausgehandelten Preis gleichsetzen lässt[9], denn auch bei fehlenden Marktpreisen kann der Kaufpreis günstiger oder teurer sein als der von den Parteien geschätzte Unternehmenswert[10]. Allerdings kann man die Frage nicht außer Acht lassen, ob die Parteien einvernehmlich den Wert des Unter-

4 So etwa beim Erwerb von Aktien außenstehender Aktionäre nach Abschluss eines Beherrschungsvertrags (§ 305 Abs. 1 AktG) oder bei der Barabfindung aufgrund eines Squeeze out (§§ 327 a f. AktG) und im Fall der Abfindung nach Eingliederung der AG (§ 320 b AktG): vgl. Habersack, in: Emmerich/Habersack, Aktien- u. GmbH-Konzernrecht, § 305 Rn. 54. Vgl. auch zu §§ 29 f. UmwG: Semler/Stengel-Zeidler, UmwG, § 30 Rn. 6; zur Abfindung des GmbH-Gesellschafters nach Zwangseinziehung von Geschäftsanteilen: Michalski-Sosnitza, GmbHG, § 34 Rn. 45; zur Abfindung eines ausscheidenden OHG-Gesellschafters: Baumbach/Hopt-Hopt, HGB, § 131 Rn. 49; zur GbR: Staudinger-Habermeier (2003), § 738 Rn. 18. Zu diesen und weiteren möglichen Bewertungsanlässen: Piltz, S. 66 ff.

5 BVerfGE 14, 263 (284); 100, 289 (303 f.).

6 Vgl. BGH NJW 1993, 2101 (2103); BGHZ 140, 35 (36); BayObLG, BB 1996, 259; OLG Stuttgart, DB 2003, 2429; Piltz, S. 136 ff.; Emmerich, in: Emmerich/Sonnenschein/Habersack, Konzernrecht, § 22 III 3 (S. 339 f.); W. Müller, FS Bezzenberger, S. 705 (705 f.); jeweils m. w. N. Die im IDW S 1 als gleichwertig erachteten Discounted Cash Flow-Methoden haben sich dort bisher nicht durchgesetzt, vgl. Emmerich, in: Emmerich/Habersack, Aktien- u. GmbH-Konzernrecht, § 305 Rn. 54; Hülsmann, ZIP 2001, 450 (451).

7 BVerfGE 100, 289 (307).

8 Es besteht aber in begrenztem Maße die Möglichkeit, gesellschaftsvertragliche Abfindungsregelungen vorzusehen, vgl. Michalski-Sosnitza, GmbHG, § 34 Rn. 52 ff.; Staudinger-Habermeier (2003), § 738 Rn. 21 ff.

9 So aber scheinbar W. Müller, JuS 1975, 603 (604).

10 Maßgeblich ist dann vielmehr ein objektivierter Wert im Rechtsverhältnis der Parteien. Es darf also nicht der Wert für nur eine Partei maßgeblich sein, aber auch nicht der für beliebige Dritte, vgl. Piltz, S. 121 f.

nehmens nach einer bestimmten Methode oder bestimmten Zielen bestimmen wollten und damit die Basis einer etwaigen Vertragsanpassung festgelegt haben[11]. Für die Ermittlung schiedsrichterlicher Werte wird hier auf eine objektivierte – also von einem typisierten Erwerber ausgehende – Betrachtung abgestellt, bei der eine im Wesentlichen unveränderte Fortführung des Unternehmens unterstellt wird und deshalb Umstrukturierungen und Synergieeffekte, welche gegenwärtig noch nicht konkretisiert und eingeleitet sind, außer Acht gelassen werden[12].

Einen Vorteil bietet insofern die in der Vertragspraxis häufig zu findende Abgabe einer Eigenkapitalgarantie verbunden mit der Aufstellung einer Abrechnungsbilanz, die Preisanpassungen nach bestimmten Regeln vorsieht, wenn vertraglich festgelegte Faktoren sich bis zum Übergangsstichtag oder sogar darüber hinaus ändern. In diesen Fällen kann eine direkte Anpassung ohne Feststellung des Unternehmenswerts erfolgen[13]. Im Übrigen gibt es zahlreiche Bewertungsverfahren, an denen sich die Parteien orientieren können.

2. Die Unternehmensbewertungsmethoden

Im Folgenden soll kurz skizziert werden, woran nach den vornehmlich angewendeten Gesamtbewertungsmethoden – der Ertragswertmethode [a] und den Discounted Cash Flow (DCF)-Methoden [b] – der Wert des Unternehmens bemessen wird, wie er errechnet wird und welche Grundlageninformationen der Käufer dafür benötigt. Im Anschluss daran werden kurz die weiteren möglichen Verfahren aufgezählt [c].

a) Das Ertragwertverfahren

Beim Ertragswertverfahren[14] ist für die Gesamtbewertung des Unternehmens der Gedanke maßgeblich, dass allein die diskontierten nachhaltig entziehbaren Ertragsüberschüsse des Unternehmens, welche dem Erwerber zufließen, den Wert

11 Vgl. Piltz, S. 107 u. 277 ff.

12 Vgl. Rotthege/Wassermann-Meschede, Rn. 305 ff.; Peemöller, DStR 2001, 1401 (1404); Siepe/Dörschell/Schulte, Wpg 2000, 946 (947 f., 949). Für die Ermittlung des Grenzpreises, den der Käufer zu zahlen bereit ist, ist demgegenüber dessen subjektiver Wert maßgeblich, in den er auch die erwarteten Synergieeffekte, Neuinvestitionen und Umstrukturierungen einbeziehen wird.

13 Vgl. dazu Beisel/Klumpp-Klumpp, Kap. 11, Rn. 40; Hess/Fabricius, in: Vertrags- u. Formularhandbuch Handelsrecht, S. 669 f.; Knott/Mielke/Weidlich, Unternehmenskauf, Rn. 379 ff.; Günther, in: Münchener Vertragshandbuch, Band 2, S. 178 ff.

14 Auch von diesem existieren Abwandlungen, bei welchen es sich insb. um Vereinfachungsmethoden handelt, vgl. Mandl/Rabel, Unternehmensbewertung, S. 31 ff., 108 ff.

für ihn ausmachen[15]. Grundlage der Bewertung ist die auf Bilanzanalysen begründete Ermittlung der zukünftig erwarteten Überschüsse des Unternehmens[16]. Unterschieden wird dabei regelmäßig zwischen einem detaillierten Prognosezeitraum von etwa drei bis fünf Jahren und dem Zeitraum danach, für den auf eine zu erwartende ewige Rente abgestellt wird[17]. Die Ermittlung dieser Zukunftswerte erfolgt regelmäßig durch Analyse der Werte, welche aus den Jahresabschlüssen des Unternehmens gewonnen werden. Für eine im Rahmen des Möglichen verlässliche Prognose werden hierfür von der Bewertungspraxis die Jahresabschlüsse der letzten drei bis fünf Jahre gefordert[18]. Für die Prognose müssen diese Werte bereinigt werden. Dies erfordert insbesondere die Neutralisierung nicht periodengerechter und außerordentlicher, nicht reproduzierbarer Erträge und Aufwendungen sowie die Ausklammerung von Aufwendungen und Erträgen, die aus dem nicht betriebsnotwendigen Vermögen resultieren[19]. Nicht allein die bilanziellen Vergangenheitswerte, sondern auch die Abschätzung zukünftig veränderter Personal- und Materialkosten sowie die Einbettung des Unternehmens im Markt und dessen Absatzchancen in der Zukunft spielen eine Rolle für die daraus zu entwickelnden Planbilanzen und Plangewinn- und Verlustrechnungen[20]. Unter Berücksichtigung der betrieblichen Steuern (insb. Gewerbe- und Körperschaftsteuer) und der persönlichen Steuern des Unternehmers (Einkommensteuer) ergibt sich der für den Eigner relevante Ertragsüberschuss[21].

---

15 Vgl. Standard IDW S 1, Wpg 2000, 825 (826, 828); Emmerich, in: Emmerich/Habersack, Aktien- u. GmbH-Konzernrecht, § 305 Rn. 53; Wollny, Rn. 2855 f.; Sieben, in: FS Havermann, S. 713, (720).

16 Standard IDW S 1, Wpg 2000, 825 (835); Picot, in: Picot, Unternehmenskauf, Teil I, Rn. 64 (Fn. 320). Zur zusätzlich erforderlichen Abschätzung des zukünftigen Finanzierungsbedarfs ist außerdem die Erstellung einer zusätzlichen Finanzbedarfsrechnung erforderlich, vgl. Hölters-Widmann, Teil II, Rn. 194 ff.

17 Standard IDW S 1, Wpg 2000, 825 (832 f.); Rotthege/Wassermann-Meschede, Rn. 318 u. 332 ff.; Peemöller, DStR 2001, 1401 (1405). Alternativ kann auch ab einem bestimmten Zeitpunkt der Liquidationswert maßgeblich sein, wenn dann von einer Aufgabe des Unternehmens ausgegangen wird, vgl. Hölters-Widmann, Teil II, Rn. 113 ff, 120.

18 OLG Stuttgart, DB 2003, 2429; Piltz, S. 144 f.; Beisel/Klumpp-Theyson-Wadle, Kap. 3, Rn. 29 (eher fünf Jahre fordernd); Emmerich, in: Emmerich/Sonnenschein/Habersack, Konzernrecht, § 22 III 5 (S. 341); Hölters-Widmann, Teil II, Rn. 174; Peemöller, DStR 2001, 1401 (1404).

19 Vgl. den Standard IDW S 1, Wpg 2000, 825 (835); Zitzelsberger, S. 39 f.; Beisel/Klumpp-Theysohn-Wadle, Kap. 3, Rn. 30 ff.; Hölters-Widmann, Teil II, Rn. 174 ff.; Rotthege/Wassermann-Meschede, Rn. 315 f. u. 328.

20 Vgl. dazu den Standard IDW S 1, Wpg 2000, 825 (832, 835 ff.); Hölters-Widmann, Teil II, Rn. 111 ff. u. 181 ff.; Richter, in: Picot, HdB M&A, B VI 2 a (S. 314); Peemöller, DStR 2001, 1401 (1405).

21 Vgl. Beisel/Klumpp-Theysohn-Wadle, Kap. 3, Rn. 51 ff.; Hölters-Widmann, Teil II, Rn. 30 ff. u. 200 ff.; Rotthege/Wassermann-Meschede, Rn. 303 f. Regelmäßig wird dabei von einer Vollausschüttungsfiktion ausgegangen, obwohl gesetzliche Ausschüttungs-

Die auf diese Weise für die Zukunft ermittelten Werte werden auf den Bewertungszeitpunkt abgezinst, wodurch der Gegenwartsbezug hergestellt und die Vergleichsbasis für alternative Anlagemöglichkeiten geschaffen wird[22]. Die Abzinsung erfolgt auf Grundlage des Kapitalisierungszinssatzes, der sich aus einem Basiszinssatz[23] und einem individuellen Risikozuschlag[24] ergibt. Gerade durch den individuellen Risikozuschlag wird der Umstand berücksichtigt, dass alternative Investitionen aufgrund geringerer Risiken zuverlässigere Renditen abwerfen, der Erwerber also für sein Risiko durch die Investition in ein Unternehmen eine höhere Rendite verlangt.

b) Die Discounted Cash Flow-Verfahren

Anstatt der Ertragswertmethode wird in der Bewertungspraxis inzwischen häufig[25] auf die im internationalen Verkehr entwickelten und auf Kapitalmarktmodellen aufbauenden sog. Discounted Cash Flow (DCF)-Verfahren zurückgegriffen[26]. Diese Verfahren sind nicht wesensverschieden zum Ertragswertverfahren, sondern ebenfalls auf der Gesamtbewertung begründete Verfahren, die sich durch alternative Herangehensweisen und Berechnungsverfahren auszeichnen, aber bei identischen Annahmen grundsätzlich auch zu denselben Ergebnissen gelangen sollten[27]. Sie basieren auf dem Ziel, den Barwert der an den Eigner zufließenden zukünftigen Zahlungsströme zu ermitteln[28]. Die Ermittlung des

---

sperren eine solche real oftmals verhindern, vgl. Richter, in: Picot, HdB M&A, B VI 2 e (S. 328 f.); Sieben, in: FS Havermann, S. 713 (722 f.)

22 Standard IDW S 1, Wpg 2000, 825 (836).

23 Der Basiszinssatz wird aus einer möglichen Vergleichsanlage ermittelt. Der Standard IDW S 1 stellt dabei grundsätzlich auf langfristig erzielbare Renditen öffentlicher Anleihen ab (Wpg 2000, 825 (836 f.)).

24 Auch dieser Zuschlag ist durch IDW S 1 anerkannt (Wpg 2000, 825 (833 f.)). Näheres zur Abschätzung bei Hölters-Widmann, Teil II, Rn. 142 ff.

25 Vgl. zur Verbreitung: Lukas, S. 105 ff.; Born, DB 1996, 1885; Sieben, in: FS Havermann, S. 713 (715 f.).

26 Vgl. dazu IDW S 1, Wpg 2000, 825 (837 f.); Mandl/Rabel, Unternehmensbewertung, S. 285 ff. Da diese Methoden auf Kapitalmarktwerten aufbauen, sind sie insbesondere für kleinere Unternehmen nicht sehr geeignet, vgl. Behringer, DStR 2001, 719.

27 Standard IDW S 1, Wpg 2000, 825 (835); Hölters-Widmann, Teil II, Rn. 279; Rotthege/Wassermann-Meschede, Rn. 326; Born, DB 1996, 1885 ff. (auch zur Überleitbarkeit vom DCF-Verfahrens ins Ertragswertverfahren); Kohl/Schulte, Wpg 2000, 1147 (1148, 1164); Sieben, in: FS Havermann, S. 713 ff.; Siepe/Dörschell/Schulte, Wpg 2000, 946 (953 f.). Dennoch auftretende Unterschiede ergeben sich regelmäßig aus Bewertungsdivergenzen und Vereinfachungen, welche mit den jeweiligen Methoden verbunden sind, vgl. Sieben, in: FS Havermann, S. 713 (728 ff.).

28 Drukarczyk, S. 144 ff.; Hölters-Widmann, Teil II, Rn. 273. Konzeptionell wird zwar betont, dass die Discounted Cash Flow-Verfahren marktorientiert sind, während das Ertragswertverfahren stärker bilanzorientiert ist, vgl. Lukas, S. 78; Picot, in: Picot, Unter-

zukünftigen „Free Cash Flows (FCF)“ richtet sich nach denselben Grundsätzen wie beim Ertragswertverfahren, also aus der Ermittlung der zukünftigen Zahlungsströme aufgrund der Analyse der Vergangenheitsdaten und der zukünftigen Einwirkungen[29]. Unterschieden wird nach der Art der Berechnung zwischen dem Netto- und den Bruttoverfahren. Beim Nettoverfahren („Equity-Aproach“) wird direkt ermittelt, welche Zahlungsströme dem Eigner zufließen[30]. Dieser Ansatz unterscheidet sich im Hinblick auf den Rechenweg nicht wesentlich vom Ertragswertverfahren[31]. Vom Free Cash Flow werden die Fremdkapitalzinsen unter Berücksichtigung dadurch erzielter Steuervorteile abgezogen und die Aufnahme und Rückzahlung von Fremdkapital berücksichtigt. Dieser Betrag wird dann abgezinst[32]. Dagegen gehen die Bruttomethoden („Entity-Aproach“) einen Umweg: Bei ihnen wird streng unterschieden zwischen der leistungswirtschaftlichen Seite des Unternehmens (operatives Geschäft) unter Einschluss der Investitionstätigkeit und der Finanzierungsseite (Eigen- und Fremdkapital)[33]. Zuerst wird errechnet, welchen Wert das Gesamtkapital des Unternehmens unter ausschließlicher Berücksichtigung der Leistungs- und Investitionsseite hat. Anschließend wird der Wert des Eigenkapitals berechnet[34]. Innerhalb der Bruttoverfahren wird dabei im Wesentlichen zwischen zwei Berechnungsmethoden

---

nehmenskauf, Teil I, Rn. 64 (Fn. 320); Born, DB 1996, 1885 (1889). Trotzdem ist das Analyseziel beider Methoden identisch und auch die Discounted Cash Flow-Methoden sind aus Gründen der Praktikabilität in der Regel gezwungen, die zukünftigen Zahlungsströme indirekt aus den Werten der Jahresabschlüsse abzuleiten, vgl. den Standard IDW S 1, Wpg 2000, 825 (837); Lukas S. 100 f.; Zitzelsberger, S. 56; Loderer/Jörg/Pichler/Roth/Zgraggen, S. 599 ff.; auch Sieben, in: FS Havermann, S. 713, (722 ff.).

29 Siehe Lukas, S. 86 f.; Hölters-Widmann, Teil II, Rn. 99 u. 221; Richter, in: Picot, HdB M&A, B VI 2 c (S. 323 ff.); Ballwieser, Wpg 1998, 81 (85 f.). Zur grundsätzlichen Berechnung siehe Richter, in: Picot, HdB M&A, B VI 2 a aa (S. 314). Die genaue Definition des relevanten Cash Flows unterscheidet sich je nach Berechnungsmethode, vgl. Loderer/Jörg/Pichler/Roth/Zgraggen, S. 594 ff.

30 Hölters-Widmann, Teil II, Rn. 259; Rotthege/Wassermann-Meschede, Rn. 359 f. Dieser Ansatz wird auch als „Flow to Equity (FTE)-Ansatz“ bezeichnet, vgl. Lukas, 93 f.

31 Drukarczyk, S. 304 f.; Lukas, S. 93 f.; Hölters-Widmann, Teil II, Rn. 48 u. 59; Richter, in: Picot, HdB M&A, B VI 2 e (S. 328 f.); Ballwieser, Wpg 1998, 81. Ein Unterschied zum Ertragswertverfahren liegt darin, dass der Einfluss persönlicher Steuern bei den DCF-Verfahren grundsätzlich außer Betracht bleibt. Er kann aber durch Abwandlungen dieser Verfahren errechnet werden, vgl. Hölters-Widmann, Teil II, Rn. 222; Richter, in: Picot, HdB M&A, B VI 2 e (S. 328); Kohl/Schulte, Wpg 2000, 1147 (1149, 1156 ff.); Siepe/Dörschell/Schulte, Wpg 2000, 946 (952 f.). Der Standard IDW S 1 fordert explizit eine solche Berücksichtigung (Wpg 2000, 825 (838)).

32 Hölters-Widmann, Teil II, Rn. 57 ff. Zur Berechnung im Einzelnen vgl. Drukarczyk, S. 301 ff.

33 Vgl. Zitzelsberger, S. 53; Loderer/Jörg/Pichler/Roth/Zgraggen, S. 594 ff.; Ballwieser, Wpg 1998, 81 (84 f.).

34 Siehe Hölters-Widmann, Teil II, Rn. 223 ff., 233 ff.; Rotthege/Wassermann-Meschede, Rn. 336.

unterschieden: Beim APV[35]-Ansatz wird zuerst der Free Cash Flow errechnet, der dann abgezinst wird. Dabei wird der Kapitalisierungszinsfuß errechnet, indem fingiert wird, dass das gesamte Unternehmen durch Eigenkapitalgeber finanziert wird. Dem so ermittelten Wert werden die steuerlichen Vorteile durch die Fremdfinanzierung in einer Sonderrechnung hinzugerechnet und der Marktwert des Fremdkapitals abgezogen[36]. Dagegen geht der WACC[37]-Ansatz von vornherein von einer Mischfinanzierung aus. Aus unterschiedlicher Gewichtung der Eigen- und Fremdkapitalkosten wird der Kapitalisierungszinsfuß berechnet, mit dem der Free Cash Flow abgezinst wird[38]. Wird von dem Ergebnis der Marktwert des Fremdkapitals abgezogen, ergibt sich der Wert des Eigenkapitals[39].

Der wesentliche Unterschied zum Ertragswertverfahren liegt bei den DCF-Methoden in den kapitalmarktorientierten Grundlagen, welche sich insbesondere in der unterschiedlichen Berechnung des Kapitalisierungszinsfußes niederschlagen[40]. Hinsichtlich der Errechnungsziele sowie der Notwendigkeit der Informationsbeschaffung betreffend der Vergangenheitsergebnisse, der Struktur und des Umfelds des Unternehmens sind DCF- und Ertragswertverfahren jedoch identisch[41].

---

35 Adjusted present value.

36 Lukas, S. 91 f.; Ballwieser, Wpg 1998, 81 (91). Dies betrifft insbesondere die Hinzurechnung des Vorteils, der sich durch die Abzugsfähigkeit der Hälfte der Fremdkapitalzinsen vom Gewerbeertrag ergibt. Näheres bei Hölters-Widmann, Teil II, Rn. 54 ff. u. 249 ff. Zur Berechnung im Einzelnen vgl. Drukarczyk, S. 201 u. 209 ff.; Loderer/Jörg/Pichler/Roth/Zgraggen, S. 676 ff.

37 Weighted average cost of capital.

38 Lukas, S. 88 f.; Zitzelsberger, S. 82 ff.; Rotthege/Wassermann-Meschede, Rn. 340 ff. Die Steuervorteile, die sich aus der teilweisen Fremdfinanzierung ergeben, werden dann entweder im Nenner als Korrektur beim Kaptialisierungszinsfuß erfasst (vgl. Lukas, S. 88) oder im Zähler bei der Ermittlung des Free Cash Flows (auch „Total Cash Flow (TCF)-Ansatz“ genannt, vgl. Lukas, S. 90 f.). Dazu auch Ballwieser, Wpg 1998, 81 (84 ff.).

39 Siehe Hölters-Widmann, Teil II, Rn. 50 ff. u. 233 ff.; Rotthege/Wassermann-Meschede, Rn. 336 ff. Zur Berechnung im Einzelnen vgl. Drukarczyk, S. 202 u. 259 ff.; Loderer/Jörg/Pichler/Roth/Zgraggen, S. 680 ff.

40 Vgl. Drukarczyk, S. 338 ff.; 363 ff.; Zitzelsberger, S. 123 f.; Hölters-Widmann, Teil II, Rn. 42 u. 153 ff.; Sieben, in: FS Havermann, S. 713 (725 ff.). Bei den DCF-Verfahren wird die Renditeforderung nach dem Kapitalmarktpreisbildungsmodell („capital asset pricing model“ - CAPM) ermittelt. Sie ergibt sich aus einem risikolosen Zins und dem sog. Beta-Faktor, der ebenso wie der Risikofaktor beim Ertragswertverfahren auf das individuelle Unternehmen abgestimmt ist, aber aus Kapitalmarktvergleichen ermittelt wird, vgl. Lukas, S. 94 ff.; Zitzelsberger, S. 124 ff.; Ballwieser, Wpg 1998, 81 (82 f.); Peemöller, DStR 2001, 1401 (1406).

41 Vgl. Rotthege/Wassermann-Meschede, Rn. 326; Siepe/Dörschell/Schulte, Wpg 2000, 946 (953 f.).

c) Weitere Verfahren

Damit sind die wesentlichen, nicht aber sämtliche Bewertungsmethoden angesprochen worden. Seltener kommen in Deutschland Vergleichs- und Multiplikatormethoden zur Anwendung, weil dafür Vergleichskäufe bzw. Erfahrungswerte nötig sind, für die anders als im angloamerikanischen Raum kaum ein orientierungsfähiger Markt existiert[42]. Bei Praxisverkäufen ist die Umsatzmethode beliebt, auch wenn sie wegen der Außerachtlassung der betrieblichen Aufwendungen recht unsichere Aussagen über die zu erwartenden Zukunftserträge zulässt[43]. Nur selten wird dagegen auf Einzelwertmethoden wie die Substanzwertverfahren zurückgegriffen[44]. Sie beruhen auf dem früher vertretenen Konzept, der Wert eines Unternehmens bemesse sich nach dem Wiederbeschaffungswert der einzelnen Teile[45]. Allein betrachtet ist dieser Ansatz unbefriedigend, weil er den sog. Firmenwert (good will) nicht beachtet[46]. Darunter versteht man den Wert, der sich aus dem Zusammenwirken aller Unternehmensfaktoren ergibt und zu einem Gesamtwert führt, der größer ist als die Summe der einzelnen Teile[47]. Häufiger kommt es allerdings noch vor, dass auf Mischverfahren zwischen Ertrags- und Substanzwert zurückgegriffen wird[48]. Ein Beispiel dafür ist das im Steuerrecht angewendete Stuttgarter Verfahren[49]. Zudem wird der Substanzwert im Rahmen der Gesamtbewertungsverfahren für nicht betriebsnotwendiges Vermögen angesetzt[50]. Regelmäßig bildet der Liquidationswert die untere Preisgrenze, denn diesen Wert weist das Unternehmen auch bei fehlenden

42 Näheres dazu bei Hölters-Widmann, Teil II, Rn. 60 ff.

43 Vgl. die Darstellung von Römermann/Schröder, NJW 2003, 2709 ff., und die Gegenansicht von Janssen, NJW 2003, 3387 ff.

44 BayObLG 1996, 259; Beisel/Klumpp-Theyson-Wadle, Kap. 3, Rn. 58.

45 Wollny, Rn. 2974.

46 Vom Standard IDW S 1, Wpg 2000, 825 (828), wird daher der Substanzwert als Unternehmenswert nicht anerkannt. Vgl. auch Emmerich, in: Emmerich/Habersack, Aktien- u. GmbH-Konzernrecht, § 305 Rn. 52 a.

47 Vgl. Knop/Küting, in: Küting/Weber, Handbuch der Rechnungslegung, Bd. 2, § 255 Rn. 413.

48 Häufig kommt es vor, dass entweder der Ertrags- oder der Substanzwert höher gewichtet wird, so dass hier unterschiedliche Verhältniswerte vorzufinden sind. Ein anderer Weg besteht darin, dass ein gewisser Normalgewinn vorausgesetzt wird und aus Zukunftsprognosen der darüber hinausgehende Übergewinn kapitalisiert und dem Substanzwert hinzugerechnet wird, vgl. Jung, Praxis des Unternehmenskaufs, S. 219 ff.; Wollny, Rn. 2997 ff.

49 Siehe dazu Jung, Praxis des Unternehmenskaufs, S. 224 f.

50 BGH NJW 1993, 2101 (2103); OLG Düsseldorf ZIP 1984, 586 (587 f.); Standard IDW S 1, Wpg 2000, 825 (831 f.); Emmerich, in: Emmerich/Sonnenschein/Habersack, Konzernrecht, § 22 III 7 a (S. 345 f.); Peemöller, DStR 2001, 1401 (1407); vgl. auch Piltz, S. 135.

Erträgen noch auf[51]. Er kann auch maßgeblich sein, wenn das Unternehmen nicht fortgeführt werden soll.

3. Schlussfolgerungen

An dieser Vielfalt von möglichen vertraglich vorausgesetzten Bewertungsmethoden zeigt sich, dass das Ertragswertverfahren bei der Beurteilung objektivierter Unternehmenswerte nicht allein maßgeblich sein kann, sich aber dennoch (neben den als gleichwertig zu erachtenden Discounted Cash Flow-Verfahren) als Regelverfahren für die Fälle anbietet, in denen eine Unternehmensfortführung gewollt ist und keinerlei Anhaltspunkte für eine bestimmte gemeinsame Bewertungsmethode bestehen[52]. Diese Fälle werden vor allem dort vorzufinden sein, wo zur Verbesserung der Verhandlungsposition keine der Parteien ihre Motive aufdecken will[53]. Selbst wenn sich vertraglich eine andere Grundlage ergeben sollte, spielt bei den meisten Bewertungsmethoden der Ertragswert die entscheidende Rolle.

Die Unsicherheitsfaktoren, welche bei der Wertberechnung aller Gesamtbewertungsverfahren immer wieder zu abweichenden Ergebnissen führen, liegen in den Unwägbarkeiten begründet, welche bei der Abschätzung der zukünftigen Erträge und der Ermittlung des für die Abzinsung relevanten Kapitalisierungszinssatz auftreten[54]. Bei der Zukunftsprognose ist zu berücksichtigen, dass die Vergangenheitswerte zwar die unentbehrliche Grundlage der Einschätzung zukünftiger Erträge darstellen, es jedoch nicht um eine reine Fortschreibung der bisherigen Ergebnisse geht[55]. So kann das Ergebnis der gewöhnlichen Betriebstätigkeit für die Zukunft nur durch Eliminierung außergewöhnlicher und nicht reproduzierbarer Erträge und Aufwendungen ermittelt werden. Hierzu müssen dem Käufer weitergehende Kenntnisse über die Unternehmensstruktur vermittelt werden oder sie müssen vorhanden sein. Die Vorlage vollständiger Bilanzen und Gewinn- und Verlustrechnungen stellt dafür einen Ansatzpunkt dar[56]. Die außer-

---

51 MüKoAktG-Bilda, § 305 Rn. 85.

52 Die Bewertung wird allgemein als Rechtsproblem angesehen, bei dem es aber dem Richter überlassen bleibt, die sachgerechte Bewertungsmethode auszuwählen: BGH NJW 1993, 2101 (2103); BayObLG BB 1996, 526; Emmerich, in: Emmerich/Habersack, Aktien- u. GmbH-Konzernrecht, § 305 Rn. 54; Grossfeld, JZ 1981, 641 ff.; Hülsmann, ZIP 2001, 450 (451).

53 Vgl. Siepe/Dörschell/Schulte, Wpg 2000, 946 (948).

54 Lukas, S. 109; Emmerich, in: Emmerich/Habersack, Aktien- u. GmbH-Konzernrecht, § 305 Rn. 55 u. 66 ff.; Picot, in: Picot, Unternehmenskauf, Teil I, Rn. 63 (S. 96); Hülsmann, ZIP 2001, 450 (452); Moxter, BB 1995, 1518 (1519).

55 Vgl. den Standard IDW S 1, Wpg 2000, 825 (832); Zitzelsberger, S. 39 ff.; Peemöller, DStR 2001, 1401 (1404 f.).

56 Vgl. den Standard IDW S 1, Wpg 2000, 825 (833, Punkt 89); Hölters-Widmann, Teil II, Rn. 105 u. 107.

dem erforderliche Kenntnis der Marktstruktur kann der Käufer sich hingegen regelmäßig selbst verschaffen.

Für die Abschätzung des Kapitalisierungszinsfußes und damit der zu berücksichtigenden Risikofaktoren können ebenfalls Nebeninformationen aus der Bilanz einen Anhaltspunkt geben, wie etwa gebildete Rückstellungen, die Aufschluss über erwartete Regressansprüche geben können. Hier bieten die DCF-Methoden mit den kapitalmarktorientierten Bemessungsverfahren deutlichere Bemessungsgrundlagen, während der Ertragswertmethode häufig vorgeworfen wird, sie biete einen zu großen Argumentationsspielraum[57]. Aber auch die kapitalmarktorientierten Methoden werden häufig im Hinblick auf die Sachgerechtigkeit der Vergleichsmethoden angegriffen[58].

57 Vgl. Hölters-Widmann, Teil II, Rn. 152.

58 Hölters-Widmann, Teil II, Rn. 277 f.; Rotthege/Wassermann-Meschede, Rn. 346 ff.; Ballwieser, Wpg 1998, 81 (83); Sieben, in: FS Havermann, S. 713 (733 ff.).

2. Kapitel: Die Haftung für Falschangaben über Geschäftsergebnisse

Falschangaben über Geschäftsergebnisse stellen den bis heute umstrittensten Bereich im Rahmen der Haftung für fehlerhafte Abschlussangaben dar. In diesem Zusammenhang werden insbesondere die Angaben behandelt, die aus der Gewinn- und Verlustrechnung des Jahresabschlusses gewonnen werden. Betriebswirtschaftlich kann man die Erträge als in einer bestimmten Periode messbare Einnahmen und Werterhöhungen eines Unternehmens verstehen[1]. Der Gewinn oder Verlust wird als Ergebnis aus der Differenz zwischen Aufwendungen und Erträgen gewonnen[2]. Die Umsätze sind der Teil der Erträge, der aus gewöhnlicher Betriebstätigkeit entsteht[3].

I. Rechtsprechung und Literatur im Überblick

1. Die Entwicklung in der Rechtsprechung

a) Die reichsgerichtliche Rechtsprechung

Das Prinzip, dass eine Sache unter Ausschluss der Gewährleistung gekauft wird, wie sie ist, wurde schon im römischen Recht zurückgedrängt. Die Haftung für formlose und förmliche Versprechen („dicta et promissa") existierte schon früh und fand im deutschen Recht Eingang in die §§ 459 Abs. 2, 463 S. 1 BGB a. F.[4]. Sie fand sich auch im Marktrecht der kurulischen Ädile wieder, die zudem die spezifische Gewährleistung für typische Beschaffenheitsmerkmale in Form der Minderung und Wandelung schufen[5]. Daher rührt der § 459 Abs. 1 BGB a. F.

Die Haftung für dicta et promissa findet sich auch im gemeinen Recht wieder. Zu falschen durchschnittlichen Jahreseinnahmen beim Verkauf einer Apotheke stellte das OLG Rostock 1856 fest, dass „in den Versicherungen, welche der Verkäufer auf eine ihn verbindende Weise über die Beschaffenheit des Kaufobjekts macht, überall nicht nothwendig die Zusicherung einer bestimmten Eigenschaft zu liegen [braucht], welche demselben auf dauernde Weise anklebt, sondern es können dieselben auch in solchen rein thatsächlichen Angaben bestehen, welche ihrer Beschaffenheit nach geeignet sind, das Urtheil des

1 Busse v. Colbe/Pellens, Lexikon des Rechnungswesens, S. 234, 320 ff.
2 Busse v. Colbe/Pellens, Lexikon des Rechnungswesens, S. 288 ff.
3 Busse v. Colbe/Pellens, Lexikon des Rechnungswesens, S. 708.
4 Vgl. Mayer-Maly, Römisches Recht, S. 141; Kaser/Knütel, Römisches Privatrecht, § 41 Rn. 45 ff.
5 Vgl. Staudinger-Honsell (1995), Vorbem zu §§ 459 ff.; ders., in: Honsell/Mayer-Maly/Selb, Römisches Recht, § 116 I 3.

Käufers über den Werth der Sache und den dafür zu bewilligenden Preis nach irgend einer Seite hin zu beeinflussen."[6]. Entsprechend weit verstand das Reichsgericht den Eigenschaftsbegriff auch bei der Mitteilung der Bierumsatzverhältnisse eines Gasthofs[7].

Diese Rechtsprechung änderte sich auch nach der Schaffung des Bürgerlichen Gesetzbuchs nicht, was sich in einem Urteil des Reichsgerichts von 1902 niederschlägt[8]. Dort ging es um den Kauf eines Grundstücks mit einer darauf betriebenen Gaststätte. Der Käufer behauptete, vom Ehemann der Verkäuferin mündlich falsch über den Bierumsatz der vorhergehenden Jahre informiert worden zu sein. Das RG sah in diesen Informationen eine zusicherungsfähige Eigenschaft. Es hielt für irrelevant, ob sich eine Zusicherung auf einen vergangenen oder zukünftigen Umstand beziehe und erkannte daher sowohl den Ertrag als auch die Ertragsfähigkeit als zusicherungsfähige Eigenschaften an. Erforderlich sei nur, dass die Angaben den Kaufpreis beeinflussen können und tatsächlich beeinflusst haben. Der Käufer müsse bei vernünftiger Erwägung einen Schluss auf die für die Zukunft zu erwartenden Erträge ziehen können[9].

Ein Unternehmenskauf wurde erst 1906 Gegenstand eines reichsgerichtlichen Urteils[10]. Es ging um den Verkauf eines Fischladens in gemieteten Räumen. Neben der Feststellung, dass die §§ 433 ff. BGB a. F. analog auf den Kauf eines Handelsgewerbes anwendbar seien[11], erklärte das Gericht die §§ 459 Abs. 2, 463 BGB a. F. einschließlich des § 477 BGB a. F. auch bei Mängeln an unkörperlichen Gegenständen für grundsätzlich analog anwendbar[12]. Dass der wöchentliche Reinverdienst eines Fischladens eine zusicherungsfähige Eigenschaft sei, hielt das Gericht für unproblematisch[13]. Zur Anwendung auch des § 459 Abs. 1 BGB a. F. hat das RG erst im Folgejahr Stellung bezogen[14]. Die analoge Anwendung dieser Vorschrift wurde im Hinblick auf unkörperliche Mängel anerkannt, soweit es um den Ruf eines Zimmervermietungsgeschäfts als „Absteigequartier" ging[15]. Beim Fehlen der vorausgesetzten Ertragsfähigkeit lehnte das RG die Annahme eines Fehlers aber ab, weil der Irrtum über die Ertragshöhe auch kein Eigenschaftsirrtum sei. Nur bei einer vertraglichen

6 OLG Rostock, SeuffA 17 Nr. 129 (S. 204).

7 RG SeuffA 48 Nr. 14.

8 RGZ 52, 1.

9 RGZ 52, 1 (2 f.).

10 RGZ 63, 57.

11 RGZ 63, 57 (58 ff.).

12 RGZ 63, 57 (60 f.). Insbesondere sei insofern nicht die Rechtsprechung zum Kauf von Inhaberpapieren relevant, weil dort den §§ 437 f. BGB a. F. abschließender Charakter zugesprochen wurde, was nur den Rechtskauf betreffe (S. 61 f.).

13 RGZ 63, 57 (S. 61: „kann einem rechtlichen Bedenken nicht unterliegen.").

14 RGZ 67, 86.

15 RGZ 67, 86 (87 ff.).

Zusicherung sei rechtlich eine Gleichstellung mit einer Eigenschaft i. S. d. § 459 BGB a. F. gerechtfertigt[16]. Da § 463 BGB a. F. auch dann angewendet wurde, wenn der Verkäufer dem Käufer das Vorhandensein von Eigenschaften vorspiegelte, ohne dass diese zugesichert sein mussten[17], nahm das RG bei arglistiger Täuschung über Umsatz- oder Ertragszahlen ohne Weiteres eine Haftung an[18].

Diese Rechtsprechung führte das Gericht in der Folgezeit fort, kam jedoch schrittweise zu einer restriktiveren Anwendung, indem es bei der Frage ansetzte, was erforderlich sei, um eine Zusicherung und die genügende Aussagekraft der Angaben annehmen zu können, wobei auf eine Einzelfallbewertung abgestellt wurde[19]. Als genügend wurde zum Beispiel die schriftliche Fixierung einer ungefähren Angabe des durchschnittlichen Bierumsatzes beim Verkauf einer Gastwirtschaft[20] angesehen, wobei allerdings immer gefordert wurde, dass der Wille zur Gewährübernahme ersichtlich war[21]. Dazu sollte auch schon die Angabe des Bierumsatzes nur eines Jahres[22] oder des Bäckereiumsatzes von sieben Monaten[23] ausreichen können, wenn sie die Grundlage der Wertbemessung dar-

16 RGZ 67, 86 (87); bestätigend RG JW 1935, 1558.

17 RGZ 99, 121; 103, 154 (160); 132, 75 (78); JW 1938, 2613; BGH WM 1982, 696 (697); Staudinger-Honsell (1995), § 463 Rn. 45.

18 In RG Recht 1913 Nr. 2859 wurde die Vorspiegelung des Umsatzes einer Apotheke für das Jahr 1909 als ausreichend anerkannt. In RG Recht 1913 Nr. 2860 wurde ebenfalls beim Apothekenkauf eine Arglisthaftung angenommen, weil für das Jahr 1909 ein Umsatz angegeben wurde, der auch den Umsatz eines anderen Apothekers enthielt und der Verkäufer wahrheitswidrig angab, er wisse nichts, was gegen die Richtigkeit der Buchangaben sprechen könne. In RG LZ 1928, 971, genügte u. a. das Vorspiegeln falscher monatlicher Geschäftsangaben beim Verkauf eines Zigarettengeschäfts in gemieteten Räumen.

19 Zum Ansatzpunkt schon RGZ 52, 1 (3); deutlich auch RG SeuffA 86 Nr. 27 (S. 45). In einigen Fällen wird aber noch recht pauschal darauf abgestellt, dass Mitteilungen über den geschäftlichen Umsatz oder Reingewinn Angaben über Eigenschaften des Unternehmens seien, vgl. RG Recht 1914 Nr. 2246.

20 RG JW 1915, 506: Hier nahm das Gericht allerdings ohne Eingrenzung an, der Bierumsatz sei eine zusicherungsfähige Eigenschaft.

21 RG Recht 1907 Nr. 1631.

22 RG Recht 1909 Nr. 2100 für Wirtschaften. Dies gelte insbesondere dann, wenn dem Käufer die örtlichen und persönlichen Verhältnisse, unter denen sich der Betrieb vollzogen hat, näher bekannt gewesen seien. Bestätigt durch RG SeuffA 86 Nr. 27 (S. 45).

23 RG SeuffA 86 Nr. 27 (S. 45). Die Kl. forderten Minderung des Kaufpreises für ein Bäckereigrundstück inkl. Inventar wegen arglistiger Täuschung, weil der Bekl. für den Zeitraum seit Inbetriebnahme der Bäckerei das Doppelte des Umsatzes angegeben hatte, der tatsächlich erzielt worden war. Das RG richtete sich ausdrücklich gegen die Behauptung, bei der Mitteilung könne es sich keinesfalls um eine Eigenschaft des Bäckereigrundstücks handeln. Vielmehr sei dabei auf den Einzelfall und die Verkehrsauffassung abzustellen. Für den zu entscheidenden Fall nahm das RG aber keine endgültige Beurteilung vor.

stellte. Das OLG München sah darin, dass beim Verkauf eines Bäckereigrundstücks der Verkäufer erklärte, der Umsatz eines Jahres sei von besonderen Außenfaktoren unbeeinflusst geblieben, eine vorgespiegelte Eigenschaft in Form der Ertragsfähigkeit, weil der Jahresumsatz als stabil dargestellt worden sei[24]. Zunehmend wurde pauschaler darauf abgestellt, dass eine Eigenschaft i. S. d. § 459 Abs. 2 BGB a. F. nur dann vorliege, wenn zugesichert wurde, dass das Handelsgeschäft über einen längeren Zeitraum einen bestimmten Reinertrag abgeworfen hat[25]. Nicht ausreichend sollte dagegen die Angabe des Schlussbilanzgewinns eines Jahres sein, weil dieser von zu vielen Zufällen abhinge und kein verlässliches Indiz für eine Wertberechnung des Unternehmens darstelle[26]. Dasselbe sollte bei Umsatzangaben über ein Jahr gelten[27].

b) Die Rechtsprechung des Bundesgerichtshofs

Der BGH setzte diese Rechtsprechung fort. Eine klare Differenzierung nahm er insofern vor, als dass einzelne Angaben über Umsätze oder Erträge keine Eigenschaften darstellen konnten[28]. Nur wenn sich die Angaben über einen längeren Zeitraum erstreckten und deshalb einen verlässlichen Anhaltspunkt für die Bewertung der Ertragsfähigkeit und damit der Ermittlung des Unternehmens-

---

24 OLG München HRR 1940 Nr. 979. Im fraglichen Zeitraum waren vorübergehend Arbeiter in der Region tätig, die eine Autobahn und eine Eisenbahnstrecke bauten sowie einen Bach und eine Bezirksstraße umlegten. In Wahrheit waren diese Arbeiter sehr stark für den erhöhten Umsatz verantwortlich, der sich nach deren Abzug von der einheimischen Bevölkerung allein nicht erzielen ließ.

25 RG JW 1935, 1558, wo es um den Verkauf einer Metzgerei ging, ohne dass Einzelheiten des Sachverhalts mitgeteilt werden. Vgl. auch RG JW 1938, 2613. Dort ging es um den Verkauf einer „Kaffeewirtschaft" als Animierlokal. Für das Vorspiegeln einer Eigenschaft forderte das Gericht Mitteilungen über die Ertragsfähigkeit und sah dafür nur die Angabe von Umsätzen über einen längeren Zeitraum als ausreichend an.

26 RG JW 1915, 1117. Dort wurde (ohne Darstellung des Sachverhalts) festgestellt, dass die Mitteilungen einen Maßstab zur Beurteilung der Art, des Umfangs oder des Wertes des Geschäfts an die Hand geben müssen, was bei Durchschnittsangaben oder Angaben über längere Zeit der Fall sei. Bei einzelnen Jahresbilanzen könnten aber auch Geschäftsergebnisse anderer Zeitabschnitte einen Einfluss haben, so dass das Ergebnis ein reines Zufallsergebnis sein könne.

27 RG LZ 1916, 804.

28 BGH NJW 1970, 653 (655); WM 1974, 51; NJW 1977, 1536 (1537) und 1538 (1539); 1979, 33; NJW-RR 1989, 306 (307); 1990, 1658 (1659); NJW 1995, 1547; NJW-RR 1996, 429; NJW 1999, 1404 (1405); Missverständlich aber BGH BB 1964, 147, wo ausgeführt wird, auch der Umsatz könne im Einzelfall eine zusicherungsfähige Eigenschaft sein, in der bloß wertmäßigen Angabe des Umsatzes der Vergangenheit liege jedoch noch keine vertragliche Zusicherung. Ein Fehler nach § 459 Abs. 1 BGB a. F. ließe sich mit solchen Angaben erst recht nicht begründen: BGH NJW 1977, 1536 (1537); 1979, 33; NJW-RR 1989, 306 (307).

werts gaben, konnte das der Fall sein[29] und auch dann wurden sie nur bei Zusicherung mit einer Eigenschaft „rechtlich gleichgestellt“[30]. Die Ertragsfähigkeit wurde als zusicherungsfähige Eigenschaft zwar anerkannt[31], eine Beschaffenheit i. S. d. § 459 Abs. 1 BGB a. F. sollte aber auch sie nicht darstellen können[32].

Ob im Anwendungsbereich des Gewährleistungsrechts die Haftung aus culpa in contrahendo ausgeschlossen war, ließ der BGH anfangs in einigen Entscheidungen offen[33]. Später erkannte er den Ausschluss zwar nicht nur allgemein, sondern auch im Rahmen der Angaben über Geschäftsergebnisse an, kam aber regelmäßig mangels Angaben über einen längeren Zeitraum dazu, dass das Gewährleistungsrecht nicht anwendbar war[34].

Der damit geöffnete Bereich der culpa in contrahendo wurde nicht nur von den falschen Angaben über Geschäftsergebnisse geprägt, sondern insbesondere durch die Rechtsprechung zum Anteilskauf, bei dem die Anwendung des Gewährleistungsrechts regelmäßig abgelehnt wurde[35], und zur falschen Aufklärung über Verbindlichkeiten[36]. Allgemein ist der BGH hier dem Prinzip gefolgt, dass erfolgte Angaben richtig sein müssen[37] und der Verkäufer auch ungefragt über solche Umstände aufzuklären habe, die den Vertragszweck (des anderen) vereiteln können und daher für seinen Entschluss von wesentlicher Bedeutung sind, sofern dieser die Mitteilung nach der Verkehrsauffassung erwarten konnte[38].

---

29 BGH NJW 1970, 653 (655); 1977, 1536 (1537) und 1538 (1539); NJW-RR 1989, 306 (307); NJW 1990, 1658 (1659); 1995, 1547; 1999, 1404 (1405).

30 Deutlich BGH NJW 1970, 653 (655); 1977, 1536 (1537) und 1538 (1539); 1979, 33.

31 BGH NJW 1959, 1584 (1584); 1970, 653 (655); 1995, 1547.

32 Für unterlassene Angaben BGH NJW 1970, 653 (655).

33 Zunächst nahm er den Ausschluss in Fortführung der reichsgerichtlichen Rechtsprechung an: MDR 1956, 214 (216); BB 1958, 426; NJW 1960, 720 (721); 1962, 1196 (1199). Danach ließ er die Frage aber ausdrücklich offen in NJW 1965, 532 (533), und 1970, 653 (655). Grundsätzlich wurde schließlich das Ausschlussprinzip sowohl für Beschaffenheiten als auch für zusicherungsfähige Eigenschaften in BGHZ 60, 319 (321 ff.), anerkannt. Dennoch hat der BGH auch danach aufgrund der nur analogen Anwendung auf Geschäftsergebnisse die Frage für den Unternehmenskauf offengelassen: NJW 1977, 1538 (1539). Dies ist jedoch die Einzige der Folgeentscheidungen, in denen das Prinzip für die Geschäftsergebnisse in Frage gestellt wurde.

34 Schon vor der Anerkennung des Ausschlussprinzips: BGH NJW 1970, 653 (655). Danach: BGH NJW 1977, 1536 (1537); 1977, 1538 (1539) (noch mal offengelassen); WM 1988, 124 (125), unter Offenlassen der Frage, ob eine Ertragsfähigkeit zugesichert wurde; NJW-RR 1989, 306 (307); NJW 1999, 1404 (1405); für einen Grundstückkauf mit Gaststätte BGH NJW 1990, 1658 (1659).

35 Dazu näheres in Kap. 4.

36 Dazu näheres in Kap. 3.

37 BGH WM 1974, 51 (51 f.). Unbenannt davon ausgehend auch BGH NJW 1977, 1536 (1537) und 1538 (1539); NJW-RR 1989, 306 (307); NJW 1999, 1404 (1405).

38 BGH NJW-RR 1996, 429; NZG 2002, 298 (300); ähnlich schon NJW 1970, 653 (655); zum Rechtskauf vgl. WM 1987, 77 (78), und NJW 2001, 2163 (2164).

Verlangt werden konnte als Schaden entweder der Betrag, den der Käufer zuviel bezahlt hatte oder die Rückgängigmachung des Kaufvertrags unter Ersatz der getätigten Aufwendungen[39]. Ein Mitverschulden dadurch, dass der Käufer die Zahlen nicht geprüft oder nicht nachgefragt hatte, hat der BGH regelmäßig abgelehnt[40]. Der Anspruch sollte nicht nach § 477 BGB a. F. verjähren, sondern nach § 195 BGB a. F.[41].

1970 hatte sich der BGH im sog. „Juwelierladenfall" mit der Frage zu befassen, wie unterlassene Angaben zu behandeln sind[42]. Der Käufer eines Juwelierladens hatte von der Verkäuferin Informationen über die Umsätze der zwei Jahre vor dem Kauf gefordert und nicht erhalten. Stattdessen hatte der Ehemann der Verkäuferin deutlich gemacht, dass das Geschäft den Aufbau einer Existenzgrundlage ermögliche, was aber mit den bisherigen Umsatzzahlen nicht erreichbar war. Der BGH entschied, dass es bei unterlassenen Angaben über Umsätze nicht um eine erwartete Ertragsfähigkeit gehe und deshalb auch hier die culpa in contrahendo anzuwenden sei. Eine Mitteilungspflicht bestehe zwar im Grundsatz nicht, weil der Käufer sich in der Regel zutraue, das Geschäft besser zu führen als der Verkäufer. Eine Ausnahme machte der BGH aber dort, wo die Zahlen für den Käufer erkennbar wichtig waren, weil er sich mit dem Unternehmen eine Existenzgrundlage aufbauen wollte und die bisherigen Umsätze das nicht ermöglichten[43]. Ein solcher Sonderfall wurde im Juwelierladenfall angenommen. Eine Aufklärungspflicht hat der BGH auch beim Verkauf eines Computerunternehmens bejaht, bei dem innerhalb eines halben Jahres vor Vertragsschluss der Umsatz aus Wartungsverträgen um 40 % gefallen war[44]. Eine nur beschränkte Hinweispflicht nahm der BGH hinsichtlich der Vorjahresverluste in einem Fall an, in dem der Käufer die wesentlichen Betriebsgrundlagen eines Getränkegroßhandels übernommen hatte, er aber das Ziel hatte, den Betrieb in seinen eigenen Getränkegroßhandel einzugliedern und nicht alle Verbindlichkeiten übernommen hatte[45].

---

39 Im Einzelnen erweist sich dieser Bereich allerdings im Hinblick auf die zu fordernde Kausalität und die Frage der Beweislastverteilung als äußerst kompliziert. Siehe dazu die Ausführungen sogleich und in Kap. 2 IV 2 c) und Kap. 2 IV 3 a) cc) (2).

40 Vgl. BGH NJW 1970, 653 (656); 1977, 1536 (1537).

41 BGH WM 1974, 51 (52); NJW 1977, 1536 (1537); 1990, 1658 (1659).

42 BGH NJW 1970, 653.

43 BGH NJW 1970, 653 (655).

44 BGH NJW-RR 1996, 429.

45 BGH NJW 2002, 1042 (1043 f.): Die grundsätzlich aufgrund der wirtschaftlichen Bedeutung bestehende gesteigerte Aufklärungspflicht beim Unternehmenskauf falle beim Hauptzweck der Eingliederung und bei fehlender Schuldenübernahme geringer aus. Deshalb genügte es im konkreten Fall, dass der Verkäufer allgemein auf das Vorliegen eines Verlustgeschäfts hingewiesen und dem Bekl. die Möglichkeit gegeben hatte, alle von ihm gewünschten Unterlagen einzusehen.

Im Hinblick auf die Anwendbarkeit des Gewährleistungsrechts auf einzelne Angaben waren einige Fälle zu entscheiden, in denen Bilanzangaben falsch waren. Der BGH stellte fest, dass die Vorlage von vorläufigen Bilanzen keine geeignete Grundlage für eine Zusicherung sei, weil der Käufer wisse, dass sie nur unter Vorbehalt erfolge[46]. Auch endgültige Bilanzen sollten nicht auf die Ertragsfähigkeit schließen lassen, wenn sie einen Zeitraum von fünf Jahren oder weniger umfassten[47]. Später legte der BGH diese Entscheidung noch strenger aus, indem er die Ablehnung der Eigenschaft nicht primär damit begründete, dass nur Einzelangaben vorlägen, sondern sogar damit, dass die Bilanz insgesamt wenig aussagekräftig sei, weil sie nur im Zusammenspiel mit anderen Faktoren eine taugliche Bewertungsgrundlage darstelle[48]. Dennoch hielt der BGH weiterhin die Vorlage von Bilanzen für einen Anhaltspunkt für die Zusicherung der Ertragsfähigkeit als Eigenschaft eines Unternehmens[49].

---

46 BGH WM 1970, 819 (821 f.): Hier lag ein sehr komplizierter Sachverhalt zugrunde, bei dem es vereinfacht darum ging, dass die Klägerin von den Beklagten als Testamentsvollstrecker des verstorbenen Erblassers nahezu alle Geschäftsanteile von Firmenbeteiligungen kaufte. Die Klägerin ließ sich vorläufige Bilanzen der vier betroffenen Gesellschaften mit Stand vom 31.7.1961 vorlegen. Sie machte nun arglistige Täuschung über verschiedene Faktoren geltend und forderte den das positive Interesse betreffenden Schadensersatz, so dass eine Haftung nach § 463 BGB a. F. zur Debatte stand. Der BGH wendete die Grundsätze des Unternehmenskaufs an, verneinte eine Haftung aber, weil bei der Vorlage vorläufiger Bilanzen einerseits kaum ein Zusicherungswille vorhanden sei und bei einem Hinweis auf den vorläufigen Charakter hinreichend deutlich gemacht werde, dass sich der Käufer nicht ungeprüft auf die Bilanzen verlassen dürfe, weshalb auch ein arglistiges Verhalten ausscheide.

47 BGH WM 1974, 51: Der BGH hat die Mitteilung von Bilanzen der Mitteilung einzelner Umsatzzahlen gleichgestellt und deshalb verneint, dass es um Eigenschaften ginge. Da die Bilanzen für den Kaufentschluss von Bedeutung waren, bejahte er eine Aufklärungspflicht und rechnete dem Verkäufer das Verschulden des Bilanzerstellers (unter dem Vorbehalt weiterer Nachprüfung des Verschuldens) zu.

48 BGH NJW 1977, 1536 (1537). Dort ging es um einen Anteilskauf, bei dem der Kl. insgesamt 51 % der Anteile einer GmbH & Co. KG erwarb. Bei den Verhandlungen wurde ein konsolidierter Status per 31.8.1962 vorgelegt. Zu diesem Zeitpunkt existierte das Unternehmen aber erst ein halbes Jahr. Wegen des kurzen Zeitraums der Angaben konnte der BGH dahingestellt lassen, ob die Regeln des Unternehmenskaufs oder des Rechtskaufs anwendbar waren, weil er in jedem Fall nur den Weg über die culpa in contrahendo für möglich erachtete.

49 Vgl. BGH DB 1980, 679 (680), wo eine Gewährleistungshaftung wegen der Verfälschung der einem Unternehmenskauf vorangegangenen Jahresbilanz geprüft, aber schon wegen eines vertraglichen Gewährleistungsausschlusses abgelehnt wurde. Auch BGH WM 1988, 124 (125): Dort wurde eine Kissenfabrik unter Vorlage der Bilanzen von 1977 bis 1980 und der vorläufigen Gewinnberechnungen von 1981 und der ersten Jahreshälfte 1982 gekauft. Es war allerdings entgegen ausdrücklicher Versicherungen regelmäßig entstehender Aufwand der ebenfalls von der Verkäuferin betriebenen Importfirma zugerechnet worden. Der BGH bemängelte die von der Vorinstanz nicht erfolgte Prüfung unter dem Aspekt des Verschuldens bei Vertragsverhandlungen und wies das Berufungsgericht

Auch hinsichtlich der übrigen Angaben über Geschäftsergebnisse lässt sich eine wesentlich restriktivere Handhabung verzeichnen, als das Reichsgericht sie vorgenommen hatte. In einem Fall, in dem der Teebereich eines Unternehmens unter Vorlage der Gewinn- und Verlustrechnungen von drei Jahren verkauft wurde, lehnte der BGH die Anwendung des Gewährleistungsrechts bei Unrichtigkeit der Reingewinne ab[50]. So entschied der BGH auch beim Verkauf einer Rechtsanwaltskanzlei einmal bei Umsatzangaben über drei Jahre mit einer Schätzung für das vierte Jahr[51] und einmal bei der Angabe von Jahreseinnahmen über drei Jahre[52].

Darüber hinaus hat der BGH das Vorliegen einer Eigenschaft abgelehnt, wenn beim Kauf eines Grundstücks mit Pension ein falscher Bierumsatz über die Dauer eines Jahres bei eingeschränkter Öffnungszeit angegeben wurde[53]. Ebenfalls nur unter dem Gesichtspunkt der culpa in contrahendo wurde ein Fall erläutert, in dem der Verkäufer einer Gaststätte veranlasste, dass sein Steuerberater Falschangaben des Bruttoumsatzes von zwei Jahren machte[54]. Nicht so restriktiv ging der BGH hingegen vor, wenn Prognosewerte mitgeteilt wurden: In einem Fall, in dem der Verkäufer einer Reinigung mit Schuh- und Schlüsseldienst über seinen Steuerberater eine Ertragsvorschau für die nächsten drei Jahre erstellen ließ, ging er nicht etwa von einer Zusicherung zukünftiger Erträge aus, sondern von der Zusicherung der gegenwärtigen Fähigkeit, solche Erträge erbringen zu können[55].

Soweit die Rechtsprechung die Haftung über die culpa in contrahendo zuließ, stellte sich die Frage des Schadensumfangs. Noch im März 1977 forderte der I. Senat dabei den entsprechenden Kausalitätsnachweis: Es müsse festgestellt werden, ob es dem Käufer gelungen wäre, den Kaufpreis zu drücken, oder ob der Vertrag gar nicht zustande gekommen wäre. Entsprechend könne der Käufer

---

an zu prüfen, ob hier eine Zusicherung über die Ertragsfähigkeit vorlag, die einen solchen Anspruch ausschließe.

50 BGH NJW 1977, 1538 (1539). Es wurde allerdings eine Aufklärungspflichtverletzung angenommen, weil das Ziel des Kaufs die Nutzung von Synergieeffekten war und die Richtigkeit der Geschäftsergebnisse auch für die gewinnbringende Nutzung solcher Effekte erforderlich sei.

51 BGH NJW-RR 1989, 306 (307). In dem Fall ging es nur um den ersatzfähigen Schaden im Rahmen der culpa in contrahendo.

52 BGH NJW 1999, 1404 (1405). Hier wurde auch ein Anspruch aus culpa in contrahendo verneint, weil der Käufer nicht nachweisen konnte, dass die Angaben durch enthaltene Fremdgelder verfälscht waren.

53 BGH NJW 1990, 1658 (1659). Bejaht wurde hingegen ein Anspruch aus culpa in contrahendo an.

54 BGH NJW 1996, 2503.

55 BGH NJW 1995, 1547 (1548).

die Herabsetzung des Kaufpreises oder Rückabwicklung verlangen[56]. Dagegen entschied im Mai 1977 der (heute allein für den Unternehmenskauf zuständige) VIII. Senat, dass es selbst dann, wenn eindeutig feststeht, dass es bei richtiger Aufklärung nicht zum Kauf gekommen wäre, dem Käufer freistünde, das Unternehmen zu behalten und den Anteil des Kaufpreises herauszuverlangen, den er zuviel bezahlt hat[57].

Diese Entscheidung reiht sich in die neuere Rechtsprechung zur Behandlung unerwünschter Verträge durch unrichtige Aufklärung ein. Vordergründig wird in diesen Fällen zwar eine Kausalitätsfeststellung dahingehend gefordert, dass der Vertrag bei richtiger Aufklärung nicht oder nicht so geschlossen worden wäre[58]. Sowohl der Nachweis, dass der Käufer den Vertrag zu denselben Bedingungen nicht geschlossen hätte[59], als auch der Nachweis, dass er den Kaufvertrag gar nicht geschlossen hätte, wird dem Käufer jedoch erlassen[60]. Umgekehrt muss der Käufer, der eine Herabsetzung des Kaufpreises fordert, auch nicht beweisen, dass der Verkäufer sich auf den niedrigeren Preis überhaupt eingelassen hätte[61]. Da es dem Käufer aber wie gesagt freisteht, die Kaufpreisherabsetzung zu wählen, selbst wenn der Vertrag nicht zustande gekommen wäre[62], spricht der BGH inzwischen von einem Wahlrecht des Geschädigten[63].

---

56 BGH NJW 1977, 1538 (1539). Gefordert wurde eine entsprechende Feststellung der Kausalität durch das Berufungsgericht. Dem Kausalitätsgedanken insofern auch noch verbunden RGZ 103, 47 (51); 132, 76 (79 f.); 151, 357 (359); BGH NJW 1962, 1196 (1198); WM 1965, 315 (316); NJW 1972, 822 (824); WM 1974, 51 (52).

57 BGH NJW 1977, 1536 (1537 f.), insoweit auch abgedruckt in BGHZ 69, 53 (55 ff.), vgl. auch Fn. 48. Hier hat der BGH zugleich seinen Standpunkt zur Schadensberechnung klargestellt. Der Käufer könne allein den fiktiven Betrag verlangen, um den der Kaufpreis überhöht war, ohne im Übrigen so gestellt werden zu können, als habe er das Unternehmen nicht gekauft. Der Ersatz von Investitionen komme genauso wenig wie umgekehrt die Anrechnung der erwirtschafteten Gewinne in Betracht. Siehe auch BGH NJW 1980, 2408 (2410); 1981, 2050 (2051).

58 Siehe BGH NJW 1981, 2050 (2050 f.); WM 1988, 124 (125); NJW-RR 1989, 306 (307); 1997, 144 (145).

59 BGHZ 61, 118 (121 f.); 72, 92 (106); NJW 1984, 1688 (1688 f.); WM 1988, 124 (125); BGHZ 111, 75 (81); 124, 151 (159); NJW-RR 1997, 144 (145); NJW 2001, 2163 (2165).

60 BGH WM 1988, 124 (125), und NJW 1996, 2503, für den Unternehmenskauf; NJW 2001, 2163 (2165), für den Anteilskauf; NJW-RR 1990, 970 (971), und 1997, 144 (145), für den Grundstückskauf; vgl. auch BGH NJW 1978, 41 (42); BGHZ 111, 75 (82); NJW 1991, 2556 (2558); 1996, 2503.

61 BGH NJW 1980, 2408 (2410); 1989, 306 (307); WM 1989, 416 (417); BGHZ 114, 87 (94); NJW 2001, 2875 (2877).

62 Im umgekehrten Fall, dass der Käufer die rücktrittsartige Wirkung geltend macht, lässt der BGH demgegenüber offenbar den Gegenbeweis zu: BGH NJW 1978, 41 (42); WM 1988, 124 (125); NJW 1996, 2503.

63 BGH NJW 1980, 2408 (2409 f.); 1981, 2050 (2051); WM 1989, 416 (417); BGHZ 111, 75 (82); 114, 87 (94); ZIP 1999, 574 (577); NJW 1999, 2032 (2034); 2001, 2163 (2165);

Soweit ein Grundstück mit darauf betriebenem Unternehmen verkauft wurde, hat die Rechtsprechung hinsichtlich der Erträge wie beim Unternehmenskauf entschieden[64]. Ging es dagegen um Miet- oder Pachterträge eines Grundstücks, hielt sie Ertragsangaben grundsätzlich für Eigenschaften i. S. d. § 459 Abs. 2 BGB a. F. [65], aber ebenfalls nicht für Beschaffenheiten i. S. d. § 459 Abs. 1 BGB a. F.[66]. Hier sollten jedoch schon einzelne Angaben genügen, da eine zukünftige Ertragserwartung weniger von äußeren Faktoren abhinge und auch kurzzeitige Angaben Grundlage für die Reinertragskalkulation des Käufers und damit die Bestimmung des Kaufpreises sein könnten[67].

2. Die Kritik an der Rechtsprechung zur alten Rechtslage

Der bisherigen Rechtsauffassung der Gerichte wurde in der Literatur größtenteils widersprochen. Kritisiert wurde die Inkonsequenz der Rechtsprechung, die sich aus der fehlenden Entscheidung für ein Haftungssystem ergab. Erklärter Grund für die Rechtsprechung, im Regelfall auf die culpa in contrahendo auszuweichen zu wollen, war insbesondere die unbillige Wandelung und Verjährung[68]. Andererseits sollte aber die grundsätzliche Anerkennung der Ertragsfähigkeit als zusicherungsfähige Eigenschaft nicht aufgegeben werden[69].

---

auch NJW-RR 1989, 306 (307), wo der Hinweis auf die Ursächlichkeit noch angeführt wird, aber keine praktische Bedeutung hat.

64 Siehe bereits einige der erläuterten Entscheidungen, in denen die Einordnung als Unternehmens- oder Grundstückskauf häufig ganz zurücktritt: RGZ 52, 1; JW 1915, 506; SeuffA 86 Nr. 27; OLG München HRR 1940 Nr. 979; BGH NJW 1990, 1658 (1659); 1996, 2503.

65 RG Recht 1916 Nr. 216; RGZ 132, 76 (78); 134, 83 (86); BGH WM 1965, 272; NJW 1980, 1456 (1457); 1981, 45 (46); WM 1982, 696 f.; 1988, 48 (51); 1990, 902; NJW-RR 1990, 970 (972).

66 BGH WM 1982, 696.

67 BGH NJW 1980, 1456 (1457). Da aber auch hier maßgebliche Erwägung war, dass aus den Angaben die Ertragsfähigkeit des Grundstücks ermittelt werden könne (BGH NJW 1981, 45 (46); 1990, 902), galt dieses nicht, wenn es sich um Vergangenheitsangaben handelte und die Verhältnisse sich verändert hatten: RG Recht 1916 Nr. 216.

68 Dass insofern die Rechtsprechung tatsächlich rechtsfolgenbezogene Erwägungen zugrundegelegt hat, gibt der damalige BGH-Richter Joachim Hiddemann in ZGR 1982, 435 (443), unumwunden zu.

69 G. Müller sieht in BB 1980, 1393 (1396), und ZHR 147 (1983), 501 (516 f.), den Grund für die Anerkennung der Ertragsfähigkeit als Eigenschaft darin, dass man so um die 30jährige Verjährung eines selbstständigen Garantieversprechens herumkam, sobald eine Zusicherung vorlag. Recht überzeugen kann diese Argumentation nicht, denn immerhin führte die sonst eingreifende Haftung über culpa in contrahendo auch ohne Zusicherung zu einer so langen Verjährung. Deshalb will er die Ertragsfähigkeit später auch nicht mehr als Eigenschaft anerkennen, um insofern einen Gleichlauf zu ermöglichen (ZIP 2000, 817 (821 ff.)). Hintergrund der Rechtsprechung ist wohl eher, dass die Ertragsfähigkeit unschwer als Beschreibung des gegenwärtigen Zustands des Unternehmens ange-

Problematisch war dieses Nebeneinander von Haftungssystemen deshalb, weil sich die culpa in contrahendo und das Gewährleistungsrecht nach der Rechtsprechung gegenseitig ausschlossen[70], was auch für nicht zugesicherte, aber zusicherungsfähige Eigenschaften angenommen wurde[71]. Abgesehen von der Problematik, zu begründen, warum überhaupt ein Unterschied zwischen Beschaffenheiten i. S. d. § 459 Abs. 1 BGB a. F. und Eigenschaften i. S. d. § 459 Abs. 2 BGB a. F. bestehen sollte, musste die Rechtsprechung auch den Eigenschaftsbegriff eng halten, um den Weg für die culpa in contrahendo offen zu halten. Dies erreichte sie im Ergebnis über zwei Einschränkungen[72]: Zum einen konnten wie gesagt nur Angaben über einen längeren Zeitraum die Ertragsfähigkeit als einzig anerkannte zusicherungsfähige Eigenschaft beschreiben[73]. Mit der restriktiveren Handhabung konnte das Gewährleistungsrecht weitestgehend zurückgedrängt werden. Zum anderen erfolgte eine weitere Einschränkung, indem die Angaben nur bei tatsächlicher Zusicherung als Eigenschaft anerkannt wurden[74]. Das eigentlich zusätzlich erforderliche Kriterium der Zusicherung wurde also schon zur Begründung einer Eigenschaft herangezogen. Dies hatte den Vorteil, dass die culpa in contrahendo erst dann ausgeschlossen wurde, wenn der ganze Tatbestand des § 459 Abs. 2 BGB a. F. erfüllt und somit eine Haftung nach § 463 S. 1 BGB a. F. gesichert war. Dogmatisch hat die Rechtsprechung sich dabei des Umstands bedient, dass es sich beim Unternehmenskauf nur um eine analoge Anwendung der §§ 459 ff. BGB a. F. handelte, eine gleichartige Interessenlage also auch erst dann anerkannt werden konnte, wenn eine Zusicherung vorlag[75].

Diese Zusammenhänge machen deutlich, dass die Rechtsprechung rechtsfolgenorientiert gearbeitet hat und sich dabei für den Einzelfall alle Möglichkeiten

---

sehen werden kann, sich aber gewichtige praktische Probleme ergaben, die dazu führten, dass man Probleme mit der Anwendung des Begriffs hatte.

70 So schon RGZ 135, 339 (346 f.); 161, 193 (195 f.); BGHZ 60, 319 (321 ff.); BGHZ 88, 130 (134); 96, 302 (311); NJW-RR 1988, 10 (11); 1988, 136; 1988, 348 (349 f.); 1990, 970 (971).

71 BGHZ 60, 319 (322 f.); WM 1976, 740; BGHZ 88, 130 (134); NJW-RR 1988, 10 (11); NJW 1990, 1658 (1659); 1991, 1223; 1991, 2556.

72 Vgl. dazu insb. die Ausführungen von Zimmer, NJW 1997, 2345 (2346 f.).

73 Insofern kritisch zum sinnvollen Zweck des Kriteriums des längeren Zeitraums G. Müller, Lossagungsrecht, S. 96 f.

74 Dazu Staudinger-Honsell (1995), Vorbem zu § 459 Rn. 62 und 64; G. Müller, Lossagungsrecht, S. 87; ders., BB 1980, 1393 (1396); Baur, BB 1979, 381 (383).

75 Vgl. G. Müller, Lossagungsrecht, S. 105 f. Wenn also etwa Drexler, S. 219 f., Willemsen, AcP 182 (1982), 515 (534 und 537), und Zimmer, NJW 1997, 2345 (2346), behaupten, dass der BGH die culpa in contrahendo erst beim konkreten Vorliegen einer Eigenschaft für ausgeschlossen erachten und damit seiner eigenen Rechtsprechung widersprechen würde, mag das zwar im Ergebnis richtig sein, dogmatisch aber nicht, denn der BGH konstruiert so den Sonderfall, dass eine Eigenschaft schon gar nicht vorliegen kann, wenn keine Zusicherung vorliegt.

offen halten wollte. Im Ergebnis mag dies zwar zu gerechten Urteilen geführt haben, die dogmatischen Grundlagen dieser Konstruktion wurden aber kritisch hinterfragt.

3. Alternative Ansätze in der Literatur zur alten Rechtslage

In der Literatur gab es nur wenige Autoren, die dem Ansatz der Rechtsprechung folgten. Zu nennen sind hier die eher erläuternden Ausführungen *Hiddemanns*[76], der als BGH-Richter die Rechtsprechung verteidigte. Ähnlich wie die Rechtsprechung argumentierte anfangs auch *Hommelhoff*[77]. Er ging davon aus, dass die Rechtsfolgen von Vereinbarungen nicht von den Parteien festgelegt werden und insofern das Gesetz die sachgerechten Rechtsfolgen zuweisen müsse. Bei einer Zusicherung hielt er das Gewährleistungsrecht für sachgerecht[78]. War eine solche nicht gegeben, wollte er es nicht anwenden, weil zu unsicher sei, inwiefern die Angaben für den Kaufentschluss von Bedeutung waren[79]. Bedingte Zustimmung ist auch bei *Drexler*[80], *Körting*[81], *W. Müller*[82], *Semler*[83] und *Walter*[84]

---

76 ZGR 1982, 435: Er hielt die strenge Einstandspflicht auf positives Interesse nur bei Zusicherung für sachgerecht (S. 445). Im Übrigen empfand er die culpa in contrahendo grundsätzlich als das sachgerechtere Instrument zur Bewältigung von Leistungsstörungen beim Unternehmenskauf (S. 447).

77 Später hat er ebenfalls die Ansicht der generellen Anwendbarkeit des Gewährleistungsrechts vertreten, vgl. Hommelhoff/Schwab, FS Zimmerer, S. 267 (274 ff.).

78 Dabei machte er keine weiteren Einschränkungen, weil die Parteien die Risikobereiche ohnehin vollständig zulasten des Verkäufers abgegrenzt hätten. Es sollten alle Abschlussangaben darunter fallen können, auch solche, die nur einen kurzen Zeitraum betrafen: Sachmängelhaftung, S. 89 ff.; ZHR 140 (1976), 271 (297 f.).

79 Hommelhoff forderte wie die Rechtsprechung für Beschaffenheiten eine unmittelbare Beziehung zum Kaufgegenstand, lehnte nach einer Analyse der unterschiedlichen Unternehmensbewertungsmethoden aber eine solche Unmittelbarkeit deshalb ab, weil man nicht klar entscheiden könne, ob und welche Zahlen für den Käufer von entscheidender Bedeutung seien: Sachmängelhaftung, S. 81 ff.; ZHR 140 (1976), 271 (297).

80 S. 283. Er hielt eine Fortführung der restriktiven Rechtsprechung bei gleichzeitiger Anwendung der culpa in contrahendo für möglich. Insgesamt verfolgte er aber die Tendenz, das Gewährleistungsrecht für nicht interessengerecht zu erklären. Hinsichtlich der Verlässlichkeit der Angaben wollte er danach differenzieren, inwiefern der Käufer davon ausgehen konnte, dass vorher ein Wirtschaftsprüfer die Bilanzen geprüft hatte (S. 272 ff.) und hielt diese Differenzierung nur über den flexibleren Weg des Pflichtverletzungsansatzes für möglich (S. 277 f.).

81 NJW 1970, 1077.

82 JuS 1975, 489 (492). Er wollte die Ertragsfähigkeit deshalb nicht als Beschaffenheit verstehen, weil sie allein auf die für die Zukunft erwarteten Erträge gerichtet sei. Demgegenüber hielt er die Rechtsprechung zur Qualifikation der Ertragsfähigkeit als zusicherungsfähige Eigenschaft aber wieder für verständlich, weil er dort den Gegenwartsbezug durch die Betonung der Fähigkeit, die Erträge zu erzielen, deutlich machte. Dann wollte

zu finden. Die meisten Autoren waren demgegenüber bemüht, sich eindeutig auf ein System zur Bewältigung der Abschlussangaben festzulegen. Hier lassen sich verschiedene Richtungen aufzeigen.

a) Gewährleistungsrechtliche Haftung

Zum einen wurde der abschließende Weg über die §§ 459 ff. BGB a. F. vorgeschlagen. Dies sollte bei allen Umsatz-, Ertrags- und Bilanzangaben gelten, unabhängig von dem umfassten Zeitraum und dem Vorliegen einer Zusicherung. Ausgehend von einer genaueren Analyse des Unterschieds zwischen Beschaffenheiten und Eigenschaften von *Immenga*[85] schloss sich der Großteil der Literaturstimmen der Ansicht an, dass es keinen Unterschied dieser beiden Begriffe geben könne[86]. Der subjektive Fehlerbegriff ermögliche es den Parteien, alle ihnen wichtigen Punkte zum Gegenstand einer Beschaffenheitsvereinbarung zu machen, was auch für die regelmäßig wichtigen Ergebniszahlen gelte. Relevant sei dann nur, ob die Angaben überhaupt Vertragsinhalt geworden sind. Die Zusicherung habe nur Bedeutung für eine verschuldensunabhängige Schadensersatzpflicht. Als Vertreter dieses Lösungswegs sind insbesondere *Goltz*[87], *Hommelhoff/Schwab*[88], *Larenz*[89], *Lieb*[90], *Mössle*[91], *Noll*[92], *Prölss*[93], *Putzo*[94] und

---

er aber auf das Kriterium des längeren Zeitraums der Angaben verzichten und die Wandelung nur bei Interessenwegfall zulassen (S. 493).

83 Hölters, Teil VI, Rn. 158. Er hält die Rechtsprechung i. E. trotz geäußerter Kritik für einsehbar.

84 Kaufrecht, § 5 II 2 c) bb) (S.148). Er hielt die Haltung der Rechtsprechung wegen der Verjährungsfrage für gerechtfertigt, äußerte sich aber hinsichtlich der Konkurrenzfrage kritisch (§ 5 II 8 c) cc) (S. 244)).

85 AcP 171 (1971), 1 (10 f.).

86 Staudinger-Honsell (1995), § 459 Rn. 33 ff.; Hollenberg, S. 59 f.; Mössle, BB 1983, 2146 (2150 und 2154); Willemsen, AcP 182 (1982), 515 (543 f.); Zimmer, NJW 1997, 2345 (2348 f.).

87 DB 1974, 1609 (1610 f.). Die Ertragsfähigkeit selbst hielt er anders als die Vergangenheitszahlen für eine in die Zukunft gerichtete Aussage und erkannte sie deshalb gar nicht als mögliche Beschaffenheitsvereinbarung an (S. 1612).

88 FS Zimmerer, S. 267 (274 ff.). Hier forderten sie anders als Hommelhoff zuvor keine Zusicherung mehr, um sicherzustellen, dass die Angaben das Äquivalenzverhältnis ausmachen. Ausreichen sollte vielmehr schon, dass der Käufer in den Verhandlungen deutlich gemacht hat, dass ihm die Angaben wichtig sind.

89 Schuldrecht II/1, § 45 II a (S. 167).

90 MüKoHGB, Anh § 25 Rn. 77 ff.; FS Gernhuber, S. 259 (265 f.). Die zentrale Bedeutung der Zahlen leitete er aus der Relevanz für die Unternehmensbewertung insgesamt her.

91 BB 1983, 2146 (2150 f.).

92 WM 1985, 341 (343).

93 ZIP 1981, 337 (343 f.). Die Wichtigkeit der Angaben für den Käufer ergebe sich schon daraus, dass er sie sich vorlegen ließe.

Reinicke/Tiedtke[95] zu nennen[96]. Einige weitere Vertreter dieser Richtung betonten allerdings einschränkend, dass es sich um aussagekräftige Zahlen handeln müsse[97]. Dazu gehören *Immenga*[98], *H. P. Westermann*[99] und *Willemsen*[100].

Die Problematik unpassender Rechtsfolgen wurde durch Modifikation derselben gelöst, zu der man sich infolge der nur analogen Anwendung der Gewährleistungsvorschriften berechtigt sah[101]. Die Lösungsversuche konzentrierten sich insbesondere darauf, die Wandelung möglichst weit auszuschließen, indem man sie als unpassend einfach nicht anwendete oder zumindest einen Interessenwegfall forderte[102]. Zudem bemühte man sich, die Verjährung auszuweiten, insbesondere indem man die für Grundstücksmängel geltende einjährige Frist anwendete oder den Verjährungsbeginn hinausschob[103].

b) Anwendung der culpa in contrahendo

Eine zweite Strömung in der Literatur führte den restriktiven Weg der Rechtsprechung zu Ende und verwies generell auf die Möglichkeit, die culpa in contrahendo anzuwenden[104]. Zur Begründung wurde zumeist darauf verwiesen, dass die Risikostruktur hinsichtlich der Haftung für Abschlussangaben von der des Gewährleistungsrechts wesentlich abweiche. Insbesondere seien Bilanzierungsfehler leicht möglich und daher die Gefahr einer Falschangabe für den

---

94 NJW 1970, 653 f. Er billigt dem zurückliegenden Jahresumsatz neben der Ertragsfähigkeit Eigenschaftscharakter zu.

95 Kaufrecht, Rn. 1253.

96 Vgl. außerdem Michalski-Ebbing, GmbHG, § 15 Rn. 178 c.

97 Das muss allerdings nicht zwingend bedeuten, dass die bisher Genannten dieses Kriterium nicht ebenfalls zumindest als bedingt relevant ansahen, weil sich bei völlig fehlender Aussagekraft in der Regel kaum sagen ließ, dass diese Zahlen Inhalt der Vereinbarung sein sollten.

98 AcP 171 (1971), 1 (12).

99 MüKo (3. Aufl.), § 459 Rn. 54.

100 AcP 182 (1982), 515 (544 ff., insb. 546). Relevant sei nur, dass die Angaben das Unternehmen selbst betreffen, was bei Abschlussangaben regelmäßig der Fall sei. Auf den gegenwärtigen Zustand ließen aber nur aussagekräftige Zahlen schließen.

101 Larenz, Schuldrecht II/1, § 45 II a (S. 168 f.); Lieb, FS Gernhuber, S. 259 (266), H. P. Westermann, ZGR 1982, 45 (50 ff.).

102 Darauf wird im Rahmen der Ausführungen zum Rücktritt als möglichem Rechtsbehelf näher eingegangen: Kap. 2 IV 3 a).

103 Detailliertere Ausführungen erfolgen bei der Erläuterung der Verjährung: Kap. 2 V 3 a).

104 Vgl. ohne abschließende Stellungnahme K. Schmidt, Handelsrecht, § 6 II 3 b) aa). Auch die Vertreter des Wegs über den Wegfall der Geschäftsgrundlage (dazu sogleich) wollten die culpa in contrahendo zusätzlich anwenden: Hollenberg, S. 135 ff.; Canaris, Handelsrecht, § 8 Rn. 32 u. 39; ders., ZGR 1982, 395 (403); G. Müller, ZIP 1993, 1045 (1052); ders., ZIP 2000, 817 (823); anders aber noch ders., ZHR 147 (1983), 501 (522), wo er eher noch den Gewährleistungsregeln zugeneigt war.

Verkäufer sehr hoch[105]. Zum anderen sei die Bilanz eher ein Risikoabschätzungsmittel für den Käufer und die Haftung begründe sich auf der Verletzung von Informationspflichten, für welche die culpa in contrahendo die flexiblere Regelung bereithalte[106]. Zudem wurde auf die problematische Rechtsfolgenseite des Gewährleistungsrechts verwiesen[107], obwohl es in dieser Hinsicht auch bei der culpa in contrahendo Begründungsbedarf gab. Insofern stellten sich insbesondere die Probleme der zu langen Verjährung von 30 Jahren und des Erfordernisses, den Vertrag ebenfalls rückabzuwickeln, wenn der Käufer ihn bei richtiger Aufklärung nicht geschlossen hätte. Eine Minderungswirkung ließ sich ebenfalls schwer begründen[108]. Dennoch bevorzugten diese Richtung *Angermann*[109], *Baur*[110], *Fuest*[111], *Grunewald*[112], *Honsell*[113], *U. Huber*[114], *Hüffer*[115], *Kantenwein*[116], *Keil*[117], *Moosmayer*[118] und *Zimmer*[119].

---

105 Vgl. U. Huber, AcP 200 (2000), 179 (215 f.).

106 Vgl. Kantenwein, S. 63 ff.

107 Soergel-Huber, § 459 Rn. 263.

108 Auch auf diese Probleme ist im Einzelnen später einzugehen: Kap. 2 IV 2 b) und 3 a) cc) (2); V 3 a).

109 S. 70 ff. Er unterschied bei der analogen Anwendung des Gewährleistungsrechts pauschal zwischen den Elementen des Sach- und Rechtskaufs sowie denen des Kaufs immaterieller Werte (S. 82). Auf letztere hielt er das Gewährleistungsrecht für nicht anwendbar, sondern verwies auf die Haftung aus culpa in contrahendo (S. 78 u. 87).

110 BB 1979, 381 (386). Er kam zu dieser Lösung insbesondere durch die seiner Ansicht nach sonst nicht mögliche Lösung der Verjährungsproblematik. Die Flexibilität der culpa in contrahendo im Hinblick auf Pflichtverletzung, Schaden und Verschulden untermauerten seiner Meinung nach sein Ergebnis.

111 S. 31 ff. Seines Erachtens mangelte es bei den Vergangenheitsangaben am Merkmal des Anhaftens, weil die Ableitungen daraus auf den gegenwärtigen Zustand zu unsicher seien und eher die nicht mit übertragene Unternehmenspolitik widerspiegelten (S. 42 ff.). Zudem wies er auf die unpassende Rechtsfolgenseite hin, die er über die culpa in contrahendo besser zu lösen meint (S. 46 ff.). Er ging sogar soweit, die Angaben nicht einmal für den potentiellen Gegenstand einer selbstständigen Garantie zu halten (S. 82 f.).

112 Grenzziehung, S. 102 f. Sie ging davon aus, dass das Anerkennen einer Beschaffenheit davon abhinge, ob der Mangel bei körperlicher Untersuchung auffindbar sei, was bei Angaben über die Geschichte des Unternehmens nicht der Fall sei.

113 Staudinger (1995), Vorbem zu §§ 459 ff. Rn. 62; § 459 Rn. 115 u. 89. Dogmatisch sah er zwar Umsätze und Erträge als potentielle Beschaffenheit an, hielt aber die culpa in contrahendo für interessengerechter.

114 Soergel, § 459 Rn. 258 u. 263 ff. Die Verwerfung des Gewährleistungsrechts begründete er eher mit den unpassenden Rechtsfolgen, obwohl er über die culpa in contrahendo dem Käufer ebenfalls die Möglichkeit zur Rückabwicklung zugestand (Rn. 266). Insbesondere zur Vermeidung von Wertungswidersprüchen bei der Verjährung sollte das auch für die Ertragsfähigkeit gelten (Rn. 285 f.). In ZGR 1972, 395 (410 ff.), begründete er diese Auffassung zudem damit, dass es sich um bloße Wertansätze handele, die dem Gewährleistungsrecht nicht zugänglich seien, weil der Verkäufer dafür in der Regel nicht einzugestehen denke. In AcP 202 (2002), 179 (212), leitete er das auch aus der Vertragspraxis ab, die allgemein eher der culpa-Haftung entsprechende Generalklauseln bilde. Dort ging

c) Erweiterung der culpa in contrahendo durch die Lehre der Geschäftsgrundlagenstörung

Außerdem wurde vorgeschlagen, die Abschlussangaben aus dem Gewährleistungsrecht herauszuhalten und in Ergänzung zu den Regeln der culpa in contrahendo die Grundsätze der Störung der Geschäftsgrundlage anzuwenden, um auch bei fehlendem Vertretenmüssen des Verkäufers einen Interessenausgleich zu ermöglichen. Diesen Weg schlug in Form der Fallgruppe der Äquivalenzstörung als erster *Canaris* vor[120]. Ihm folgten, allerdings unter der Voraussetzung der Fallgruppe des gemeinsamen Irrtums über die Kalkulationsgrundlage, *G. Müller*[121] und *Hollenberg*[122]. Das Problem der Wandelung konnte diese

---

er sogar so weit, aus dem Gedanken der einheitlichen Behandlung heraus alle Leistungsstörungen beim Unternehmenskauf über die culpa in contrahendo lösen zu wollen (S. 214).

115 Staub, HGB, Vor § 22 Rn. 49 f., mit einer ähnlichen Begründung wie Honsell (vgl. Fn. 113).

116 S. 41 ff. Die Diskussion um den Fehlerbegriff hielt er für nicht ergiebig (S. 38 f.), stellte aber bei einer Risikoanalyse fest, dass der Verkäufer dem Käufer die Zahlen nur deshalb gebe, weil er sie bereits habe, nicht aber, um dafür verschuldensunabhängig einstehen zu wollen (S. 50 f.). Auch die Rechtsfolgenseite des Gewährleistungsrechts kritisierte er (S. 72 ff.), ohne aber die Probleme des Lösungswegs über die culpa in contrahendo anzusprechen.

117 S. 136 ff. Sie lehnte die Anwendung des Gewährleistungsrechts auf den Unternehmenskauf grundsätzlich ab, weil das Unternehmen einen zu großen Unterschied zu einer Sache aufweise (S. 99). Leistungsstörungen wollte sie einheitlich über die positive Forderungsverletzung und die culpa in contrahendo abwickeln.

118 S. 60 f.

119 NJW 1997, 2345 (2349 ff.). Er begründete seine Position insbesondere damit, dass der Unternehmenskauf zu komplex sei, um ihn mit einem normalen Sachkauf zu vergleichen, was er allerdings nur auf die Abschlussangaben, nicht aber auf Substratmängel bezog.

120 ZGR 1982, 395 (396 u. 402); auch Handelsrecht, § 8 Rn. 25 u. 39. Die Anwendung des Gewährleistungsrechts lehnte er mit den Vertretern der culpa-Haftung als unpassend ab (S. 397 ff. bzw. Rn. 24). Weil der Wegfall der Geschäftsgrundlage in Form der Äquivalenzstörungsfälle aber auf demselben Ausgleichsprinzip wie das Gewährleistungsrecht beruhe, könne es auftretende Lücken schließen (S. 396 f. bzw. Rn. 25). Bei Arglist bejahte er dennoch die Analogie zu § 463 BGB a. F. (S. 414). Die culpa in contrahendo wollte er zusätzlich anwenden. Insofern hat er seine Bedenken hinsichtlich der Zulässigkeit der Rückabwicklung aufgrund der Konkurrenz zu § 123 BGB (S. 416 ff.) und hinsichtlich der Kausalitätsvermutung bei der Minderung (S. 421 ff.) inzwischen aufgegeben: AcP 200 (2000), 273 (308 f. und 316 ff.).

121 Ursprünglich bevorzugte er die generelle Anwendung des Gewährleistungsrechts auf Abschlussangaben: vgl. Lossagungsrecht, S. 219 ff.; auch noch ZHR 147 (1983), 501 (517 f.). Insofern sprach er sich auch noch für die Anpassung der Rechtsfolgenseite aus (S. 409 ff. bzw. 526 ff.). Bereits in ZHR 147 (1983), 501 (537 ff.), schlug er dagegen in Fortführung der Gedanken von Canaris den neuen Weg des gemeinsamen Irrtums über die Kalkulationsgrundlage vor (fortgeführt in Ebenroth/Boujong/Joost, HGB, Vor § 373

Ansicht leicht lösen, weil primäre Rechtsfolge der Störung der Geschäftsgrundlage die Vertragsanpassung war, also eine Art Minderung[123]. An der Verjährungsproblematik kam man vorbei, indem man nach einer zu langen Zeit einfach die Relevanz für die Geschäftsgrundlage verneinte[124]. Die übrigen Vertreter der culpa in contrahendo-Lösung lehnten diesen zusätzlichen Weg allerdings ab[125].

d) Gewährleistungsrecht und culpa in contrahendo

Zu einem eigenen System kam schließlich ein Teil der Literatur, der ein Nebeneinander von Gewährleistungsrecht und culpa in contrahendo zuließ[126]. In Bezug auf die Abschlussangaben äußerten sich dazu mit unterschiedlichen Ausprägungen des Gewährleistungsansatzes insbesondere *Drexler*[127], *Kanzleiter*[128], und

---

Rn. 54; ZIP 1993, 1045 (1052 ff.); ZIP 2000, 817 (825 ff.)). Damit folgte zugleich die Abwendung von der Lösung über das Gewährleistungsrecht. Jetzt wollte er zusätzlich die culpa-Haftung zulassen (ZIP 1993, 1045 (1053); ZIP 2000, 817 (821 ff.)). Während er anfangs noch bei Zusicherung Gewährleistungsrecht analog anwenden wollte (ZHR 147 (1983), 501 (541 ff.)), gab er diesen Gedanken später ebenfalls auf: Ebenroth/Boujong/Joost, HGB, Vor § 373 Rn. 54; ZIP 1993, 1045 (1054); ZIP 2000, 817 (823 f.).

122 S. 153 ff., insb. S. 219 ff. Er wendete sich gegen die analoge Anwendung des Gewährleistungsrechts und schlug als Kompensation ebenfalls die Geschäftsgrundlagenlehre vor. Bei vorvertraglichen Falschangaben hielt er aber genau wie Müller nur einen gemeinsamen Kalkulationsgrundlagenirrtum für möglich (S. 163). Eigenständige Bedeutung sollte dieser Irrtum bei falschen Ergebniszahlen aber nur haben, wenn diesen auch im Rahmen der Vereinbarung eine eigenständige Bedeutung zukam (S. 223 f.). Ansonsten wollte er bei der Lösung darauf abstellen, auf welcher Art von anderweitigem Mangel die bilanzielle Abweichung beruhte (S. 219 ff.). Nur wenn die Angaben Geschäftsgrundlage geworden waren, wollte er zusätzlich die Haftung über culpa in contrahendo annehmen (S. 158 ff. u. 232).

123 Vgl. Hollenberg, S. 166 f.; Canaris, Handelsrecht, § 8 Rn. 26; ders., ZGR 1982, 395 (407 f.); G. Müller, ZHR 147 (1983), 501 (536 f.). Probleme ergaben sich allerdings dadurch, dass die Lehre der Geschäftsgrundlage nur bei Unzumutbarkeit eine Vertragsanpassung vorsah.

124 So Canaris, ZGR 1982, 395 (402 f.). G. Müller, ZHR 147 (1983), 501 (541), schlug dagegen eine analoge Anwendung des § 121 BGB vor.

125 Vgl. explizit Angermann, S. 62; Fuest, S. 145 ff.; Kantenwein, S. 86 ff.; U. Huber, AcP 202 (2002), 179 (218 ff.), anders allerdings noch in Soergel, § 459 Rn. 268 f.

126 Allgemein Enneccerus-Lehmann, Schuldrecht, § 112 I 3 (S. 453 f.); Esser/Weyers, Schuldrecht II/1, § 6 II 3 (S. 69 ff.); Diedrichsen, BB 1965, 401 (402 f.); Emmerich, FS Jahr, S. 267 ff.; Flume, AcP 193 (1993), 89 (113 f.); Knöpfle, NJW 1990, 2497 (2502 ff.), der aber einen Vorrang bei unterlassenen Angaben annahm (S. 2500 f.); Nirk, FS Möhring 1965, S. 385 (411 f.), und FS Möhring 1975, S. 71 (92); Schaumburg, MDR 1975, 105 (107 ff.).

127 S. 281 f., vgl. auch Fn. 80.

128 DNotZ 1991, 141 (142 ff.).

Prölss[129]. Der Vorteil dieses Wegs war, dass eine restriktivere Handhabung des Gewährleistungsrechts nicht zu Haftungslücken führen konnte.

4. Die Literatur zur neuen Rechtslage

Soweit in der neueren Literatur Stellung zu dem Problem bezogen wird, ist insbesondere aus Richtung der praxisorientierten Stellungnahmen die Tendenz zu verzeichnen, dem Weg über das Gewährleistungsrecht zu folgen[130]. Argumente dafür sind insbesondere der nun betonte subjektive Ansatz der Gewährleistungshaftung und die angeglichenen Rechtsfolgen wie die längere Verjährung und die Wertersatzpflicht beim Rücktritt. Zu nennen sind aus dieser Richtung insbesondere *Beckmann*[131], *Berger*[132], *Bergjan*[133], *Dauner-Lieb/Thiessen*[134], *Fritzen*[135], *Gaul*[136], *v. Gierke/Paschen*[137], *Gruber*[138], *Haas*[139], *Häublein*[140], *Holzapfel/Pöllath*[141], *Horn/Bernau*[142], *Knott*[143], *Larisch*[144], *Reinicke/Tiedtke*[145], *Schröcker*[146], *Seibt/Reiche*[147], *Triebel/Hölzle*[148], *H. P. Westermann*[149], *v. Westphalen*[150], *Wolf/Kaiser*[151], *Wunderlich*[152] und im Ergebnis auch *Büdenbender*[153].

---

129 ZIP 1981, 337 (345 f.), vgl. bereits Kap. 2 I 3 a).

130 Vgl. die kurzen Stellungnahmen von Westermann-Buck, Das Schuldrecht 2002, S. 105 (121); Rotthege/Wassermann-Rotthege, Rn. 1156 f.; Rehberg, ZGS 2002, 456 (458 f.); Schulze/Ebers, JuS 2004, 462 (463); ohne Begründung Brox/Walker, Schuldrecht BT, § 4 Rn. 15; einschränkend Picot, in: Picot, Unternehmenskauf, Teil I, Rn. 91 (S. 147); vorsichtig Gronstedt/Jörgens, ZIP 2002, 52 (54 f.); unklar Canaris, Karlsruher Forum 2002, S. 5 (60, 61 ff.).

131 Staudinger (2004), § 453 Rn. 30.

132 JZ 2004, 276 (278 ff., 282); kurz auch in Jauernig, § 453 Rn. 15.

133 S. 151 ff.

134 ZIP 2002, 108 (109).

135 S. 33 ff., 120 f.

136 ZHR 166 (2002), 35 (45 ff.).

137 GmbHR 2002, 457 (462 f.).

138 MDR 2002, 433 (436 f.).

139 Haas/Medicus/Rolland/Schäfer/Wendtland, Das neue Schuldrecht, Kap. 5, Rn. 549.

140 NJW 2003, 388 (389 ff.).

141 Unternehmenskauf, Rn. 409; auch Holzapfel, in: Dauner-Lieb, Unternehmenskauf und Schuldrechtsmodernisierung, S. 87 (89 ff.).

142 Jura 2003, 702 (705).

143 NZG 2002, 249 (249 f.).

144 S. 38 ff., 50 ff.

145 Kaurecht, Rn. 1253 ff.

146 ZGR 2005, 63 (75 ff., 78).

147 DStR 2002, 1135 (1137 f.).

148 BB 2002, 521 (524 f.).

149 MüKo, § 453 Rn. 31 ff, vgl. auch JZ 2001, 530 (532).

150 In: Henssler/v. Westphalen, § 453 Rn. 9 ff.

151 DB 2002, 411 (412 ff., 414).

Nicht selten wird aber auch die Einschätzung vertreten, dass der Eigenschaftsbegriff sich im Beschaffenheitsbegriff fortsetze und deshalb eine Fortsetzung der Rechtsprechung zu erwarten sei, insbesondere was das Erfordernis der Angaben über längere Zeit betrifft. Hier sei auf *Eidenmüller*[154], *Jaques*[155], *Kindl*[156], *Oetker/Maultzsch*[157], *Reiner*[158] und *Weitnauer*[159] hingewiesen[160]. Schließlich besteht auch die Gegenauffassung unverändert fort, die für Ergebniszahlen über längere Perioden und die Ertragsfähigkeit ausschließlich die §§ 280 Abs. 1, 311 Abs. 2, 241 Abs. 2 BGB anwenden will. Diese Ansicht wird neben den bisherigen Argumenten insbesondere darauf gestützt, dass sich nicht der alte Eigenschaftsbegriff, sondern der alte Beschaffenheitsbegriff in der neuen Rechtslage fortsetze und selbst nach bisheriger Rechtsprechung die Ertragsfähigkeit nicht darunter falle. Auch sei die nunmehr strenge Haftung bei bloß fahrlässigen Falschangaben nicht gerechtfertigt. In diesem Zusammenhang sei wiederum auf *U. Huber*[161] hingewiesen, zudem auf *Grigoleit/Herresthal*[162], *Grunewald*[163] und *Wertenbruch*[164].

---

152 WM 2002, 981 (984 f.), der dieses Ergebnis allein aus den Intentionen des Gesetzgebers ableitet.

153 In: Dauner-Lieb, Unternehmenskauf und Schuldrechtsmodernisierung, S. 5 (29 ff.). Er argumentiert nicht allein mit dem subjektiven Ansatz, sondern geht im Grundsatz einschränkend davon aus, dass der Zustand des Unternehmens beschrieben sein müsse (S. 32). Aus der Popularität auch kurzfristiger Geschäftsergebnisse für die Einschätzung eines Unternehmens schließt er aber, dass an die Dauerhaftigkeit der Angaben keinerlei Anforderungen gestellt werden müssen (S. 33 ff.).

154 ZGS 2002, 290 (295 f.). Vergangenheitsangaben sollen nach seiner Ansicht nur bei Dauerhaftigkeit als Beschaffenheit behandelt werden, Angaben der Gegenwart dagegen auch, wenn es sich um Einzelangaben handelt.

155 BB 2002, 417 (418).

156 WM 2003, 409 (411 ff.). Er hält die §§ 280 Abs. 1, 311 Abs. 2, 241 Abs. 2 BGB im Regelfall noch immer für interessengerechter und äußert sich negativ über die Anerkennung einzelner Angaben als Beschaffenheit.

157 Vertragliche Schuldverhältnisse, § 2 D I 2 b) bb) (S. 61). Die Ertragskraft sei zu den Beschaffenheiten zu rechnen.

158 In: Semler/Volhard, ÜN Hdb., § 56 Rn. 167 ff. Er stellt aber nicht prinzipiell auf Vergangenheitszahlen über längere Zeit ab, sondern darauf, ob diese Zahlen auf kontinuierliche Gegenwartswerte hinweisen und dies von den Parteien beabsichtigt war.

159 NJW 2002, 2511 (2513 f.).

160 Wohl auch Staudinger-Matusche-Beckmann (2004), § 434 Rn. 47, 54, 150.

161 AcP 202 (2002), 179 (227 f.).

162 JZ 2003, 118 (121 ff., insb. 125 f.). Sie gehen ähnlich wie Grunewald (vgl. Fn. 112) davon aus, dass dem Kaufrecht neben dem Äquivalenzprinzip auch die Idee der Kontrollmöglichkeit zugrunde liege, die beim Unternehmenskauf nur bei sachlichem Substrat anerkannt wird, nicht aber hinsichtlich der Bilanzangaben.

163 Erman, § 434 Rn. 10.

164 In: Dauner-Lieb/Konzen/Schmidt, Das neue Schuldrecht in der Praxis, S. 493 (503 ff.).

5. Eigener Untersuchungsweg

Wie gezeigt werden sowohl nach altem als auch nach neuem Recht nahezu alle denkbaren Lösungsmöglichkeiten vertreten. Zum alten Recht hat es dazu bis in die neuere Zeit hinein immer wieder Bemühungen gegeben[165]. Es soll hier nicht versucht werden, einen weiteren Lösungsweg hinzuzufügen, sondern vielmehr eine detailliertere Erforschung unternommen werden, wie weit die Rechtslage sich tatsächlich geändert hat, inwieweit also die neuen Argumente ausschlaggebend sind bzw. die alten sich fortsetzen lassen. Hierzu wird die nunmehr gesetzlich angeordnete analoge Anwendbarkeit des Gewährleistungsrechts beim Unternehmenskauf primär im Hinblick auf den Tatbestand des Sachmangels hin geprüft, um dann die Ergebnisse anhand der Rechtsfolgen zu überprüfen. Im Rahmen der Rechtsfolgen werden insbesondere der gewährleistungsrechtliche Weg und der Weg über die §§ 280 Abs. 1, 311 Abs. 2, 241 Abs. 2 BGB zu vergleichen sein. Es wird sich zeigen, dass bei aller gebotenen Vereinfachung der Gesetzesanwendung doch wertungsmäßig an einem kombinierten System hinsichtlich der Geschäftsergebnisse festzuhalten sein wird.

165 Vgl. die Dissertationen von Drexler (1998) und Fuest (1999).

II. Der Analogiebezug des § 453 Abs. 1 BGB

1. Die Unabhängigkeit der Analogiefrage von der Anerkennung des Unternehmens als Kaufobjekt

Da das Unternehmen wie bereits erläutert nach bisherigem Recht als Gegenstand eines Kaufvertrags anerkannt war, verwundert es nicht, dass auch das Gewährleistungsrecht als wichtigster Teil des Kaufrechts grundsätzlich auf den Unternehmenskauf angewendet wurde[1]. An den dafür maßgeblichen Wertungen hat sich durch die neue Rechtslage nichts geändert. Wenn demnach die Falschangabe, über die zu entscheiden ist, sich als Teil eines typischen Sachkaufs darstellt, steht der Analogie nicht viel im Weg. Das ist etwa dort der Fall, wo qualitative Mängel im sachlichen Substrat auftauchen[2] oder Rechtsmängel an Einzelgegenständen des Unternehmens bestehen[3]. Als wesentlich problematischer erweisen sich Fehler, die das Unternehmen als Ganzes betreffen, aber eher auf dem immateriellen Substrat beruhen[4]. Relativ früh hat sich die Rechtsprechung entschlossen, den schlechten Ruf eines Unternehmens als Sachmangel anzuerkennen[5], wogegen wohl zu Recht nicht viel Protest aufgekommen ist. Wenn das Unternehmen schon als Einheit behandelt wird, muss auch zugestanden werden, dass es Mängel gibt, die ausschließlich die Einheit ohne Bezug zu den Einzelbestandteilen betreffen.

Um einen ähnlichen Fall handelt es sich aber auch bei Geschäftsergebnissen und vielen anderen Abschlussangaben. Sie betreffen eine Beschreibung der Gesamtstruktur des Unternehmens, ohne dass sie beim normalen Sach- oder Rechtskauf vorkommen. In diesen Bereichen, in denen nicht nur das Kaufobjekt vom normalen Sachkauf abweicht, sondern zudem der in Frage kommende Mangel unüblich für einen Sachkauf ist, muss die Analogieprüfung für den Mangel noch einmal aufgegriffen werden, ohne dass die Tatsache, dass § 453 Abs. 1 BGB den Unternehmenskauf grundsätzlich erfasst, die Reichweite der

---

1 RGZ 63, 57 (58 ff.); 67, 86 (88 ff.); 98; 289 (292); 100, 201 (203); 138, 354 (356); BGH NJW 1959, 1584 (1585); 1969, 184; NJW 1970, 556 und 653 (655); WM 1970, 819 (821); 1979, 33; NJW-RR 1988, 744 (745); NJW 1991, 1223; 1995, 1547; vgl. auch Staub-Hüffer, HGB, Vor § 22 Rn. 41. Grundsätzlich dagegen wegen fehlender Sachähnlichkeit des Unternehmens allerdings Hollenberg, S. 115 ff.; Keil, S. 99 ff.; Canaris, ZGR 1982, 395 (397 ff.); vgl. auch Baur, BB 1979, 381 (384 ff.).

2 Zum Teil wurde dabei früher sogar die direkte Anwendung des Gewährleistungsrechts befürwortet: vgl. Soergel-Huber, § 459 Rn. 260 (andererseits aber ders., AcP 202 (2002), 179 (214)); auch Larenz, Schuldrecht II/1, § 45 a (S. 166). Ausdrücklich dagegen Fuest, S. 98 ff.

3 Hier taucht jedoch die Frage auf, ob es sich um einen Sach- oder Rechtsmangel des Unternehmens handelt. Dazu näheres in Kap. 2 III 1 c) bb).

4 Dazu schon oben Kap. 1 II.

5 RGZ 67, 86 (90).

Analogie auch insofern festlegt[6]. Die Schuldrechtsmodernisierung führt deshalb zu keiner Vereinfachung der Fragestellung gegenüber dem bisherigen Recht.

Entscheidend für die Analogiefrage ist, welches alternative Haftungssystem zur Verfügung steht und welches das sachgerechtere ist. Allein der Hinweis auf die fehlende Vergleichbarkeit, weil es sich nicht um Mängel des sachlichen Substrats handelt[7], kann in dieser Hinsicht nicht genügen, ansonsten ließe sich auch der Bereich des schlechten Rufs nicht als Sachmangel einordnen. Die maßgeblichen Gemeinsamkeiten und Unterschiede müssen also herausgearbeitet werden, um die Grenzen der Vergleichbarkeit aufzuzeigen. Wenn durch reine Subsumtion unter den Beschaffenheitsbegriff versucht wird, das Problem zu lösen, zeigt sich schon bei grober Durchsicht der Literatur, dass der Beschaffenheitsbegriff für jede mögliche Ansicht zur Verfügung steht[8].

2. Differenzierung der Problemkreise

Zu Lösungswegen außerhalb des Gewährleistungsrechts kann man hinsichtlich der Abschlussangaben kommen, indem entweder generell eine ähnliche Interessenlage zu anderen Mängeln abgelehnt oder der Beschaffenheitsbegriff unterschiedlich eng ausgelegt wird. Diese unterschiedlichen Ansatzpunkte müssen für eine systematische Beurteilung getrennt werden. Dabei lassen sich zwei Problembereiche differenzieren, die im Rahmen der Geschäftsergebnisse auftreten. Zum einen ist das Zustandekommen dieser Ergebnisse nicht nur vom Unternehmen selbst als Kaufgegenstand geprägt. Zum anderen resultieren die Ergebnisse nicht nur aus der Nutzung des sachlichen und rechtlichen Substrats, sondern auch immaterieller Güter und bilden zudem selbst einen immateriellen Teil des Unternehmens.

---

6 Wertenbruch, in: Dauner-Lieb/Konzen/Schmidt, Das neue Schuldrecht in der Praxis, S. 493 (494 f.); Triebel/Hölzle, BB 2002, 521 (523); vgl. auch zur alten Rechtslage Kantenwein, S. 27.

7 So Angermann, S. 70, 87; Moosmayer, S. 60 f.; auch Grigoleit/Herresthal, JZ 2003, 118 (125).

8 Vgl. etwa Fritzen, S. 33 f., und Wolf/Kaiser, DB 2002, 411 (412), die im Beschaffenheitsbegriff nun gar keine Begrenzungsmöglichkeit mehr sehen und daher alle Angaben in Bezug auf das Unternehmen darunter fassen wollen, während auf der anderen Seite U. Huber den Beschaffenheitsbegriff der alten Rechtslage wörtlich übernehmen und Abschlussangaben gar nicht dazurechnen will (AcP 202 (2002), 179 (228)).

a) Die außerhalb des Kaufgegenstands liegenden Ursachen für Geschäftsergebnisse

Ein Problem der Analogiefrage liegt darin, dass die Geschäftsergebnisse auch von äußeren und inneren Faktoren geprägt sind, die nicht mitverkauft werden[9]. Das gilt insbesondere für die Konjunktur[10] sowie das unternehmerische Geschick[11]. Obwohl letzteres einen unternehmensinternen Faktor darstellt, wird es nicht mit übertragen. Vielmehr nimmt der Käufer die Stelle des Verkäufers ein und setzt sein unternehmerisches Geschick an dessen Stelle[12]. Deshalb ist aber auch die Ansicht bedenklich, dass die Abschlussangaben wegen der hauptsächlichen Prägung durch im Unternehmen liegende Faktoren der Sachmängelgewährleistung unterliegen sollten[13].

Bei der Frage der möglichen Abhängigkeit der Umsätze und Erträge von außerhalb des Kaufgegenstands liegenden Faktoren handelt es sich allerdings nicht um ein Problem, das auf den Unternehmenskauf beschränkt ist. Insofern sind die Fälle des Grundstückskaufs hinsichtlich der Mieterträge vergleichbar, bei denen sich ebenfalls die Frage stellt, ob Erträge oder eine bestimmte Ertragsfähigkeit Anknüpfungspunkt der Gewährleistungshaftung sein können. Dort sah die Rechtsprechung in den Erträgen bisher eine mögliche zusicherungsfähige Eigenschaft, setzte aber die Anforderungen niedriger als beim Unternehmenskauf an, indem sie an die Dauerhaftigkeit der Angaben keine erhöhten Ansprüche stellte[14]. Der Grund dafür liegt darin, dass sie die Angaben dort für eher repräsentativ erachtet, weil etwa Konjunktur und unternehmerisches Geschick nicht oder weit weniger ausschlaggebend für die Erträge seien[15]. Ein Vergleich zwischen Grundstücks- und Unternehmenskäufen lässt sich also vornehmen, soweit es um die Frage geht, inwiefern nicht mitverkaufte Faktoren wie Konjunktur und unternehmerisches Geschick ausgeschlossen werden können. Hier geht es im engeren Sinne um die noch zu erörternde Reichweite des Beschaffenheitsbegriffs[16].

---

9 Diesen Aspekt des Analogieproblems spricht das RG gar nicht an, hierzu äußert sich erst der BGH in späteren Entscheidungen: BGH NJW 1970, 653 (655); WM 1974, 51; NJW 1977, 1536 (1537); 1995, 1547 (1548).

10 BGH NJW 1979, 33; 1995, 1547 (1548).

11 BGH NJW 1970, 653 (655); 1977, 1536 (1537); 1979, 33.

12 So zu Recht Hommelhoff, Sachmängelhaftung, S. 69.

13 So Immenga, AcP 171 (1971), 1 (12 f.).

14 Nach dieser Rechtsprechung genügte die Angabe der gegenwärtigen Erträge, weil sie Rückschlüsse auf die Ertragsfähigkeit zuließen: vgl. BGH NJW 1980, 1456 (1457); 1981, 45 (46); 1990, 902; NJW-RR 90, 1161; NJW 1992, 2564 (2565).

15 Ausdrücklich BGH NJW 1980, 1456 (1457).

16 Dazu Kap. 2 III 2. Eine völlig vom Beschaffenheitsbegriff losgelöste analoge Anwendung schlägt dagegen Drexler, S. 265, vor, ohne dabei ausreichend zu berücksichtigen,

b) Der Gesamtunternehmensbezug der Geschäftsergebnisse

Eine davon unabhängig zu beachtende Besonderheit liegt darin, dass selbst in Bezug auf die Ursachen, welche auf das Unternehmen als Kaufgegenstand zurückzuführen sind, die Geschäftsergebnisse aus dem Zusammenspiel der im Unternehmen zusammengefassten Sachen, Rechte und immateriellen Rechtsgüter resultieren[17]. Die Ergebnislage ist ein Merkmal, welches nur einen immateriellen Teil des Gesamtunternehmens betrifft und weder das sachliche und rechtliche Substrat beschreibt noch allein daraus resultiert. Aus diesem Grund wurde die Analogie ebenfalls häufig abgelehnt[18]. Die Definition des Beschaffenheitsbegriffs kann eine solche Ablehnung allerdings allein nicht rechtfertigen[19]. Es kann nur geprüft werden, inwiefern sich die Abschlussangaben sinnvoll vom Beschaffenheitsbegriff begrenzen lassen und die Rechtsfolgen alternativen Haftungssystemen vorzuziehen sind. Lässt sich daraus kein interessengerechter Lösungsansatz entwickeln, ist die Analogie abzulehnen.

Kaum weiterhelfen kann dabei die Frage, ob das sachliche Substrat für die Erzielung der Geschäftsergebnisse überwiegend verantwortlich ist. Daran könnte man etwa bei Produktionsunternehmen denken, während es bei einer Werbeagentur oder einer Anwaltspraxis regelmäßig abzulehnen wäre. Denkbar wäre auch die Ablehnung der Analogie, weil außerhalb des Sachsubstrats liegende Faktoren zumindest eine übergeordnete Rolle spielen *können*[20]. Unbefriedigend sind diese Ansätze, weil die Faktoren für das Zustandekommen der Erträge zwar Bedenken im Hinblick auf die Interessenlage hervorrufen können. Unabhängig davon stellen die Ergebnisse selbst oder eine daraus abgelesene Ertragsfähigkeit einen eigenständigen immateriellen Faktor dar. Dieser ist einheitlich zu bewerten. Eine Differenzierung nach der Art des Unternehmens würde eine zu große Rechtsunsicherheit schaffen und wäre zudem nicht sachgerecht, weil es allein darauf ankommt, ob Tatbestand und Rechtsfolgen auf diese Art von Angaben passen[21]. Ähnlich wie beim Ruf eines Unternehmens[22] geht es eher darum, ob

---

dass gerade auch der Beschaffenheitsbegriff festlegt, wann die Interessenlage vergleichbar ist.

17 K. Schmidt, Handelsrecht, § 6 II 3 a) bb).

18 So etwa Staub-Hüffer, HGB, Vor § 22 Rn. 50; Moosmayer, S. 60 f.; Canaris, Handelsrecht, § 8 Rn. 24; Zimmer, NJW 1997, 2345, (2349 f.). Demgegenüber nutzt Soergel-Huber, § 459 Rn. 263, dieses Argument für eine Ablehnung der direkten Anwendbarkeit und lehnt die analoge Anwendung erst aufgrund der seines Erachtens unpassenden Rechtsfolgen ab.

19 So auch zur bisherigen Rechtslage: Lieb, FS Gernhuber, S. 259 (264 f.); andererseits zu pauschal die Ähnlichkeit bejahend Mössle, BB 1983, 2146 (2150).

20 Vgl. Hollenberg, S. 116 f.

21 Für die Gleichbehandlung daher auch BGH NJW-RR 1989, 306 (307); NJW 1999, 1404 (1405); Grunewald, Grenzziehung, S. 85.

auch für unerfüllte Erwartungen, die ausschließlich das Gesamtobjekt betreffen, das Sachmängelgewährleistungsrecht sachgerechte Haftungsinstrumente zur Verfügung stellt[23].

3. Alternative Haftungssysteme

Bei der Suche nach sachgerechten Haftungsinstituten stellt sich vor allem die Frage, welche Haftungssysteme hier überhaupt alternativ zur Verfügung stehen oder zu welchem dieser Systeme abzugrenzen ist. Wenn dem Käufer Abschlussangaben vorgelegt werden, ist er sich darüber im Klaren, dass Faktoren bei ihrer Bildung eine Rolle spielen, die entweder nicht kontrollierbar sind oder in seiner Risikosphäre liegen. Der Käufer kann von vornherein nur davon ausgehen, ein Unternehmen als lebenden Organismus zu erwerben, der sich ständig verändert[24]. Hierin zeigt sich der Charakter des Unternehmenskaufs als Risikogeschäft[25]. Der Käufer trägt deshalb grundsätzlich das Risiko, dass das Unternehmen zukünftig den erwarteten Ertrag abwirft. Diese Gefahr betrifft die Unternehmensentwicklung nach dem Gefahrübergang. Eine andere Frage ist, ob er das Risiko zu tragen hat, dass die bisherigen Ergebnisse als Grundlage seiner Erwartung richtig angegeben wurden. Das Gewährleistungsrecht weist das Risiko der Unrichtigkeit von Angaben aufgrund der verschuldensunabhängigen Einstandspflicht im Hinblick auf Minderung und Rücktritt dem Verkäufer zu. Liegt ein Verschulden des Verkäufers vor, soll dieser im Rahmen des Schadensersatzes zudem die vertraglichen Erwartungen des Käufers erfüllen.

Soweit man eine Anwendung der Gewährleistungsvorschriften ablehnt, können die Konsequenzen unrichtiger Angaben aber ebenfalls nicht allein den Käufer treffen. Er muss sich auf Angaben des Verkäufers verlassen können, denn sie sind für ihn die einzige Grundlage zur Risikobewertung[26]. Mangels besonderer Haftungsgrundlagen kann sich eine Haftung dann nur aus den §§ 280 Abs. 1, 311 Abs. 2, 241 Abs. 2 BGB als allgemeiner Regelung ergeben. Dadurch wird dem Käufer zwar die Möglichkeit gegeben, sich vom Vertrag zu lösen oder das Entgelt herabzusetzen, jedoch nur bei Verschulden und begrenzt auf das negative Interesse.

---

22 RGZ 67, 86 (87 ff.), wo es aber nur um ein Zimmervermietungsgeschäft ging; zurückhaltend BGH NJW 1992, 2564 (2565), bei der Frage, ob der Ruf einer früher auf dem Kaufgrundstück betriebenen Raststätte auch eine Beschaffenheit des Grundstücks darstellt.

23 Deshalb dürfte es eine Fehlinterpretation der Rechtsprechung sein, wenn G. Müller behauptet, die Rechtsprechung ginge beim Unternehmenskauf vom Überwiegen des Sachkaufelements aus (Ebenroth/Boujong/Joost, HGB, Vor § 373 Rn. 23).

24 Canaris, ZGR 1982, 395 (399).

25 Drexler, S. 256 f.; Hollenberg, S. 55; Canaris, Handelsrecht, § 8 Rn. 24; Aderhold, DStR 1991, 844 (846).

26 Stengel/Scholderer, NJW 1994, 158 (162 f.).

Teilweise wird darauf abgestellt, dass eine Alternative zum Gewährleistungsrecht daran anknüpfen müsse, dass die Geschäftsergebnisse durch die Tätigkeit des Verkäufers erwirtschaftet worden seien. Dieser könne nicht nach den strengen Regeln des Kaufrechts für das Ergebnis seiner Tätigkeit haften, weil das BGB dafür einen weniger strengen Haftungsmaßstab vorsehe[27]. Darum geht es allerdings bei der Haftung für fehlerhafte Geschäftsergebnisse nicht. Der Verkäufer haftet nicht, weil er früher einen bestimmten Ertrag nicht erwirtschaftet hat, sondern weil er darüber falsche Angaben macht.

Als Alternative zum Gewährleistungsrecht wird schließlich die Anwendung des § 313 Abs. 2 i. V. m. Abs. 1 BGB vorgeschlagen[28]. Hiergegen bestehen aber schon grundsätzliche Bedenken[29]. Diese begründen sich zum einen darauf, dass zur Geschäftsgrundlage nur das werden kann, was nicht bereits Vertragsinhalt ist[30]. Nach der bisherigen Rechtslage konnte noch angenommen werden, dass die Zusammensetzung der Sache nicht Vertragsinhalt war[31]. Demgegenüber ging auch früher schon ein Großteil der Literatur davon aus, dass auch die Vereinbarung von Eigenschaften Vertragsinhalt sei und das Gewährleistungsrecht eine Spezialregelung gegenüber den allgemeinen Regeln der Nichterfüllung darstelle[32]. Diesem Leitgedanken folgt auch die neue Rechtslage[33]. Daraus ergibt sich zwar nur, dass Beschaffenheitsvereinbarungen als Vertragsinhalt zu qualifizieren sind. Das muss dann aber auch für alle anderen Angaben gelten, welche den Vertragsgegenstand selbst beschreiben, denn die Frage der Vereinbarung hängt nicht von der Qualifikation als Beschaffenheit ab, so dass grundsätzlich

---

27 Dies zeige sich v. a. im Dienstvertragsrecht, wo es keine Gewährleistungshaftung gibt, vgl. Hollenberg, S. 61; Canaris, ZGR 1982, 395 (399).

28 Vgl. Kap. 2 I 3 c zur alten Rechtslage.

29 Vgl. MüKo-Westermann, § 453 Rn. 39; MüKoHGB-Lieb, Anh § 25 Rn. 69 ff.; ders., FS Gernhuber, S. 259 (266 ff.); Angermann, S. 62; Fuest, S. 145 ff.; Kantenwein, S. 86 ff.; Larisch, S. 26 f.; Mueller-Thuns, in: Rödder/Hötzel/Mueller-Thuns, Unternehmenskauf, § 9 Rn. 176 u. 181; Hommelhoff/Schwab, FS Zimmerer, S. 267 (288); U. Huber, AcP 202 (2002), 179 (218 ff.); Willemsen, AcP 182 (1982), 515 (556 ff.).

30 Diese Subsidiarität ist früher schon allgemein anerkannt worden (vgl. Hollenberg, S. 149).

31 So die grundlegenden Überlegungen Oertmanns, S. 32 f., aus denen sich die sog. Gewährleistungstheorie entwickelt hat (vgl. Larenz, Schuldrecht II/1, § 41 II e). Danach waren die Beschreibungen des Gegenstands grundsätzlich nicht Vertragsinhalt, so dass die Lieferung einer mangelhaften Sache keine Nichterfüllung war, sondern stattdessen das Gesetz die Gewährleistungsregeln zur Verfügung stellte.

32 Sog. Nichterfüllungstheorie: vgl. MüKoHGB-Lieb, Anh § 25 Rn. 71, ders., FS Gernhuber, S. 259 (267); RGRK-Mezger, § 459 Rn. 3; Soergel-Huber, Vor § 459 Rn. 169 ff.; Flume, Eigenschaftsirrtum, S. 33 ff. (insb. S. 48 und 51); U. Huber, AcP 177 (1977), 281 (293); ansatzweise auch BGH WM 1983, 363 (364).

33 Vgl. Boerner, ZIP 2001, 2264 (2265); Triebel/Hölzle, BB 2002, 521 (524).

alle den Kaufgegenstand betreffenden Angaben Vertragsinhalt werden können[34]. Dass sie nur Geschäftsgrundlage sein sollen, auch wenn sie für die Parteien eine wichtige Rolle spielen, leuchtet nicht ein[35].

Zudem wird beim Lösungsweg über die Störung der Geschäftsgrundlage zu wenig beachtet, dass eine Vertragsanpassung nur dann möglich ist, wenn unter Berücksichtigung der vertraglichen oder gesetzlichen Risikoverteilung das Festhalten am unveränderten Vertrag nicht zugemutet werden kann (§ 313 Abs. 1 a. E. BGB). Schon dieser Ausnahmecharakter dürfte die Anwendung auf den Unternehmenskauf kaum praktikabel machen[36]. Hier liegt das Risiko unverschuldet falscher Angaben des Verkäufers gerade beim Käufer, wenn der gewährleistungsrechtliche Ansatz abgelehnt wird. Aufgrund der Erheblichkeit dieses Risikos kann deshalb auch bei wesentlichen Änderungen der Angaben eine Vertragsanpassung nicht in Betracht kommen. Das gilt nach dem klaren Gesetzeswortlaut nicht nur, wenn man die Fälle der falschen Abschlussangaben

---

34 So schon nach alter Rechtslage: MüKo-Westermann (3. Aufl.), § 459 Rn. 48; MüKoHGB-Lieb, Anh § 25 Rn. 71; Keil, S. 85; Willemsen, AcP 182 (1982), 515 (526 f.); Buchwaldt, NJW 1994, 153 (155 f.); vgl. auch Büdenbender, in: Dauner-Lieb, Unternehmenskauf und Schuldrechtsmodernisierung, S. 5 (19).

35 Konsequent daher bisher der Gewährleistungstheorie folgend Canaris, ZGR 1982, 395 (396 f.). Diesen Zusammenhang beachten die übrigen Vertreter dieses Lösungswegs dagegen nicht. So sieht Hollenberg, S. 150 f., die Abschlussangaben nur als Geschäftsgrundlage und nicht als Vertragsinhalt an, weil die Rechtsfolgen nicht passen und deshalb nicht gewollt seien. Davon kann aber nicht abhängen, was vereinbart worden ist, sondern umgekehrt ist zu fragen, ob die Rechtsfolgen auf den Inhalt der Vereinbarung passen. Eher angemessen erscheint dann schon die Qualifikation der mitgeteilten Abschlussangaben als Kalkulationsgrundlage (G. Müller, ZHR 147 (1983), 501 (538 ff.); ders., ZIP 1993, 1045 (1052 f.); ders., ZIP 2000, 817 (825); Hollenberg, S. 163). Dass diese Fälle des gemeinsamen Motivirrtums jetzt eindeutig als Störung der Geschäftsgrundlage einzuordnen sind, ergibt sich aus § 313 Abs. 2 BGB (vgl. die Regierungsbegründung, BT-Drucks. 14/6040, S. 176; schon früher Oertmann, S. 50; alternativ dazu wurde früher die analoge Anwendung des § 119 Abs. 2 BGB erwogen, vgl. MüKo-Kramer, § 119 Rn. 121). Eine Grenzziehung zwischen Vertragsinhalt und bloßer Geschäftsgrundlage erscheint hier aber ebenfalls eher willkürlich, denn die Geschäftsergebnisse sind nicht bloße Rechnungsfaktoren für den Gesamtkaufpreis, sondern machen die Wertschätzung für den Käufer kaum weniger als andere Beschreibungen der Kaufsache aus. Hinzu kommt, dass etwa Canaris die Abschlussangaben bei Zusicherung doch zum Vertragsinhalt erklären will (Handelsrecht, § 8 Rn. 33, anders noch in ZGR 1982, 395 (413); noch differenzierender Hollenberg, S. 222 ff.).

36 Kantenwein, S. 87 f.; Larisch, S. 27; Hommelhoff/Schwab, FS Zimmerer, S. 267 (288); U. Huber, AcP 202 (2002), 179 (219); Willemsen, AcP 182 (1982), 515 (558). Canaris, ZGR 1982, 395 (407), will dies verhindern, indem er eine relativ geringe Störung der Äquivalenz (ca. 15 %) für ausreichend hält; kritisch dazu selbst Hollenberg, S. 155 f., dessen Lösung über die Berücksichtigung der Unzumutbarkeit allein auf der Rechtsfolgenseite aber nicht überzeugender erscheint.

als Äquivalenzstörungen auffasst, sondern auch, wenn sie nur als Unterfall des gemeinsamen Kalkulationsirrtums angesehen werden[37].

Wurden die Grundsätze der Störung der Geschäftsgrundlage bisher dennoch zur Lösung herangezogen, beruht dieser Weg auf dem Gedanken, dass der Käufer hinsichtlich falscher Angaben nicht schutzlos bleiben soll, wenn den Verkäufer kein Verschulden trifft. Das Risiko falscher Angaben sollte also auch hier der Verkäufer tragen, aber begrenzt auf Vertragsanpassung oder im Extremfall Vertragsauflösung. Derselbe Gedanke liegt aber auch dem kaufrechtlichen Gewährleistungssystem zugrunde[38], so dass in den Fällen, in denen eine Risikoverlagerung geboten ist, vorrangig dessen entsprechende Anwendung heranzuziehen ist[39].

---

37 Anders noch zum alten Recht G. Müller, ZHR 147 (1983), 501 (540 f.). Er meinte, beim gemeinsamen Irrtum über die Kalkulationsgrundlage spiele die Unzumutbarkeit keine Rolle, es finde in jedem Fall eine Anpassung statt.

38 Deshalb sieht Canaris, ZGR 1982, 395 (402), die §§ 459 ff. BGB a. F. auch als Spezialregeln zum Wegfall der Geschäftsgrundlage an.

39 Larenz, Schuldrecht II/1, § 45 II (S. 168). Die insofern vorgetragene Rechtfertigung von Hollenberg, die Lehre von der Störung der Geschäftsgrundlage sei wesensverschieden zum Gewährleistungsrecht (S. 147 f.), leuchtet deshalb nicht ein.

III. Die Geschäftsergebnisse im Tatbestand des Gewährleistungsrechts

Auf der Tatbestandsseite ist zuerst zu erläutern, inwiefern sich unrichtige Geschäftsergebnisse überhaupt als Mangel des Unternehmens qualifizieren ließen [2. und 3.]. Dadurch wird eine mögliche Begrenzung geschaffen, die aber noch nicht endgültig über die Analogiefrage entscheidet, sondern auf der Rechtsfolgenseite zu überprüfen sein wird. Dazu soll im Vorfeld erläutert werden, wie sich die Begriffe des Sach- und Rechtsmangels im neuen Recht geändert haben [1.]. In diesem Rahmen wird auch erläutert, wie typische Unternehmenssubstratmängel in Zukunft zu behandeln sind. Auch sie gehören im weiteren Sinne zu den Abschlussangaben, wenn darüber in vorgelegten Jahresabschlüssen Informationen enthalten sind.

1. Sach- und Rechtsmängel im Unternehmen nach neuem Recht

Das Gesetz differenziert in den §§ 434 und 435 BGB nach wie vor zwischen Sach- und Rechtsmängeln. Allerdings hat die Differenzierung nach neuem Recht weitgehend an Bedeutung verloren, denn nunmehr gilt das Kaufrecht für beide Mangelarten, während früher bei Rechtsmängeln auf das allgemeine Schuldrecht verwiesen wurde, in dem weder die kurze Verjährung galt noch ein Minderungsrecht existierte.

a) Der Sachmangel

aa) Die neue Fehlerbeschreibung im Vergleich zur alten

Nach § 459 Abs. 1 BGB a. F. durfte die Sache zur Zeit des Gefahrübergangs nicht mit Fehlern behaftet sein, die den Wert oder die Tauglichkeit zu dem gewöhnlichen oder dem nach dem Vertrag vorausgesetzten Gebrauch aufheben oder mindern. Diese dem Wortlaut nach bestehende Trennung des Fehlerbegriffs vom Wert- oder Gebrauchstauglichkeitserfordernis wurde allerdings in Rechtsprechung und Literatur nicht übernommen. Vielmehr verstand man unter einem Fehler die nicht unerhebliche Abweichung der tatsächlichen Beschaffenheit von der vertraglich vorausgesetzten oder gewöhnlichen Beschaffenheit, die den Wert oder die Gebrauchstauglichkeit der Sache mindert[1]. Diese Definition verbindet die zwei Ansichten über den Fehlerbegriff, nämlich den subjektiven Fehlerbegriff, bei dem die Abweichung von der vertraglich vereinbarten oder vorausgesetzten Beschaffenheit relevant ist, und den objektiven, nach dem die Abweichung von der gewöhnlichen Beschaffenheit relevant sein soll. Unbestritten lag

1 Staudinger-Honsell (1995), § 459 Rn. 18.

dem BGB in seiner ursprünglichen Fassung der objektive Fehlerbegriff zugrunde, dem auch das Reichsgericht anfangs folgte[2]. Aufgrund der zunehmenden Forderung nach einer privatautonomeren Auslegung gewann jedoch der subjektive Fehlerbegriff mehr an Bedeutung und fand zuletzt kaum noch Widerstand[3]. Aus Sicht des subjektiven Fehlerbegriffs ergaben sich Probleme nur dann, wenn eine bestimmte Beschaffenheit nicht vereinbart worden war. Hier behalf man sich entweder mit einer stillschweigenden Vereinbarung der üblichen Beschaffenheit[4] oder wendete den objektiven Fehlerbegriff subsidiär an[5].

Den Endstand der genannten Entwicklung greift die neue Gesetzesfassung des § 434 Abs. 1 BGB auf[6]. Dabei orientiert sich das Gesetz nicht zuletzt an der Verbrauchsgüterkaufrichtlinie[7], die in Art. 2 den Begriff der Vertragsmäßigkeit benutzt, um die Fehlerfreiheit der Sache zu beschreiben[8]. In erster Linie ist nach § 434 Abs. 1 S. 1 BGB die von den Parteien vereinbarte Beschaffenheit maßgeblich. Das bisher festgeschriebene Erfordernis des verminderten Werts oder der verminderten Gebrauchstauglichkeit wird als ungeschriebenes Tatbestandsmerkmal weiterhin zu fordern sein, denn das Gewährleistungsrecht dient dazu, Benachteiligungen des Käufers abzuwenden. Solche Nachteile entstehen aber nur bei Wert- oder Gebrauchstauglichkeitsminderungen[9]. Liegt keine Beschaffenheitsvereinbarung vor, ist nach § 434 Abs. 1 S. 2 Nr. 1 BGB zuerst zu prüfen, ob eine bestimmte Verwendung der Sache vertraglich vereinbart wurde[10]. Diese Fälle der Zweckvereinbarung[11] unterscheiden sich von den Erstgenannten da-

2 RGZ 97, 351 (352); vgl. auch die Darstellung bei Knöpfle, Der Fehler beim Kauf, S. 269 Fn. 256.

3 Als letzter Gegner dürfte wohl Knöpfle gelten (Der Fehler beim Kauf, S. 265 ff., 349; JZ 1978, 121 (126 ff.); AcP 180 (1980), 462 ff.; NJW 1987, 801 ff.); auch Fabricius, JuS 1964, 1 (6), und JZ 1970, 29; Raape, AcP 150 (1949), 481 (490); zumindest kritisch gegenüber dem subjektiven Fehlerbegriff R. Schmidt, NJW 1962, 710 (711).

4 So die Vertreter des rein subjektiven Fehlerbegriffs: Soergel-Huber, Vor §§ 459 ff. Rn. 35 u. 31; ders., ZGR 1972, 395 (403); Flume, Eigenschaftsirrtum, S. 128 f.; Esser/Weyers, Schuldrecht II/1, § 5 II 1 (S. 33); Brox/Elsing, JuS 1976, 1 (2). Dementsprechend fassen etwa Grigoleit/Herresthal, JZ 2003, 233 (234 ff.) die Varianten in § 434 Abs. 1 S. 2 BGB nur als typisierte konkludente Vereinbarungen auf.

5 So die Vertreter des subjektiv-objektiven Fehlerbegriffs: Staudinger-Honsell (1995), § 459 Rn. 18; vgl. auch Willemsen, AcP 182 (1982), 515 (542).

6 Regierungsbegründung, BT-Drucks. 14/6040, S. 212.

7 Richtlinie 1999/44/EG vom 25. Mai 1999 zu bestimmten Aspekten des Verbrauchsgüterkaufs und der Garantien für Verbrauchsgüter, ABl EG Nr. L 171/12.

8 Vgl. die Regierungsbegründung, BT-Drucks. 14/6040, S. 211.

9 So auch ausdrücklich Gaul, ZHR 166 (2002), 35 (49); vgl. zum alten Recht auch Hommelhoff, Sachmängelhaftung, S. 31 ff.

10 Das war auch schon bisher Teil des subjektiven Fehlerbegriffs, vgl. RGZ 135, 339 (342); 161, 330 (335); Hommelhoff, Sachmängelhaftung, S. 33 u. 35 f.

11 Welchen genauen Stellenwert diese Vereinbarung haben muss, ist im Einzelnen noch ungeklärt. Art. 2 Abs. 2 b der Verbrauchsgüterkaufrichtlinie beschreibt sie so, dass der

durch, dass nicht die Beschaffenheit selbst vereinbart wird, aber doch bestimmte Beschaffenheitsmerkmale erforderlich sind, um die vorausgesetzte Verwendung zu ermöglichen. Erst an dritter Stelle steht nach § 434 Abs. 1 S. 2 Nr. 2 BGB der rein objektive Ansatz, also die Anknüpfung an die übliche Beschaffenheit[12]. Diese subsidiäre Anwendung des objektiven Fehlerbegriffs unterstützt in der Konstruktion den subjektiv-objektiven Fehlerbegriff. Daraus ergibt sich, dass § 434 Abs. 1 S. 1 und 2 BGB im Grunde die bestehende Rechtslage nicht ändern, sondern nur den subjektiven Fehlerbegriff in der Weise, wie er bereits von der Rechtsprechung und Literatur weitgehend anerkannt wurde, festschreiben will.

bb) Der Beschaffenheitsbegriff

Im alten Recht tauchte der Beschaffenheitsbegriff in der Definition des Fehlers auf, war aber gesetzlich nicht in § 459 Abs. 1 BGB a. F. verankert. Dies ist jetzt anders, da der Fehlerbegriff als solcher nicht mehr verwendet wird und für die Sachmangelfreiheit allein auf die Übereinstimmung der Realität mit der vereinbarten Beschaffenheit abzustellen ist. Eine gesetzliche Definition des Beschaffenheitsbegriffs existiert aber auch nach neuer Rechtslage nicht.

Unter Beschaffenheit verstand die Rechtsprechung bisher alle physischen Merkmale sowie tatsächliche und rechtliche Verhältnisse, welche die Beziehung der Sache zur Umwelt betreffen und wegen ihrer Art und vorausgesetzten Dauer die Brauchbarkeit oder den Wert der Sache beeinflussen. Diese Umweltbeziehungen mussten aber in der Sache selbst ihren Grund haben und ihr unmittelbar anhaften[13]. Für den Begriff der Eigenschaft in § 459 Abs. 2 BGB a. F. verwendete die Rechtsprechung im Grundsatz dieselbe Definition[14], mit der Ausnahme,

---

Käufer dem Verkäufer den Zweck bei Vertragsschluss zur Kenntnis gebracht hat und der Verkäufer ihm zugestimmt hat. Die Regierungsbegründung lässt allerdings offen, ob es sich um eine Vereinbarung im Sinne zweier übereinstimmender Willenserklärungen handeln muss oder ob ein gemeinsames Motiv ausreicht (BT-Drucks. 14/6040, S. 213). Dogmatisch fassbarer ist die erste Auslegung (so auch Bamberger/Roth-Faust, § 434 Rn. 50; Reinicke/Tiedtke, Kaufrecht, Rn. 323), die durch (ggf. ergänzende) Vertragsauslegung in den meisten Fällen auch begründet werden kann. A. a. etwa Fritzen, S. 56 f.

12 Umgesetzt wird damit Art. 2 Abs. 2 d der Verbrauchsgüterkaufrichtlinie, wobei „Qualität und Leistungen“, die der Gegenstand aufweisen soll, mit „Beschaffenheit“ beschrieben wird. Das Wort „vernünftigerweise“ wurde als überflüssig angesehen und daher nicht übernommen (Regierungsbegründung, BT-Drucks. 14/6040, S. 213 f.).

13 Vgl. BGH NJW 1970, 653 (655); BGHZ 70, 47 (49); NJW 1980, 1456 (1458); NJW-RR 1988, 10 und 248 (350); NJW 1992, 2564 (2565).

14 Vgl. RGZ 52, 1 (2); 59, 240 (243); 63, 57 (61); Recht 1909 Nr. 2100; RG JW 1935, 1558; 1938, 2613; BGHZ 79, 183 (185); NJW-RR 1987, 908 (909); 1988, 348 (350); BGHZ 111, 75 (78); BGH NJW 1990, 1658 (1659); 1991, 2556; OLG Düsseldorf NJW-RR 1993, 377 (378).

dass die Umweltbeziehungen der Sache nicht *unmittelbar* anhaften mussten[15]. Diese Unterscheidung wurde schon damals kritisiert[16]. Mit dem Entfallen der Sonderregelung für zugesicherte Eigenschaften stellt sich damit die Frage, ob es bei dem bisherigen Beschaffenheitsbegriff bleibt[17] oder ob der alte Eigenschaftsbegriff maßgeblich sein soll[18] bzw. der neue Beschaffenheitsbegriff gar über beide hinausgeht[19]. Der Reformgesetzgeber weigerte sich, diesen Streit zu entscheiden[20], worauf noch zurückzukommen sein wird[21].

cc) Die Ausweitung des Fehlerbegriffs gegenüber dem bisherigen Recht

Insbesondere aus der Umsetzung der Verbrauchsgüterkaufrichtlinie ergab sich die Notwendigkeit, den Fehlerbegriff gegenüber der bisherigen Rechtslage auszuweiten. Dieses betrifft zum einen den Erheblichkeitsbegriff. Während § 459 Abs. 1 S. 2 BGB a. F. eine unerhebliche Wert- oder Gebrauchstauglichkeitsminderung schon aus dem Fehlerbegriff ausschloss, gilt dies für den neuen Fehlerbegriff nicht mehr. Das bedeutet, dass Minderung und kleiner Schadensersatz im Gegensatz zur früheren Rechtslage auch schon bei geringfügigen Mängeln verlangt werden können[22]. Stattdessen werden nach § 323 Abs. 5 S. 2 BGB das Rücktrittsrecht und nach § 281 Abs. 1 S. 3 BGB der Schadensersatz statt der ganzen Leistung weiterhin von der Erheblichkeit des Mangels abhängig gemacht.

Eine Ausweitung erfährt zudem der subsidiär geltende objektive Fehlerbegriff durch den Einschluss bestimmter öffentlicher Äußerungen nach § 434 Abs. 1 S. 3 BGB. Im Hinblick auf Werbemaßnahmen, die besondere Eigenschaften der Sache beschreiben, soll der Käufer in darauf bezogenen Erwartungen geschützt werden, auch wenn er sie dem Verkäufer nicht mitgeteilt und so zum Vertragsinhalt gemacht hat[23].

15 Deutlich insofern BGH NJW 1992, 2564 (2565).

16 Staudinger-Honsell (1995), § 459 Rn. 35 ff.

17 Vgl. U. Huber, AcP 202 (2002), 179 (227 f.).

18 Vgl. Kindl, WM 2003, 409 (411).

19 So ausdrücklich Fritzen, S. 33 ff.; Reinicke/Tiedtke, Kaufrecht, Rn. 305 ff.; Wolf/Kaiser, DB 2002, 411 (412).

20 Regierungsbegründung, BT-Drucks. 14/6040, S. 213.

21 Kap. 2 III 2 a).

22 Den Ausschluss dieser Rechtsbehelfe hielt der Gesetzgeber für nicht mehr gerechtfertigt, vgl. die Regierungsbegründung, BT-Drucks. 14/6040, S. 216 f. Auch die Verbrauchsgüterkaufrichtlinie erforderte diese Änderung. Das ergibt sich aus Art. 2 der Richtlinie, der dieses Kriterium nicht beinhaltet, und im Rückschluss aus Art. 3 Abs. 6, der bei geringfügiger Vertragswidrigkeit nur den Anspruch auf Vertragsauflösung ausschließt.

23 Regierungsbegründung, BT-Drucks. 14/6040, S. 214. Die gesonderte gesetzliche Regelung erfolgte, um eine lückenlose Richtlinienumsetzung (Art. 2 Abs. 2 d der Verbrauchsgüterkaufrichtlinie) in den eher seltenen Fällen zu gewährleisten, in denen der Inhalt der Werbung kein konkludent vereinbarter Vertragsbestandteil geworden ist. Die in Art. 2

Eine weitere allerdings für den Unternehmenskauf kaum relevante Ausweitung des Sachmangelbegriffs liegt darin, dass auch die unsachgemäße Montage seitens des Verkäufers einen Sachmangel begründen soll (§ 434 Abs. 2 S. 1 BGB)[24]. Dasselbe gilt bei fehlerhafter Montageanleitung, wenn dadurch der Käufer eine fehlerhafte Montage vornimmt[25].

Sehr wesentlich ist die Gleichstellung der Falsch- und Zuweniglieferung mit dem Sachmangel. Wird eine andere Sache als die geschuldete geliefert, bestanden im bisherigen Recht beim Gattungskauf regelmäßig die Probleme, ab wann die Abweichung so wesentlich war, dass man die gelieferte Sache nicht mehr als die geschuldete ansehen konnte und damit die allgemeinen Rechtsbehelfe anzuwenden waren[26]. Nunmehr hat der Gesetzgeber das Kaufrecht für alle Fälle gedacht, in denen der Verkäufer die Leistung erkennbar als Erfüllung seiner Pflicht erbringt[27]. Das soll selbst für den Stückkauf gelten, obwohl hier nur die vereinbarte Sache geschuldet wird und infolgedessen die Lieferung einer anderen Sache bisher immer als Nichterfüllung angesehen wurde[28]. Dass dadurch die Verjährung des Lieferungsanspruchs aufgrund der Umwandlung in den Nacherfüllungsanspruch wesentlich verkürzt wird, hielt der Gesetzgeber für gerechtfertigt[29]. Die Zuweniglieferung stellte auch nach bisheriger Rechtsprechung einen Mangel dar, soweit der Verkäufer sie als Erfüllung seiner gesamten Pflicht erbrachte[30].

Abs. 4 der Richtlinie vorgesehenen Entlastungsmöglichkeiten wurden in § 434 Abs. 1 S. 3 BGB aufgenommen.

24 Damit wird Art. 2 Abs. 5 der Verbrauchsgüterkaufrichtlinie umgesetzt. Es sollen die Fälle einheitlich behandelt werden, die auch werkvertraglichen Charakter haben und in denen deshalb bisher ein typengemischter Vertrag angenommen werden musste. Selbst wenn durch die fehlerhafte Montage kein Mangel entsteht, soll die Haftung sich trotz des rein werkvertraglichen Charakters der Pflichtverletzung nach Kaufrecht richten, vgl. die Regierungsbegründung, BT-Drucks. 14/6040, S. 215.

25 Sog. IKEA-Klausel, § 434 Abs. 2 S. 2 BGB.

26 Die Abgrenzung erfolgte bisher nach unterschiedlichen Kriterien: Zum Teil wurde auf die Genehmigungsfähigkeit in Anlehnung an § 378 HGB a. F. abgestellt (vgl. Larenz, Schuldrecht II/1, § 41 III (S. 80)), z. T. auf die vereinbarte Gattung (vgl. BGH NJW 1989, 218 (219); Schreiber, Jura 1986, 444 (445 f.)).

27 Regierungsbegründung, BT-Drucks. 14/6040, S. 216. Selbst die noch im Diskussionsentwurf vorgesehene Ausnahme, dass die Lieferung als Erfüllung offensichtlich nicht in Betracht kommt, wurde in der jetzigen Fassung des § 434 Abs. 3 BGB nicht mehr aufgegriffen (vgl. dazu noch die Begründung zum Diskussionsentwurf, in: Canaris, Schuldrechtsmodernisierung 2002, S. 260).

28 Vgl. MüKo-Westermann, § 434 Rn. 39; Medicus, Bürgerliches Recht, Rn. 288.

29 Regierungsbegründung, BT-Drucks. 14/6040, S. 216.

30 Vgl. Erman-Grunewald (10. Aufl.), Vor § 459 Rn. 50; Esser/Weyers, Schuldrecht II/1, § 5 II 1 a) (S. 34). Das Erfordernis des Erbringens der Teilleistung als Gesamtleistung dürfte auch dem neuen Recht noch zugrunde liegen, vgl. Westermann-Buck, Das Schuldrecht 2002, S. 105 (118); Canaris, Karlsruher Forum 2002, S. 5 (66 ff.).

b) Der Rechtsmangel

Im Rahmen der Rechtsmängelbeschreibung ist die bisherige Gesetzeslage als sachgerecht angesehen und deshalb inhaltlich nicht geändert worden. Nach wie vor ist die Sache frei von Rechtsmängeln, wenn in Bezug auf sie keine nicht vereinbarten Rechte gegen den Käufer geltend gemacht werden können[31]. Obwohl der Wortlaut etwas weiter gefasst zu sein scheint als früher, dürften damit nur Rechte gemeint sein, die aufgrund der Belastung der Sache mit dem Recht bestehen. Auch sollen weiterhin nur bestehende, nicht bloß behauptete Rechte die Rechtsmängelhaftung auslösen[32]. Buchrechte sollen allerdings entsprechend der bisherigen Rechtslage[33] auch wie Rechtsmängel behandelt werden (§ 435 S. 2 BGB). Eine Sonderregelung besteht für öffentliche Lasten von Grundstücken, für die der Verkäufer grundsätzlich nicht haften soll (§ 436 BGB)[34].

c) Die Behandlung substratbezogener Mängel beim Unternehmenskauf

Nach altem wie neuem Recht besteht das grundsätzliche Problem, wie Mängel einzelner Bestandteile im Hinblick auf die Gewährleistungshaftung beim Unternehmenskauf behandelt werden sollen. Für Mängel im sachlichen und rechtlichen Substrat ordnet § 453 Abs. 1 BGB die gesetzliche Analogie zum Gewährleistungsrecht an. Insofern kann man das Gewährleistungsrecht nicht völlig außen vorlassen, ansonsten würde die gesetzliche Analogie völlig leer laufen. Soweit dies dennoch zum alten Recht vertreten wurde[35], lag dies vor allem darin

---

31 Eine tatsächliche Störung des vereinbarten Verwendungszwecks muss durch den Mangel allerdings nach wie vor nicht eintreten (Regierungsbegründung, BT-Drucks. 14/6040, S. 218).

32 Regierungsbegründung, BT-Drucks. 14/6040, S. 217 f.

33 § 435 Abs. 1 BGB a. F., wobei diese Vorschrift zusätzlich zu den Rechtsmängeln aufgeführt war, während jetzt dogmatisch bereits beim Rechtsmangel angesetzt wird.

34 Als öffentlich-rechtliche Rechtspositionen könnte man sie grundsätzlich ebenfalls als Rechtsmängel auffassen. Weil es sich dabei aber um allgemeine Pflichten handelt, über die der Käufer sich leichter informieren kann, soll der Verkäufer hier nicht haften (Regierungsbegründung, BT-Drucks. 14/6040, S. 218). Eine Ausnahme besteht für Anliegerbeiträge aufgrund bei Vertragsschluss bereits begonnener bautechnischer Maßnahmen (§ 436 Abs. 1 BGB).

35 Hingewiesen sei auf Canaris, Handelsrecht, § 8 Rn. 26, und ZGR 1982, 395 ff., und Hollenberg, S. 153 ff., 185 ff., die nur eine Ausnahme für die Rechtsmängelhaftung machten und ansonsten die Lehre von der Störung der Geschäftsgrundlage heranziehen wollten. Etwas unklar G. Müller, der in ZHR 147 (1983), 501 (539), insofern noch das Gewährleistungsrecht zu bevorzugen schien, dies aber in ZIP 1993, 1045 (1052), aufzugeben scheint. Ausschließlich die culpa in contrahendo wollte Baur, BB 1979, 381 (386), anwenden, obwohl er zu diesem Ergebnis nur aus der Analyse unentdeckter Verbindlichkeiten kommt. Ihm folgte Staudinger-Honsell (1995), § 459 Rn. 8 und 89, und inzwischen auch U. Huber, AcP 202 (2002), 179 (214). Einen ganz anderen Weg aus ei-

begründet, dass die gesetzlichen Regeln hinsichtlich Verjährung und fehlendem Nacherfüllungsrecht nicht befriedigten und ein Gleichlauf der Regelungen zu Leistungsstörungen beim Unternehmenskauf angestrebt wurde. Für solche Überlegungen fehlt es nach neuer Rechtslage sowohl an einem rechtlichen Bedürfnis, weil die Verjährung verlängert und die Nacherfüllung eingefügt wurde, als auch an einer Möglichkeit, dogmatisch der gesetzlich angeordneten Analogie zu entgehen[36].

aa) Sachmängel an Einzelgegenständen

Den typischen Fall eines Mangels stellen Qualitätsmängel an Einzelgegenständen des Unternehmens dar, etwa nicht funktionsfähige Betriebsmittel[37] oder die Baurechtswidrigkeit der Küche einer Gastwirtschaft[38]. Einen Sachmangel des Unternehmens löst ein solcher Qualitätsmangel nur dann aus, wenn er auf das Unternehmen selbst durchschlägt[39]. Wenn dafür in der Vergangenheit unterschiedlich hohe Anforderungen gestellt wurden[40], begründete sich dieses insbe-

---

ner Verbindung der positiven Forderungsverletzung und Erfüllungsansprüchen schlug Fuest, S. 104 ff., vor, weil er die Analogie zu §§ 459 ff. BGB a. F. aufgrund der Annahme eines typengemischten Vertrags für generell nicht zwingend hielt (S. 5 ff.). Ebenfalls den Weg über die positive Forderungsverletzung wählte Keil, S. 119 ff., 130 ff., weil sie das Gewährleistungsrecht auf Unternehmenskäufe gar nicht für anwendbar hielt (S. 99 ff.)

36 Vgl. Bergjan, S. 129 ff., 138 ff.; Fritzen, S. 48 ff.; Weitnauer, NJW 2002, 2511 (2513); Wolf/Kaiser, DB 2002, 411 (414 f.).

37 Vgl. BGH NJW 1995, 1547 (1548 f.): unbrauchbare Reinigungsmaschinen bei einem Reinigungsbetrieb; G. Müller, Lossagungsrecht, S. 183.

38 RGZ 138, 354 (356); weitere Beispiele: RG HRR 1930 Nr. 1313: Fehlender Gleisanschluss einer verkauften Fabrik; BGH WM 1970, 819 (821): schwerwiegende technische Mängel von produzierten Laderaupen; BGH WM 1978, 59: technische Mängel an den hergestellten Abgas-Entgiftungsgeräten; zurückhaltend war der BGH bei der Anerkennung der Zuverlässigkeit eines Mitarbeiters: NJW 1991, 1223 (1223 f.).

39 Vgl. zum bisherigen Recht: Moosmayer, S. 58 f.; Larenz, Schuldrecht II/1, § 45 II a (S. 166); Zimmer, NJW 1997, 2345 (2350). Zum neuem Recht: MüKo-Westermann, § 453 Rn. 27; Haas/Medicus/Rolland/Schäfer/Wendtland-Haas, Kap. 5, Rn. 547; Gaul, ZHR 166 (2002), 35 (39 f.); Horn/Bernau, Jura 2003, 702 (704); Triebel/Hölzle, BB 2002, 521 (525); Wolf/Kaiser, DB 2002, 411 (415).

40 Gefordert wurde von der Rechtsprechung die Erschütterung der wirtschaftlichen Grundlage des Unternehmens (BGH WM 1970, 819 (821); nicht ganz so streng anscheinend wieder BGH NJW 1979, 33, und 1995, 1547 (1548 f.)). In der Literatur wurde vorgeschlagen, darauf abzustellen, ob die Stellung des Unternehmens auf dem Markt gefährdet ist (Angermann, S. 83; Hommelhoff, Sachmängelhaftung, S. 41; ders., ZHR 140 (1976), 271 (293); Landsberg, S. 185), es zu einer Schwächung am Markt kommt (Grunewald, Grenzziehung, S. 92), oder allgemein die Funktionstauglichkeit des Unternehmens nicht unerheblich beeinträchtigt ist (Larenz, Schuldrecht II/1, § 45 II a (S. 166); Lieb, FS Gernhuber, S. 259 (273); vgl. auch Soergel-Huber, § 459 Rn. 270; Staudinger-Honsell

sondere aus der Tatsache, dass der Fehler für das Gesamtunternehmen erheblich sein musste[41]. Da dies nach neuem Recht nur noch für den Rücktritt erforderlich ist, ist nunmehr davon auszugehen, dass von für das Unternehmen belanglosen Mängeln abgesehen nahezu jeder Substratfehler einen Unternehmensmangel auslöst[42]. Über die Frage, welcher Qualitätsstandard vereinbarungsgemäß überhaupt geschuldet ist, wird eine unübersehbare Haftungsausweitung allerdings vermieden[43].

Zusätzlich wurde bisher mit dem Argument, der Käufer dürfe nicht schlechter stehen, wenn er das Unternehmen im Ganzen kauft, als wenn er die Einzelteile kaufe[44], vertreten, dass auch die Gewährleistungsrechte hinsichtlich der Einzelgegenstände geltend gemacht werden könnten[45]. Dem ist allerdings schon im Grundsatz zu widersprechen, denn Kaufgegenstand ist das Unternehmen als

---

(1995), § 459 Rn. 86). Hommelhoff/Schwab, FS Zimmerer, S. 267 (270 f.), fordern die Beeinträchtigung der Ertragskraft unter Berücksichtigung der vereinbarten Unternehmensgestalt. Insg. kritisch äußert sich Kantenwein, S. 94 f.

41 Vgl. Fritzen, S. 97; a. A. Larisch, S. 69 f., der darin eine Frage der Auslegung sieht.

42 So auch deutlich Fritzen, S. 98 ff.; Holzapfel/Pöllath, Unternehmenskauf, Rn. 415; Wertenbruch, in: Dauner-Lieb/Konzen/Schmidt, Das neue Schuldrecht in der Praxis, S. 493 (499 f.); Fischer, DStR 2004, 276 (278 f.); Lange, ZGS 2003, 300 (305 f.); Wolf/Kaiser, DB 2002, 411 (414 f.). Unzutreffend ist dagegen einerseits die Meinung, es käme auf die Relevanz für das gesamte Unternehmen gar nicht mehr an, weil sich die Gesamterheblichkeitstheorie nur auf dem jetzt entfallenen Erheblichkeitskriterium begründe: Seibt/Reiche, DStR 2002, 1135 (1140); ähnlich Staudinger-Matusche-Beckmann (2004), § 434 Rn. 145. Andererseits ist auch der Meinung nicht zuzustimmen, welche die bisherigen einschränkenden Kriterien ausschließlich daraus ableitet, dass ein Gesamtunternehmensbezug gegeben sein muss und insofern die Rechtslage für unverändert hält: Büdenbender, in: Dauner-Lieb, Unternehmenskauf und Schuldrechtsmodernisierung, S. 5 (25 f.); Picot, in: Picot: Unternehmenskauf, Teil I, Rn. 75 (S. 125); vgl. auch Staudinger-Beckmann (2004), § 453 Rn. 26.

43 Insofern führt die neue Rechtslage zu den Ergebnissen, die bereits Mössle, BB 1983, 2146 (2150), vorgeschlagen hat. Er geht auch von einer Gesamterheblichkeit aus, wenn die Parteien von einer bestimmten Beschaffenheit des Substrats ausgegangen sind und dies etwa in dem Kaufpreis seinen Niederschlag gefunden hat; vgl. auch Fuest, S. 93, und G. Müller, Lossagungsrecht, S. 180 f. Nach neuer Rechtslage wird man in solchen Fällen eine vereinbarte Beschaffenheit annehmen müssen und kann nur bei sehr geringfügigen Fehlern den Gesamtunternehmensbezug verneinen.

44 Erman-Grunewald (10. Aufl.), § 459 Rn. 22; dies., Grenzziehung, S. 90 f.; dies., ZGR 1981, 622 (632 f.).

45 Dafür AK BGB-Reich, § 459 Rn. 19; Grunewald, Grenzziehung, S. 90 ff., dies., ZGR 1981, 622 (632 f.); Landsberg, S. 184 f.; vgl. auch Staudinger-Honsell (1995), § 459 Rn. 86, und Kantenwein, S. 95 und 114, der aber ausschließlich einzelgegenstandsbezogene Rechtsbehelfe zulassen will (S. 97 ff., deutlich S. 129); nach schweizerischem Recht auch Baldi, S. 99. Diese Ansicht schließt sich an die Auffassung des BGH zu nicht verschafften Rechten an (NJW 1970, 556 (557)). In NJW 1979, 33, hat der BGH allerdings andere Rechtsbehelfe neben der Gewährleistung für Gesamtunternehmensmängel bei Mankolieferung ausdrücklich nicht zugelassen.

Ganzes[46]. Daran ist auch der Minderwert aufgrund des Mangels auszurichten, so dass es durchaus nicht unbillig ist, wenn etwa ein mangelhaftes Fahrzeug des Unternehmens zu einem geringeren Minderungsbetrag hinsichtlich des Gesamtunternehmens führt als wäre das Fahrzeug individuell verkauft worden. Darüber hinaus ist gerade nach neuem Recht, demzufolge das entfallene Erheblichkeitskriterium nicht einmal dazu führen muss, dass dem Käufer gar keine Rechtsbehelfe zustehen, im Hinblick auf die Rechtsfolgen nicht mehr ersichtlich, warum ein solches Nebeneinander der Gesamt- und Einzelrechtsbehelfe erforderlich sein sollte[47].

bb) Rechtsmängel an Einzelgegenständen

Recht verworren war bisher auch das Meinungsbild zu Fällen, in denen Einzelgegenstände des Unternehmens Rechtsmängel aufwiesen. Wenn ein solcher Rechtsmangel der Unternehmensfortführung selbst entgegensteht, wird nach wie

---

46 So schon zum bisherigen Recht: MüKoHGB-Lieb, Anh § 25 Rn. 93; ders., FS Gernhuber, S. 259 (272 f.); Soergel-Huber, § 459 Rn. 262 und 270; Staub-Hüffer, HGB, Vor § 22 Rn. 43; Angermann, S. 83; Postert, S. 39 ff.; Hölters-Semler, Teil VI, Rn. 156; Larenz, Schuldrecht II/1, § 45 II (S. 166); Mössle, BB 1983, 2146 (2150); wohl auch K. Schmidt, Handelsrecht, § 6 II 3 a) bb) (S. 151). So auch Hommelhoff, Sachmängelhaftung, S. 41 ff.; ders., ZHR 140 (1976), 271 (293), der aber eine Ausnahme für die Fertigprodukte eines Unternehmens machen will (S. 42 f. bzw. S. 293 f.); dagegen ausdrücklich Fuest, S. 94 f. Trotz letztlich anderer Lösungswege folgten der hier bevorzugten Argumentation auch Fuest, S. 86 ff.; Hollenberg, S. 30 ff., 192 f.; G. Müller, Lossagungsrecht, S. 184; Canaris Handelsrecht, § 8 Rn. 28; ders., ZGR 1982, 395 (431 f.). Zum neuen Recht wie hier Bergjan, S. 163 ff.; Fritzen, S. 98 ff.; Larisch, S. 78 f.; Mueller-Thuns, in: Rödder/Hötzel/Mueller-Thuns, Unternehmenskauf, § 9 Rn. 33 f.; Oetker/Maultzsch, Vertragliche Schuldverhältnisse, § 2 D I 2 b) bb) (S. 63 f.); Rotthege/Wassermann-Rotthege, Rn. 1163; Gaul, ZHR 166 (2002), 35 (40); Schröcker, ZGR 2005, 63 (79); Wolf/Kaiser, DB 2002, 411 (414).

47 Vgl. auch Bergjan, S. 164 f. Schon nach alter Rechtslage ist dieser Zweck nicht ganz klar. Im Entfallen der Erheblichkeitsschwelle soll er nach Grunewald (Grenzziehung, S. 91 f.) und Westermann (MüKo (3. Aufl.), § 459 Rn. 51) offenbar nicht liegen, denn diese fordern dabei dennoch eine Ausrichtung an der Erheblichkeit für das Gesamtunternehmen. Danach konnte etwa die Wandelung hinsichtlich einzelner Gegenstände noch der Zweck dieses Wegs sein (vgl. Staudinger-Honsell (1995), § 459 Rn. 86; Erman-Grunewald (10. Aufl.), § 459 Rn. 22; dies., Grenzziehung, S. 90 f.; Landsberg, S. 191 f.). Im Hinblick auf die Tatsache, dass viele Einzelgegenstände nur im Unternehmensverband nutzbar sind, geht das aber an den Interessen der Parteien vorbei. Deshalb verneint etwa auch Kantenwein (S. 125) als Vertreter der Zulassung von einzelgegenstandsbezogenen Rechtsbehelfen diese Möglichkeit. Es erscheint doch eher zumutbar, dass der Käufer etwa eine fehlerhafte Produktionsanlage behält und repariert als dass der Verkäufer sie zurücknehmen muss (vgl. auch MüKoHGB-Lieb, Anh § 25 Rn. 93). Unzutreffend deshalb auch Triebel/Hölzle, BB 2002, 521 (525), die eine einzelgegenstandsbezogene Beschaffenheitsvereinbarung neben den gesamtunternehmensbezogenen zulassen wollen.

vor von einem Rechtsmangel des Unternehmens auszugehen sein[48]. Das ist etwa dort der Fall, wo einem Dritten ein Nutzungsrecht an Produktionsanlagen des Unternehmens zusteht, nicht aber dort, wo ein Betriebsgrundstück eines Produktionsunternehmens hypothekenbelastet ist. In Fällen wie dem Letztgenannten ging der BGH bisher allenfalls von einem Sachmangel des Unternehmens aus[49]. Ein Teil der Literatur folgte dieser Ansicht[50], während ein anderer Teil einen Rechtsmangel des Unternehmens annahm[51]. Letzteres hatte den Vorteil, dass durch die fortbestehende Pflicht rechtsmängelfreier Leistung ein Nacherfüllungsrecht bestand. Nach altem Recht ergab sich jedoch das Folgeproblem, dass die Annahme eines Rechtsmangels ohne weitere Einschränkungen dazu führte, dass die Haftung auch bei unerheblichen Fehlern eintrat. Damit wurden dem Käufer im Ergebnis dieselben Rechte wie bei einer zusätzlichen Gewährung von einzelgegenstandsbezogenen Rechten zugestanden[52]. Im neuen Recht führt allerdings auch die ausschließliche Zulassung gesamtunternehmensbezogener Rechtsbehelfe nach dem bisher Gesagten dazu, dass nahezu jeder Mangel einen Unternehmensmangel darstellt, so dass insofern die Annahme eines Sachmangels gegenüber einem Rechtsmangel keine Begrenzung der Haftung bedeutet. In beiden Fällen begrenzt der Inhalt der Vereinbarung den Umfang der Pflicht zur

48 Zum neuen Recht Erman-Grunewald, § 435 Rn. 14; Wunderlich, WM 2002, 981. Zum alten Recht vgl. Staudinger-Köhler (1995), § 434 Rn. 12; Angermann, S. 85 f.; Fuest, S. 121 f.; Grunewald, Grenzziehung, S. 95; Hollenberg, S. 197; Hommelhoff, Sachmängelhaftung, S. 51 ff.; Landsberg, S. 191 f.; G. Müller, Lossagungsrecht, S. 251; Canaris, Handelsrecht, § 8 Rn. 17; ders., ZGR 1982, 395 (428 f.). In einem Fall, in dem das einzige Grundstück einer Grundstücks-GmbH hypothekenbelastet war, ging davon auch das RG aus (RGZ 120, 283 (288)).

49 So bei der Sicherungsübereignung aller Warenautomaten (BGH NJW 1969, 184); offengelassen bei der Belastung eines Hotelgrundstücks mit einer Hypothek (BGH WM 1984, 936 (938)).

50 MüKo-Westermann (3. Aufl.), § 437 Rn. 18, § 459 Rn. 52; MüKoHGB-Lieb, Anh § 25 Rn. 145 f.; ders., FS Gernhuber, S. 259 (274); Palandt-Putzo, § 434 Rn. 95; RGRK-Mezger, § 437 Rn. 6, § 459 Rn. 12; Staudinger-Köhler (1995), § 434 Rn. 13; Staudinger-Honsell (1995), § 459 Rn. 86; Hiddemann, ZGR 1982, 435 (444); Mössle, BB 1983, 2146 (2150); auch noch G. Müller, Lossagungsrecht, S. 253; unklar Larenz, Schuldrecht II/1, § 45 II a (S. 166).

51 Soergel-Huber, § 459 Rn. 276 und § 434 Rn. 74; Staub-Hüffer, HGB, Vor § 22 Rn. 45; Hommelhoff, Sachmängelhaftung, S. 48 ff.; ders., ZHR 140 (1976), 271 (294); Landsberg, S. 189 ff.; Moosmayer, S. 59 f.; Hadding, ZGR 1982, 476 (486 f.); Loos, MDR 1962, 172 (173); Schlosser, JZ 1969, 337 (338).

52 Vgl. dazu Fuest, S. 116 ff.; Moosmayer, S. 59 f. Den Weg über die zusätzlich möglichen einzelgegenstandsbezogenen Rechtsbehelfe gingen auch hier bisher Erman-Grunewald (10. Aufl.), § 434 Rn. 9; MüKo-Westermann (3. Aufl.), § 434 Rn. 18 u. § 459 Rn. 52; Staub-Hüffer, HGB, Vor § 22 Rn. 45; wohl auch AK BGB-Reich, § 459 Rn. 19. Ausschließlich letzteren Weg lässt wiederum Kantenwein zu (S. 134 f.).

mangelfreien Leistung[53]. Die Differenzierung erweist sich also praktisch als bedeutungslos[54]. Die Rechtsmängelhaftung resultiert allerdings weniger auf dem nachteiligen Effekt für den Käufer, in der tatsächlichen Nutzung eingeschränkt zu sein, als eher auf der Pflicht, rechtliche Belastungen der Sache zu beseitigen. Die nur analoge Anwendung legt es deshalb nahe, in solchen Fällen eine Rechtsmängelhaftung in Bezug auf das Unternehmen trotz fehlender Gesamtunternehmensbelastung anzunehmen[55]. Ein Bedürfnis für die zusätzliche Gewährung von Rechtsbehelfen hinsichtlich der betroffenen Einzelgegenstände besteht auch hier nicht[56].

cc) Nicht verschaffte Sachen

Insbesondere bei Bilanz- oder Inventurlistenvorlage stellt sich die Frage, wie Fälle zu behandeln sind, in denen dort aufgeführte Sachen nicht geleistet werden. Kam man in solchen Fällen dazu, dass das Vorhandensein der Gegenstände tatsächlich geschuldet war[57], nahm die Rechtsprechung bisher einen Sachmangel an[58]. Die Literatur folgte dem größtenteils[59]. Kritischer wurde in dieser Hinsicht

---

53 Insofern sei insbesondere auf die übliche Belastung von Vorräten mit Eigentumsvorbehalten hingewiesen. Vgl. auch schon Hommelhoff, Sachmängelhaftung, S. 50; ders., ZHR 140 (1976), 271 (294); Hadding, ZGR 1982, 476 (483 ff.). Canaris hält eine solche konkludente Abbedingung der Haftung dagegen für lebensfremd (Handelsrecht, § 8 Rn. 19; ZGR 1982, 395 (428 f.)). Es handelt sich bei der inhaltlichen Ausgestaltung von Verschaffungspflichten allerdings regelmäßig um ein Problem der stets einzelfallbezogenen Auslegung. Probleme in dieser Hinsicht können die dogmatische Konstruktion nicht in Zweifel stellen.

54 Vgl. auch Palandt-Putzo, § 434 Rn. 95.

55 So auch Wolf/Kaiser, DB 2002, 411 (415). Weiterhin von einer Sachmängelhaftung ausgehend dagegen Bergjan, S. 133, 165; Büdenbender, in: Dauner-Lieb, Unternehmenskauf und Schuldrechtsmodernisierung, S. 5 (26); Haas/Medicus/Rolland/Schäfer/Wendtland-Haas, Kap. 5, Rn. 548; Holzapfel/Pöllath, Unternehmenskauf, Rn. 416; Mueller-Thuns, in: Rödder/Hötzel/Mueller-Thuns, Unternehmenskauf, § 9 Rn. 5 f. Beides nebeneinander anwendend Larisch, S. 71 f.

56 Vgl. Mueller-Thuns, in: Rödder/Hötzel/Mueller-Thuns, Unternehmenskauf, § 9 Rn. 4 f. Zum bisherigen Recht auch deutlich MüKoHGB-Lieb, Anh § 25 Rn. 144; ders., FS Gernhuber, S. 259 (273); Mössle, BB 1983, 2146 (2152). A. A. aber Erman-Grunewald, § 435 Rn. 14.

57 Insbesondere im Umlaufvermögen wird die Auslegung ergeben, dass Schwankungen im Bestand keine Haftung auslösen sollen, solange sie sich im Rahmen des Üblichen halten.

58 RGZ 98, 289 (292): zu geringer Tabakbestand bei einer Tabakfabrik; RG Recht 1925 Nr. 19: zu geringer Papierbestand bei einem Zeitungsverlag; RG JW 1930, 3740 (3741): gegenüber vorgelegten Karten zu weit abgebaute Schwerspatgrube; BGH WM 1974, 312 (313): zu geringer Leergutbestand bei Getränkegroßhandel; BGH NJW 1979, 33: großer Fehlbestand an Gerüsten bei einem Gerüstbauunternehmen; vgl. auch BGH NJW 1970, 556 (556 f.).

jedoch dem oben aufgestellten Dogma, Einzelrechtsbehelfe seien nicht anwendbar, begegnet, denn dieses konnte dazu führen, dass der Käufer allenfalls Gewährleistungsrechte hatte, ohne Nachlieferung verlangen zu können[60]. Auch diesen Bedenken kann das neue Recht aber Rechnung tragen, denn der neue Nacherfüllungsanspruch enthält nun die Pflicht zur Nachbesserung in Form der Lieferung fehlender Unternehmensbestandteile[61]. Einen Fall des § 434 Abs. 3 Alt. 2 BGB dürfte das jedoch nicht darstellen, denn dieser hat nur den Gattungskauf im Blick[62]. Beim Stückkauf stellt die Zuweniglieferung auch ohne diese Vorschrift einen Sachmangel dar[63].

---

59 Erman-Grunewald (10. Aufl.), Vor § 459 Rn. 50; dies., Grenzziehung, S. 96; MüKo-Westermann (3. Aufl.), § 459 Rn. 51; MüKoHGB-Lieb, Anh § 25 Rn. 98; RGRK-Mezger, § 459 Rn. 12; Soergel-Huber, § 459 Rn. 271; Staub-Hüffer, HGB, Vor § 22 Rn. 42 f.; Staudinger-Honsell (1995), § 459 Rn. 42 und 86; Flume, Eigenschaftsirrtum, S. 123; Landsberg, S. 186 f.; Reinicke/Tiedtke, Kaufrecht, Rn. 1250; Hiddemann, ZGR 1982, 435 (444); zustimmend trotz i. E. dann anderer Lösung Canaris, soweit es um niemals vorhandene Gegenstände ging (Handelsrecht, § 8 Rn. 17, und ZGR 1982, 395 (427 f.)). In Fällen unvollständiger Übertragung vorhandener Gegenstände nahm er allerdings einen Rechtsmangel an. Ähnlich auch v. Friesen, NJW 1979, 2288 (2289). Fuest nahm dagegen immer einen Rechtsmangel an (S. 124). Hommelhoff wollte den Fehlbestand nicht als Fehler anerkennen, aber ggf. unter § 459 Abs. 2 BGB a. F. subsumieren (Sachmängelhaftung, S. 105 ff.).

60 Deutlich RG Recht 1925 Nr. 19. Die Konsequenzen wurden um so gravierender, wenn Gewährleistungsrecht ausgeschlossen worden war: BGH NJW 1979, 33. Vgl. zur Kritik Erman-Grunewald (10. Aufl.), Vor § 459 Rn. 50; dies., Grenzziehung, S. 96, die den Leistungsanspruch fortgelten lassen wollte; genauso Tiedtke, DB 1993, 1071 (1072 f.); ähnlich G. Müller, Lossagungsrecht, S. 214 f.; Flume, Eigenschaftsirrtum, S. 123, der dann Teilwandelung zulassen wollte; Mössle, BB 1983, 2146 (2152), der das Nichterfüllungsrecht als vorrangig ansah; Fuest, S. 103 ff., der das zum Anlass nahm, diese Fälle gänzlich aus dem Gewährleistungsrecht zu verbannen und den Weg über die positive Forderungsverletzung vorschlug; v. Friesen, NJW 1979, 2288 (2289), die deshalb zusätzlich zum Sachmangel einen Rechtsmangel annahm; so auch MüKo-Westermann (3. Aufl.), § 459 Rn. 51; Kantenwein, S. 130 f., der ausschließlich Erfüllungsansprüche anerkennen wollte, weil er gesamtunternehmensbezogene Rechtsbehelfe gänzlich ablehnte; Landsberg, S. 187 f., der Nachlieferungsansprüche beim Fehlen unwesentlicher Inventarstücke gewähren wollte, nicht aber bei wesentlichen.

61 Vgl. auch Gaul, ZHR 166 (2002), 35 (54); Gronstedt/Jörgens, ZIP 2002, 52 (61); Triebel/Hölzle, BB 2002, 521 (526).

62 Vgl. Bergjan, S. 150 f. Anders aber Fritzen, S. 118 f.; scheinbar auch Büdenbender, in: Dauner-Lieb, Unternehmenskauf und Schuldrechtsmodernisierung, S. 5 (26 f.); Triebel/Hölzle, BB 2002, 521 (525); unklar Wolf/Kaiser, DB 2002, 411 (415). Anders auch Larisch, der bei Nichtübertragung vorhandenen Vermögens § 434 Abs. 3 Alt. 2 BGB anwendet, bei dem Versprechen der Übertragung nicht existenten Vermögens dagegen von § 434 Abs. 1 S. 1 BGB ausgeht (S. 72 ff.).

63 Dies lässt sich beim Kauf kleinerer Gegenstände plausibel machen: Wenn bei einem Auto die Bremse fehlt, würde man ebenfalls von einem Sachmangel des Autos ausgehen und nicht von einer Nichtleistung hinsichtlich der Bremse.

dd) Nicht verschaffte Rechte

Werden geschuldete Rechte (etwa Patente) nicht mitverschafft, gilt im Wesentlichen das zu den Rechtsmängeln an Einzelgegenständen Gesagte. Hier wurde ebenfalls häufig ein Sachmangel angenommen[64], obwohl es sich um die vernachlässigte Pflicht der Verschaffung von Rechten handelte[65]. Nach neuem Recht liegt weiterhin eine Teilleistung vor, die eine einheitliche Behandlung mit anderen Teilleistungen nach Gewährleistungsrecht gebietet. Da es sich um die vernachlässigte Rechtsverschaffungspflicht handelt, liegt eine analoge Anwendung des § 435 BGB nahe, obwohl die Abgrenzung zum Sachmangel im Ergebnis bedeutungslos sein dürfte. Nach altem Recht hat in diesem Bereich selbst die Rechtsprechung mit dem Dogma der nicht anwendbaren Rechtsbehelfe hinsichtlich des Einzelgegenstands gebrochen[66]. Der Teil der Literatur, der einen

---

64 Vgl. BGH NJW 1970; 556: Der Vermieter der gemieteten Geschäftsräume verweigert die Fortsetzung des Mietverhältnisses; MüKoHGB-Lieb, Anh § 25 Rn. 148; RGRK-Mezger, § 437 Rn. 6 u. § 459 Rn. 12; Staudinger-Honsell (1995), § 459 Rn. 86; MüKo-Westermann (3. Aufl.), § 437 Rn. 18; auch noch G. Müller, Lossagungsrecht, S. 242. Vgl. aber auch RG WarnRspr 1911 Nr. 72: Warenzeichen einer in der verkauften Fabrik hergestellten Marke sollen keine Eigenschaft der Fabrik darstellen; RG WarnRspr 1912 Nr. 240: fehlendes Staurecht einer Mühle begründet keinen Sachmangel. Schwieriger lag der Fall BGH NJW 1959, 1584, wo bei einem Praxistausch von Ärzten auch ein Belegrecht in einem Krankenhaus Gegenstand des Tauschvertrags war. Der BGH sah in den Beleg- und Operationsverhältnissen des Krankenhauses potentielle Mängel der Praxis. Zustimmend MüKo-Westermann (3. Aufl.), § 459 Rn. 51; ablehnend aber Grunewald, Grenzziehung, S. 95.

65 Hier musste wieder je nach Ausgangspunkt differenziert werden: Forderte man eine Rechtsbeeinträchtigung des Gesamtunternehmens, konnte man nur in dem Fall über §§ 434, 440 BGB a. F. vorgehen (vgl. MüKoHGB-Lieb, Anh § 25 Rn. 153; Staudinger-Köhler (1995), § 434 Rn. 13; Hollenberg, S. 35; Hommelhoff, Sachmängelhaftung, S. 50; Canaris, ZGR 1982, 395 (430)). Ließ man daneben einzelgegenstandsbezogene Rechtsbehelfe zu, konnte man außerdem über §§ 437 Abs. 1, 440 BGB a. F. vorgehen (vgl. Grunewald, Grenzziehung, S. 94; dies., ZGR 1981, 622 (633 f.)). Schließlich konnte man gesamtunternehmensbezogen immer einen Rechtsmangel annehmen (vgl. Soergel-Huber, § 459 Rn. 276; Staub-Hüffer, HGB, Vor § 22 Rn. 45; Landsberg, S. 194 f.; Loos, MDR 1962, 172; Schlosser JZ 1969, 337 (338)). Selbst die ältere Rechtsprechung nahm in diesen Fällen häufig keinen Sachmangel an und ging über die §§ 437 Abs. 1, 440 BGB a. F. bzw. §§ 434, 440 BGB a. F.: RG WarnRspr 1914 Nr. 283: fehlendes Recht zur Bezeichnung einer verkauften Apotheke als „Hofapotheke"; RG Recht 1915 Nr. 34: fehlende Flößereigerechtigkeit bei einem verkauften Sägewerk; RG Recht 1919 Nr. 2097: fehlendes Recht gegenüber der Eisenbahn zur Nutzung eines Anschlussgleises; OLG München OLGZ 24, 321: fehlendes Wasserstreu- und Sichelschlagrecht für mitverkauften Flusslaufabschnitt; OLG Colmar LZ 1913, 322: nicht übertragenes Firmenrecht.

66 BGH NJW 1970, 556 (557); WM 1975, 1166. Über §§ 437 Abs. 1, 440 Abs. 1, 326 Abs. 1 BGB a. F. führte dies dazu, dass der Käufer dem Verkäufer eine Frist setzen konnte, nach deren erfolglosen Ablauf er Schadensersatz wegen Nichterfüllung verlangen oder zurücktreten konnte.

Sachmangel annahm, leistete dem weitestgehend Folge[67]. Diese dogmatisch inkonsequente Vorgehensweise ließ sich schon nach bisherigem Recht nicht rechtfertigen[68] und ist nach neuem Recht insbesondere aufgrund des Nacherfüllungsanspruchs nicht mehr notwendig[69].

ee) Ausschließlich gesamtunternehmensbezogene Mängel

Darüber hinaus gab es auch nach bisheriger Rechtslage unproblematische Fälle, die einen typischen Mangel darstellten, der allerdings ausschließlich das Gesamtunternehmen betraf, ohne auf Einzelgegenstände lokalisierbar zu sein[70]. Insofern ist ebenfalls nicht zu erwarten, dass auf solche Merkmale die Anwendung des Gewährleistungsrechts abgelehnt wird. Es handelt sich dabei etwa um Sachmängel in Form eines schlechten Rufs[71] oder um Rechtsmängel in Form von Verpflichtungen, die gemäß § 25 HGB auf den Käufer übergehen[72], oder von Patentverstößen[73].

---

67 MüKo-Westermann (3. Aufl.), § 437 Rn. 18 u. § 459 Rn. 51; RGRK-Mezger, § 437 Rn. 6 u. § 459 Rn. 12; Hommelhoff, Sachmängelhaftung, S. 48 ff.; Reinicke/Tiedtke, Kaufrecht, Rn. 1251; unklar Larenz, Schuldrecht II/1, § 45 II a (S. 166), der insofern nur auf die herrschende Lehre verweist; zum schweizerischen Recht auch Baldi, S. 99.

68 Vgl. MüKoHGB-Lieb, Anh § 25 Rn. 149; Canaris, ZGR 1982, 395 (431 f.); Gaul, ZHR 166 (2002), 35 (40); kritisch auch Fuest, S. 87; Mössle, BB 1983, 2146 (2148); als problematisch bezeichnete dies selbst Hiddemann, ZGR 1982, 435 (444).

69 Siehe dazu auch die Ausführungen Oechslers, Schuldrecht BT, § 2 Rn. 161; a. A. weiterhin Erman-Grunewald, § 435 Rn. 14; Reinicke/Tiedtke, Kaufrecht, Rn. 1251.

70 Vgl. MüKo-Westermann (3. Aufl.), § 459 Rn. 50; MüKoHGB-Lieb, Anh § 25 Rn. 151; Grunewald, Grenzziehung, S. 97 f.; K. Schmidt, Handelsrecht, § 6 II 3 a) bb) (S. 151). Zum neuen Recht Larisch, S. 79 ff.

71 RGZ 67, 86 (88 ff.); vgl. auch OLG Naumburg Recht 1908 Nr. 1528 und OLG Rostock SeuffA 75 Nr. 314; offengelassen in BGH NJW 1992, 2564 (2565), wo die Frage war, ob der schlechte Ruf einer Raststätte einen Fehler auch des Betriebsgrundstücks darstellte. Ein weiteres Beispiel stellt eine nicht aufgearbeitete Steuerberaterpraxis dar: OLG Karlsruhe, BB 1974, 1604 (1606). Vgl. auch Grunewald, Grenzziehung, S. 97 f.; Hommelhoff, Sachmängelhaftung, S. 37 f.; Landsberg, S. 195 ff.

72 In RGZ 88, 103 (106 f.), hatte sich der Verkäufer einer Maschinenfabrik gegenüber einem Dritten verpflichtet, hergestellte Filter nicht in Österreich und Ungarn zu vertreiben. Diese Pflicht ging nach § 25 HGB auf den Käufer über, der mit einem solchen Umfang der Vertriebsbeschränkung nicht gerechnet hatte. Hier nahm das RG einen Rechtsmangel an.

73 Anders insofern das Reichsgericht: Es ging um den Fall, dass ein Schlackensteinwerk zum Weiterbetrieb gekauft wurde, dessen Fortführung von einem Dritten verhindert werden konnte, weil die Abbaumethode gegen dessen Patent verstieß (RGZ 69, 429 (431 f.)). Dort wurde ohne weitere Auseinandersetzung mit einem potentiellen Rechtsmangel ein Sachmangel angenommen. Diese Entscheidung ist allerdings vielfach kritisiert worden. Hier besteht zwar eine gewisse Nähe zu einem fehlenden einzelnen Recht, eine Qualifikation als Rechtsmangel war aber zumindest deshalb geboten, weil das Recht sich gegen

2. Die tatbestandliche Einordnung der Geschäftsergebnisse als Sachmangel

Auf der Tatbestandsseite ist zuerst zu prüfen, ob falsche Geschäftsergebnisse überhaupt als Sachmangel in Betracht kommen. Dazu ist erforderlich, dass sie der Beschaffenheit einer Sache ähnlich sind. Es soll daher erörtert werden, ob der Beschaffenheitsbegriff eine begrenzende Funktion einnimmt, die bei der Analogiefrage zu berücksichtigen ist [a], und inwiefern dieses die Anwendbarkeit des Gewährleistungsrechts auf die Geschäftsergebnisse von vornherein begrenzt [b].

a) Der Beschaffenheitsbegriff im neuen Recht

aa) Die Möglichkeit zu vereinbaren, was „Beschaffenheit" ist

Eine Frage, welche sich nicht nur nach der neuen Rechtslage stellt, ist, ob der subjektive Fehlerbegriff soweit geht, dass nur die Faktoren, die als Beschaffenheit aufzufassen sind, vereinbart werden können, oder ob auch vereinbart werden kann, was „Beschaffenheit" ist. Schon nach alter Rechtslage wollte der Teil der Literatur, der § 459 Abs. 1 BGB a. F. analog auf Abschlussangaben angewendet hat, den Beschaffenheitsbegriff mit dem subjektiven Fehlerbegriff gleichstellen. Es solle in der Hand der Parteien liegen zu entscheiden, was Beschaffenheit der Kaufsache sein soll und was nicht. Entsprechendes müsse für den Unternehmenskauf gelten, wo die Abschlussangaben nach dem Parteiwillen die Beschaffenheit beschreiben sollen[74]. Diese Auslegung würde letztlich dazu führen, dass es keinerlei Einschränkungen des Fehlerbegriffs mehr gäbe, sondern das Vorliegen einer Beschaffenheit grundsätzlich Vereinbarungssache wäre. Sie entstand aber jedenfalls noch in dem Bewusstsein, dass der Fehlerbegriff des § 459 Abs. 1 BGB a. F. sehr extensiv ausgelegt wurde. Dieselbe Argumentation setzt sich in der Literatur zum neuen Recht fort[75], ohne dass immer

---

die Fortführung des Betriebs als solchen richtete. So auch Soergel-Huber, § 434 Rn. 75; ders., ZGR 1972, 395 (413); Flume, Eigenschaftsirrtum, S. 193; Landsberg, S. 193 f.; Postert, S. 107 ff.; Aderhold, DStR 1991, 844 (845); Canaris, ZGR 1982, 395 (429 f.); vgl. auch Fuest, S. 123 ff. Von einem Sachmangel ausgehend aber MüKo-Westermann (3. Aufl.), § 459 Rn. 47; auch Lieb, FS Gernhuber, S. 259 (274 f.). Beides nunmehr für möglich erachtend Fritzen, S. 116 f.; Larisch, S. 81.

74 So deutlich MüKoHGB-Lieb, Anh § 25 Rn. 89; Hommelhoff/Schwab, FS Zimmerer, S. 267 (274 ff.); Immenga, AcP 171 (1971), 1 (9); Mössle, BB 1983, 2146 (2150 f.); Noll, WM 1985, 341 (343); Prölss, ZIP 1981, 337 (343); vgl. auch Reinicke/Tiedtke, Kaufrecht, Rn. 1253 ff.; i. E. auch die sonst in Kap. 2 I 3 a) Genannten.

75 So wiederum deutlich Bergjan, S. 147 f.; Henssler/v. Westphalen-v. Westphalen, § 453 Rn. 11, § 434 Rn. 9 ff.; Reinicke/Tiedtke, Kaufrecht, Rn. 302 ff.; v. Gierke/Paschen, GmbHR 2002, 457 (462 f.); Horn/Bernau, Jura 2003, 702 (705); Schröcker, ZGR 2005,

deutlich wird, dass die Festschreibung des subjektiven Fehlerbegriffs und der Beschaffenheitsbegriff unterschiedliche Funktionen haben[76]. Deshalb hat sich die mehr oder weniger undifferenzierte Ansicht gebildet, Abschlussangaben seien nunmehr ohne Bedenken unter § 434 Abs. 1 S. 1 BGB zu subsumieren[77]. Es ist zwar richtig, dass der subjektive Fehlerbegriff es den Beteiligten gerade ermöglichen soll, die Umstände zum Gegenstand der Beschaffenheitsvereinbarung zu machen, die ihnen wichtig erscheinen[78]. Daraus kann man aber nur ableiten, dass die Parteien die Beschaffenheiten auswählen können, welche sie zur Beschreibung benutzen wollen. Was den Begriff der Beschaffenheit letztlich ausmacht, sagt der subjektive Fehlerbegriff aber keinesfalls aus[79]. Ob es den Parteien überlassen sein soll zu bestimmen, was Beschaffenheit ist, hängt davon ab, welchen Zweck dieser Begriff hat, ob er also dispositiv ist und von den Parteien ausgefüllt werden kann, oder ob er einen gesetzessystematischen Zweck erfüllt, so dass das Gewährleistungsrecht nur in objektiv abgrenzbaren Bereichen anwendbar ist. Eine einschränkende Auslegung des Beschaffenheitsbegriffs widerspricht jedenfalls nicht der Kodifizierung des subjektiven Fehlerbegriffs[80].

Zur tatbestandlichen Einordnung der Abschlussangaben unter den Beschaffenheitsbegriff ist dementsprechend auch die Regierungsbegründung sehr zurückhaltend. Es muss zwar darauf hingewiesen werden, dass die Regierungsbegründung die Gründe für die zurückhaltende Anwendung des Sachmängelgewährleistungsrechts als weitestgehend entfallen erachtet[81]. Diese Einschätzung ist allerdings eher dadurch zu begründen, dass die Rechtsfolgen angeglichen worden sind, nicht dagegen der Tatbestand selbst. Bindend ist die Regierungsbegründung selbstverständlich nicht[82].

---

63 (76 f.); Seibt/Reiche, DStR 2002, 1135 (1138); Triebel/Hölzle, BB 2002, 521 (524 f.); v. Westphalen, ZIP 2001, 2107.

76 Deutlich aber Gaul, ZHR 166 (2002), 35 (46 f.); auch Knott, NZG 2002, 249 (251).

77 Vgl. neben den zuvor Genannten auch die Verweise in Kap. 2 I 4 am Anfang.

78 So schon MüKoHGB-Lieb, Anh § 25 Rn. 89; Immenga, AcP 171 (1971), 1 (9); Mössle, BB 1983, 2146 (2150); Noll, WM 1985, 341 (343); Prölss, ZIP 1981, 337 (343).

79 Soergel-Huber, § 459 Rn. 264; ders., AcP 202 (2002), 179 (213); Wertenbruch, in: Dauner-Lieb/Konzen/Schmidt, Das neue Schuldrecht in der Praxis, S. 493 (496).

80 So aber Triebel/Hölzle, BB 2002, 521 (525). Unhaltbar ist auch deren Berufung auf die grundrechtlich verbürgte Privatautonomie, denn die ist keinesfalls eingeschränkt. Sobald eine Vereinbarung nicht dem Gewährleistungsrecht unterfällt, greift die subsidiäre Haftung der §§ 280 Abs. 1, 311 Abs. 2, 241 Abs. 2 BGB ein. Zudem bleibt es den Parteien unbenommen, im Rahmen einer selbstständigen Garantie die Rechtsfolgen selbst zu regeln, wozu auch die Vereinbarung der Rechtsfolgen des Gewährleistungsrechts gehören kann, nur müssen sie sich dann bewusst machen, dass sie diese Regelung treffen wollen.

81 BT-Drucks. 14/6040, S. 242; der Einschätzung folgend Schmidt-Räntsch, Rn. 907; Fleischer/Körber, BB 2001, 841 (843).

82 Vgl. Gruber, MDR 2002, 433 (437); fast ausschließlich daraus seine weite Auslegung herleitend aber Wunderlich, WM 2002, 981 (984 f.).

Entgegengehalten wird einer einschränkenden Auslegung des Beschaffenheitsbegriffs häufig, sie widerspreche einer notwendigen richtlinienkonformen Auslegung[83]. Dem ist schon entgegenzuhalten, dass auch der von der Richtlinie verwendete Begriff der „Beschreibung" völlig offen lässt, inwieweit Umweltbeziehungen der Sache davon umfasst sind[84]. Es erscheint nicht ausgeschlossen, dass entsprechend dem Schutzzweck der Richtlinie solche Auskünfte ausgeschlossen sind, die mit der Qualität der Kaufsache nichts zu tun haben[85]. Zudem hat die Richtlinie einen Regelungsbereich, der mit Grundstücks- und Unternehmenskäufen sowie der Falschangabe von Geschäftsergebnissen nichts zu tun hat. Darin liegt aber der Hauptstreitpunkt der Begrenzung der kaufrechtlichen Gewährleistung durch den Beschaffenheitsbegriff. Dann bleibt es zwar möglich, im Rahmen der historisch-teleologischen Auslegung darauf zurückzugreifen, dass der Gesetzgeber eine einheitliche Handhabung des Begriffs gewollt hat[86]. Daraus auf einen weiten Beschaffenheitsbegriff zu schließen ist aber nur bei eindeutig erkennbarem Willen des Gesetzgebers zulässig[87]. Der hat hingegen ganz bewusst offen gelassen, wie weit der Beschaffenheitsbegriff insofern aufzufassen sein soll[88]. Es stellt daher einen Zirkelschluss dar, ihm eine weite Auslegung aufgrund einer Richtlinienkonformität zu unterstellen, deren Notwendigkeit nicht einmal nachgewiesen ist.

bb) Berücksichtigung anderer Gesetzesstellen

(1) Rückschlüsse aus § 434 BGB

Im Hinblick auf § 434 BGB selbst werden im Wesentlichen zwei Argumente für eine weite Auslegung des Beschaffenheitsbegriffs vorgetragen. Zum einen soll § 434 Abs. 1 S. 3 BGB den Beschaffenheitsbegriff erweitern[89]. Hier werden zwar öffentliche Äußerungen des Verkäufers, Herstellers oder Gehilfen dem Beschaffenheitsbegriff unterstellt, allerdings nur, wenn es sich um die öffentlichen Äußerungen von Eigenschaften handelt. In diesem Zusammenhang ist

83 Fritzen, S. 40 f.; Larisch, S. 47 ff.; Berger, JZ 2004, 276 (278 f.); Canaris, Karlsruher Forum 2002, S. 5 (59 f.); v. Gierke/Paschen, GmbHR 2002, 457 (462); Häublein, NJW 2003, 388 (390); Schröcker, ZGR 2005, 63 (76).

84 Vgl. AnwKomBGB-Pfeiffer, Art. 2 Kauf-RL, Rn. 11; Lehmann, JZ 2000, 280 (282).

85 So auch Grigoleit/Herresthal, JZ 2003, 118 (120); vgl. auch Canaris, Karlsruher Forum 2002, S. 5 (60 ff.).

86 Larisch, S. 49; Häublein, NJW 2003, 388 (390), jeweils unter Hinweis auf BT-Drucks. 14/6040, S. 211.

87 Vgl. Larenz, Methodenlehre, S. 328 ff, 344.

88 BT-Drucks. 14/6040, S. 213.

89 So Bergjan, S. 147; Fritzen, S. 36; Büdenbender, in: Dauner-Lieb, Unternehmenskauf und Schuldrechtsmodernisierung, S. 5 (33); Holzapfel/Pöllath, Unternehmenskauf, Rn. 409; Gaul, ZHR 166 (2002), 35 (45 f.); Rehberg, ZGS 2002, 456 (458).

davon auszugehen, dass der Eigenschaftsbegriff nichts anderes als die Beschaffenheit darstellen soll, denn Sinn dieser Vorschrift ist nur die Einbeziehung öffentlicher Äußerungen, die nicht zum Vertragsinhalt geworden sind. Eine Ausweitung des Beschaffenheitsbegriffs in sachlicher Hinsicht ist daraus nicht abzuleiten[90].

Zum anderen wird argumentiert, dass für die Untauglichkeit zum vereinbarten Vertragszweck außerhalb des Kaufgegenstands liegende Merkmale eine Rolle spielen können und dies deshalb auch im Rahmen der Beschaffenheitsvereinbarung gelten müsse[91]. Dieser Rückschluss ist aber nicht ohne Weiteres gerechtfertigt. Die Verwendbarkeit des Vertragsgegenstands ist ein sicherlich wichtiger Faktor für die Parteien und beschreibt den Vertragsgegenstand und demnach die Leistungspflicht. Ob dieses allerdings auch für sämtliche andere Informationen in Bezug auf die Sache zu gelten hat, darf bezweifelt werden. Nicht alles, was in Bezug auf den Kaufgegenstand vereinbart wird, ist zwingend zugleich eine Leistungsbeschreibung.

Als zu pauschal ist auch das Argument zurückzuweisen, aus den nicht auf den Beschaffenheitsbegriff bezogenen Ausweitungen des § 434 BGB sei darauf zu schließen, dass eine einschränkende Auslegung des Beschaffenheitsbegriffs selbst nicht mehr zulässig sei[92].

(2) Rückschlüsse aus anderen Vorschriften

Der Beschaffenheitsbegriff taucht im neuen Kaufrecht außer in § 434 BGB noch in den §§ 442 Abs. 1 S. 2, 443 Abs. 1, 444 und 445 BGB auf. Einer Definition dieses Begriffs enthalten sich diese Vorschriften ebenfalls. Die §§ 442 Abs. 1 S. 2, 444 und 445 BGB regeln ohnehin ausschließlich Aspekte des Vertretenmüssens[93]. § 443 Abs. 1 BGB betrifft dagegen den Fall, dass günstigere Rechtsfolgen für den Käufer vereinbart werden. Hieraus ergeben sich für den Beschaffenheitsbegriff keine zwingenden Schlüsse, weil es durchaus selbstständige Garantien außerhalb der Beschaffenheitsangaben geben kann, die ebenfalls die Rechte aus der Garantie auslösen, dann allerdings alternativ und nicht kumulativ

90 Wenn etwa Herstellerangaben über den Kraftstoffverbrauch nun die Beschaffenheit des Kraftfahrzeugs beeinflussen sollen, gilt dieses nur insofern, als Angaben eines Dritten in die vertraglichen Beschaffenheitsvereinbarungen mit einbezogen werden sollen. Es ändert sich aber nichts an der Frage, ob der Kraftstoffverbrauch überhaupt eine Beschaffenheitsangabe darstellt (so aber Gaul, ZHR 166 (2002), 35 (46)). Auch handelt es sich nicht darum, nun bloße Außenfaktoren in den Beschaffenheitsbegriff einzufügen (so aber Büdenbender, in: Dauner-Lieb, Unternehmenskauf und Schuldrechtsmodernisierung, S. 5 (33)).

91 Fritzen, S. 36; Holzapfel/Pöllath, Unternehmenskauf, Rn. 409; Seibt/Reiche, DStR 2002, 1135 (1138); Wolf/Kaiser, DB 2002, 411 (412).

92 So aber Larisch, S. 41.

93 Vgl. Larisch, S. 223 f.; Dauner-Lieb/Thiessen, ZIP 2002, 108 (111).

zu den gesetzlichen Gewährleistungsrechten. Ob die Anwendbarkeit der Letztgenannten daneben interessengerecht ist, ist gerade die Frage.

cc) Der Beschaffenheitsbegriff nach alter Rechtslage

Die Rechtsprechung tendierte nach alter Rechtslage dazu, den Beschaffenheitsbegriff im Rahmen des § 459 Abs. 1 BGB a. F. eng auszulegen und nur solche Eigenschaften darunter zu fassen, welche der Sache unmittelbar bzw. als solcher anhaften, weil sie in ihr selbst liegen oder von ihr ausgehen[94]. Diese Unmittelbarkeit wurde bei Abschlussangaben generell abgelehnt[95]. An Begründungen hierzu lieferte die Rechtsprechung wenig. Das RG stützte sich darauf, dass ein Irrtum über die entsprechende Ertragshöhe auch keinen Eigenschaftsirrtum i. S. d. § 119 Abs. 2 BGB darstelle[96], was aber nicht weniger zu begründen wäre[97].

Einen Versuch der Hintergrundbeleuchtung hat *Immenga* vorgenommen[98]. Demnach habe die enge Auslegung ursprünglich dem Schutz des Verkäufers gedient. Im Rahmen der Herrschaft des objektiven Fehlerbegriffs sei dieser ausreichend geschützt gewesen, weil die verschuldensunabhängige Einstandspflicht des Gewährleistungsrechts ihn nur traf, wenn die Beschaffenheit der Sache von der üblichen Beschaffenheit einer Sache derselben Gattung abwich. Der Umfang der Haftung sei für den Verkäufer zumindest erkennbar gewesen. Da ein Unternehmen im Hinblick auf die Abschlussangaben nicht mit anderen Unternehmen vergleichbar sei, könne der objektive Fehlerbegriff sie nur ausschließen. *Immenga* sieht darin, dass der besondere Bezug des Merkmals zum Kaufgegenstand selbst gefordert wird, eher ein Überbleibsel dieser objektiven Auffassung und eine Inkonsequenz bei der Anwendung des subjektiven Fehlerbegriffs[99]. Zustimmung muss seine Kritik jedenfalls dahingehend finden, dass das Kriterium des unmittelbaren Anhaftens keine klare Konturen erkennen lässt und der Praxis kaum eine sinnvolle Anwendung ermöglicht[100].

---

94 Vgl. BGH NJW 1970, 653 (655); BGHZ 70, 47 (49); NJW 1980, 1456 (1458); NJW-RR 1988, 10 und 248 (350); NJW 1992, 2564 (2565).

95 RGZ 67, 86 (87); JW 1935, 1558; BGH NJW 1970, 653 (655); 1977, 1536 (1537); 1979, 33; NJW-RR 1989, 306 (307). Genauso für die Ertragsfähigkeit von Grundstücken NJW 1980, 1456 (1458); WM 1982, 696.

96 RGZ 67, 86 (87); JW 1935, 1558.

97 Vgl. auch Immenga, AcP 171 (1971), 1 (5 f.).

98 AcP 171 (1971), 1 (6 ff.).

99 AcP 171 (1971), 1 (10 f.); dieser Argumentation folgend Staudinger-Honsell (1995), § 459 Rn. 33 ff.; Hollenberg, S. 59 f.; Mössle, BB 1983, 2146 (2150 und 2154); Willemsen, AcP 182 (1982), 515 (543 f.); Zimmer, NJW 1997, 2345 (2348 f.).

100 Vgl. dazu seine Beispiele in AcP 171 (1971), 1 (11 f.); auch Grunewald, Grenzziehung, S. 31; Hollenberg, S. 59; Grigoleit/Herresthal, JZ 2003, 118 (122); Noll, WM 1985, 341 (343); Willemsen, AcP 182 (1982), 515 (544).

Eines besonderen Schutzes bedarf der Verkäufer nach dem subjektiven Fehlerbegriff zumindest deshalb nicht, weil er es in der Hand hat, die Beschaffenheit zu vereinbaren oder nicht. Nicht unbeachtet bleiben kann allerdings das Argument *Hommelhoffs*, der hervorhebt, dass die Parteien im Rahmen des subjektiven Fehlerbegriffs zwar die Möglichkeit haben müssen, vertragliche Vereinbarungen frei zu treffen, dass jedoch die Besonderheit besteht, dass die Parteien nur die Tatbestandsseite regeln, die Rechtsfolgen demgegenüber gesetzlich auferlegt werden[101]. Nur weil ein Umstand zum Vertragsinhalt wird, könne dies noch nicht zwingend zur strengen Sachmängelhaftung führen. Dies könne nur dort gefordert werden, wo ohne Weiteres anzunehmen sei, dass die Angaben für das subjektive Äquivalenzverhältnis von entscheidender Bedeutung sind, was nur bei unmittelbar anhaftenden Merkmalen der Fall sei[102]. Da der Verkäufer sich aber nicht sicher sein könne, ob die Abschlussangaben für den Käufer entscheidendes Gewicht hätten oder nur in geringerer Weise Bedeutung haben, wollte *Hommelhoff* sie aus dem Bereich des § 459 Abs. 1 BGB a. F. völlig ausklammern[103]. Beachtenswert hieran ist sicherlich das Argument, dass nicht jede Vereinbarung über den Vertragsgegenstand zu den Rechtsfolgen des Gewährleistungsrechts führen kann. Dieses kann nur dort der Fall sein, wo das System auf die entsprechende Vereinbarung passt, denn welche Rechtsfolgen eine Vereinbarung nach sich zieht, regeln entweder die Parteien selbst oder das Gesetz. Eine gesetzliche Vorgabe muss sich dann als interessengerecht darstellen. Wenn dies bei erkennbar entscheidendem Gewicht der Angaben der Fall sein soll, bleibt *Hommelhoff* jedoch die Begründung schuldig, warum allenfalls bei Zusicherung und nicht bereits bei erkennbarer Relevanz der Angaben Sachmängelgewährleistungsrecht eingreifen soll[104].

dd) Der Eigenschaftsbegriff nach alter Rechtslage

Beim Eigenschaftsbegriff verhielt sich die Rechtsprechung großzügiger. Hierunter fielen auch tatsächliche und rechtliche Verhältnisse, welche die Beziehung der Sache zur Umwelt betreffen und wegen ihrer Art und vorausgesetzten Dauer

---

101 Hommelhoff, Sachmängelhaftung, S. 71; ders., ZHR 140 (1976), 271 (297); insoweit zustimmend auch Grunewald, Grenzziehung, S. 29; dies., ZGR 1981, 622 (626).

102 Hommelhoff, Sachmängelhaftung, S. 72 f.

103 Sachmängelhaftung, S. 82, und ZHR 140 (1976), 271 (297); auch W. Müller, JuS 1975, 489 (492).

104 Inzwischen hat Hommelhoff dies selbst erkannt. Er stellte deshalb zusammen mit Schwab nur darauf ab, dass deutlich werden müsse, dass es dem Käufer auf die Angaben ankommt (FS Zimmerer, S. 267 (275 f.)). Dies sei aber schon bei einfacher Vereinbarung der Fall, so dass auch § 459 Abs. 1 BGB a. F. auf jede Einzelangabe angewendet werden könne.

die Brauchbarkeit oder den Wert der Sache beeinflussen[105]. Diese Umweltbeziehungen müssen zwar laut Rechtsprechung in der Sache selbst ihren Grund haben[106], aber ihr nicht *unmittelbar* innewohnen oder von ihr ausgehen[107].

Die Notwendigkeit, den Eigenschaftsbegriff eng zu fassen, bestand im Hinblick auf den Verkäuferschutz nicht, weil damit zugleich eine Zusicherung verbunden sein musste und eine solche Zusicherung ohnehin den Willen des unbegrenzten Einstehens widerspiegelte, die Rechtsfolgen also schon mitgeregelt waren[108]. Dann hatten natürlich die §§ 459 Abs. 2, 463 S. 1 BGB a. F. überhaupt keinen besonderen Regelungsgehalt, weil sie nur dort eingriffen, wo die Parteien die Rechtsfolgen ohnehin schon geregelt hatten[109]. Es gab insoweit kaum Unterschiede zwischen der Anwendung des Sachmängelgewährleistungsrechts und der Annahme einer selbstständigen Garantie, welche von denjenigen angenommen wurde, die den Weg über die culpa in contrahendo wählten[110].

Die Differenzierung zwischen Beschaffenheit und Eigenschaft führte dazu, dass § 459 Abs. 1 und 2 BGB a. F. als zwei voneinander getrennte Tatbestände aufgefasst werden mussten, denen zwei unterschiedliche Begriffe zugrunde lagen[111]. Unter der Herrschaft des objektiven Fehlerbegriffs hatte die Trennung noch einen Sinn, weil sich der Verkäufer bei der Abgabe einer Zusicherung seiner Einstandspflicht für das Vorhandensein der Eigenschaft ohnehin bewusst war, er also den Schutz der Erkennbarkeit in § 459 Abs. 1 BGB a. F. im Sinne des objektiven Fehlerbegriffs nicht brauchte. Selbst das führte aber nicht dazu,

---

105 RGZ 52, 1 (2); 63, 57 (61); Recht 1909 Nr. 2100; JW 1935, 1558; 1938, 2613; BGHZ 79, 183 (185); NJW-RR 1987, 908 (909); 1988, 348 (350); NJW 1990, 1658 (1659); OLG Düsseldorf NJW-RR 1993, 377 (378).

106 BGHZ 79, 183 (185); 111, 75 (78); BGH NJW 1991, 2556; ähnlich auch das RG: SeuffA 48 Rn. 14 (noch nicht zum BGB); RGZ 52, 1 (2); 59, 240 (243); 63, 57 (61); Recht 1909 Nr. 2100; JW 1935, 1558.

107 BGH NJW 1992, 2564 (2565).

108 So auch Hommelhoff, Sachmängelhaftung, S. 88.

109 Grunewald, Grenzziehung, S. 102 und 31; dies., ZGR 1981, 622 (628). G. Müller (Lossagungsrecht, S. 89; BB 1980, 1393 (1396); ZHR 147 (1983), 501 (516 f.)) sah den Zweck darin, die Verjährung gegenüber dem selbstständigen Garantieversprechen zu begrenzen, was aber eher zu bezweifeln ist, denn es bestand eher die Bestrebung, die kurze Verjährung auszuschalten als ihren Anwendungsbereich zu erweitern.

110 Ebenroth/Boujong/Joost-G. Müller, HGB, Vor § 373 Rn. 54; ders., ZIP 1993, 1045 (1052); Soergel-Huber, § 459 Rn. 258 und 286; Canaris, ZGR 1982, 395 (412 f.). Kantenwein geht insofern von einer unselbstständigen Garantie aus (S. 69 f.). Die Rechtsprechung hat demgegenüber diesen Weg bisher noch nicht angedacht (kritisch dazu Knöpfle, EWiR 1990, 873 (874)). Fuest lehnt die Möglichkeit der Garantieübernahme für Vergangenheitsangaben generell ab (S. 82 f.), was im Hinblick auf die Vertragsfreiheit sehr bedenklich ist, zumal ein Käuferinteresse daran durchaus bestehen kann. Wichtig ist ihm zwar nicht die Korrektur der Vergangenheitsangaben, wohl aber der Ersatz der Schäden, die aus der daraus entwickelten falschen Prognose entstehen.

111 Der Rechtsprechung insoweit folgend Körting, NJW 1970, 1077.

dass Beschaffenheit und Eigenschaft unterschiedlich ausgelegt werden mussten, sondern nur dazu, dass eine Eigenschaft nicht in allen Fällen eine *gewöhnliche* Eigenschaft darstellte[112].

ee) Die neue Rechtslage

Eine Trennung der Tatbestände einer vereinbarten Beschaffenheit und einer zugesicherten Eigenschaft ist nach neuer Rechtslage nicht mehr möglich[113]. Die Tatsache, dass jetzt einheitlich von einer Beschaffenheit ausgegangen wird, die im Fall ihrer Zusicherung zu einer garantierten Beschaffenheit wird, bestätigt die Ansicht, die schon bisher den Begriff der Beschaffenheit und der Eigenschaft gleichsetzte[114] und nur im Element der Zusicherung (und nach alter Rechtslage auch dem Erheblichkeitserfordernis[115]) einen Unterschied zwischen § 459 Abs. 1 und 2 BGB a. F. sah[116]. Ausgehend davon ist zu klären, ob der neue einheitliche Beschaffenheitsbegriff eher an der alten Rechtsprechung zur Definition der Beschaffenheit oder der Eigenschaft ausgerichtet werden muss.

Für eine Gleichstellung mit dem Beschaffenheitsbegriff spricht die Übernahme des Wortlauts „Beschaffenheit" in das Gesetz unter Kenntnis der bisherigen Rechtsprechung[117]. Dabei kann jedoch nicht unberücksichtigt bleiben, dass der Gesetzgeber sich ausdrücklich einer Auslegung dieses Begriffs enthalten hat[118]. Die enge Auslegung begegnete schon nach der alten Rechtslage Bedenken. Diese bestanden zum einen darin, dass das Kriterium des unmittelbaren Anhaftens kaum eine taugliche Abgrenzungsmöglichkeit bot[119]. Zum anderen bedurfte

112 Immenga, AcP 171 (1971), 1 (14).

113 Erman-Grunewald, § 434 Rn. 3; Büdenbender, in: Dauner-Lieb, Unternehmenskauf und Schuldrechtsmodernisierung, S. 5 (29 f.); Gronstedt/Jörgens, ZIP 2002, 52 (55); Gruber, MDR 2002, 433 (434); U. Huber, AcP 202 (2002), 179 (226); Knott, NZG 2002, 249 (251); Weitnauer, NJW 2002, 2511 (2514).

114 Vgl. MüKo-Westermann (3. Aufl.), § 459 Rn. 18; Staudinger-Honsell (1995), § 459 Rn. 33 ff. (insb. 37); Flume, Eigenschaftsirrtum, S. 194; Fuest, S. 36; Esser/Weyers, Schuldrecht II/1, § 5 II b (S. 39 f.); v. Caemmerer, FS M. Wolff, S. 3 (18); Goltz, DB 1974, 1609; Grunewald, ZGR 1981, 622 (627); Mössle, BB 1983, 2146 (2150); G. Müller, ZIP 1993, 1045 (1050); Prölss, ZIP 1981, 337 (343); Willemsen, AcP 182 (1982), 515 (542); Zimmer, NJW 1997, 2345 (2348).

115 Hollenberg, S. 60.

116 MüKo-Westermann (3. Aufl.), § 459 Rn. 18; Staudinger-Honsell (1995), § 459 Rn. 37 und 46; Goltz, DB 1974, 1609.

117 OLG Hamm NJW-RR 2003, 1360; U. Huber, AcP 202 (2002), 179 (228).

118 Vgl. die Regierungsbegründung, BT-Drucks. 14/6040, S. 213.

119 Dazu die Ausführungen von Staudinger-Honsell (1995), § 459 Rn. 34; Grunewald, Grenzziehung, S. 31; Hollenberg, S. 59 f.; Immenga, AcP 171 (1971), 1 (11 f.); G. Müller, ZIP 1993, 1045 (1054 f.); Noll, WM 1985, 341 (343); Willemsen, AcP 182 (1982), 515 (544). Eindrucksvoll zeigt sich das bei Gaul (ZHR 166 (2002), 35 (51 f.)),

es einer überzeugenden Begründung, warum der Verkäufer einen besonderen Schutz in Bezug auf eine Haftung für nur unmittelbar anhaftende Faktoren benötigen sollte. *Hommelhoff* forderte diesen Schutz ursprünglich, weil er meinte, der Verkäufer müsse nicht für alle vereinbarten Merkmale streng haften, sondern nur für solche, von denen ohne Weiteres anzunehmen sei, dass sie für das subjektive Äquivalenzverhältnis von entscheidender Bedeutung seien[120]. Selbst eine solche Erkennbarkeit ist aber nicht nur bei Zusicherung gegeben, sondern auch schon bei der Angabe von Faktoren, die regelmäßig wertbestimmend sind[121].

Darüber hinaus stellt sich die Frage, ob die Rechtsprechung den Fehlerbegriff nicht eher zum Schutz des Käufers als des Verkäufers eng gehalten hat, denn dem Käufer stand ein Schadensersatzanspruch im Hinblick auf nicht von einer Zusicherung erfasste Mängel nur bei Arglist zu. Die Rechtsprechung kann auch so verstanden werden, dass sie dem Käufer die Möglichkeit eines Schadensersatzes bei Fahrlässigkeit nicht generell verbauen wollte[122]. Diese Gefahr besteht dagegen nach neuer Rechtslage nicht mehr. Würde man demgegenüber Abschlussangaben aus dem Beschaffenheitsbegriff herausnehmen, wäre der Gewährleistungsweg gänzlich verschlossen, selbst arglistiges Verhalten könnte nicht zu einer Haftung auf positives Interesse führen[123]. Nur über eine selbstständige Garantie könnte man dann noch zu einer gleichartigen Haftung kommen[124]. Den Vertrag hinsichtlich des Vorliegens einer Garantie großzügig auszulegen, ist allerdings nicht unbedenklich, denn der Wille, verschuldensunabhängig für alle Folgen der Unrichtigkeit der Angaben einstehen zu wollen, ist bei Bilanzvorlegung im Rahmen der Verhandlungen nicht ohne Weiteres aus

---

der Ertrag und Umsatz als Beschaffenheiten anerkennen will, obwohl er auch das Unmittelbarkeitskriterium weiter fordert (S. 45 ff.).

120 Sachmängelhaftung, S. 72; zumindest gegen das Erfordernis des „entscheidenden“ Gewichts wohl zu Recht Fuest (S. 38), soweit er bezweifelt, dass nur *ein* Umstand entscheidendes Gewicht haben könne.

121 Deshalb sehen Hommelhoff/Schwab inzwischen hinsichtlich der Haftungsbeschränkung auch die Frage als ausschlaggebend an, ob die Zahlen vereinbart wurden oder nicht, weil sie die Zahlen immer für wertbestimmend halten (FS Zimmerer, S. 267 (275 f.)).

122 Siehe dazu die Ausführungen von Hommelhoff, Sachmängelhaftung, S. 91; G. Müller, Lossagungsrecht, S. 149 ff. u. 161; Büdenbender, in: Dauner-Lieb, Unternehmenskauf und Schuldrechtsmodernisierung, S. 5 (6); Haas/Medicus/Rolland/Schäfer/Wendtland-Haas, Kap. 5, Rn. 539; Barnert, WM 2003, 416; Canaris, ZGR 1982, 395 (398); Hiddemann, ZGR 1982, 435 (448). Dabei soll andererseits nicht verschwiegen werden, dass der Schadensersatz über culpa in contrahendo im Wesentlichen auch nur einer Minderung oder Wandelung entsprach (dazu später mehr auf der Rechtsfolgenseite). Es bestand aber zumindest die Möglichkeit eines höheren Vertrauensschadens.

123 Gruber, MDR 2002, 433 (436 f.).

124 Hier bestünde natürlich die Möglichkeit einer erweiterten Auslegung bei Feststellung des Garantiewillens, was aber zur Gefahr von Fiktionen führt, vgl. Goltz, DB 1974, 1609 (1611); Willemsen, AcP 182 (1982), 515 (550).

dem Verkäuferverhalten abzulesen[125]. Gerade weil es sich um einen wirtschaftlich bedeutsamen Bereich handelt und das Risiko der Unrichtigkeit einzelner Angaben nicht unbedeutend ist, wird davon auszugehen sein, dass die Zahlen im Regelfall den Vertragsinhalt ausmachen sollen, eine unbegrenzte Einstandspflicht aber nicht beabsichtigt ist.

Soweit anhand allgemeiner Kriterien schon ersichtlich ist, dass die Abschlussangaben für den Leistungsinhalt bestimmend sind, können sie nicht per se als irrelevant für das subjektive Äquivalenzverhältnis eingeordnet werden. Das wird bei den für die Unternehmensbewertung maßgeblich relevanten Kennzahlen häufig der Fall sein[126]. Nicht erst dadurch, dass der Verkäufer eine Zusicherung abgibt, kann er dessen gewahr werden[127]. Damit sollte festzuhalten sein, dass der generelle Ausschluss aller Abschlussangaben jedenfalls nicht interessengerecht ist. Das Erfordernis des *unmittelbaren* Anhaftens kann der neuen Rechtslage nicht mehr zugrunde liegen[128].

ff) Die Grenzen des zukünftigen Beschaffenheitsbegriffs

Damit stellt sich die Frage, welche Grenzen der neue Beschaffenheitsbegriff hat, denn selbst den Begriff der Eigenschaft umschreibt die Rechtsprechung eingrenzend damit, dass zumindest die Verhältnisse, welche die Beziehung der Sache zur Umwelt betreffen, wegen ihrer Art und vorausgesetzten Dauer die Brauchbarkeit oder den Wert der Sache beeinflussen[129] und zudem in der Sache selbst ihren Grund haben müssen[130].

Auch diese objektiven Beschränkungen des Kreises vereinbarungsfähiger Eigenschaften bedürfen einer Begründung, die anhand des Ansatzes zu suchen ist, dass die Parteien nur Umstände vereinbaren, nicht aber Rechtsfolgen, die

125 Vgl. auch Erman-Grunewald, § 437 Rn. 37.

126 Keinen Zweifel an der Wichtigkeit für die Wertbemessung des Unternehmens anhand der bilanziell vorgelegten Zahlen hegt auch der BGH in WM 1974, 51.

127 Ein Schutzbedürfnis des Verkäufers ergibt sich dann allenfalls unter dem Aspekt der subsidiären Geltung des objektiven Fehlerbegriffs, wenn also mangels ausdrücklicher Vereinbarung der Verkäufer die Erwartungen des Käufers nicht erkennen kann. Bei Abschlussangaben ergibt sich dieser Schutz aber zwanglos daraus, dass es keine üblichen Umsatz- oder Ertragslagen gibt, die der Käufer eines Unternehmens erwarten kann, vgl. U. Huber, AcP 202 (2002), 179 (212 f.); Immenga, AcP 171 (1971), 1 (7 f.); näheres noch unter 3 c).

128 Bamberger/Roth-Faust, § 434 Rn. 21; Mueller-Thuns, in: Rödder/Hötzel/Mueller-Thuns, Unternehmenskauf, § 9 Rn. 68; Eidenmüller, ZGS 2002, 290 (295); Jaques, BB 2002, 417 (418).

129 RGZ 52, 1 (2); 63, 57 (61); Recht 1909 Nr. 2100; JW 1935, 1558; 1938, 2613; BGHZ 79, 183 (185); NJW-RR 1987, 908 (909); 1988, 348 (350); NJW 1990, 1658 (1659); OLG Düsseldorf NJW-RR 1993, 377 (378).

130 BGHZ 79, 183 (185); 111, 75 (78); NJW 1991, 2556. Zur Rechtsprechung des RG vgl. RGZ 52, 1 (2); 59, 240 (243); 63, 57 (61); Recht 1909 Nr. 2100; JW 1935, 1558.

eintreten, wenn diese nicht zutreffen[131]. Maßgeblich für eine gewährleistungsrechtliche Erfassung ist, ob die Vereinbarungen für das kaufrechtliche Äquivalenzverhältnis von Bedeutung sind. Kriterien dafür sind auf der einen Seite, ob der jeweilige Faktor typischerweise wertbestimmend ist, also erkennbar die Äquivalenz betrifft. Außerdem muss er einen Bezug zur Kaufsache aufweisen, den man als „Anhaften" bezeichnen kann.

(1) Die typisierte Bestimmung des Äquivalenzverhältnisses

Die maßgebliche Rolle des Gewährleistungsrechts liegt im Ausgleich von Äquivalenzstörungen[132]. Bei unverschuldeten Störungen soll die subjektive Äquivalenz[133] durch Minderung oder Rückabwicklung des Vertrags wiederhergestellt werden, bei Verschulden soll dem Käufer das Interesse an der Vertragsdurchführung ersetzt werden. Diese strengeren Rechtsfolgen können nicht bei jeder fehlerhaften Angabe von Umständen angewendet werden, die in irgendeiner Weise vielleicht nur zufällig in den Vertrag eingegangen sind[134]. Vielmehr geht es darum, das Risiko angemessen zu verteilen und auf solche Faktoren zu beschränken, die erkennbar für das Wertverhältnis von Bedeutung sind[135]. Es kommt darauf an, die Umstände, welche typischerweise die Leistungspflicht beschreiben, von denen zu trennen, welche allenfalls zusätzliche Informationen über Verhältnisse des Kaufgegenstands geben, also Randverhältnisse der Sache beschreiben. Hinsichtlich solcher Verhältnisse ist für den Verkäufer die Gefahr nicht offensichtlich, auch ohne Verschulden auf ein Teilinteresse und bei Verschulden auf das positive Interesse des Käufers haften zu müssen. In diesen Fällen muss der Käufer, der einen stärkeren Schutz wünscht, die Verhandlungslast tragen und ein selbstständiges Garantieversprechen erreichen. Hinsichtlich typisch wertbestimmender Faktoren kann man sie dem Verkäufer aufbürden, der

---

131 Hommelhoff, Sachmängelhaftung, S. 71 ff.; ders., ZHR 140 (1976), 271 (297), der damit aber die Notwendigkeit des Unmittelbarkeitskriteriums begründet; Grunewald, Grenzziehung, S. 29; dies., ZGR 1981, 622 (626).

132 Larisch, S. 42; Willemsen, AcP 182 (1982), 515 (525); auch G. Müller, BB 1980, 1393 (1395), der allerdings nur dieses Kriterium für maßgeblich hält.

133 Diesen Begriff benutzen auch Hommelhoff, Sachmängelhaftung, S. 28, und Prölss, ZIP 1981, 337 (338 f.). Er resultiert daraus, dass das Gewährleistungsrecht das äquivalente Verhältnis zwischen Leistung und Gegenleistung erhalten will, die Faktoren, welche dieses Verhältnis ausmachen, aber subjektiv von den Parteien bestimmt werden.

134 Selbst im Rahmen der culpa in contrahendo berücksichtigt die Rechtsprechung dieses Element, indem sie betont, dass eine Bilanzübergabe noch nicht zur Haftung führen könne, weil der Verkäufer nicht wisse, welche Angaben für den Käufer von Bedeutung seien: OLG Hamburg ZIP 1994, 944 (946).

135 MüKo-Westermann (3. Aufl.), § 459 Rn. 54; Willemsen, AcP 182 (1982), 515 (519); auch Hiddemann, ZGR 1982, 435 (445), sieht dies als maßgebendes Kriterium an, fällt aber genau wie ursprünglich Hommelhoff darauf zurück, die Erkennbarkeit erst bei Zusicherung anzunehmen.

dann die Gewährleistung ausschließen muss, wenn er Haftungsgefahren aus dem Weg gehen will. Diese Typisierung hat mit dem objektiven Fehlerbegriff nichts zu tun. Deshalb kann sie weder als Rückfall zum objektiven Fehlerbegriff kritisiert werden[136] noch kann man Geschäftsergebnisse von vornherein aus diesem Bereich verbannen, weil es keine üblichen Geschäftsergebnisse bzw. eine übliche Ertragsfähigkeit eines Unternehmens gibt[137]. Es geht nicht darum, welche Faktoren typischerweise bei einer bestimmten Sache vorliegen, sondern darum, ob ein Faktor, wenn er vereinbart wurde, typischerweise der Leistungsbeschreibung dient.

(2) Der Kaufgegenstandsbezug

Des Weiteren muss es sich um eine Störung des kaufrechtlichen Bereichs der Leistungspflicht handeln. Diese Frage ist geprägt vom Austausch einer Sache gegen Geld. Es geht also darum, ob die Kaufsache als Leistungsgegenstand falsch beschrieben wurde und nicht eine Pflichtverletzung in Frage steht, die mit dieser Leistungspflicht nichts zu tun hat. Die Äquivalenz muss dadurch gestört sein, dass durch den nicht erwartungsgemäßen Zustand der Sache deren Wert oder Gebrauchstauglichkeit gemindert ist[138]. Deshalb erkennt die Rechtsprechung Umweltfaktoren nur dann als Eigenschaften an, wenn sie in der Sache selbst ihren Grund haben. Hier kommt wieder das Kriterium des Anhaftens zum Tragen[139]. Nur muss beachtet werden, dass es nicht restriktiv im Sinne der früheren Unmittelbarkeit zu handhaben ist, sondern zweckbezogen auf die Abgrenzung zu anderen Haftungsinstituten[140]. Es kommt darauf an, ob die Sache bzw.

---

136 Vgl. aber Larenz, Schuldrecht II/1, § 45 II a (S. 167); Immenga, AcP 171 (1971), 1 (13).

137 Eine solche Verwechslung liegt aber offenbar vor, wenn die Möglichkeit, Geschäftsergebnisse als Beschaffenheit einzuordnen, damit abgelehnt wird, es gäbe keine dahingehende Normalbeschaffenheit eines Unternehmens: Grigoleit/Herresthal, JZ 2003, 118 (123 u. 125); U. Huber, AcP 202 (2002), 179 (212 f.); Kindl, WM 2003, 409 (411 f.). Dagegen ist einzuwenden, dass es viele Beschaffenheiten gibt, die nicht üblicherweise erwartet werden können, ohne dass man ihnen die Fähigkeit absprechen würde, einen Mangel zu begründen, vgl. Larisch, S. 19 f.; Büdenbender, in: Dauner-Lieb, Unternehmenskauf und Schuldrechtsmodernisierung, S. 5 (35); Rehberg, ZGS 2002, 456 (458).

138 Vgl. U. Huber, ZGR 1972, 395 (403).

139 Vgl. Canaris, Karlsruher Forum 2002, S. 5 (63 ff.). Als (allein) maßgebliches Kriterium betrachtend Fuest, S. 38 u. 42 ff.; demgegenüber lassen etwa Hommelhoff/Schwab, FS Zimmerer, S. 267 (274 ff.), das völlig unbeachtet. Weil im Kaufgegenstandsbezug der Angabe aber gerade das Wesen des Kaufrechts liegt, kann auch daraus, dass das Wort „behaftet“ in § 434 BGB nicht mehr auftaucht, nicht geschlossen werden, dass dieses Kriterium unbeachtlich ist (so aber Westermann-Buck, Das Schuldrecht 2002, S. 105 (121)).

140 Auch Willemsen, AcP 182 (1982), 515 (544 f.), und Prölss, ZIP 1981, 337 (343), sehen im Beschaffenheitsbegriff die Grenze für die Risikobegrenzung des Verkäufers, womit

im Analogiefall das Unternehmen selbst als Gegenstand der Leistung beschrieben wird[141].

Daraus kann auch das Erfordernis hergeleitet werden, dass die Zustandsbeschreibung auf den Zeitpunkt des Gefahrübergangs bezogen sein muss. Geht es um die Beschreibung früherer oder späterer Zustände, sind diese nicht Grundlage des Austauschverhältnisses, weil der Verkäufer nicht den früheren oder späteren Zustand überträgt[142]. Von einem Zustand der Sache kann außerdem nicht gesprochen werden, wenn der entsprechende Umstand der Sache nur so kurzfristig anhaftet, dass mit einer jederzeitigen Änderung gerechnet werden muss[143]. Daher muss das entsprechende Merkmal dem Gegenstand nach wie vor auf gewisse Dauer anhaften[144].

Für die Abschlussangaben liegt darin ein wichtiger Begrenzungsansatz. Die Angaben müssen in der Lage sein, die gegenwärtige Lage des Unternehmens zu beschreiben. Solange kein gegenwärtiger Zustand der Sache beschrieben ist, auf den der Käufer seine Zukunftsprognosen und seine Bewertung stützt, liegt seine Erwartungshaltung nicht in der Zusammensetzung des Leistungsgegenstands begründet, sondern nur im Vertrauen auf seine eigenen Fähigkeiten, das Unternehmen erfolgreich zu führen. Die erhaltenen Informationen befähigen ihn nicht, die Lage des Unternehmens einzuschätzen[145]. Es liegt ein reines Spekulationsgeschäft vor. Erst wenn der gegenwärtige Zustand des Unternehmens beschrieben ist, liefert der Verkäufer dem Käufer eine feste Bewertungsgrundlage

---

im Bereich der Abschlussangaben die Grenzziehung zwischen den §§ 280 Abs. 1, 311 Abs. 2, 241 Abs. 2 BGB und dem Sachmängelgewährleistungsrecht angesprochen ist.

141 Willemsen, AcP 182 (1982), 515 (544 f.). Wenn demnach ein Grundstück fehlerfrei übertragen wird, der Käufer aber Steuervorteile erwartet hat, welche er nicht erhält, weil in seiner Person liegende Voraussetzungen nicht erfüllt sind, ist nicht die Äquivalenz von Leistung und Gegenleistung gestört, nur kann der Käufer aufgrund von Umständen, die in seiner Person liegen, die Sache nicht entsprechend seinen Erwartungen nutzen (BGH NJW 1991, 2556).

142 Vgl. auch Fischer, DStR 2004, 276 (278); a. A. deutlich Staudinger-Beckmann (2004), § 453 Rn. 30; Larisch, S. 58 f.; Schröcker, ZGR 2005, 63 (78).

143 Zu widersprechen ist deshalb den Stimmen in der Literatur, die nunmehr das Dauerhaftigkeitskriterium zumindest für Gegenwartsangaben nicht mehr als relevant ansehen: Staudinger-Matusche-Beckmann (2004), § 434 Rn. 46; Fritzen, S. 37; Barnert, WM 2003, 290 (295); Eidenmüller, ZGS 2002, 290 (295); v. Gierke/Paschen, GmbHR 2002, 457 (462); vgl. auch Bergjan, S. 148; Henssler/v. Westphalen-v. Westphalen, § 434 Rn. 14; Reinicke/Tiedtke, Kaufrecht, Rn. 314 u. 1255.

144 BGHZ 79, 183 (185); 87, 302 (307); 111, 75 (78); OLG Düsseldorf NJW-RR 1993, 377 (378).

145 Das ist es, was die Rechtsprechung meint, wenn sie betont, dass verschiedene Angaben zumeist nicht allein, sondern allenfalls im Zusammenspiel mit anderen Faktoren Rückschlüsse auf die Ertragsfähigkeit zulassen: BGH NJW 1970, 653 (655); WM 1974, 51; NJW 1977, 1536 (1537).

an die Hand[146]. Dieses führt dazu, dass der Kauf für den Käufer nur noch insofern als Risikogeschäft aufzufassen ist, als dass er nicht sicher sein kann, die bisherigen Erträge auch in Zukunft zu erwirtschaften. Dagegen kann er den spekulativen Charakter des Geschäfts, der darauf beruht, dass auch die Fähigkeit des Unternehmens, Gewinne zu erwirtschaften, ungewiss ist, weitestgehend ausschließen[147].

(a) Konkretisierungsversuche

Zum Teil wurde versucht, aus dem relativ unscharfen Kriterium des Anhaftens weitere Einschränkungen zu entwickeln. Ausgehend von der Diskussion über die Haftungslage beim Anteilsverkauf hat *Grunewald* eine Eingrenzung versucht, indem sie es als maßgeblich betrachtet hat, ob der Inhaber der Sache eine Untersuchungsmöglichkeit hat. Wenn bei einer physischen Untersuchung der Sache das Merkmal festgestellt werden kann, soll das Kaufrecht interessengerecht sein[148]. Kritisiert werden muss diese Auffassung jedoch in zweierlei Hinsicht. Für das Erfordernis einer konkreten Untersuchungsmöglichkeit finden sich im Gesetz keinerlei Hinweise. Viel eher ist davon auszugehen, dass auch bei versteckten Mängeln das Gewährleistungsrecht eingreifen soll[149]. Dieses rechtfertigt sich dadurch, dass der Verkäufer Herkunft und Geschichte der Sache eher als der Käufer kennt und daher das Fehlerrisiko besser einschätzen kann. Zudem ist die von *Grunewald* geforderte Untersuchungsmöglichkeit zu eng auf physische Faktoren beschränkt. So hält sie etwa vergangene Erträge für nicht überprüfbar, weil sie in der Geschichte der Sache und nicht im gegenwärtigen physischen Zustand ihre Wurzel haben[150]. Bei Abschlussangaben existiert aus der Buchführung heraus eine sehr gute Kontrollmöglichkeit der Geschäftsergeb-

146 Wenn Drexler (S. 276) allein darauf abstellt, wie verlässlich die Angaben hinsichtlich ihrer Richtigkeit für den Käufer sind, weil er davon ausgehen kann, dass sie von einem Wirtschaftsprüfer geprüft wurden, kann eine solche Abgrenzung nur über den Vertrauensansatz bei der culpa-Haftung berücksichtigt werden. Es stellt sich jedoch die Frage, ob nicht der kaufrechtliche Ansatz sinnvoller ist. Zwar besteht bei ungeprüften Angaben eher die Gefahr eines Fehlers, aber es darf nicht unberücksichtigt bleiben, dass die Zahlen Grundlage der Kaufpreisbildung sind und es deshalb nicht unbillig ist, dem Verkäufer die Pflicht aufzubürden, sich von einer Haftung explizit freizustellen, wenn ihm die Richtigkeit seiner Angaben zu ungewiss ist.

147 Auch Hollenberg will nach diesen Kriterien eine Risikoverteilung vornehmen, allerdings auf Grundlage des Wegfalls der Geschäftsgrundlage (S. 152).

148 Grenzziehung, S. 103, allgemein S. 25 u. 71; dies., ZGR 1981, 622 (626); ähnlich auch Grigoleit/Herresthal, JZ 2003, 118 (121 u. 125) und 233.

149 Ausdrücklich RGZ 67, 86 (89 f.); vgl. auch Fuest, S. 41.

150 Grenzziehung, S. 103 und S. 25.

nisse[151]. Warum diese Kontrollmöglichkeit nicht ausreichen soll, nur weil sie sich auf die Prüfung vergangener Werte bezieht, leuchtet nicht ein.

Demgegenüber zeigt das übergeordnetere Eingrenzungskriterium der Sachherrschaft Vorteile[152]. Nur aufgrund der vorangegangenen Sachherrschaft und der damit verbundenen abstrakten Überprüfungsmöglichkeit rechtfertigt sich nach diesem Ansatz die gewährleistungsrechtliche Risikoverteilung. Für die Abschlussangaben können solche Ansätze allerdings nur bedingt eine Rolle spielen, weil sie nur Abgrenzungskriterien zwischen Rechts- und Sachkauf entwickeln. Dort geht es eher um das Verhältnis des Verkäufers bzw. Käufers zur Sache, während es bei Abschlussangaben eher um das Verhältnis des maßgeblichen Faktors zur Kaufsache geht. Aus den dort entwickelten Abgrenzungen lassen sich jedenfalls für die Abschlussangaben keine weiteren einschränkenden Kriterien entwickeln[153].

(b) Der Wert als nicht anhaftender Faktor

Um keine Leistungsbeschreibung in diesem Sinn geht es auch bei der Frage, ob ein wertbildender Faktor vereinbart wird oder nur der Wert selbst[154]. Hier handelt es sich um dasselbe Kriterium wie im Rahmen des § 119 Abs. 2 BGB[155]. Die Parteien selbst vereinbaren nur die Zusammensetzung der Sache, deren Wert obliegt aber der Einschätzung jedes Vertragspartners selbst[156]. Wann die Gegenleistung äquivalent ist, ist im Rahmen der Vertragsfreiheit allein Einschätzungssache der Parteien, die insoweit auch das Risiko der Fehlbewertung übernehmen, ohne auf den Vertragspartner zurückgreifen zu können. Deshalb ist

---

151 MüKoHGB-Lieb, Anh § 25 Rn. 84; G. Müller, ZHR 147 (1983), 501 (516).

152 Hommelhoff, ZHR 140 (1976), 271 (274); ders., ZGR 1982, 366 (373 ff.); auch Fuest, S. 41.

153 So verwundert es nicht, dass Prölss bei der Anwendung ähnlicher Kriterien auf die Abschlussangaben zu keinerlei Eingrenzung der Haftung kommt, weil er ausgehend vom Prinzip der abstrakten Beherrschbarkeit einen Informationsvorsprung bei Abschlussangaben regelmäßig beim Verkäufer annehmen will und so zu einer Gewährleistungshaftung für nahezu alle Falschangaben kommt (ZIP 1981, 337 (343 f.)). Dagegen meint Larisch, S. 45 f., zu unrecht, die Beachtung des Sachherrschaftskriteriums lasse nur Mängel an sachlichem Substrat gewährleistungsrechtlich relevant erscheinen.

154 Vgl. Baur, BB 1979, 381 (384).

155 G. Müller, ZHR 147 (1983), 501 (510); vgl. auch BGHZ 79, 183 (185), wo auf ein Urteil zu § 119 Abs. 2 BGB verwiesen wird und BGHZ 34, 32 (41), wo für die Eigenschaft in § 119 Abs. 2 BGB dieselbe Definition verwendet wird. Allenfalls aufgrund der ebenfalls erforderlichen Verkehrswesentlichkeit in § 119 Abs. 2 BGB konnte man zu unterschiedlichen Ergebnissen kommen.

156 Larenz/Wolf, BGB AT, § 36 Rn. 40, begründen den Ausschluss des Wertes damit, dass dieser im Rahmen der freien Marktwirtschaft gerade durch Angebot und Nachfrage geprägt sei. Dieses Wirtschaftssystem wolle das BGB nicht regulieren, sondern habe es als bestehend vorausgesetzt. Dem folgend MüKo-Kramer, § 119 Rn. 129.

der Wert keine Eigenschaft[157]. Die Frage ist dann aber immer noch, ob diese Erwägungen nur solange zutreffen, wie die Parteien selbst die Bewertung vornehmen oder ob dieses auch gilt, wenn der Käufer sich auf Bewertungen des Verkäufers verlässt. *Hommelhoff* meint, dass falsche Wertansätze des Verkäufers, die der Käufer übernimmt, um den Wert der Kaufsache selbst zu ermitteln, auch wie Eigenschaften zu behandeln seien[158]. Nur an den eigenen Bewertungen könne man die Parteien festhalten, bei Übernahme fremder Bewertungen verdiene der Käufer aber Schutz[159]. Diesen Weg über die Sachmängelgewährleistung zu erreichen, dürfte allerdings zu weit gehen, denn dann müsste der Verkäufer für falsche Wertansätze in der Bilanz immer haften. Auch beim Unternehmenskauf ist Gegenstand der Leistung das Unternehmen mit seinen Bestandteilen. Nur diese kann der Verkäufer beschreiben, bewerten muss der Käufer sie selbst[160]. Eine falsche Bewertung begründet deshalb allein noch keine Beschaffenheitsabweichung[161]. Wenn aber die Bilanz dem Käufer auch den Zustand des hinter den Wertansätzen stehenden Substrats beschreiben soll, können falsche Werte zu falschen Rückschlüssen etwa auf die Qualität des Substrats führen. Dann kann sich daraus durchaus ein Unternehmensmangel ergeben.

b) Ansatzpunkte für die Beschaffenheit bei Geschäftsergebnissen

Hinsichtlich der im Rahmen der Abschlussangaben in erster Linie relevanten Geschäftsergebnisse muss zuerst geklärt werden, was bei ihnen überhaupt die abweichende Beschaffenheit darstellen kann. Hier sind zwei Möglichkeiten zu unterscheiden. Zum einen kann auf einzelne Angaben von Umsätzen, Erträgen oder Gewinnen selbst abgestellt werden. Zum anderen kann der Ansatzpunkt die Ertragsfähigkeit des Unternehmens sein, auf deren Umfang die Vergangenheitsergebnisse hinweisen können.

---

157 RGZ 59, 240 (242); BGH WM 1979, 944 (945); Hommelhoff, Sachmängelhaftung, S. 64; Körting, NJW 1970, 1077; W. Müller, JuS 1975, 489 (490).

158 Sachmängelhaftung, S. 64.

159 So auch Prölss, ZIP 1981, 337 (343). Ähnlich G. Müller, Lossagungsrecht, S. 140 ff., der generell davon ausgeht, der Käufer müsse im Rahmen der Grundsätze ordnungsgemäßer Buchführung mit einer subjektiven Färbung der Daten rechnen, darüber hinaus müsse aber eine Haftung aus §§ 459 ff. BGB a. F. ausgelöst werden. Diese generelle Anwendung des Gewährleistungsrechts hat er aber später wieder aufgegeben (vgl. oben Kap. 2 I 3 c) (Fn. 121)).

160 Deshalb muss der Käufer auch das Risiko übernehmen, dass seine Bewertungen nicht stimmen, wenn er sie auf Wertansätzen des Verkäufers gründet (U. Huber, ZGR 1972, 395 (411 f.)).

161 Vgl. BGH WM 1979, 944 (945). Zweifelnd auch BGH WM 1970, 819 (821). Der gesetzliche Bewertungszwang kann eine solche Haftung nicht rechtfertigen (vgl. aber Prölss, ZIP 1981, 337 (343)), denn diese Rechnungslegungsvorschriften dienen insbesondere der Sicherung von Anteilseignern und Gläubigern, nicht potentieller Käufer.

aa) Einzelne Geschäftsergebnisse

Vorerst stellt sich die Frage, ob die Einzelangaben an sich, also die zusammengefassten Umsätze oder Erträge einer bestimmten Periode, eine Beschaffenheit des Unternehmens darstellen können. Das Reichsgericht nahm diesbezüglich anfangs keine Differenzierung vor[162]. Der BGH stellte dagegen klar, dass die Angaben über Umsätze und Erträge selbst noch keine Angaben über eine Eigenschaft des Unternehmens darstellen, sondern allenfalls dann, wenn dadurch auf die Ertragsfähigkeit geschlossen werden könne, was bei Einzelangaben nicht der Fall sei[163]. In der Literatur wurde dagegen vielfach vertreten, dass auch die einzelnen Umsätze und Erträge Eigenschaften seien[164].

Das Problem bei der Anerkennung einzelner Umsätze oder Erträge ist aber schon, dass sie rein vergangenheitsbezogen sind[165]. Damit lässt sich bereits die Beschreibung eines gegenwärtigen Zustands der Sache nicht annehmen. Allenfalls mittelbar können sie für die Ermittlung der Fähigkeit, entsprechende Umsätze oder Erträge zu erwirtschaften, Aussagen über den Zustand des Unternehmens im Zeitpunkt des Gefahrübergangs machen[166]. Dies ist aber bei einzelnen Angaben kaum denkbar. Anders als bei den meisten früheren Ereignissen, die einen Gegenstand betreffen (etwa die Tatsache, dass ein bestimmter Maler ein Bild erschaffen hat oder eine bestimmte Person es einmal besessen hat) sind frühere Umsätze und Erträge für den gegenwärtigen Zustand des Unternehmens nicht von Bedeutung, wenn sie sich zu diesem Zeitpunkt nicht mehr reproduzieren lassen. Da Umsätze und Erträge sich aber schnell ändern können, kann eine Kontinuität aus einzelnen Angaben nicht geschlossen werden[167]. Das gilt insbe-

---

162 RGZ 52, 1 (2): Ertrag als Eigenschaft; RGZ 63, 57 (61); RG Recht 1907 Nr. 1631; 1909 Nr. 2100; RG JW 1913 Nr. 2859; Recht 1914 Nr. 2246; JW 1915, 506 (507) und 1117.

163 BGH NJW 1970, 653 (655); 1977, 1536 (1537); NJW-RR 1989, 306 (307); NJW 1990, 1658 (1659); 1995, 1547 f.; NJW-RR 1996, 429; NJW 1999, 1404 (1405); für Bilanzzahlen BGH WM 1974, 51. Vgl. auch schon RGZ 134, 83.

164 Vgl. dazu die Nachweise unter Kap. 2 I 3 a); offenbar auch Medicus, EWiR 1989, 19 (20); begrifflich auch Staudinger-Honsell (1995), Vorbem zu §§ 459 ff. Rn. 62, der die culpa in contrahendo dann aber doch insgesamt für interessengerechter hält (§ 459 Rn. 115).

165 Vgl. BGH BB 1964, 147; Bamberger/Roth-Faust, § 434 Rn. 26.

166 G. Müller, ZHR 147 (1983), 501 (517); auch Fritzen, S. 41 f., der dies allerdings generell ausreichen lässt, um sie als Beschaffenheit anzuerkennen. Deshalb nur „aussagekräftige Zahlen" als Beschaffenheit anerkennend MüKo-Westermann (3. Aufl.), § 459 Rn. 54, vgl. auch 4. Aufl., § 453 Rn. 34; Immenga, AcP 171 (1971), 1 (12); Willemsen, AcP 182 (1982), 515 (546).

167 Soergel-Huber, § 459 Rn. 32, 37. G. Müller, ZHR 147 (1983), 501 (517); ders., ZIP 1993, 1045 (1053). Dagegen kann auch die Argumentation Büdenbenders nicht überzeugen, der damit argumentiert, dass kurzfristige Geschäftsergebnisse für den Markt heute bedeutsamer seien als früher (in: Dauner-Lieb, Unternehmenskauf und Schuldrechtsmodernisierung, S. 5 (33 ff.)). Das ändert nichts daran, dass diese Daten nicht aussagekräftig

sondere dann, wenn sie nicht aufgeschlüsselt sind, und selbst wenn das der Fall ist, können sie in Einzelvorfällen ihren Grund haben und daher eventuell nur zum damaligen Zeitpunkt erzielbar gewesen sein. Der pauschale Hinweis darauf, die Abschlussangaben seien für den Käufer wichtig[168], wird diesen Maßstäben nicht gerecht[169].

Fehl geht deshalb auch das Argument, dass eine einzelne Abschlussangabe dem Unternehmen dauerhaft anhafte[170]. Das Dauerhaftigkeitskriterium fordert die Rechtsprechung hinsichtlich der Beschreibung gegenwärtiger Umstände, um die Faktoren auszuschließen, die dem Gegenstand nur sehr kurzfristig anhaften, denn diese Umstände sind für das Äquivalenzverhältnis nicht von Bedeutung[171]. Bei den meisten Angaben handelt es sich aber nicht einmal um gegenwärtige Umstände, sondern nur um solche der Vergangenheit, für die das erst recht gilt. Das schließt nicht aus, dass es relevant sein kann, ob ein Unternehmen in einem Jahr einen Minusumsatz oder sehr hohe Umsätze gemacht hat[172]. Dann dient die Angabe aber nur der groben Risikoabschätzung durch den Käufer, ohne dass ihm vom Verkäufer eine verlässliche Bewertungsgrundlage an die Hand gegeben wurde, die den spekulativen Charakter des Kaufs abwenden würde. Das Dauerhaftigkeitskriterium ist aber auch in den Fällen nicht gegeben, in denen nur gegenwärtige Ergebniszahlen mitgeteilt werden, denn inwiefern Geschäftsergebnisse beständig sind, kann nur aus einer Zukunftsprognose geschlossen werden, für die einzelne Angaben nicht ausreichen[173]. Auch unter dem Aspekt

---

sind und allenfalls einen Faktor dafür bilden, ob der Käufer darauf spekuliert, dass das Unternehmen in der Lage ist, entsprechende Gewinne tatsächlich abzuwerfen.

168 Michalski-Ebbing, GmbHG, § 15 Rn. 178 c; MüKoHGB-Lieb, Anh § 25 Rn. 79 ff.; ders., FS Gernhuber, S. 259 (265 f.); Reinicke/Tiedtke, Kaufrecht, Rn. 1255; Goltz, DB 1974, 1609 (1610 f.); Mössle, BB 1983, 2146 (2151); Noll, WM 1985, 341 (343); Prölss, ZIP 1981, 337 (343 f.); inzwischen auch Hommelhoff/Schwab, FS Zimmerer, S. 267 (275 f.). Zum neuen Recht vgl. Larisch, S. 42 f.; Haas/Medicus/Rolland/Schäfer/Wendtland-Haas, Kap. 5, Rn. 549; Gaul, ZHR 166 (2002), 35 (46); Horn/Bernau, Jura 2003, 702 (705); Rehberg, ZGS 2002, 456 (458); Seibt/Reiche, DStR 2002, 1135 (1138); Triebel/Hölzle, BB 2002, 521 (525).

169 Jeglicher Nutzbarkeit entbehrt die noch weitergehende Erwägung, die Eigenschaftsdefinition müsse gar nicht beachtet werden, weil es sich nur um eine analoge Anwendung handele (Drexler, S. 265).

170 MüKoHGB-Lieb, Anh § 25 Rn. 84.

171 Vgl. G. Müller, ZHR 147 (1983), 501 (517); diese Begründung nutzt etwa das OLG Düsseldorf NJW-RR 1993, 377 (378), wohl zu Recht, um Einzelangaben ebenfalls aus dem Anwendungsbereich der Sachmängelgewährleistung zu verbannen, obwohl schon das Argument des reinen Vergangenheitsbezugs genügt hätte.

172 MüKoHGB-Lieb, Anh § 25 Rn. 86; Reinicke/Tiedtke, Kaufrecht, Rn. 1255 (dasselbe gilt auch für Bilanzen u. Statusangaben, Rn. 1056).

173 A. A. Eidenmüller, ZGS 2002, 290 (295 f.). Fragwürdig ist in dem Zusammenhang schon, ob es gegenwärtige Erträge überhaupt gibt, denn letztlich sind alle mitgeteilten Erträge in der Vergangenheit erwirtschaftet worden.

der Äquivalenz liefern diese Angaben kaum einen ausreichenden Ansatzpunkt für eine Bewertung als Beschaffenheit. Außer bei einer Zusicherung kann der Verkäufer hier nicht einmal zwingend erkennen, wie wichtig die Angaben für den Käufer sind[174].

bb) Die Ertragsfähigkeit

Die Ertragsfähigkeit ist ein weiterer Punkt, an dem die gewährleistungsrechtliche Anknüpfung der Haftung für Geschäftsergebnisse festgemacht werden kann. Dieser Ansatz wird bisher auch von der Rechtsprechung verfolgt[175].

(1) Die Ertragsfähigkeit als Eigenschaft

Unter Ertragsfähigkeit versteht man den durchschnittlich zu erwartenden Ertrag[176] oder die Fähigkeit, Gewinn zu erwirtschaften[177]. Als Teilschritt zur Unternehmensbewertung erfordert die Feststellung der Ertragsfähigkeit die Ermittlung der vergangenen Geschäftsergebnisse und die Auswertung etwaiger Faktoren, die in der Zukunft zu abweichenden erwarteten Ergebnissen führen können.

Die Fähigkeit, in Zukunft bestimmte Erträge abwerfen zu können, macht den gegenwärtigen Zustand des Unternehmens aus[178]. Allenfalls könnte man auch

---

174 Siehe auch Hommelhoff/Schwab, FS Zimmerer, S. 267 (275 f.), die aber von einem Äquivalenzbezug ausgehen, sobald der Käufer erkennbar macht, dass ihm einzelne Angaben wichtig sind. Abgesehen davon, dass eine Zustandsbeschreibung daraus immer noch nicht hervorgeht, besteht der Anwendungsnachteil, dass sämtliche Abgrenzungsfragen in die Auslegung verlegt werden und darunter die Vorhersehbarkeit der Rechtsprechung sehr leiden würde.

175 RG JW 1938; BGH NJW 1977, 1538 (1539); WM 1988, 124 (125); NJW 1995, 1547; 1999, 1404 (1405); OLG München HRR 1940 Nr. 979; OLG Düsseldorf NJW-RR 1993, 377 (378); RGRK-Mezger, § 459 Rn. 12. In der Literatur wird derselbe Aspekt z. T. etwas allgemeiner aufgefasst, wenn geprüft wird, ob die Abschlussangaben Rückschlüsse auf Struktur und Funktionstauglichkeit des Unternehmens zulassen, vgl. MüKo-Westermann (3.Aufl.), § 459 Rn. 47 u. 54; Mössle, BB 1983, 2146 (2151); ähnlich RGZ 98, 289 (292).

176 So Staudinger-Honsell (1995), § 459 Rn. 115; Hommelhoff, Sachmängelhaftung, S. 59 f. Dann muss man den Ertragsbegriff nicht als reine Einnahmen auffassen, sondern weit verstehen. Ein hoher Ertrag in der Gewinn- und Verlustrechnung macht das Unternehmen in keiner Weise wertvoll, wenn der Ertrag durch Aufwendungen aufgezehrt wird. Interessant für den Unternehmenswert und die Unternehmensfortführung ist die Differenz zwischen Aufwendungen und Erträgen.

177 Goltz, DB 1974, 1609 (1612).

178 Anders Goltz, DB 1974, 1609 (1612); U. Huber, AcP 202 (2002), 179 (222); W. Müller, JuS 1975, 489 (492), die behaupten, es handele sich um Angaben über die Zukunft. Es ist zwar richtig, dass man im Rahmen der Unternehmensbewertung die zukünftig erreichba-

hinsichtlich der Ertragsfähigkeit kritisieren, sie sei ein so schwankender Faktor, dass das von der Rechtsprechung geforderte Kriterium des dauerhaften Anhaftens nicht vorliege[179]. Diese Auffassung dürfte aber zu eng sein, denn nur absolut kurzfristige und deshalb kaum wertbestimmende Faktoren sollen so ausgeklammert werden. Die Ertragsfähigkeit ist aber zumindest für eine gewisse Dauer maßgeblich, es sind immerhin kaum täglich oder wöchentlich enorme Schwankungen zu erwarten, die sich nicht wieder ausgleichen. Dies zeigt sich gerade darin, dass an den gegenwärtig für die Zukunft erwarteten Erträgen der Unternehmenswert festgemacht wird[180]. Aus dieser Relevanz für den Unternehmenswert lässt sich auch unschwer ersehen, dass die Ertragsfähigkeit typischerweise das Äquivalenzverhältnis ausmacht. Das gilt zumindest in den Regelfällen, in denen die Fortführung des Unternehmens Grundlage des Vertrags ist.

Probleme bereitet die Anerkennung der Ertragsfähigkeit als Beschaffenheit allerdings deshalb, weil Bewertungen bei ihrer Ermittlung eine große Rolle spielen, wie gesagt aber bloße Fehlbewertungen aus dem Beschaffenheitsbegriff auszuschließen sind[181]. So kann beispielsweise eine Produktionsanlage nicht im erforderlichen Ausmaß abgeschrieben und deshalb überbewertet sein[182]. Bei Anerkennung der Ertragsfähigkeit als Beschaffenheit käme man allerdings unter Umständen dazu, dass die Maschinen eigentlich hätten abgeschrieben werden müssen, wodurch Aufwendungen in den vergangenen Jahren entstanden wären, welche die Ertragsangaben verändert hätten. Hier käme man auf einem Umweg doch noch zu einem Sachmangel. Dieses Ergebnis steht allerdings nicht im Widerspruch zu den bisherigen Ausführungen. Im Rahmen der Gewinn- und Verlustrechnung bezieht sich die Bewertung nicht auf den Wertansatz für einzelne Gegenstände, sondern darauf, einzuschätzen, inwiefern den Umsätzen betriebsnotwendige Aufwendungen gegenüberstehen. Es geht also nur um das Problem, dass tatsächlich Kosten oder Wertminderungen entstanden sind, die es einzu-

---

ren Erträge ermittelt. Dennoch handelt es sich allein um eine Beschreibung der Erwartung aufgrund gegenwärtiger bekannter Umstände. Wenn aufgrund später eintretender Umstände diese Erwartungshaltung geändert wird, ändert das nichts an der Ertragsfähigkeit zur Zeit ihrer Vereinbarung.

179 So Soergel-Huber, § 459 Rn. 285a; G. Müller, ZIP 2000, 817 (824). Reiner, in: Semler/Volhard, ÜN Hdb., § 56 Rn. 168 ff., will deshalb zusätzlich fragen, ob die vereinbarte Ertragsfähigkeit dauerhaft sein soll und schafft dadurch eine gewährleistungsrechtliche Haftung, wenn das der Fall ist und eine nach allgemeinem Leistungsstörungsrecht, wenn das nicht der Fall ist.

180 Dazu schon Kap. 1 III.

181 Deshalb schließen etwa U. Huber, ZGR 1972, 395 (411 f.), und Wiedemann, FS Nipperdey I, S. 815 (832), die Anwendung der Sachmängelgewährleistung aus. Ähnlich Staudinger-Honsell (1995), § 459 Rn. 8.

182 Ähnlich gelagert war auch der Fall BGH WM 1974, 51, wo der Warenbestand zu Unrecht erhöht und der Wertansatz für Maschinen und Anlagen durch Auflösung stiller Reserven zu hoch war.

schätzen gilt. In den meisten Fällen handelt es sich sogar um tatsächliche Geldzu- oder -abflüsse. Um die Mitteilung dieser tatsächlichen Finanzzuwächse und -abflüsse geht es. Wenn diese zum Teil mit Wertansätzen beschrieben werden, liegt kein anderer Fall vor, als dass Werte mitgeteilt werden, aus denen der Käufer Rückschlüsse auf die wertbildenden Faktoren ziehen soll[183]. Beschrieben wird also die Ertragsfähigkeit als wertbildender Faktor zum Teil mithilfe von Wertansätzen. Es handelt sich deshalb nicht um einen im Rahmen der Kaufpreisbildung nicht nachvollziehbaren Bereich, der allein von marktwirtschaftlichen Aspekten bestimmt wird, sondern gerade um einen aus realen Verhältnissen ermittelten Faktor, welcher der Preisbildung durch die Parteien zugrunde liegt[184].

(2) Das Vorliegen von Angaben über die Ertragsfähigkeit

Nur in seltenen Fällen werden sich die Parteien auf das Ergebnis der Zukunftsprognose selbst einigen und die Ertragsfähigkeit als konkretes Ergebnis zum Gegenstand ihrer Vereinbarung machen[185]. Die Forderung einer solchen Vereinbarung würde aber erklären, dass der BGH in den letzten Jahren das Vorliegen einer Erklärung über die Ertragsfähigkeit so schnell abgelehnt hat[186]. Üblich sind Sachverhalte, in denen nur Angaben über die Vergangenheitszahlen gemacht werden. Sind die Angaben für die Auswertung der Ertragsfähigkeit aussagekräftig, sollten sie nach der Rechtsprechung einer Eigenschaft allenfalls „gleichzustellen" sein[187]. Diese Gleichstellung erscheint tatsächlich gerechtfertigt, weil

---

183 Vgl. Kap. 2 III 2 a) ff) (1) (b).

184 Die Ermittlung einer Eigenschaft aus tatsächlichen Verhältnissen macht auch überhaupt erst das Bedürfnis für eine Anerkennung als Beschaffenheit aus. Das ist etwa hinsichtlich des Eigenkapitalstands nicht der Fall, weil es dort um einen reinen Ergebnisfaktor geht, bei dem die Unrichtigkeit der Angaben immer aus der Unrichtigkeit in anderen Bereichen resultiert.

185 Vgl. U. Huber, AcP 202 (2002), 179 (189).

186 Falsch ist es dagegen zu sagen, dass der BGH die Ertragsfähigkeit als Eigenschaft nicht anerkannt hätte (Stengel/Scholderer, NJW 1994, 158 (159)), denn das hat er nie gesagt. Er hat bisher nur noch nie das Vorliegen von Angaben zur Ertragsfähigkeit bejaht. Das gilt zumindest hinsichtlich der Angabe einer Kette von Vergangenheitszahlen. Eine direkte Vereinbarung der Ertragsfähigkeit hat er dagegen angenommen, als die Ertragsfähigkeit aus einer Ertragsvorschau ermittelbar war: BGH NJW 1995, 1547 (1547 f.); vgl. auch OLG Düsseldorf NJW-RR 1993, 377 (378).

187 So deutlich BGH NJW 1977, 1536 (1537). Vgl. auch RGZ 67, 86 (87); BGH WM 1974, 51; NJW 1977, 1538 (1539). Die Trennung zwischen vereinbarten Erträgen und der Ertragsfähigkeit nimmt der BGH auch beim Grundstückskauf vor. Als vereinbart sieht er auch dort den Ertrag selbst an und erkennt ihn als Eigenschaft nur an, weil sich daraus auf die Ertragsfähigkeit schließen lässt: vgl. NJW 1980, 1456 (1457); 1981, 45 (46); 1990, 902; BGH NJW-RR 1990, 970 (972). Vgl. auch die Ausführungen von Willemsen, AcP

die Angaben für den Käufer schon unter vereinfachten Bedingungen von erheblicher Bedeutung sein können und dies für den Verkäufer erkennbar ist. Man kann in diesen Angaben aber auch Angaben zur Ertragsfähigkeit selbst sehen, ohne eine Art zusätzliche Eigenschaft durch Vergangenheitsangaben zu schaffen[188]. Es müssen allerdings zumindest Daten vorliegen, die tatsächlich eine Beschreibung der Ertragsfähigkeit liefern. Die Auswertung der Vergangenheitswerte ist nur der letzte Schritt zur Ermittlung der Zukunftsprognose und damit der Ertragsfähigkeit. Erforderlich dafür sind im Wesentlichen die Vergangenheitszahlen, die um einmalige und nicht wiederholbare Erträge und Aufwendungen korrigiert werden müssen[189]. Zudem kommt die Einschätzung weiterer Umstände hinzu, welche die spätere Entwicklung beeinflussen können. So kann etwa der Käufer konjunkturelle Einflüsse auch ohne weitere Angaben einschätzen. Die einzigen Faktoren, die dem Käufer nicht bekannt sind, sind etwaige Umstände außerhalb der Jahresabschlüsse. Soweit diese Faktoren Detailfragen betreffen, können sie aber dadurch berücksichtigt werden, dass für die anzunehmende Ertragsfähigkeit ein gröberer Rahmen abzustecken ist. Die Ertragsfähigkeit ist in solchen Fällen abstrakt als Eigenschaft aufzufassen, die nicht wertmäßig eindeutig festzulegen ist, sondern die sich aufgrund der vorgelegten Angaben ergibt. Sie setzt zudem die im Wesentlichen unveränderte Fortführung des Unternehmens voraus, so dass Absichten des Käufers, durch Umstrukturierungen höhere Erträge zu erwirtschaften, für die Ertragsfähigkeit unbeachtlich sind.

(3) Die einzelnen Kriterien bei Vergangenheitsangaben

Dann stellt sich aber die Frage, wie intensiv die Angaben sein müssen, um die Ertragsfähigkeit zumindest in diesem etwas gröber abgesteckten Rahmen beschreiben zu können. Von der Rechtsprechung wurde sehr unterschiedlich bewertet, wann die Angabe mehrerer Einzeldaten die Ertragsfähigkeit des Unternehmens ausreichend widerspiegelt. Während hier anfangs manchmal Umsatzangaben über einige Monate ausreichten[190], genügten nach der neueren Rechtsprechung des BGH selbst Angaben über mehrere Jahre nicht mehr[191]. Dadurch ließ sich die Tendenz feststellen, Umsätze und Erträge gar nicht mehr als genügend repräsentativ anzusehen. Die dogmatische Grundlage des Eigenschaftsbegriffs hat sich zwar in der ganzen Zeit nicht geändert, zu beobachten ist aber eine bewusst restriktive Handhabung, um den Anwendungsspielraum für die

182 (1982), 515 (546): Er fordert ebenfalls aussagekräftige Daten, verwendet aber den Begriff der Ertragsfähigkeit als Eigenschaft nicht.

188 So eher RG JW 1938, 2613; OLG München HRR 1940 Nr. 979.

189 Siehe dazu oben Kap. 1 III 2 a) und Kap 1. III 3.

190 RG Recht 1909 Nr. 2100; SeuffA 86 Nr. 27.

191 BGH NJW-RR 1989, 306; NJW 1999, 1404 (1405).

culpa in contrahendo und damit eine vermeintlich flexiblere Haftungsgrundlage zu eröffnen[192]. Dieser gedankliche Hintergrund der Rechtsprechung wird von *Hiddemann*, dem damaligen vorsitzenden Richter des VIII. Zivilsenats des BGH, deutlich ausgesprochen[193].

In den letzten Jahren ist immer stärker zu bemerken, wie die Rechtsprechung sich im Rahmen der culpa in contrahendo mit den Anforderungen an die Aufklärungspflicht beschäftigt, während das Vorliegen einer Eigenschaft schnell abgelehnt wird[194]. Die Frage bleibt, ob aus Sicht der bisher genannten Kriterien diese restriktive Handhabung geboten ist. Wenn nach den branchenüblichen Bewertungsmethoden für Unternehmen die Angaben über vergangene Geschäftsergebnisse ausreichend sind, können daraus bereits Rückschlüsse auf die Ertragsfähigkeit gezogen werden. In diesen Fällen ist bereits eine Eigenschaft beschrieben. Auf diese Aspekte hin ist die Rechtsprechung zur Einschränkung des Eigenschaftsbegriffs bei Vergangenheitsangaben zu prüfen.

(a) Der von den Angaben erfasste Zeitraum

Ein Kriterium für eine hinreichende Beschreibung der Ertragsfähigkeit kann sein, ob die Angaben einen längeren Zeitraum umfassen, denn es erscheint nachvollziehbar, dass nur in diesem Fall tatsächlich Rückschlüsse gezogen werden können, ob das Unternehmen in der Lage ist, entsprechend hohe Erträge zu erzielen. Trotz geäußerter Kritik[195] liegt in diesem Erfordernis eine konsequente Einschränkung[196].

In der Annahme einer Eigenschaft zeigt sich die Rechtsprechung allerdings inzwischen zu zurückhaltend, insbesondere wird viel zu pauschal auf das Erfordernis eines langjährigen Zeitraums abgestellt[197]. Zutreffend war in dieser Hin-

192 MüKo-Westermann (3. Aufl.), § 459 Rn. 54; Angermann, S. 40 f.; Hollenberg, S. 63; Beisel/Klumpp-Klumpp, Kap. 16, Rn. 17; Picot, in: Picot, Unternehmenskauf, Teil I, Rn. 84; Aderhold, DStR 1991, 844 (845); Noll, WM 1985, 341; Stengel/Scholderer, NJW 1994, 158 (159); Willemsen, AcP 182 (1982), 515 (518); Zimmer, NJW 1997, 2345 (2346 f.).

193 ZGR 1982, 436 (437).

194 BGH NJW-RR 1989, 306 (307); NJW 1999, 1404 (1405). Ohne Erläuterung wird selbst bei Angaben über einen längeren Zeitraum einfach gesagt, dass die erforderlichen Voraussetzungen nicht vorliegen.

195 Vgl. Soergel-Huber, § 459 Rn. 285a, der meint, es sei unverständlich, dass Zahlenketten eine Eigenschaft begründen könnten, einzelne Angaben aber nicht; genauso Hölters-Semler, Teil VI, Rn. 158. Die Zahlen stellen nicht selbst die Eigenschaft dar, sie reichen aber aus, um die Ertragsfähigkeit als Eigenschaft zu beschreiben.

196 Fuest, S. 24; Hiddemann, ZGR 1982, 435 (446); G. Müller, ZHR 147 (1983), 501 (517).

197 Vgl. BGH NJW-RR 1989, 306 (307), unter Berufung auf BGH NJW 1977, 1538 (1539), wo eine Eigenschaft bei Angaben über einen Zeitraum von drei Jahren aber hauptsächlich deshalb abgelehnt wurde, weil die Angaben für den Käufer keine große Bedeutung hatten; NJW 1990, 1658; 1999, 1404 (1405). Auch Medicus (EWiR 1989, 19) bezeichnet es

sicht vielmehr die spätere Ansicht des Reichsgerichts, das auf den Einzelfall abstellte[198]. So kann der Bierumsatz einer Gaststätte schon bei Angaben über einige Monate repräsentativ sein, wenn es wenige Einflüsse gibt, die eine große Fluktuation befürchten lassen[199]. Bei komplexeren Unternehmen kann die Forderung einer Angabe über mehrere Jahre dagegen eher gerechtfertigt sein. Drei Jahre bei kleineren Betrieben und fünf Jahre bei größeren müssen dann aber auch nach betriebswirtschaftlichen Grundsätzen ausreichen[200]. Bei einer solchen Betrachtung dürften einige bisherige Entscheidungen zu überdenken sein[201]. Regelmäßig ist dagegen eine Rückschlussfähigkeit gegeben, wenn auch bei Angaben über geringere Zeiträume der Umsatz oder Ertrag als stabil bezeichnet wird, also einen auch zukünftig zu erwartenden Durchschnittsertrag darstellen soll[202].

Der BGH führt als Grund für die Zurückhaltung zumeist an, dass die außerhalb des Unternehmens liegenden Umstände bei Angaben über kurze Zeit einen größeren Einfluss hätten[203]. Das Ergebnis sei dann mehr ein Zufallsergebnis[204],

---

als bemerkenswert, dass der BGH Angaben über drei Jahre mit Vorschau auf ein viertes (BGH WM 1988, 1700) nicht als ausreichend ansieht.

198 RG Recht 1909 Nr. 2100; JW 1915, 1117; 1938, 2613; ganz deutlich SeuffA 86 Nr. 27. In den Entscheidungen hat das RG ebenfalls das Kriterium des längeren Zeitraums angeführt, hat aber dessen Hintergrund nicht aus den Augen verloren und ist so zu einer einzelfallbezogenen Betrachtung gekommen; einzelfallbezogener als der BGH auch OLG Düsseldorf NJW-RR 1993, 377 (378 f.).

199 RG Recht 1909 Nr. 2100. Der BGH spricht in NJW 1990, 1658, die maßgeblichen Kriterien nicht mehr an, auch wenn die Rückschlussfähigkeit beim Bierumsatz über ein Jahr bei eingeschränktem Betrieb einer Gaststätte tatsächlich zweifelhaft ist; dem BGH zustimmend daher auch Knöpfle, EWiR 1990, 873 (874).

200 OLG Stuttgart, DB 2003, 2429; Hölters-Widmann, Teil II, Rn. 107 u. 174; Emmerich, in: Emmerich/Sonnenschein/Habersack, Konzernrecht, § 22 III 5 (S. 341). Tendenziell eher fünf Jahre fordernd: Beisel/Klumpp-Theyson-Wadle, Kap. 3, Rn. 29; Goltz, DB 1974, 1609 (1610). In der Praxis sind Angaben über solche Zeiträume deshalb auch üblich, vgl. Wessing, ZGR 1982, 455 (464).

201 So etwa WM 1974, 51 (Gewinnzahlen über fünf Jahre); NJW 1977, 1538 (Gewinn- und Verlustrechnungen über drei Jahre mit Einschätzung der generellen Nettorendite für die Zukunft beim Kauf einer Teefabrik); WM 1988, 124 (Verkauf einer kleinen Kissenfabrik mit Bilanzen über vier Jahre und vorläufige Berechnungen über weitere 1 ½ Jahre); BGH NJW-RR 1989, 306 (Verkauf einer Rechtsbeistandspraxis mit Gewinnermittlungen über drei Jahre und Schätzung für das vierte); NJW 1999, 1404 (dasselbe mit Angaben über drei Jahre). Zu kurz sind dagegen die Mitteilungen in BGH NJW 1977, 1536 (konsolidierter Status für ein halbes Jahr), und NJW 1990, 1658 (Bierumsatz von einem Jahr bei eingeschränkter Öffnungszeit).

202 Vgl. RG JW 1915, 1117; OLG München HRR 1940 Nr. 979.

203 BGH NJW 1970, 653 (655); WM 1974, 51; NJW 1977, 1536 (1537); 1979, 33; 1995, 1547 (1548); vgl. auch G. Müller, ZIP 2000, 817 (827).

204 So ausdrücklich NJW 1977, 1536 (1537); auch RG JW 1915, 1117. Auf die Zuverlässigkeit der Angaben stellt die Rechtsprechung deshalb auch bei ihrer Begründung ab: BGH

was daraus resultiere, dass nicht gesagt werden könne, ob der Ertrag auch regelmäßig erzielbar sei. Darin liegt auch der Unterschied zum Grundstückskauf hinsichtlich der Mieterträge, wo kaum außergewöhnliche Erträge zu erwarten sind. Zudem sind Mieteinnahmen nicht so konjunkturanfällig wie die eines Unternehmens[205]. Deshalb genügt bei Grundstücken nach Ansicht der Rechtsprechung schon die Angabe der gegenwärtigen Erträge, woraus auf die Ertragsfähigkeit geschlossen werden könne[206]. Solche Rückschlüsse lassen sich aber auch beim Unternehmenskauf bei Angaben über die genannten Zeiträume ziehen, denn durch eine Unternehmensbewertung wird es bereits ermöglicht, außergewöhnliche Aufwendungen und Erträge im Wesentlichen auszuklammern und auch konjunkturelle Schwankungen sowie ihre Auswirkungen auf den Ertrag abzuschätzen[207]. Entsprechendes gilt für das unternehmerische Geschick. Natürlich hängt der Ertrag von den Fähigkeiten des Betriebsleiters ab. Aber hier sagt bereits der Begriff der Ertragsfähigkeit selbst aus, dass es nur darum geht, welche Erträge abgeworfen werden könnten, wenn das Unternehmen wie bisher fortgeführt würde[208]. Führt der Käufer den Betrieb schlechter, kann er deshalb ohnehin keinen Ausgleich verlangen. Auch wenn die daraus ableitbaren Rückschlüsse nicht absolut sicher sind, kann der Käufer immerhin einen gewissen Ertragsrahmen erwarten[209].

Bei einem so abgesteckten Zeitrahmen wird man auch dem Kriterium der Erkennbarkeit gerecht, denn weil hier nach üblichen Unternehmensbewertungsmethoden eine Unternehmensbewertung möglich ist, ist auch für den Verkäufer erkennbar, dass der Käufer sie zur Grundlage der Einschätzung erzielbarer Er-

---

NJW 1970, 653 (655); WM 1974, 51; NJW-RR 1989, 306 (307); NJW 1990, 1658 (1659); 1995, 1547 f.; 1999, 1404 (1405).

205 So deutlich BGH NJW 1980, 1456 (1457); dazu G. Müller, ZIP 1993, 1045 (1049); ders., ZHR 147 (1983), 501 (508). Aus diesem Grund will Grunewald (Grenzziehung, S. 76) bei Grundstücken die Ertragslage als Eigenschaft anerkennen, bei Unternehmen dagegen nicht, obwohl beide nicht an der physischen Beschaffenheit anknüpfen, was nach ihrer Ansicht bereits Voraussetzung für die Sachmängelhaftung ist.

206 BGH NJW 1980, 1456 (1457); 1981, 45 (46); WM 1982, 696 (697); NJW 1990, 902; NJW-RR 1990, 970 (972); 1990, 1161.

207 Dies aber pauschal verneinend Erman-Grunewald, § 434 Rn. 10. Erforderlich ist nur, die Konjunktur und ihre Auswirkungen einschätzen zu können, sie muss nicht gleich bleiben (so aber anscheinend Fuest, S. 45).

208 So auch Prölss, ZIP 1981, 337 (344). Damit wird die Inhaberschaft als ersetzbarer Faktor im Vertrag vorausgesetzt, weshalb es auch keine Rolle spielt, dass bisherige Erträge vom Verkäufer erwirtschaftet wurden (so aber Fuest, S. 43 ff.).

209 Eine nahezu absolute Sicherheit fordert die Rechtsprechung aber im Ergebnis, wenn sie selbst bei nach betriebswirtschaftlich ausreichenden Zeiträumen von mehreren Jahren eine Aussagekraft verneint: BGH NJW-RR 1989, 306; NJW 1999, 1404 (1405). Dabei wird darauf abgestellt, dass keine „verlässlichen" Anhaltspunkte für eine Bewertung vorliegen. Richtigerweise fordert dagegen das RG nur, dass eine „einigermaßen sichere Beurteilung des Geschäfts" möglich ist (JW 1935, 1558 (1559)).

träge machen wird. Dasselbe gilt, wenn der Verkäufer Durchschnittsangaben macht. Zwar kann auch bei kürzeren Zeiträumen für den Verkäufer die Wichtigkeit der Angaben aus Käufersicht erkennbar sein[210]. Dann darf der Verkäufer aber davon ausgehen, dass nur eine grobe Risikobewertung stattfinden kann, der Käufer sich also immer noch auf einen spekulativen Kauf einlässt.

(b) Art und Umfang der Angaben

Weitere Kriterien sind die Art und der Umfang der Angaben. Auch hier arbeitet die Rechtsprechung sehr eingrenzend. Ertragsangaben über einen längeren Zeitraum sollen genügend genaue Rückschlüsse zulassen[211]. Da in die Gewinn- und Verlustrechnung alle Einnahmen des Unternehmens aufgenommen werden, wird hierin durchaus die Fähigkeit des Unternehmens, Erträge zu erwirtschaften, widergespiegelt. Die Ertragsangaben umfassen aber auch außergewöhnliche Betriebseinnahmen, sind also nur dann repräsentativ, wenn diese besonders ausgewiesen sind oder ebenfalls kontinuierlich anfallen. So können besonders hohe außergewöhnliche Betriebseinnahmen etwa aus Verkäufen von Beteiligungen oder Vermögensgegenständen des Anlagevermögens das Ergebnis eines Jahres entscheidend beeinflussen. In ähnlicher Weise sind auch die Aufwendungen zu prüfen, denn sie gehen als Negativfaktoren in die Zukunftsprognose mit ein. Deshalb ist es durchaus zutreffend, dass allein das Jahresendergebnis, also der Gewinn oder Verlust eines Jahres ohne nähere Aufschlüsselung, kein verlässlicher Ansatzpunkt für die Ermittlung der Ertragsfähigkeit sein soll[212]. Das gilt natürlich auch, wenn in der mitgeteilten Bilanz nur das Ergebnis auftaucht[213]. Wenn allerdings neben der Bilanz auch die Gewinn- und Verlustrechnung mitgeteilt wurde, lässt sich eine Zurückhaltung bezüglich der Aussagekraft nicht befürworten[214], weil die Erträge dort aufgeschlüsselt und analysierbar sind[215].

---

210 So Prölss, ZIP 1981, 337 (344).

211 BGH NJW 1970, 653 (655); 1977, 1536 (1537); 1977, 1538 (1539); NJW-RR 1989, 306 (307); NJW 1995, 1547 (1547 f.); 1999, 1404 (1405).

212 RG JW 1915, 1117; BGH WM 1974, 51 (51); vgl. auch BGH NJW 1979, 33; für vorläufige Bilanz: WM 1970, 819 (821); zu pauschal eine Aussagekraft bejahend dagegen Mössle, BB 1983, 2146 (2151).

213 So auch schon RG JW 1915, 1117; zu pauschal danach aber RG LZ 1916, 804.

214 Etwas zu pauschal ablehnend daher BGH NJW 1977, 1536 (1537), während BGH WM 1974, 51, eigentlich nur für einzelne Bilanzzahlen Bedenken anmeldet, weil er sich dabei auf eine Gleichstellung mit einzelnen Umsatzangaben beruft.

215 So auch G. Müller, Lossagungsrecht, S. 93; ders., BB 1980, 1393 (1396 Rn. 36); Goltz, DB 1974, 1609 (1610); Hiddemann, ZGR 1982, 435 (446).

Will man nur die betriebstypischen Einnahmen erfassen, können unter Umständen die vorgelegten Umsatzzahlen aufschlussreicher sein[216]. Obwohl diese also am ehesten die Fähigkeiten des Unternehmens widerspiegeln könnten, hat sich die Rechtsprechung zeitweise auch hier sehr zurückhaltend verhalten[217]. Begründet hat der BGH dies damit, dass die Warenumsätze je nach Betriebsart unterschiedliche Bedeutung haben können[218]. Gerade dieses spricht aber nicht gegen die Annahme einer wesentlichen Aussagekraft. Zwar können die Umsätze sehr unterschiedliche Auswirkungen auf die Ertragsfähigkeit haben, weil dazu noch Informationen über die Betriebsausgaben erforderlich sind[219]. Wenn diese Informationen vorhanden sind oder nach der Art des Unternehmens die Aufwendungen regelmäßig ein festes Verhältnis zu den Umsätzen aufweisen[220], kann ihre Relevanz jedoch nicht bestritten werden[221]. Bei einzelnen Unternehmen können gerade die Umsatzzahlen bedeutsam sein, insbesondere wenn die Kostenfaktoren gering sind. Nur weil man die Aussagekraft des Umsatzes nicht immer als entscheidend erachten kann, muss sie nicht immer als unerheblich eingestuft werden[222].

---

216 Dies gilt jedenfalls insoweit, als auch für die Unternehmensbewertung die für die Zukunft prognostizierten Umsätze eine maßgebliche Bewertungsgrundlage darstellen, vgl. den Standard IDW S 1, Wpg 2000, 825 (835 f.); Hölters-Widmann, Teil II, Rn. 182.

217 BGH NJW 1970, 653 (655); ausschließlich auf den Ertrag abstellend auch BGH NJW 1977, 1536 (1537); großzügig noch BGH BB 1964, 147; OLG München HRR 1940 Nr. 979. Der daraufhin entstandene Widerstand in der Literatur (dazu Drexler, S. 271 f.; Fuest, S. 23; Hommelhoff, Sachmängelhaftung, S. 60; vgl. aber auch G. Müller, Lossagungsrecht, S. 86 ff., der darin gar keine Rechtsprechungsänderung gesehen hat) führte aber jedenfalls dazu, dass der BGH später auch Umsatzangaben wieder zur möglichen Begründung einer Eigenschaft heranzog: BGH NJW 1977, 1638 (1639); NJW-RR 1989, 306 (307); NJW 1990, 1658 (1659); 1995, 1547; 1999, 1404 (1405).

218 BGH NJW 1970, 653 (655).

219 Kantenwein, S. 16; Hiddemann, ZGR 1982, 435 (446).

220 Dies ist etwa beim Verkauf von Rechtsanwaltskanzleien der Fall, wo der Umsatz häufig als Bewertungsfaktor herangezogen wird, vgl. Römermann/Schröder, NJW 2003, 2709 ff.

221 Ähnlich Fuest, S. 24 ff.; Herberger, S. 69 (Fn. 30); G. Müller, Lossagungsrecht, S. 225; ders., ZHR 147 (1983), 501 (505); ders., ZIP 1993, 1045 (1049); kritisch gegenüber der Rechtsprechung auch RGRK-Mezger, § 459 Rn. 23.

222 So waren etwa die Umsatzzahlen in BGH NJW 1977, 1538 (1539), maßgebend für den Kaufentschluss, nicht dagegen der Reinertrag. Deshalb wurden die Umsatzangaben auch beim Apothekenkauf (RG Recht 1913 Nr. 2859 und 2860) und Gaststättenkauf (RGZ 52, 1 (3); RG Recht 1907 Nr. 1631; 1909 Nr. 2100) als maßgeblich anerkannt.

(c) Die Zusicherung der Angaben

Die Rechtsprechung nimmt bisher zusätzlich den Aspekt hinzu, ob die Zahlen tatsächlich zugesichert wurden oder nicht[223]. Damit wollte sie aber nur sicherstellen, auch § 463 BGB a. F. anwenden zu können, die culpa in contrahendo aber nicht ausschalten zu müssen, wenn sie keine Zusicherung vorfand[224]. Dieser Ansatzpunkt für eine Differenzierung war jedoch allein rechtsfolgenbezogen. Für Rückschlüsse auf die Ertragsfähigkeit liefert das Vorhandensein einer Zusicherung nichts[225]. Einzig bemerkenswert ist die Argumentation, dass es beim Kaufrecht auf die Erkennbarkeit der Relevanz der Angaben für den Käufer ankommt und diese Erkennbarkeit jedenfalls dann gegeben ist, wenn der Verkäufer auch Angaben über kurze Zeit zusichert[226]. Dann mangelt es aber immer noch an einer Beschreibung des gegenwärtigen Zustands des Unternehmens. Nur wenn die vorgenannten Kriterien von Dauer, Art und Umfang der Angaben erfüllt sind, kann durch eine Zukunftsprognose im Rahmen der Unternehmensbewertung der spekulative Charakter des Geschäfts ausgeklammert werden. Der Käufer muss zumindest die Unsicherheit ausklammern können, dass er nicht einmal weiß, ob das Unternehmen überhaupt in der Lage ist, die erhofften Erträge abzuwerfen. Das Risiko, die erhofften Gewinne später aufgrund anderer Einflüsse nicht erzielen zu können, liegt naturgemäß bei ihm. Die Zusicherung der Angaben ist deshalb weder notwendiges noch hinreichendes Kriterium für das Vorliegen von Angaben zu einer Beschaffenheit[227].

223 BGH NJW 1977, 1538 (1539); auch schon RGZ 67, 86 (87); RG JW 1935, 1558; ebenso beim Grundstückskauf BGH NJW 1980, 1456 (1458); WM 1982, 696 (696 f.); vergleichend BGH NJW-RR 1988, 348 (351).

224 Dazu oben Kap. 2 I 2; anders dagegen die Auslegung der Rechtsprechung durch Fuest, der meint, die Rechtsprechung wolle gegenüber der in anderen Bereichen recht schnellen Annahme einer Zusicherung sicherstellen, dass der Zusicherungswille hier deutlich zu Tage tritt (S. 26 f.).

225 So auch Büdenbender, in: Dauner-Lieb, Unternehmenskauf und Schuldrechtsmodernisierung, S. 5 (29). Bemerkenswert ist auch, dass der BGH in NJW 1995, 1547 (1548), bei Rückschlüssen auf die Ertragsfähigkeit aus zukunftsbezogenen Angaben (Ertragsvorschau) diese Einschränkung nicht macht. Im konkreten Fall war das zwar auch nicht nötig, weil eine Zusicherung vorlag. Wäre das nicht der Fall gewesen, wäre ihm der Weg über die culpa in contrahendo aber versperrt gewesen.

226 Hommelhoff, ZHR 140 (1976), 271 (298); ders., ZHR 150 (1986), 254 (277); Prölss, ZIP 1981, 337 (344); deshalb ebenfalls bei Angaben über kurze Zeit eine Eigenschaft bejahend W. Müller, JuS 1975, 489 (492 f.); Noll, WM 1985, 341 (342 f.); ohne die Konsequenz der Eigenschaftsannahme U. Huber, ZGR 1972, 395 (409).

227 So auch schon Staudinger-Honsell (1995), Vorbem zu §§ 459 ff. Rn. 64; Hiddemann, ZGR 1982, 435 (445 und 446); G. Müller, ZHR 147 (1983), 501 (522); Willemsen, AcP 182 (1982), 515 (546).

(4) Zukunftsbezogene Angaben

Genauso wenig wie rein vergangenheitsbezogene Angaben ohne Rückschlussfähigkeit auf die Gegenwart eine Beschaffenheitsvereinbarung begründen können, stellen zukunftsbezogene Angaben an sich eine solche dar[228]. Sie beschreiben den Kaufgegenstand nicht im Zeitpunkt des Gefahrübergangs. Auch diese zukünftigen Umsätze und Erträge können garantiert werden[229]. Dann handelt es sich allerdings um eine selbstständige Garantie außerhalb des Kaufrechts[230]. Eine solche Garantie enthält aber auch die Übernahme des Risikos durch den Verkäufer, dass der Käufer die erhofften Ergebnisse aufgrund zukünftiger Einflüsse nicht erwirtschaften kann. Zutreffenderweise hat die Rechtsprechung jedoch auch hier nicht verkannt, dass die zukunftsbezogenen Angaben Rückschlüsse auf den gegenwärtigen Zustand zulassen und so die Ertragsfähigkeit beschreiben können[231]. Hier werden zu Recht keine höheren Anforderungen an die Angaben gestellt, weil in solchen Fällen der Verkäufer die Vergangenheitszahlen auswertet und zusätzliche Umstände berücksichtigt. Die Ertragsfähigkeit wird also genauer beschrieben als durch die Vergangenheitszahlen[232].

cc) Zusammenfassung

Die Zahlenangaben der Vergangenheit und der Zukunft können nach neuer Rechtslage genau wie nach der alten als solche nicht als Beschaffenheitsvereinbarung angesehen werden. Demgegenüber erweist sich der Ansatz der Anerkennung der Ertragsfähigkeit als Beschaffenheit im neuen Recht als fortsetzbar. Angaben über die Vergangenheit oder Zukunft können dann Angaben über die Ertragsfähigkeit darstellen, wenn sie genügend aussagekräftig sind. Das ist bei Vergangenheitsangaben der Fall, wenn sie Durchschnittsangaben darstellen oder einen ausreichenden Zeitraum umfassen und ausreichend aufgeschlüsselt sind,

---

228 So zu Recht Staudinger-Matusche-Beckmann (2004), § 434 Rn. 51; Larisch, S. 58; v. Bernuth, DB 1999, 1689 (1690); Mössle, BB 1983, 2146 (2151): A. A. aber MüKoHGB-Lieb, Anh § 25 Rn. 99 f.; wohl auch Berger, JZ 2004, 276 (282).

229 Etwas pauschal ablehnend BGH NJW 1995, 1547 (1548). Es ist zwar möglich, sie zuzusichern, aber in der Regel nicht gewollt.

230 MüKo-Westermann, § 453 Rn. 37; v. Bernuth, DB 1999, 1689 (1690); Hommelhoff, ZHR 140 (1976), 271 (276); W. Müller, JuS 1975, 489 (490); Schröcker, ZGR 2005, 63 (78).

231 BGH NJW 1995, 1547 (1548).

232 Hier stellt auch der BGH in NJW 1995, 1547 (1548), keine besonderen Anforderungen, weil er darin Vereinbarungen über die Ertragsfähigkeit selbst sieht. Er hat außerdem eine Zusicherung angenommen, was aus seiner Sicht erforderlich war, um auf Gewährleistungsrecht zurückgreifen zu können. Bei gebotener restriktiver Handhabung der Garantiezusage würde es aber nach neuem Recht schon genügen, eine einfache Vereinbarung der Ertragsfähigkeit anzunehmen.

um sie für eine Zukunftsprognose im Rahmen einer üblichen Unternehmensbewertung zu analysieren. Die bisherige restriktive Handhabung dieser Voraussetzungen durch die Rechtsprechung im Rahmen des Eigenschaftsbegriffs ist dementsprechend zu korrigieren, wenn eine Analogie zum Gewährleistungsrecht zu bejahen ist. Unbeachtlich für das Vorliegen von Angaben über die Ertragsfähigkeit ist insbesondere, ob eine Zusicherung der Angaben vorliegt.

3. Ertragsfähigkeit und Fehlerbegriff

Die begriffliche Festlegung der Umstände, unter denen Angaben zur Ertragsfähigkeit vorliegen, entbindet nicht von der Frage, wann eine solche Ertragsfähigkeit vereinbart ist. Außerdem stellt sich die Frage, ob die Geschäftsergebnisse auch hinsichtlich einfacher Zweckvereinbarungen oder im Rahmen des objektiven Fehlerbegriffs eine Rolle spielen können.

a) Beschaffenheitsvereinbarungen

Nur in den seltenen Fällen, in denen die Zukunftsprognose selbst Inhalt der Vereinbarung geworden ist, kann von einer nahezu vollständigen Vereinbarung der Ertragsfähigkeit ausgegangen werden. In allen anderen Fällen, in denen sich die Erwartungshaltung auf bestimmte Zahlenangaben gründet, müssen auf jeden Fall diese Angaben unmittelbar Inhalt der Parteivereinbarung sein[233]. Zudem stellt sich aber die Frage, ob zusätzliche Kriterien erforderlich sind, um eine Vereinbarung zu begründen, dass die Zahlen zur Ermittlung der Ertragsfähigkeit genutzt werden sollen[234].

aa) Allgemeine Einschränkungen bei der Vereinbarung bilanzieller Zahlen

Das Problem der Feststellung vereinbarter Angaben liegt darin, dass im Rahmen der Verhandlungen sehr viele Angaben gemacht werden, welche zum Teil einfache Informationen darstellen, die aber nicht Vertragsinhalt sein sollen. Um hier

233 Vgl. Gaul, ZHR 166 (2002), 35 (47 f.); Weitnauer, NJW 2002, 2511 (2514).

234 Im Ergebnis nimmt Reiner, in: Semler/Volhard, ÜN Hdb., § 56 Rn. 168, noch einen Faktor hinzu, indem er darauf abstellt, ob die Ertragsfähigkeit ebenfalls vereinbart ist und wenn das der Fall ist, diese nur als Beschaffenheit anerkennt, wenn die zu erwartenden Erträge über einen Zeitraum von mehreren Jahren anhalten sollen. Abgesehen von der Frage, wie man bei bloßer Angabe der Vergangenheitszahlen eine so vielschichtige Auslegung vornehmen soll, beruht dieses Erfordernis aber auch auf einem Missverständnis des Dauerhaftigkeitskriteriums. Wenn die Rechtsprechung Angaben über einen mehrjährigen Zeitraum fordert, liegt dieses daran, dass nur dann eine Ertragsfähigkeit überhaupt beschrieben ist. Ist die Ertragsfähigkeit allerdings beschrieben, ist diese per se dauerhaft genug, um dem Dauerhaftigkeitskriterium im Rahmen der Beschaffenheitsdefinition gerecht zu werden.

Klarheit zu schaffen, bietet es sich an, die in der Praxis üblichen Assetlisten nicht zu kürzen[235], welche beschreiben, was der Verkäufer zu leisten hat[236]. Hinsichtlich der Geschäftsergebnisse ist eine solche gesonderte Aufstellung aber oftmals unpraktisch. Stattdessen werden häufig zu ihrer Darstellung einfach die Bilanzen und Gewinn- und Verlustrechnungen vorgelegt. Auch hier stellt sich die Frage, ob dort gemachte Angaben Vertragsinhalt werden sollen. Wenn der Käufer die Jahresabschlüsse anfordert oder einvernehmlich davon ausgegangen wird, dass die Angaben der Kaufpreisbildung zugrunde liegen, dürfte eine solche Vereinbarung nahe liegen[237]. Das gilt gerade dann, wenn die Angaben so umfangreich sind, dass sie die Ertragsfähigkeit beschreiben können. Als vorläufige Angaben ausgezeichnete Zahlen sind andererseits nicht Inhalt der Vereinbarung, wenn durch den Vorläufigkeitscharakter klargestellt werden soll, dass die Zahlen nicht verlässlich sind[238].

Zu beachten ist aber gerade bei Bilanzen und Jahresabschlüssen, dass erhebliche Unsicherheitsabschläge zu machen sind, weil die absolut realitätsgemäße Darstellung der Umstände dort nicht vorausgesetzt wird. Wenn sie nicht extra zum Zweck der Verhandlungen erstellt wurden, muss der Käufer damit rechnen, dass der Verkäufer bilanztaktische Mittel angewendet hat und kann deshalb nur erwarten, dass die Angaben sich im Rahmen der Grundsätze ordnungsgemäßer Buchführung und Bilanzierung halten[239]. Im Rahmen der Darstellung von Betriebsmitteln muss der Käufer etwa damit rechnen, dass sie nur durchschnittliche Erwartungen erfüllen, aber kein Optimum an Funktionstauglichkeit aufweisen[240]. Gerade beim Umlaufvermögen ist mit dem Vorhandensein üblicher Fluk-

---

235 So lauten auch weiterhin die Empfehlungen der Praxis: vgl. Hermanns, ZIP 2002, 696; Knott, NZG 2002, 249 (251); Seibt/Reiche, DStR 2002, 1135 (1138); Weitnauer, NJW 2002, 2511 (2515).

236 Vgl. Kantenwein, S. 120 ff.

237 G. Müller, Lossagungsrecht, S. 180 ff.; Boerner, ZIP 2001, 2264 (2266). Das gilt natürlich noch eher, wenn die Bilanz speziell zum Zweck des Verkaufs erstellt wurde, vgl. MüKo-Westermann (3. Aufl.), § 459 Rn. 54, und Kantenwein, S. 118 f. Zu eng aber wohl Barnert, WM 2003, 416 (423), der nur die Zahlen als vereinbart ansehen will, die nach einer Due Diligence Gegenstand des vereinbarten Leistungsprogramms sind.

238 Deshalb etwa könnte auch im Fall von BGH WM 1970, 819, hinsichtlich der Geschäftsergebnisse keine Gewährleistungshaftung in Frage kommen, genauso wenig wie der BGH dort im Rahmen der culpa in contrahendo mangels ausreichender Schaffung einer Vertrauensgrundlage zu einer Haftung kam. Diese Haftungseinschränkung ist deshalb nicht nur über die culpa in contrahendo erreichbar, wie Baur behauptet (BB 1979, 381 (386)).

239 Vgl. MüKo-Westermann (3. Aufl.), § 459 Rn. 54; Larisch, S. 55 f.; G. Müller, ZHR 147 (1983), 501 (514 f.).

240 Vgl. Grunewald, Grenzziehung, S. 90; Hommelhoff, Sachmängelhaftung, S. 40; Landsberg, S. 182; Wertenbruch, in: Dauner-Lieb/Konzen/Schmidt, Das neue Schuldrecht in der Praxis, S. 493 (500); Hommelhoff/Schwab, FS Zimmerer, S. 267 (271); Mössle, BB 1983, 2146 (2151). Insofern kam auch Fuest, S. 112 f., der diese Problemfelder über die

tuationen zu rechnen. Hinsichtlich der Abschreibungen darf der Käufer auch nicht mit der Einschätzung des tatsächlichen Wertverzehrs rechnen, sondern muss Korrekturen einkalkulieren. Im Übrigen ist selbst bei klaren Angaben zum gegenwärtigen Zustand damit zu rechnen, dass eine übliche Veränderung bis zum Übergang des Unternehmens nach dem Parteiwillen nicht haftungsauslösend sein soll. Daraus ergibt sich, dass der Wegfall des Erheblichkeitskriteriums sich zumindest beim Unternehmenskauf nicht als sehr haftungserweiternd erweisen wird, denn in vielen Fällen wird die völlige Mangelfreiheit gar nicht geschuldet[241]. Dieses gilt gleichermaßen für Sach- und Rechtsmängel[242]. Für die Vergangenheitsangaben der Geschäftsergebnisse ergeben sich durch diese Varianzen zusätzliche Unsicherheitsfaktoren, die dazu führen, dass die erwartete Ertragskraft sich nur in einem bestimmten Rahmen bewegen kann.

bb) Die zusätzliche Vereinbarung, dass Vergangenheitszahlen die Ertragsfähigkeit beschreiben sollen

Weiterhin stellt sich bei der bloßen Vorlage von Vergangenheitsangaben die Frage, inwiefern zusätzlich die Vereinbarung der Parteien erforderlich ist, dass die Angaben dazu dienen sollen, Schlussfolgerungen auf die Ertragsfähigkeit zuzulassen[243]. Der BGH fordert eine solche Vereinbarung im Ergebnis nicht, weil er die Angabe der Zahlen einer Eigenschaft „gleichstellt" und deshalb nur die Vereinbarung bzw. Zusicherung der Zahlen selbst fordern muss. Wenn man in umfangreichen Angaben aber nur Angaben über die Ertragsfähigkeit sieht, muss grundsätzlich auch vereinbart sein, dass diese Eigenschaft Vertragsinhalt sein soll und nicht nur die Zahlen selbst. Hier könnte man also zumindest theoretisch dazu kommen, dass trotz intensiver Angaben keine Eigenschaftsvereinbarung vorliegt.

Die Frage ist jedoch, wie hier eine Auslegung regelmäßig vorzunehmen ist, denn die zusätzliche Vereinbarung, dass die Angaben Rückschlüsse auf die Ertragsfähigkeit zulassen sollen, wird kaum jemals explizit getroffen. Bei Angaben zur Ertragsfähigkeit besteht anders als bei leichter zu beschreibenden Beschaffenheiten die Besonderheit, dass umfangreiche Zahlen vorgelegt werden müs-

---

positive Forderungsverletzung lösen wollte, dazu, eine relevante Pflichtverletzung erst dann anzunehmen, wenn erhebliche Störungen des Gesamtunternehmens entstanden sind.

241 Demgegenüber hält Canaris aufgrund der genannten Problemfelder eine Auslegung für kaum möglich und unpraktikabel (ZGR 1982, 395 (399 f. und 428)). Die Komplexität der Vereinbarung darf jedoch nicht zur juristischen Kapitulation führen, zumal auch Canaris nach seiner Lösung über die Störung der Geschäftsgrundlage prüfen muss, ob die entsprechenden Umstände zumindest Geschäftsgrundlage geworden sind.

242 Vgl. auch schon Hommelhoff, Sachmängelhaftung, S. 50. Bei Rechtsmängeln sieht auch Canaris kein Problem in einer Haftungskorrektur durch Auslegung (Handelsrecht, § 8 Rn. 19).

243 So etwa Reiner, in: Semler/Volhard, ÜN Hdb., § 56 Rn. 165 ff.

sen, um sie überhaupt beschreiben zu können. Wenn der Verkäufer diese Angaben macht, ermöglicht er dem Käufer die Vornahme einer Unternehmensbewertung. Das dadurch geschaffene Vertrauen in die Richtigkeit der Zahlen bezieht sich nicht nur auf die Richtigkeit der Vergangenheitsangaben, sondern auch darauf, aus ihnen gewisse Schlüsse auf die Unternehmenslage ziehen zu können. Es wird also das Vertrauen in den Erhalt des Unternehmens mit einer aus den Angaben zu schließenden Ertragsfähigkeit geschaffen[244]. Dieses Vertrauen ist dadurch beschränkt, dass der Käufer damit rechnet, nicht alle Details zu kennen, die eine Fortsetzung der Vergangenheitsergebnisse unsicher erscheinen lassen. Dies wird durch Unsicherheitsabschläge berücksichtigt. Es geht aber zumindest soweit, dass er davon ausgeht, dass keine wesentlichen Faktoren vorliegen, die eine extreme Veränderung der Verhältnisse befürchten lassen[245]. Darin ist aber nicht nur die Schaffung eines außervertraglichen Vertrauenstatbestands zu sehen. Das Vertrauen entstammt direkt den vertraglichen Vereinbarungen, denn es wäre ein widersprüchliches Verhalten, wenn der Verkäufer dem Käufer Angaben macht, welche die Ertragsfähigkeit des Unternehmens beschreiben, dann aber geltend macht, eine solche Beschreibung nicht gegeben haben zu wollen. Daraus kann man regelmäßig die konkludente Vereinbarung herleiten, dass die Zahlen Rückschlüsse auf die Ertragsfähigkeit zulassen sollen.

Daneben ist es nicht denkbar, dass nur die Zahlen vereinbart sind, diese aber nicht geeignet sein sollen, Rückschlüsse auf die Ertragsfähigkeit zuzulassen. Will der Verkäufer die Vermutung einer konkludenten Vereinbarung der Ertragsfähigkeit widerlegen, ist das nur möglich, wenn er im Rahmen der Vertragsverhandlungen auf die Unzuverlässigkeit der Zahlen hinweist oder deutlich macht, dass er für die Richtigkeit der Angaben nicht haften will. Dadurch lässt sich aber genauso gut begründen, dass die Zahlen selbst nicht einmal Inhalt der Vereinbarung sind oder die Gewährleistung ausgeschlossen ist[246]. Zudem hätte

244 Deshalb ist es höchst zweifelhaft, wenn Kantenwein, S. 45 f., den Haftungsgrund des Gewährleistungsrechts für unpassend erachtet, weil der Verkäufer nicht wisse, ob die Zahlen für den Käufer relevant seien. Bei aussagekräftigen Zahlen wird sich der Verkäufer kaum darauf berufen können, nicht erkannt zu haben, dass die Zahlen für den Käufer wichtig sind. Dass die daraus gebildete Erwartungshaltung des Käufers in den Kaufpreis einfließt, setzt auch er voraus. Sich darauf zu berufen, die Relevanz der Zahlen nicht richtig eingeschätzt zu haben, erscheint dann widersprüchlich.

245 Deshalb hat auch das OLG München in HRR 1940 Nr. 979 die unwahre Angabe, die Abwesenheit von Arbeitern, die in der Umgebung umfangreiche Baumaßnahmen durchgeführt hatten, beeinflusse den Umsatz einer Bäckerei nicht nennenswert, als Täuschung über die Ertragsfähigkeit angesehen. Auch dort wurde das Vertrauen geschaffen, dass sich die bisherigen Ergebnisse fortsetzen lassen und nicht nur verschwiegen, sondern sogar darüber getäuscht, dass ein wichtiger Umstandsfaktor dies gerade nicht erwarten ließ.

246 Tritt ein solcher Fall ein, bildet auch der Weg über die §§ 280 Abs. 1, 311 Abs. 2, 241 Abs. 2 BGB keinen Ansatzpunkt mehr für eine Haftung, denn wenn der Verkäufer die Verlässlichkeit der Angaben ausdrücklich ausgeschlossen hat, besteht für den Käufer keine Vertrauensgrundlage mehr.

die Differenzierung, ob die Zahlen vereinbart sind oder nicht, keine haftungsrechtlichen Konsequenzen, denn auch bei der Annahme einer Vereinbarung käme nur eine Haftung über die §§ 280 Abs. 1, 311 Abs. 2, 241 Abs. 2 BGB in Betracht. Insbesondere kann man außerhalb des Kaufrechts für solche Angaben nicht auf das allgemeine Leistungsstörungsrecht zurückgreifen, weil nur die Beschreibung des gegenwärtigen Zustands der Sache eine Leistungspflicht auslöst und man zudem kaufrechtliche Vorschriften wie § 442 BGB oder die kurze Verjährung umgehen würde[247]. Vom Vorliegen der Vereinbarung, dass aufgeschlüsselte Ergebniszahlen der Vergangenheit über längere Zeit auch eine daraus ableitbare Ertragsfähigkeit beschreiben sollen, kann also regelmäßig ausgegangen werden.

cc) Die Änderung gewichtiger Umstände nach Bilanzaufstellung

Die Tatsache, dass der Käufer regelmäßig aus den Vergangenheitszahlen die Ertragsfähigkeit ableiten können soll, führt dazu, dass auch Fälle gewährleistungsrechtlich erfasst werden können, in denen sich Umstände nach der Bilanzaufstellung ändern, die zu einer intensiven Abweichung in der Zukunft führen können[248]. Zwar muss der Käufer Unsicherheitsabschläge machen, weil er weiß, dass er nicht alle Detailangaben hat, die den Umfang der Ergebnisse in der Zukunft beeinflussen können. Gewichtige Umstände, die der Käufer nicht kennt und die er nur vom Verkäufer erfahren kann, muss der Verkäufer jedoch mitteilen, weil bei wesentlicher Änderung der Umstände die Leistungserwartungen des Käufers nicht erfüllt werden können. Eine richtige Ermittlung der Ertragsfähigkeit ist bei unvollständigen Angaben genau wie bei falschen nicht möglich[249]. Dieses gilt auch bei Umständen, die zur Zeit der Bilanzerstellung schon vorlagen, aber die Ergebnisse noch nicht beeinflusst haben.

b) Zweckvereinbarungen

Zumindest potentiell ist auch § 434 Abs. 1 S. 2 Nr. 1 BGB auf den Unternehmenskauf anwendbar[250]. Das Problem liegt eher im Umfang der Anwendung, gerade wenn keine oder nur ungenaue Angaben über Geschäftsergebnisse gemacht wurden. Dennoch können gewährleistungsrechtlich hier einige Fälle be-

---

247 Anders aber Reiner, in: Semler/Volhard, ÜN Hdb., § 56 Rn. 170.

248 So etwa BGH NJW-RR 1996, 429. Dort ging der Wartungsumsatz kurz vor Vertragsschluss durch Kündigung von Wartungsverträgen eines Computerunternehmens um 40 % zurück. Wenn im Vertrag Angaben zur Ertragsfähigkeit gemacht worden sind, was aus den dortigen Ausführungen nicht klar hervorgeht, könnte man den Fall auch gewährleistungsrechtlich lösen.

249 Vgl. auch MüKoHGB-Lieb, Anh § 25 Rn. 102 f.; a. A. Larisch, S. 56 f.

250 Vgl. Hommelhoff, Sachmängelhaftung, S. 35 f.; Gaul, ZHR 166 (2002), 35 (47 f.).

rücksichtigt werden, die der BGH bisher nur unter dem Blickwinkel der culpa in contrahendo behandelt hat, weil gar keine konkreten Abschlussangaben gemacht wurden[251]. Nicht jede schlechte Ertragslage kann allerdings zu einer gewährleistungsrechtlichen Haftung führen. Hier ist eine sehr restriktive Handhabung notwendig.

Selten liegt die vertraglich vorausgesetzte Verwendung des Unternehmens in der Zerschlagung. Meistens ist der Zweck die Unternehmensfortführung[252], ggf. verbunden mit einer Integration in ein Unternehmen des Käufers. Diese rein wirtschaftliche Zweckvereinbarung wird nur in extrem gelagerten Fällen überhaupt unterlaufen werden können. Selbst ein überschuldetes Unternehmen ist zur Fortführung nicht ungeeignet, solange der Käufer die Betriebseinstellung durch Finanzzulagen oder Umstellung der Produktion noch abwenden kann[253]. Anders sieht es jedoch aus, wenn der Käufer deutlich macht, dass er kein zusätzliches Geld hat, sich mit dem Unternehmen aber eine Existenzgrundlage aufbauen und es unverändert fortführen will[254]. Es bedarf dazu allerdings weitergehender Zweckvereinbarungen als nur die Fortführung des Unternehmens[255]. Hier muss vereinbart sein, dass der Käufer das Unternehmen unverändert auf der gleichen Grundlage wie bisher betreiben will, so dass die Abhängigkeit von der gegenwärtigen Ertragskraft deutlich wird. Bestimmte Gewinne darf der Käufer allerdings nicht erwarten[256]. Zudem kann sich der Käufer nicht darauf berufen, dass der vereinbarte Zweck eine Ertragsfähigkeit erfordert, für welche die bisherigen Erträge nicht ausreichen, wenn er Anhaltspunkte für zu geringe Erträge

251 Vgl. BGH NJW 1970, 653; NJW 2002, 1042.

252 Vgl. etwa RGZ 69, 429 (431 f.). In der Anerkennung einer solchen Vereinbarung sollte man allerdings nicht übermäßig streng sein (so aber Drexler, S. 266 f.; auch Kantenwein, S. 63 f.). In den meisten Fällen gibt der Käufer gerade kleinerer Unternehmen zu erkennen, dass er den Betrieb fortführen will. Dass er sich Bilanzen über mehrere Jahre vorlegen lässt, kann dafür schon ein gewichtiges Indiz sein. Ähnlich Holzapfel/Pöllath, Unternehmenskauf, Rn. 410.

253 Ähnlich Weitnauer, NJW 2002, 2511 (2514); weitergehender aber v. Gierke/Paschen, GmbHR 2002, 457 (462).

254 So etwa im Juwelierladenfall (BGH NJW 1970, 653), wo der Käufer sich mit dem gekauften Juwelierladen eine Existenzgrundlage aufbauen wollte und dies offenbar auch zum Vertragsinhalt gemacht hat. Diesen Weg schlagen auch Putzo in der Anmerkung dazu (NJW 1970, 653 (654)) und Willemsen, AcP 182 (1982), 515 (536), vor; vgl. auch Fritzen, S. 115 f. Wenn Körting in NJW 1970, 1077, demgegenüber bezweifelt, dass der Verkäufer überhaupt haften soll, kann das nur auf der Grundlage gelten, dass die Ertragsfähigkeit oder der Zweck der Sicherung einer Existenzgrundlage gar nicht Vertragsinhalt geworden ist.

255 Hier muss besonders sorgsam beachtet werden, ob der Zweck tatsächlich Vertragsinhalt und nicht bloßes Motiv oder einseitige Geschäftsgrundlage geworden ist. Es genügt insofern nicht, dass der Verkäufer von den Absichten des Käufers Kenntnis nimmt, vgl. Staudinger-Honsell (1995), § 459 Rn. 57, und Kap. 2 III 1 a) aa).

256 Hommelhoff, Sachmängelhaftung, S. 35.

hatte. In dem Fall kann der Verkäufer nämlich erwarten, dass auch niedrige Erträge den Vertragszweck erfüllen können. Der Vertragszweck ist abhängig davon, wann die Parteien ihn nach der Vereinbarung als erfüllt ansehen dürfen[257].

Insofern kommt man auch über die kaufrechtlichen Vorschriften zu einem Ergebnis, das in etwa der Handhabung für unterlassene Angaben im Rahmen der culpa in contrahendo entspricht[258]. Auch bei der Vertrauenshaftung muss nämlich hergeleitet werden, dass der Käufer auf einen bestimmten Ertragsrahmen aus dem Verhalten des Verkäufers schließen kann, obwohl gar keine Angaben gemacht wurden. Es besteht gar keine andere Möglichkeit, als dieses Vertrauens aus dem Versprechen des Verkäufers herzuleiten, das Unternehmen könne bestimmte Anforderungen erfüllen.

c) Gewöhnliche Erwartungshaltung

Noch zurückhaltender wird man beim objektiven Fehlerbegriff (§ 434 Abs. 1 S. 2 Nr. 2 BGB) sein müssen. Wegen der Einzigartigkeit jedes Unternehmens wird von großen Teilen der Literatur schon bestritten, dass es überhaupt eine übliche Beschaffenheit eines Unternehmens geben könne[259]. Es gibt zwar Gegenstimmen, die Unternehmen bestimmter Branchen und Größen für vergleichbar halten und deshalb eine gewöhnliche Erwartungshaltung in einzelnen Bereichen durchaus als möglich erachten[260]. Auch unter dieser Voraussetzung kann aber eine Vergleichbarkeit hinsichtlich der Geschäftsergebnisse nicht angenommen

257 Unter diesem Aspekt wäre BGH NJW 2002, 1042, aus Sicht der Sachmängelhaftung zu lösen gewesen. Hier hatte der Verkäufer allgemein über das Vorhandensein von Verlustgeschäften aufgeklärt, so dass der Käufer sich nicht darauf berufen konnte, die erwarteten Synergieeffekte bei Verlustgeschäften nicht erreichen zu können.

258 Vgl. auch Fritzen, S. 62 f. Anders die Einschätzung von Kantenwein, S. 67 f., der die culpa in contrahendo als einzige Möglichkeit der Erfassung dieser Fälle ansieht. Dagegen hält Völker (S. 146 ff.) die culpa in contrahendo hier gar nicht für anwendbar, weil die Verwendbarkeit der Kaufsache nicht Gegenstand einer Aufklärungspflicht sein könne. Für die Nichteignung zum Verwendungszweck sei deshalb eine Haftung nur bei vertraglich vereinbarter Verwendungseignung möglich.

259 Kantenwein, S. 98; Mueller-Thuns, in: Rödder/Hötzel/Mueller-Thuns, Unternehmenskauf, § 9 Rn. 72; Reiner, in: Semler/Volhard, ÜN Hdb., § 56 Rn. 153; Canaris, ZGR 1982, 395 (399 f.); Gaul, ZHR 166 (2002), 35 (48); U. Huber, AcP 202 (2002), 179 (212 f.); W. Müller, JuS 1975, 489 (490), der aber immerhin die Einschränkung macht, dass die übliche Beschaffenheit die Eignung zur Fortführung des Betriebs sein soll.

260 Büdenbender, in: Dauner-Lieb, Unternehmenskauf und Schuldrechtsmodernisierung, S. 5 (35 f.); Eidenmüller, ZGS 2002, 290 (295); Knott, NZG 2002, 249 (251 u. 252); vgl. auch Bergjan, S. 159 f.; auch schon Hommelhoff, Sachmängelhaftung, S. 37, der aber zumindest eine objektive Wertminderung für nicht feststellbar hält (S. 34 ff.).

werden[261]. Selbst bei der Heranziehung branchenbedingter Durchschnittsertragszahlen darf nicht außer Acht gelassen werden, dass die Ergebnisse einzelner Unternehmen in ganz unterschiedlicher Weise davon abweichen. Deshalb darf der Käufer nicht erwarten, dass das gekaufte Unternehmen sich diesen Durchschnittswerten annähert[262]. Vielmehr ist es im Gegenteil so, dass der Käufer gerade aufgrund der Tatsache, dass das Unternehmen veräußert wird, gar nicht davon ausgehen darf, dass es überhaupt Umsätze oder Erträge abwirft[263].

In die Diskussion gekommen ist allerdings die Frage, ob beim Unternehmenskauf Eigenschaften, die nicht vereinbart wurden, über öffentliche Äußerungen i. S. d. § 434 Abs. 1 S. 3 BGB zum Gegenstand der üblichen Erwartungen werden können[264]. Davon könnten auch Angaben über die Ertragsfähigkeit betroffen sein. In Frage kommt eine solche Äußerung insbesondere im Rahmen von Informationsmemoranden und Pressekonferenzen durch Banken oder sonstige verkaufsbegleitende Berater. Eine unreflektierte Anwendung[265] dieser Vorschrift erweist sich jedoch deshalb als bedenklich, weil so über den Fall der Vertretung hinaus Aussagen Dritter einen Gewährleistungsfall hervorrufen können. Der komplexe Vorgang eines Unternehmenskaufs erfordert nicht denselben intensiven Schutz wie ein Verbrauchsgüterkauf[266]. Ansatzpunkte für eine restriktive Auslegung bietet die Vorschrift dadurch, dass eine öffentliche Äußerung nur vorliegt, wenn sie an viele, nicht individuell ausgewählte Personen gerichtet ist[267]. Zu Informationsmemoranden werden aber in der Regel nur potentielle Kaufinteressenten geladen, nicht völlig unbeteiligte Dritte. Für Angaben zur Ertragsfähigkeit kommt eine Haftung darüber hinaus schon deshalb kaum in Betracht, weil bei solchen Veranstaltungen im Wesentlichen Basisinformationen gegeben werden, die gar nicht ausreichend aufgeschlüsselt sind, um die Ertragsfähigkeit beschreiben zu können. Zudem werden diese Daten zumeist im weiteren Verlauf des Akquisitionsprozesses wiederholt Verhandlungsgegenstand, so

---

261 Fischer, DStR 2004, 276 (278); U. Huber, AcP 202 (2002), 179 (212 f.); Immenga, AcP 171 (1971), 1 (7 f.); Schröcker, ZGR 2005, 63 (80); vorsichtiger MüKo-Westermann, § 453 Rn. 36.

262 Anders Hollenberg, S. 57 f.; wohl auch Bergjan, S. 159 f.

263 Knöpfle, Der Fehler beim Kauf, S. 291 f.; Reiner, in: Semler/Volhard, ÜN Hdb., Rn. 169; Körting, NJW 1970, 1077. Dies kann allerdings nicht gegen die Einordnung der Ertragsfähigkeit als Beschaffenheit sprechen, vgl. Kap. 2 III 2 a) ff) (1) (Fn. 137).

264 Vgl. MüKo-Westermann, § 453 Rn. 38; Bergjan, S. 160 f.; Fritzen, S. 61 ff.; Larisch, S. 63 ff.; Reiner, in: Semler/Volhard, ÜN Hdb., § 56 Rn. 154; Holzapfel/Pöllath, Unternehmenskauf, Rn. 412; Horn/Bernau, Jura 2003, 702 (705), für einen wohl eher selten auftretenden Fall einer Zeitungsannonce; Knott, NZG 2002, 249 (252); Seibt/Reiche, DStR 2002, 1135 (1139); Seibt/Raschke/Reiche, NZG 2002, 256; Wunderlich, WM 2002, 981 (985). Insofern wird der Sicherheit halber zumeist ein vertraglicher Ausschluss der Haftung für solche Angaben empfohlen.

265 Zu ungenau insb. Knott, NZG 2002, 249 (252), und Wunderlich, WM 2002, 981 (985).

266 So auch Larisch, S. 63 f.

267 Bamberger/Roth-Faust, § 434 Rn. 81.

dass die ursprünglichen Äußerungen die Kaufentscheidung nicht mehr beeinflussen[268].

4. Der Anwendungsbereich der §§ 280 Abs. 1, 311 Abs. 2, 241 Abs. 2 BGB

Unter diesen Voraussetzungen bleibt noch zu klären, inwiefern bei einer gewährleistungsrechtlichen Behandlung von Angaben zur Ertragsfähigkeit noch ein Anwendungsbereich für die frühere culpa in contrahendo bleibt.

a) Das allgemeine Verhältnis des Gewährleistungsrechts zu den §§ 280 Abs. 1, 311 Abs. 2, 241 Abs. 2 BGB

Vorerst ist festzustellen, welches Verhältnis in Zukunft allgemein zwischen dem Gewährleistungsrecht und den §§ 280 Abs. 1, 311 Abs. 2, 241 Abs. 2 BGB besteht. Zum alten Recht hat die Rechtsprechung durchweg vertreten, dass die §§ 459 ff. BGB a. F. die Haftung des Verkäufers aus culpa in contrahendo bei auf den Vertragsgegenstand bezogenen Aufklärungspflichten ausschließen[269]. In der Literatur sind dieser Ansicht insbesondere im Hinblick auf den Unternehmenskauf einige Stimmen entgegengetreten[270]. Hauptargument dieser Seite ist, dass eine Haftung auf das negative Interesse nur eine Mindesthaftung im Gegensatz zur Haftung auf das positive Interesse darstelle und deshalb kein Grund zu erkennen sei, weshalb dem Käufer die Möglichkeit, seinen Vertrauensschaden immer ersetzt zu verlangen, abgeschnitten werden soll. Gerade beim Unternehmenskauf hat die Rechtsprechung aber auch über die culpa in contrahendo der Wandelung oder Minderung entsprechende Rechtsbehelfe geschaffen, die selten vom positiven Interesse abweichen. Auch wenn das Gesetz jetzt nicht mehr bestimmt, dass den fahrlässig handelnden Verkäufer ein Haftungsprivileg treffen soll, treten doch alte und neue Differenzen auf, die eine Umgehung der gewährleistungsrechtlichen Vorschriften befürchten lassen[271]. Dazu gehört das Privileg

268 Vgl. auch Larisch, S. 64 f. Vorsichtshalber wird z. T. vorgeschlagen, über Disclaimer im Kaufvertrag vorzusehen, dass dort mitgeteilte Informationen als nicht zur Kaufentscheidung geeignet angesehen werden sollen: Picot, in: Picot, Unternehmenskauf, Teil I, Rn. 86 (S. 129); Seibt/Reiche, DStR 2002, 1135 (1139).

269 Vgl. die Nachweise in Kap. 2 I 2 (Fn. 70 f.).

270 Vgl. zum alten Recht die Nachweise in Kap. 2 I 3 d). Zum neuen Recht Bamberger/Roth-Faust, § 437 Rn. 181; MüKo-Emmerich, Bd. 2 a, § 311 Rn. 135 ff.; Henssler/v. Westphalen-v. Westphalen, § 434 Rn. 68 ff.; Barnert, WM 2003, 416 (424 f.); Häublein, NJW 2003, 388 (391 ff.); Zimmermann/Leenen/Mansel/Ernst, JZ 2001, 684 (691).

271 Vgl. schon zum alten Recht RGRK-Mezger, § 459 Rn. 3 und § 462 Rn. 4; Soergel-Huber, Vor § 459 Rn. 213 u. 215; Fikentscher, Schuldrecht, Rn. 742; Baur, BB 1979, 381 (386); Willemsen, AcP 182 (1982), 515 (528 ff.). Zum neuen Recht Erman-Grunewald, Vor § 437 Rn. 27; Jauernig-Berger, § 437 Rn. 34; MüKo-Westermann, § 437 Rn. 58 f.; Palandt-Putzo, § 437 Rn. 51a; Staudinger-Matusche-Beckmann (2004), § 437 Rn. 66;

des Käufers, seine Ansprüche nur bei grober Fahrlässigkeit zu verlieren, das Verjährungsprivileg des Verkäufers[272] und nicht zuletzt der Vorrang der Nacherfüllung[273]. Deshalb ist der Vorrang nach neuem Recht auch weiterhin zu befürworten[274].

Zudem ist das Verständnis des positiven zum negativen Interesse als Mehr oder Weniger nicht zwingend. Die §§ 280 Abs. 1, 311 Abs. 2, 241 Abs. 2 BGB schützen den Käufer in seinem Vertrauen darauf, dass er richtig aufgeklärt wird. Mit Vertragsschluss wird die leistungsbezogene Information aber Vertragsinhalt. Ab diesem Zeitpunkt ist das Interesse des Käufers auf Leistungserhalt bestimmend, so dass ausschließlich dieses Interesse geschützt wird[275]. Dies wird u. a. durch § 284 BGB untermauert. Beim Aufwendungsersatz wird ein Teil des typischerweise zum negativen Interesse gehörenden Schadens auch dem positiven Interesse zugeordnet. Wäre gesetzlich ein Nebeneinander der Haftungsregime gewollt, hätte es der Vorschrift nicht bedurft, da der Käufer dann auch das negative Interesse verlangen könnte und zwar nicht nur begrenzt auf vergebliche Aufwendungen.

Es bleibt deshalb beim grundsätzlichen Vorrang des Gewährleistungsrechts vor den §§ 280 Abs. 1, 311 Abs. 2, 241 Abs. 2 BGB. Die Tatsache, dass die

---

Bergjan, S. 249 f.; Fritzen, S. 106 ff.; Larisch, S. 161 f.; Oetker/Maultzsch, Vertragliche Schuldverhältnisse, § 2 E 5 d (S. 135 ff.); Reinicke/Tiedtke, Kaufrecht, Rn. 860; Westermann-Buck, Das Schuldrecht 2002, S. 105 (179); Berger, JZ 2004, 276 (282 f.); Canaris, Karlsruher Forum 2002, S. 5 (87 ff.); Gaul, ZHR 166 (2002), 35 (43); Schröcker, ZGR 2005, 63 (88 f.); Schulze/Ebers, JuS 2004, 462 (463); Weiler, ZGS 2002, 249 (254); Wolf/Kaiser, DB 2002, 411 (419).

272 Ein Teil der Vertreter der Konkurrenzlösung hat deshalb wenigstens eine analoge Anwendung der kaufrechtlichen Verjährung vorgeschlagen: Enneccerus/Lehmann, Schuldrecht, § 112 I 3 (S. 453 f.); Diedrichsen, BB 1965, 401 (403); Knöpfle, NJW 1990, 2497 (2499); Nirk, FS Möhring 1965, S. 385 (412 f.). Dagegen richtet sich insb. Prölss, ZIP 1981, 337 (346), mit dem Argument, das Kaufrecht begründe eine Risikohaftung, die durch § 477 BGB a. F. begrenzt sei. Etwas anderes müsse aber für eine echte Verschuldenshaftung gelten. Dieses wird aber schon dadurch widerlegt, dass auch in den Fällen der Zusicherung von Eigenschaften (also zumindest einer Art des Vertretenmüssens) die kurze Verjährung galt. Nach neuem Recht gilt dies eindeutig für jede Art des Vertretenmüssens bis auf die Fälle der Arglist.

273 Vgl. insbesondere Huber/Faust-Huber, Rn. 14/25. Wenig überzeugend ist der Versuch, eine Art Nacherfüllungsrecht zu schaffen, indem man eine Verweigerung der Nacherfüllung seitens des Käufers für rechtsmissbräuchlich erachtet, vgl. Bamberger/Roth-Faust, § 437 Rn. 181; Häublein, NJW 2003, 388 (393).

274 Wegen der nunmehr angeglichenen Rechtsfolgen wird das nun auch für Rechtsmängel vertreten: Palandt-Heinrichs, § 311 Rn. 27; Larisch, S. 157 ff.; Lorenz/Riehm, Rn. 576; Schlechtriem, Schuldrecht BT, Rn. 117; Brors, WM 2002, 1780 (1782); Weiler, ZGS 2002, 249 (256).

275 Vgl. dazu auch Fritzen, S. 111; Fuest, S. 19 f. u. 135; Willemsen, AcP 182 (1982), 515 (526 ff.). Anderer Ansicht MüKoHGB-Lieb, Anh § 25 Rn. 62; ders., FS Gernhuber, S. 259 (262 f.); Barnert, WM 2003, 416 (425).

culpa in contrahendo jetzt gesetzlich festgeschrieben wurde, ändert nichts daran, dass das Gewährleistungsrecht das speziellere Haftungsinstitut darstellt[276]. Dieses gilt nicht nur, wenn es um die fehlerhafte Information über das Vorliegen einer Beschaffenheit der Sache geht, sondern auch beim Unterlassen der Information über einen solchen Umstand[277]. Dies rechtfertigt sich dadurch, dass es zwar die Pflicht des Verkäufers ist, auf Gefahren außerhalb des direkten Leistungsaustausches hinzuweisen, es jedoch Sache des Käufers ist, diejenigen Beschaffenheiten, auf die es ihm ankommt, zum Inhalt des Austauschverhältnisses zu machen[278]. Eine Ausnahme gilt nur beim Vorliegen von Arglist, wo ein umfassender Schutz des Getäuschten erreicht werden soll, indem er wahlweise positives oder negatives Interesse verlangen kann[279]. Damit steht fest, dass eine Haftung aus §§ 280 Abs. 1, 311 Abs. 2, 241 Abs. 2 BGB hinsichtlich der Geschäftsergebnisse jedenfalls dann nicht mehr in Betracht kommt, wenn sie einen Umfang haben, der die Grenze zu Angaben über die Ertragsfähigkeit überschreitet.

b) Die Besonderheit bei Angaben über Geschäftsergebnisse

Es stellt sich aber die Frage, ob die Haftung nach den §§ 280 Abs. 1, 311 Abs. 2, 241 Abs. 2 BGB auch für Falschangaben unterhalb dieser Grenze oder für gänzlich unterlassene Angaben ausgeschlossen ist. Für einen Ausschluss der §§ 280 Abs. 1, 311 Abs. 2, 241 Abs. 2 BGB bei Falschangaben vereinzelter Zahlen ließe sich etwa einwenden, dass diese Fälle mit denen gleichzustellen seien, in

276 Bergjan, S. 248 f.; Gaul, ZHR 166 (2002), 35 (43); Seibt/Reiche, DStR 2002, 1181 (1185). Dies gilt jetzt auch für Mangelfolgeschäden. Über die §§ 437 Nr. 3, 280 Abs. 1 BGB unterliegen jetzt auch diese der kurzen Verjährung, während früher die culpa in contrahendo oder die positive Forderungsverletzung in Betracht kamen.

277 Vgl. BGHZ 60, 319 (321 ff.); 114, 263 (266); Erman-Grunewald, Vor § 437 Rn. 27; Palandt-Putzo, § 437 Rn. 51a; Soergel-Huber, Vor § 459 Rn. 221 ff.; Fritzen, S. 111; Reinicke/Tiedtke, Kaufrecht, Rn. 860; Berger, JZ 2004, 276 (283). A. A. MüKo-Westermann, § 437 Rn. 59; Grigoleit, S. 224 ff; ders., in: Schulze/Schulte-Nölke, S. 269 (291 f.); Larisch, S. 159 ff.; Lorenz, S. 398 ff.; Canaris, Karlsruher Forum 2002, S. 5 (89 f.).

278 Vgl. Erman-Grunewald, Vor § 437 Rn. 27. Aufgrund dieser Erwägungen kommen auch die Vertreter, die insoweit die culpa in contrahendo nicht im Wege einer Konkurrenzregelung zurücktreten lassen, auf der Tatbestandsebene regelmäßig zu demselben Ergebnis, vgl. Grigoleit, S. 224 ff.; ders., in: Schulze/Schulte-Nölke, S. 269 (291 f.).

279 BGH NJW-RR 1988, 10 (11); 1990, 970 (971); NJW 1992, 2564 (2565); Huber/Faust-Huber, Rn. 14/29; Reinicke/Tiedtke, Kaufrecht, Rn. 861; Schröcker, ZGR 2005, 63 (89 f.); Wolf/Kaiser, DB 2002, 411 (419). Dagegen allerdings Soergel-Huber, Vor § 459 Rn. 220 u. 228; Staudinger-Honsell (1995), Vorbem zu §§ 459 ff. Rn. 62; Larisch, S. 162 f.; Schulze/Ebers, JuS 2004, 462 (463). Dabei wird jedoch nicht genügend in Rechnung stellen, dass die Haftung auf das negative Interesse nicht in jedem Fall niedriger als die auf das positive Interesse ausfällt; krit. aber auch Fuest, S. 135, im Hinblick auf die strenge Alternativität des Schutzes von Vertrauen und Leistungsinteresse.

denen Angaben über die Ertragsfähigkeit als Beschaffenheit unterlassen wurden. Auch in diesem Fall ist nach allgemeinen Regeln die Haftung aus §§ 280 Abs. 1, 311 Abs. 2, 241 Abs. 2 BGB ausgeschlossen[280]. Dennoch besteht hier ein Unterschied zu den allgemeinen Fällen, in denen Angaben über eine Beschaffenheit entweder gemacht werden oder nicht[281]. Im Fall der Geschäftsergebnisse ist zu trennen zwischen den Einzelangaben und denen über die Ertragsfähigkeit. Hier besteht ein besonderes Stufenverhältnis. Die potentielle Pflichtverletzung liegt nicht in dem unterlassenen Hinweis auf die Ertragsfähigkeit, sondern vielmehr in der aktiven Falschangabe einzelner Zahlen. Es kann etwa sein, dass das Unternehmen gerade erst aufgebaut wurde und Angaben über die Ertragsfähigkeit noch gar nicht möglich sind oder einfach Einzelangaben gemacht wurden, die etwa einen enorm hohen Umsatz im letzten Jahr anzeigen. Hier kann man nicht behaupten, der Käufer dürfe in keiner Weise auf die Richtigkeit der Zahlen vertrauen, denn eine Wahrheitspflicht für getätigte Angaben besteht für den Verkäufer allemal[282]. Pauschal eine Vertrauenshaftung auszuschließen, erscheint deshalb nicht gerechtfertigt[283].

Vorzuschlagen ist deshalb folgende Handhabung der §§ 280 Abs. 1, 311 Abs. 2, 241 Abs. 2 BGB bei falschen Geschäftsergebnissen: Wurden keine Angaben gemacht, konnte der Käufer in keinem Fall auf das Vorliegen bestimmter Einzelangaben vertrauen. Er konnte allenfalls von einer vertraglich vorausgesetzten Ertragsfähigkeit ausgehen. In dieser Hinsicht kommt deshalb eine Haftung aus §§ 280 Abs. 1, 311 Abs. 2, 241 Abs. 2 BGB nicht in Betracht[284]. Wenn

---

280 Vgl. Soergel-Huber, Vor § 459 Rn. 221 f.

281 Siehe auch Staudinger-Honsell (1995), Vorbem zu §§ 459 ff. Rn. 62; Reiner, in: Semler/Volhard, ÜN Hdb., § 56 Rn. 171; Weitnauer, NJW 2002, 2511 (2514). Auch G. Müller weist insofern auf einen Unterschied hin, weil anders als bei anderen Angaben der Käufer auch bei Vereinbarung nicht zwingend auf umfassenden Schutz durch die gewährleistungsrechtliche Haftung bauen könne (ZHR 147 (1983), 501 (514); ZIP 1993, 1045 (1052); ZIP 2000, 817 (823)). Nach altem Recht galt dies besonders, weil ohne Zusicherung gar keine Gewährleistungshaftung in Frage kam, denn § 459 Abs. 1 BGB a. F. wurde nicht angewendet. Nach neuem Recht gilt das für Einzelangaben aber ebenfalls, weil auch sie selbst bei Vereinbarung keine gewährleistungsrechtliche Haftung auslösen.

282 Völker, S. 175 ff.

283 Anders aber anscheinend Willemsen, AcP 182 (1982), 515 (536 ff.). Auch er klammert die Faktoren aus dem Beschaffenheitsbegriff aus, bei denen nicht abzusehen ist, ob sie für den Käufer wichtig sind oder nicht. Hinsichtlich dieser Faktoren hält er aber selbst einen Rekurs auf die culpa in contrahendo nicht für möglich, weil der Fehlerbegriff die Grenzen der Verkäuferhaftung überhaupt markiere. Auch wenn diese Argumentation nachvollziehbar ist, erscheint eine solche grundsätzliche Behauptung im Hinblick darauf, dass ein Vertrauenstatbestand auf unterschiedlichste Weise zustande kommen und auch ganz unterschiedliche Dimensionen annehmen kann, zu pauschal, um ihre Allgemeingültigkeit zu postulieren.

284 In Betracht kommt stattdessen eine Haftung nach § 434 Abs. 1 S. 2 Nr. 1 BGB, wenn eine besondere Zweckvereinbarung vorliegt.

die Informationen, die der Verkäufer hätte machen müssen, um den Käufer auf eine Gefahrenlage hinzuweisen, keine Angaben über die Ertragsfähigkeit im hier geforderten Sinne darstellen würden, sind die Fälle aber weiterhin über die §§ 280 Abs. 1, 311 Abs. 2, 241 Abs. 2 BGB zu lösen[285]. Werden unrichtige Einzelangaben gemacht, die keine Angaben über die Ertragsfähigkeit begründen, besteht ebenfalls die Pflicht des Verkäufers, nur wahre Angaben zu machen. Insofern kommt den §§ 280 Abs. 1, 311 Abs. 2, 241 Abs. 2 BGB also auch ein potentieller Anwendungsbereich zu.

c) Die fehlende Rückgriffsmöglichkeit auf andere Haftungsinstitute

Schließlich bleibt darauf hinzuweisen, dass ein Rückgriff auf andere Haftungsinstitute neben den Genannten nicht möglich ist. Hier käme insbesondere eine Irrtumsanfechtung nach § 119 Abs. 2 BGB in Betracht. Soweit es sich nicht um Angaben über die Ertragsfähigkeit handelt, ist eine Eigenschaft genauso wenig betroffen wie eine Beschaffenheit, weil die Begriffe identisch sind[286]. Hinsichtlich eines Irrtums über die Ertragsfähigkeit als Eigenschaft ist dagegen das Gewährleistungsrecht nach alter sowie neuer Rechtslage vorrangig und eine Anfechtung ausgeschlossen[287]. Das lässt sich auch in diesem Bereich damit begründen, dass andernfalls die speziellen Regelungen des Gewährleistungsrechts umgangen würden[288]. Aus demselben Grund sollte auch eine Anfechtung vor Ge-

---

285 Hier tauchen Grenzbereiche auf, in denen die Ertragslage am Rande ebenfalls betroffen ist. Beispiel dafür ist wieder BGH NJW 1996, 426: Der Auftragsrückgang um 40 % kurz vor Vertragsschluss beeinträchtigt die vereinbarte Ertragsfähigkeit, wenn die Parteien darüber Aussagen gemacht haben. Ist das nicht der Fall, kann die Pflichtverletzung aber nicht auf die fehlende Aussage zur Veränderung der Ertragsverhältnisse reduziert werden. Es ist vielmehr auch die zukünftige Nutzung des Unternehmens betroffen, die sich nicht nur auf die daraus erzielbaren Erträge beschränkt.

286 Vgl. schon Soergel-Huber, Vor § 459 Rn. 188; G. Müller, ZHR 147 (1983), 501 (530 f.); ders., ZIP 2000, 817 (824).

287 RGZ 61, 171 (175 ff.); 97, 351; 135, 339 (340); 138, 354 (356); BGHZ 16, 54 (57); 34, 32 (33 f.); 63, 369 (376); 78, 216 (218); Soergel-Huber, Vor § 459 Rn. 187; MüKo-Westermann, § 437 Rn. 53; Flume, BGB AT II, § 24, 3a (S. 484 f.). Das wird nach neuer Rechtslage auch hinsichtlich etwaiger Rechtsmängel vertreten: Larisch, S. 172 f.; Huber/Faust-Huber, Rn. 14/3 u. 5; Lorenz/Riehm, Rn. 573; Westermann-Buck, Das Schuldrecht 2002, S. 105 (179); Brors, WM 2002, 1780 (1781 f.); Horn/Bernau, Jura 2003, 702 (703). Insgesamt a. A. aber Bamberger/Roth-Faust, § 437 Rn. 173; Löhnig, JA 2003, 516 (521); Schur, AcP 204 (2004), 883 (897 ff.); auch J. Schröder, FS Kegel, S. 397 (405 ff.), aufgrund eines Vergleichs zur schweizerischen Rechtslage.

288 Man würde so ein Rücktrittsrecht schaffen, das nicht an die kurze Verjährung gebunden wäre (RGZ 61, 171 (176 f.)) und insbesondere den Vorrang der Nacherfüllung untergraben, vgl. Huber/Faust-Huber, Rn. 14/4; Westermann-Buck, Das Schuldrecht 2002, S. 105 (178); Brors, WM 2002, 1780 (1781). Deshalb wird z. T. die freie Konkurrenz nur be-

fahrübergang ausgeschlossen sein[289]. Bei Ausschluss der Gewährleistung lebt das Anfechtungsrecht nicht wieder auf[290].

Ebenso wenig kann sich der Käufer auf die Störung der Geschäftsgrundlage berufen. Soweit die Zahlen vorgelegt werden, sind sie in der Regel Inhalt der Vereinbarung, wenn sie aus Sicht der Parteien wichtig sind. Eine Störung der Geschäftsgrundlage käme nur bei der Unrichtigkeit wichtiger Angaben in Betracht. Diese Angaben können aber nicht zugleich Vereinbarungsinhalt und Geschäftsgrundlage sein. Der Rückgriff auf § 313 BGB erweist sich zudem als überflüssig. Dieser Weg wurde nur gewählt, um Haftungslücken zu vermeiden, die entstanden, wenn man die Ertragsfähigkeit nicht als Eigenschaft anerkannte und der Verkäufer ohne Verschulden falsche, aber aussagekräftige Angaben gemacht hatte[291].

5. Zusammenfassung: Aufklärungspflicht und Beschaffenheit

Nach den bisherigen Ausführungen erscheint das Argument größerer Flexibilität durch das Erfordernis einer Aufklärungspflichtverletzung bei der Haftung aus culpa in contrahendo[292] auf der Tatbestandsseite gar nicht als tragend. Zwar sind die Tatbestände im Hinblick auf Aufklärungspflichten und Vorliegen eines Mangels schwer vergleichbar. In beiden Fällen führt aber die Angabe falscher Zahlen dazu, dass eine Haftung ermöglicht wird. Die §§ 280 Abs. 1, 311 Abs. 2, 241 Abs. 2 BGB ersetzen nur das negative Interesse und das nur bei Vertretenmüssen. Das Gewährleistungsrecht ersetzt das positive Interesse bei Vertretenmüssen und stellt bei fehlendem Vertretenmüssen die Äquivalenz durch Minderung oder Rücktritt wieder her. Welches der Haftungssysteme in Bezug auf falsche Angaben anzuwenden ist, ergibt sich nach dem hier gefundenen Ergebnis im Wege eines Stufenverhältnisses danach, ob die Angaben ausreichen, um eine Zukunftsprognose vorzunehmen.

Komplizierter ist die Differenzierung in Fällen des Unterlassens von Angaben: Über die §§ 280 Abs. 1, 311 Abs. 2, 241 Abs. 2 BGB käme man zu einer Informationspflicht etwa dann, wenn umfangreiche Daten zur Ertragslage gemacht wurden, aber wesentliche Informationen unterlassen wurden, die es als zweifelhaft erscheinen lassen, ob diese Erträge auch später erreicht werden können. Diese Pflicht kann man über das Gewährleistungsrecht ebenfalls be-

---

fürwortet, wenn die Nacherfüllung nicht unterlaufen wird, vgl. Schur, AcP 204 (2004), 883 (901 f.).

289 Vgl. Huber/Faust-Huber, Rn. 14/6. Anders allerdings BGHZ 34, 32 (34); WM 1962, 511 (512); Fikentscher, Schuldrecht, Rn. 737, weil die Gewährleistungsrechte erst dann ansetzen, wenn ein Mangel zur Zeit des Gefahrübergangs vorliegt.

290 Vgl. BGHZ 63, 369 (376 f.); Soergel-Huber, Vor § 459 Rn. 199.

291 Siehe dazu bereits die Ausführungen in Kap. 2 II 3.

292 Vgl. Drexler, S. 266 ff.; Kantenwein, S. 66 f.; Baur, BB 1979, 381 (386).

gründen. Angaben über die Ertragsfähigkeit, die bis auf Detailangaben vollständig erscheinen, es aber nicht sind, werden wie falsche Angaben behandelt, weil regelmäßig konkludent vereinbart ist, dass sie im Wesentlichen vollständig sind.

Wurden nur vereinzelte oder gar keine Angaben gemacht, bedarf es hingegen besonderer Umstände, die eine Aufklärungspflicht begründen. Hier gilt der Grundsatz, dass der Käufer verpflichtet ist, sich selbst über Umstände zu erkundigen, die ihm wichtig sind[293]. Es gibt allerdings Sonderfälle, in denen der Verkäufer auf Umstände hinweisen muss, die für den Kaufentschluss von wesentlicher Bedeutung sind. Wenn diese Hinweispflicht so weit gehen soll, dass der Verkäufer dem Käufer Angaben über die Ertragsfähigkeit machen müsste, kann man diese Fälle über § 434 Abs. 1 S. 2 Nr. 1 BGB lösen, muss dann aber fordern, dass die Parteien sich über einen besonderen Vertragszweck geeinigt haben, für den die tatsächliche Ertragsfähigkeit des Unternehmens nicht ausreicht. Dann sind die §§ 280 Abs. 1, 311 Abs. 2, 241 Abs. 2 BGB ausgeschlossen, weil die unterlassenen Angaben, hätte der Verkäufer sie gemacht, Angaben über die Ertragsfähigkeit dargestellt hätten. Das erscheint aber nicht unbillig, denn eine so weitgehende Hinweispflicht kann sich nur aus vertraglich gebildetem Vertrauen herleiten lassen und dieses Vertrauen lässt sich gerade nur daraus begründen, dass der Vertragszweck eine bestimmte Ertragsfähigkeit erfordert[294]. Die Fälle, in denen der Verkäufer Angaben unterlassen hat, die dann, wenn er sie gemacht hätte, keine Angaben über die Ertragsfähigkeit begründet hätten, können allerdings weiterhin über die §§ 280 Abs. 1, 311 Abs. 2, 241 Abs. 2 BGB gelöst werden.

Es lässt sich damit feststellen, dass das Gewährleistungsrecht durchaus einen gewichtigen Teil der Angaben über Geschäftsergebnisse erfassen kann, ohne insofern Haftungslücken hervorzurufen. Wenn demgegenüber im Hinblick auf typische Generalklauseln bei Unternehmenskaufverträgen von *U. Huber* kritisiert wird, der Beschaffenheitsbegriff könne eine generelle Haftungsklausel für falsche Angaben nicht ersetzen und sei somit für die Vertragspraxis ungeeignet[295], ist dies richtig, aber nicht vollständig. Die bisherigen Ausführungen machen deutlich, dass im vorvertraglichen Bereich gewisse Aufklärungspflichten bestehen. Einige Angaben führen aber mit Vertragsschluss zu Leistungsvereinbarungen und damit zu einer Erfüllungshaftung. Nur diesen Bereich greift das Gewährleistungsrecht heraus. Die Angemessenheit einer solchen Erfüllungshaftung gerade in wichtigen Bereichen lässt sich auch an der Vertragspraxis belegen, denn wie *U. Huber* selbst feststellt, wird auch in vertraglichen General-

293 MüKoHGB-Lieb, Anh § 25 Rn. 63; ders., FS Gernhuber, S. 259 (263); U. Huber, AcP 202 (2002), 179 (217 f.).

294 Vgl. auch Völker, S. 146 ff. und 139 ff., der grundsätzlich eine Pflicht zur Informierung über die Ertragsfähigkeit auch über die culpa in contrahendo ablehnt.

295 AcP 202 (2002), 179 (211 f.).

klauseln zum Teil eine Haftung auf positives Interesse vorgesehen[296]. Ist das nicht der Fall, ist zumindest eine Liste von Garantien üblich, bei deren Nichtzutreffen im Regelfall der Ersatz zumindest von Teilen des positiven Interesses vorgesehen ist. Hier regeln die Garantien die Bereiche, in denen die Erfüllungshaftung gerechtfertigt sein soll. Wo das nicht der Fall ist, ist das Gesetz aber nicht angehalten, regelmäßig nur eine Mindesthaftung sicherzustellen, sofern sich die Erfüllungshaftung auf vertragliche Vereinbarungen zurückführen lässt.

296 AcP 202 (2002), 179 (205).

IV. Die Rechtsbehelfe des Kaufrechts im Vergleich zu den §§ 280 Abs. 1, 311 Abs. 2, 241 Abs. 2 BGB

Die Anwendung der grundlegenden kaufrechtlichen Gedanken legt die bisher gewonnene Zweigleisigkeit der Lösung bei falschen Angaben über Geschäftsergebnisse nahe. Es soll im Folgenden untersucht werden, ob die differenzierte Betrachtung auch auf der Rechtsfolgenseite angemessen ist. Wenn dieses nicht der Fall ist, ist die Analogie abzulehnen und mangels anderer Möglichkeiten auf die §§ 280 Abs. 1, 311 Abs. 2, 241 Abs. 2 BGB zurückzugreifen. Die Mitteilung falscher Vergangenheitszahlen soll dabei im Mittelpunkt der Betrachtung bleiben, weil sie den wichtigsten Bereich der Falschangaben über die Ertragsfähigkeit betrifft. Es kommt darauf an, ob die Bevorzugung der Gewährleistungslösung in den wesentlichen Fallgestaltungen zu akzeptablen Ergebnissen führt, die gegenüber der generellen Anwendung der §§ 280 Abs. 1, 311 Abs. 2, 241 Abs. 2 BGB zu bevorzugen sind. Zudem ist zu prüfen, ob das Stufenverhältnis der Anwendung der Haftungsinstitute zu Wertungswidersprüchen führt. Dies erfolgt zunächst im Hinblick auf die Rechtsbehelfe.

1. Nacherfüllungsmöglichkeiten

a) Die vorgeschaltete Nacherfüllung im Kaufrecht

Ein kaufrechtliches Novum ist die vorgeschaltete Nacherfüllung (§§ 437 Nr. 1, 439 BGB). Sie unterteilt sich aus Sicht des Käufers in einen Ersatzlieferungsanspruch und einen Nachbesserungsanspruch[1], zwischen denen er die Wahl hat[2]. Die Ansprüche resultieren aus der nicht erfüllten Pflicht zur fehlerfreien Leistung und stellen wegen des bereits getätigten Erfüllungsversuchs modifizierte Erfüllungsansprüche dar[3]. Daraus erklärt sich die verschuldensunabhängige Ausgestaltung[4], andererseits auch die kurze Verjährung[5]. Verweigern kann der Verkäufer die Nacherfüllung in den Fällen der §§ 439 Abs. 3, 275 Abs. 2 und 3

1 Der Ersatzlieferungsanspruch ist den bisherigen Regeln des Gattungskaufs entsprungen, während das Nachbesserungsrecht dem Werkvertragsrecht nachgebildet wurde, vgl. die Regierungsbegründung, BT-Drucks. 14/6040, S. 220; Schellhammer, MDR 2002, 241 (242); Schubel, JuS 2002, 313 (316).

2 Das Wahlrecht resultiert aus dem Verbrauchsgüterkauf, vgl. die Regierungsbegründung, BT-Drucks. 14/6040, S. 231.

3 Canaris, Schuldrechtsmodernisierung 2002, S. XXV; Jacobs, in: Dauner-Lieb/Konzen/Schmidt, Das neue Schuldrecht in der Praxis, S. 371 (373); Haas, BB 2001, 1313 (1315); P. Huber, NJW 2002, 1004 (1005); Lorenz, NJW 2002, 2497 (2499); Schubel, JuS 2002, 313 (316).

4 Regierungsbegründung, BT-Drucks. 14/6040, S. 231.

5 Darin sieht Schellhammer, MDR 2002, 301 (302), den einzig wirklichen Sinn des Nacherfüllungsanspruchs.

BGB[6]. Zu diesen Ansprüchen korreliert allerdings auch ein Recht des Verkäufers auf zweite Andienung[7], so dass die Nacherfüllung je nach Situation belastend für jede der beiden Parteien sein kann. Ausschlussgründe für dieses Recht finden sich in den §§ 323 Abs. 2, 281 Abs. 2 und 440 BGB. Gerade die Vorschaltung des Rechts zur zweiten Andienung wurde schon nach altem Recht vorgeschlagen, um die Wandelung möglichst weit ausschließen zu können[8]. Insofern stellt sich die Einführung der Nacherfüllung als positiv dar[9]. Es tauchen allerdings auch einige Probleme auf, auf die im Folgenden kurz eingegangen werden soll.

aa) Grenzen der Anwendbarkeit des § 439 BGB beim Unternehmenskauf

§ 439 BGB ist auf den Unternehmenskauf nur eingeschränkt anwendbar. Erforderlich ist zum einen, dass ein Unternehmensmangel vorliegt. Durch den Wegfall des Erheblichkeitskriteriums sind daran zwar grundsätzlich keine überhöhten Anforderungen zu stellen, aber hinsichtlich ganz unerheblicher Mängel ist zumeist die Mangelfreiheit gar nicht geschuldet. Dann entfällt auch der Anspruch aus § 439 Abs. 1 BGB[10]. Eine notwendige Einweisung durch den Verkäufer kann ebenfalls nicht über § 439 Abs. 1 BGB eingefordert werden[11], denn ihr Unterlassen macht das Unternehmen nicht mangelhaft, was Voraussetzung des § 439 BGB ist.

Auch innerhalb des § 439 Abs. 1 BGB kommt § 275 Abs. 1 BGB zur Anwendung, was dazu führt, dass eine oder beide Formen der Nacherfüllung unmöglich sein können[12]. Der Käufer kann dann direkt auf Minderung, Rücktritt

6 Näheres zur Anwendung der Vorschriften beim Unternehmenskauf bei Bergjan, S. 204 ff.

7 Dieses Recht ergibt sich aus den Normen des allgemeinen Schuldrechts, wonach der Käufer Rücktritt, Minderung und Schadensersatz statt der Leistung erst geltend machen kann, wenn er eine angemessene Frist zur Nacherfüllung gesetzt hat und diese erfolglos verstrichen ist (§§ 281 Abs. 1 S. 1, 323 Abs. 1, 441 Abs. 1 S. 1 BGB). Dies entspricht § 326 BGB a. F., wo der Gläubiger eine Frist mit Ablehnungsandrohung setzen musste, wenn der Schuldner sich im Verzug befand. Eine Ablehnungsandrohung hielt man jedoch für nicht weiterhin erforderlich, vgl. die Regierungsbegründung, BT-Drucks. 14/6040, S. 139.

8 Vgl. Angermann, S. 84; Hommelhoff, Sachmängelhaftung, S. 110 ff.; ders., ZHR 140 (1976), 271 (299 f.); Moosmayer, S. 68; G. Müller, Lossagungsrecht, S. 414 f., 433 ff.; ders., ZHR 147 (1983), 501 (539); auch K. Schmidt, Handelsrecht, § 6 II 3 b) aa) (S. 154).

9 Vgl. Amann/Brambring/Hertel-Rombach, S. 564; Mueller-Thuns, in: Rödder/Hötzel/Mueller-Thuns, Unternehmenskauf, § 9 Rn. 94.

10 So auch Knott, NZG 2002, 249 (252); unzutreffend dagegen Gronstedt/Jörgens, ZIP 2002, 52 (61).

11 So aber Gaul, ZHR 166 (2002), 35 (54 f.); auch Fritzen, S. 72.

12 Lorenz, NJW 2002, 2497; ders., JZ 2001, 742 (744); Boerner, ZIP 2001, 2264 (2269); P. Huber, NJW 2002, 1004 (1007). Ist nur eine der beiden Wahlmöglichkeiten unmög-

oder Schadensersatz zurückgreifen[13]. Die Ersatzlieferung ist deshalb dort ausgeschlossen, wo die Parteiabrede sich auf eine individuelle Sache bezieht, denn in dem Fall ist nur diese Sache geschuldet, keine andere[14]. Dies gilt auch für den Unternehmenskauf[15]. Man könnte allenfalls bei Substratmängeln daran denken, dem Käufer einen Teilersatzlieferungsanspruch zuzubilligen, etwa wenn eine Produktionsanlage nicht funktioniert[16]. Das würde allerdings zu unüberwindbaren Abgrenzungsschwierigkeiten zur Nachbesserung führen[17], weshalb sich eine

---

lich, entfällt nur diese, was sich aus dem „soweit“ in § 275 Abs. 1 BGB ergibt, vgl. Jacobs, in: Dauner-Lieb/Konzen/Schmidt, Das neue Schuldrecht in der Praxis, S. 371 (381).

13 Dies ergibt sich wiederum aus den allgemeinen Vorschriften: für den Schadensersatz statt der Leistung daraus, dass für den Fall der anfänglichen Unmöglichkeit § 311a Abs. 2 BGB gilt und für die nachträgliche Unmöglichkeit § 283 BGB, die jeweils keine Fristsetzung zur Nacherfüllung vorsehen. Für den Rücktritt ergibt sich dasselbe aus § 326 Abs. 5 Hs. 2 BGB.

14 So Bergjan, S. 194; Huber/Faust-Huber, Rn. 13/20; ders., NJW 2002, 1004 (1006); Jacobs, in: Dauner-Lieb/Konzen/Schmidt, Das neue Schuldrecht in der Praxis, S. 371 (378 f.); Lorenz/Riehm, Rn. 505; Westermann-Buck, Das Schuldrecht 2002, S. 105 (125); Ackermann, JZ 2002, 378 (379); Gruber, in: Jahrbuch junger Zivilrechtswissenschaftler 2001, S. 187 (191); U. Huber, FS Schlechtriem, S. 521 (523 Fn. 523); Lorenz, JZ 2001, 742 (744); Schellhammer, MDR 2002, 301; M. Schwab, JuS 2002, 1 (6); Westermann, NJW 2002, 241 (244); Wiesner, NJW 2001, 121 (123). Die Gegenansicht will den Anspruch auch auf den Stückkauf anwenden, wenn maßgebliches Kriterium die Gattungsbestimmung war bzw. es um vertretbare Sachen geht: vgl. OLG Braunschweig NJW 2003, 1053 (1054); MüKo-Westermann, § 439 Rn. 11; Canaris, Schuldrechtsmodernisierung 2002, S. XXIV; ders., Karlsruher Forum 2002, S. 5 (79 ff.); Oetker/Maultzsch, Vertragliche Schuldverhältnisse, § 2 E II 3 b) ff) (1) (b) (S. 92 ff.); Bitter/Meidt, ZIP 2001, 2114 (2119 f.); Boerner, ZIP 2001, 2264 (2269, Rn. 58); Pammler, NJW 2003, 1992 (1992 f.); Schubel, JuS 2002, 313 (316). Der unterschiedliche Ansatzpunkt führt aber nicht zwingend zu unterschiedlichen Ergebnissen, wenn man bedenkt, dass etwa beim Warenkauf in Selbstbedienungsläden die Vereinbarung eigentlich auf einen Gattungskauf bezogen ist, weil es dem Käufer egal ist, welche Sache der gleichen Art er bekommt, vgl. Ackermann, JZ 2002, 378 (381).

15 So anscheinend auch Triebel/Hölzle, BB 2002, 521 (526). Selbst wenn man hier bei gattungsmäßig bestimmten oder vertretbaren Sachen eine Ausnahme macht, kann dies zu keinem anderen Ergebnis führen, denn beides trifft auf den Unternehmenskauf nicht zu.

16 So anscheinend Gronstedt/Jörgens, ZIP 2002, 52 (61); Kindl, WM 2003, 409 (412). Bei beiden wird allerdings nicht ganz deutlich, ob sie das tatsächlich als Ersatzlieferung qualifizieren oder als wählbare Art der Nachbesserung.

17 Das ergibt sich aus der einfachen Überlegung, dass auch bei der Reparatur etwa eines PKWs der Verkäufer einzelne Teile auswechseln muss. Niemand würde auf die Idee kommen, darin eine (Teil-)Ersatzlieferung im Sinne des Gesetzes zu sehen, denn ansonsten könnte er aufgrund des Käuferwahlrechts nie frei entscheiden, wie er die Sache am besten wieder funktionstauglich macht.

potentielle Ersatzlieferung nur auf die Kaufsache insgesamt beziehen kann[18]. Deshalb kommt beim Unternehmenskauf nur eine Nachbesserung in Frage[19].

Es gibt dennoch Fälle, insbesondere bei fehlendem sachlichen oder rechtlichen Substrat, wo eine Nachbesserung nur in Form der Neulieferung nicht vorhandener Gegenstände erfolgen kann[20]. Dort kann man nicht argumentieren, die Parteien hätten sich nur geeinigt, das Unternehmen im bestehenden Zustand zum Gegenstand der Leistungspflicht zu machen[21]. Auch wenn der Unternehmenskauf als solcher Stückkauf ist, muss das Unternehmen vereinbarungsgemäß doch aus gewissen gattungsmäßig festgelegten Bestandteilen zusammengesetzt sein, deren Vorhandensein geschuldet ist und daher eingefordert werden kann. Es handelt sich insofern um eine Nachbesserungspflicht in Form der Neulieferung[22].

Bei Qualitätsmängeln im sachlichen Substrat kommt demgegenüber neben der Neulieferung auch die Reparatur in Betracht. Hier wird erneut erwogen, dem Käufer jedenfalls innerhalb der Nachbesserung analog § 439 Abs. 1 BGB das Wahlrecht zwischen Neulieferung und Reparatur zuzugestehen[23]. Im Werkvertragsrecht liegt dieses Wahlrecht nicht beim Besteller (§ 635 Abs. 1 BGB), und dies hat einen guten Grund. Es wäre widersinnig, wenn etwa der Besteller bei der Reparatur eines PKWs bezüglich einzelner Komponenten entscheiden könnte, ob sie ausgewechselt oder repariert werden. Diese Entscheidungen müssen grundsätzlich bei demjenigen liegen, der die Reparatur auf eigene Kosten durchzuführen hat. Wenn das Gesetz aufgrund am Verbrauchsgüterkauf orientierter Erwägungen eine Ausnahme hinsichtlich der Frage bei der Reparatur oder Neulieferung der ganzen Kaufsache macht, sollte man diese Ausnahme restriktiv

---

18 Vgl. auch Oetker/Maultzsch, Vertragliche Schuldverhältnisse, § 2 E II 3 b) dd) (S. 89), für den Fall der Mankolieferung.

19 So auch Larisch, S. 83; Büdenbender, in: Dauner-Lieb, Unternehmenskauf und Schuldrechtsmodernisierung, S. 6 (38); Picot, in: Unternehmenskauf und Schuldrechtsmodernisierung, S. 69 (73); Schröcker, ZGR 2005, 63 (82); Triebel/Hölzle, BB 2002, 521 (526); vorsichtig Beisel/Klumpp-Klumpp, Kap. 16, Rn. 48.

20 Vgl. Gaul, ZHR 166 (2002), 35 (54).

21 So aber Larisch, S. 85 f.

22 Vgl. auch Bergjan, S. 195. Differenzierend zur alten Rechtslage aber BGH NJW 1992, 3224 (3225), beim Kauf einer Sachgesamtheit: Waren die Gegenstände niemals vorhanden, sollte ein Sachmangel der Gesamtheit in Betracht kommen. Waren sie vorhanden, sollte der Leistungsanspruch hingegen fortbestehen. Dazu auch Tiedtke, DB 1993, 1071 (1072), der in beiden Fällen einen Sachmangel annehmen wollte, im zweiten aber nicht von einer Verdrängung des Erfüllungsanspruchs ausging. Beide Fälle sind jetzt mit einer Nacherfüllungspflicht in Form der Nachbesserung zu belegen.

23 So deutlich Jacobs, in: Dauner-Lieb/Konzen/Schmidt, Das neue Schuldrecht in der Praxis, S. 371 (377); vgl. auch Gronstedt/Jörgens, ZIP 2002, 52 (61), und Kindl, WM 2003, 409 (412).

handhaben[24]. Dieses gilt besonders für den Unternehmenskauf, wo die Neulieferung einer Maschine für den Verkäufer, der mit der alten Maschine als betriebsbezogenem Gegenstand gar nichts anfangen kann, gegenüber der Reparatur unbillig sein kann, zumal fraglich ist, ob diese Sachlage immer einen Fall des § 439 Abs. 3 BGB darstellen würde, der Verkäufer die Nachlieferung also verweigern könnte. Auf die Wahl der Nachbesserungsart sollte das Wahlrecht des Käufers also nicht erstreckt werden[25]. Davon ausgehend ist beim Unternehmenskauf dem Käufer nie ein Wahlrecht zuzugestehen. Er kann nur auf Nachbesserung bestehen. Wie der Verkäufer diese vornimmt, ist seine Sache.

bb) Nachteile des Nachbesserungsrechts auf Verkäufer- und Käuferseite

Ein Problem, welches gerade beim Unternehmenskauf zum Tragen kommt, ist die Unabhängigkeit der Nachbesserungspflicht vom Vertretenmüssen. Wenn der Kaufpreis des Unternehmens am Ertragswert ausgerichtet ist, spielen die Substanzwerte nur eine untergeordnete Rolle. Könnte der Käufer nur Minderung wegen einer defekten Maschine verlangen, würde diese deshalb in vielen Fällen wesentlich geringer ausfallen als die Kosten für eine Reparatur oder Neulieferung, so dass die Nachbesserung dem Schadensersatz nahe kommen kann[26]. § 439 Abs. 3 BGB und § 275 Abs. 2 BGB geben allerdings ein Verweigerungsrecht in Fällen unzumutbarer Anstrengungen. Jedenfalls dann, wenn der Verkäufer den Mangel nicht zu vertreten hat (§ 275 Abs. 2 S. 2 BGB)[27], überzeugt der Ansatz für die Feststellung der Unzumutbarkeit, dass der Stückverkäufer auch bei unverschuldetem Untergang der Sache nur damit rechnen muss, den Kaufpreis zu verlieren. Er trägt also nur die Preisgefahr, nicht aber die u. U. darüber hinausgehende Leistungsgefahr[28]. Das kann auch bei der Zumutbarkeitsprüfung

24 Schon im Grundsatz wird die Rechtfertigung des Gesetzgebers, die vorangegangene Pflichtverletzung sei ausreichende Grundlage für die Gewährung des Wahlrechts (BT-Drucks. 14/6040, S. 231; zustimmend Schmidt-Räntsch, Rn. 856) häufig kritisch aufgenommen, v. a. weil der Verkäufer sie nicht zwingend zu vertreten haben muss: vgl. Jacobs, in: Dauner-Lieb/Konzen/Schmidt, Das neue Schuldrecht in der Praxis, S. 371 (375); Westermann, JZ 2001, 530 (536); Zimmer/Eckhold, Jura 2002, 145 (148 f.).

25 So auch Bamberger/Roth-Faust, § 439 Rn. 26; Huber/Faust-Huber, Rn. 13/24; ders., NJW 2002, 1004 (1006); Reinicke/Tiedtke, Kaufrecht, Rn. 418; ähnlich Schellhammer, MDR 2002, 301.

26 Vgl. Gronstedt/Jörgens, ZIP 2002, 52 (61).

27 In Fällen des Vertretenmüssens stellt sich nur die Frage, ob der Verkäufer auch verpflichtet ist, über die Grundsätze zum Umfang der Schadensersatzpflicht hinaus Erfüllungsbemühungen auf sich zu nehmen, vgl. U. Huber, FS Schlechtriem, S. 521 (561). Schematisierungsversuche bei Bitter/Meidt, ZIP 2001, 2114 (2121 ff.); P. Huber, NJW 2002, 1004 (1007 f.); Zimmer/Eckhold, Jura 2002, 145 (149); kritisch dazu Jacobs, in: Dauner-Lieb/Konzen/Schmidt, Das neue Schuldrecht in der Praxis, S. 371 (385 f.), und Schubel, JuS 2002, 313 (316).

28 U. Huber, FS Schlechtriem, S. 521 (538 f.).

berücksichtigt werden, so dass er jedenfalls nur bis zur Höhe des Kaufpreises Nachbesserungsbemühungen auf sich nehmen muss[29]. Noch einschränkender wird behauptet, die Grenze liege bereits beim Minderungsbetrag[30]. Diese Begrenzung des Risikos würde die Leistungspflicht hinsichtlich der Mangelfreiheit aber wohl zu sehr zurückdrängen und in nahezu allen Fällen eines günstigen Kaufs die Nacherfüllungspflicht leer laufen lassen[31]. Wirtschaftlich besteht in dieser Hinsicht also für den Verkäufer ein nicht geringes Risiko.

Umgekehrt kann das Nachbesserungsrecht des Verkäufers dazu führen, dass der Käufer ihm die Möglichkeit geben muss, wieder Einsicht in das Unternehmen zu nehmen, auch wenn er gerade das verhindern will[32]. Bei größeren Transaktionen wird deshalb inzwischen empfohlen, die Nachbesserung auszuschließen oder abzuwandeln[33]. Bei kleineren Transaktionen hingegen kann die Nachbesserung für den Verkäufer aufgrund seines Fachwissens u. U. leicht sein und für den Käufer keine unzumutbare Belastung darstellen[34]. Durch die relativ ausgewogene Regelung der Verweigerungsmöglichkeiten beider Seiten stellt die Nacherfüllung durchaus eine potentiell interessengerechte Lösung dar.

b) Vergleich der Lösungswege bei Falschangaben zur Ertragsfähigkeit

Wenn es um die Pflicht geht, ein Unternehmen mit einer gewissen Ertragsfähigkeit zu übertragen, die es nicht aufweist, stellt sich die Frage, ob hier überhaupt eine Nachbesserung möglich ist. Hinsichtlich der zumeist allein relevanten Vergangenheitszahlen hat das gekaufte Unternehmen die realen Umsätze und Erträge vorzuweisen und kann nicht mit anderen realen Geschäftsergebnissen übertragen werden. Diese Zahlen können nachträglich nicht geändert werden, insbesondere nicht durch eine Nachschusszahlung, welche die Geschäftsergebnisse genauso wie die Ertragsfähigkeit des Unternehmens unberührt ließe und

29 U. Huber, FS Schlechtriem, S. 521 (546).

30 Ackermann, JZ 2002, 378 (382 ff.), mit dem Argument, bei einer qualitativen Teilleistung realisiere sich auch das Verlustrisiko hinsichtlich der Gegenleistung nur anteilig (S. 384). So auch Reinicke/Tiedtke, Kaufrecht, Rn. 449.

31 So auch U. Huber, FS Schlechtriem, S. 521 (546 Fn. 57a).

32 Seibt/Reiche, DStR 2002, 1135 (1140); Triebel/Hölzle, BB 2002, 521 (526).

33 Zu Abwandlungen ratend Gronstedt/Jörgens, ZIP 2002, 52 (61); Knott, NZG 2002, 249 (252); Triebel/Hölzle, BB 2002, 521 (526). Einen generellen Ausschluss schlagen dagegen Kroiß-Plassmeier, Klauselbuch Schuldrecht, § 21 Rn. 44, und Seibt/Reiche, DStR 2002, 1135 (1140), vor.

34 Deshalb kann man nicht pauschal sagen, dass die Nachbesserung für den Unternehmenskauf ein von vornherein ungeeigneter Rechtsbehelf ist (so aber U. Huber, AcP 202 (2002), 179 (232)). Im Rahmen selbstständiger Garantien wird sie häufig vereinbart, vgl. Günther, in: Münchener Vertragshandbuch, Band 2, S. 188; Hess/Fabricius, in: Vertrags- u. Formularhandbuch Handelsrecht, S. 675; Mueller-Thuns, in: Rödder/Hötzel/Mueller-Thuns, Unternehmenskauf, § 10 Rn. 51 f. Empfehlend auch Hölters-Semler, Teil VI, Rn. N 192k; Rotthege/Wassermann-Rotthege, Rn. 1236.

im Ergebnis Schadensersatz darstellen würde[35]. Nur in seltenen Fällen, in denen die unterlassene Mitteilung wesentlicher anderer Umstände gewährleistungsrechtlich erfasst werden kann[36], ist eine Nacherfüllung denkbar, soweit der Verkäufer diese Umstände ausnahmsweise beeinflussen kann.

Keine Probleme wirft insofern der Weg über die §§ 280 Abs. 1, 311 Abs. 2, 241 Abs. 2 BGB auf. Bei diesem Anspruch geht es nicht darum, dass der Verkäufer nachträglich dem Käufer die geschuldete Sache liefern soll, sondern nur darum, die Schäden zu ersetzen, die ihm durch die Fehlinformation entstanden sind. Genauso wenig kann aber einer gewährleistungsrechtlichen Lösung vorgeworfen werden, sie sei wegen des vorgesehenen Nachbesserungsrechts ungeeignet zur Regelung dieses Bereichs[37]. Das Gewährleistungsrecht dient nach wie vor hauptsächlich dazu, Äquivalenzstörungen auszugleichen. Mit der Nacherfüllung ist nur eine weitere Möglichkeit geschaffen worden, die Äquivalenz wiederherzustellen. Kann diese Möglichkeit nicht wahrgenommen werden, bleibt es dabei, dass Minderung, Rücktritt und Schadensersatz für diesen Ausgleich zuständig sind. Dabei handelt es sich nicht nur um Ausnahmefälle, sondern um häufig auftretende Bereiche irreparabler Fehler, zu denen auch Fehler aufgrund falscher Angaben über Geschäftsergebnisse gehören können[38]. Der Gesetzgeber hat durchaus gesehen, dass es Arten von Mängeln gibt, bei denen eine Nacherfüllung regelmäßig nicht passt und dies in Kauf genommen[39]. Dogmatisch gesehen handelt es sich im Rahmen der Gewährleistung um eine anfänglich unmögliche fehlerfreie Leistung[40]. Der Käufer wird statt des Nacherfüllungsrechts direkt auf Sekundärrechtsbehelfe verwiesen.

---

35 Fritzen, S. 71; Larisch, S. 84; Rieble, in: Dauner-Lieb/Konzen/Schmidt, Das neue Schuldrecht in der Praxis, S. 137 (152); Wertenbruch, in: Dauner-Lieb/Konzen/Schmidt, Das neue Schuldrecht in der Praxis, S. 493 (504); Barnert, WM 2003, 416 (422); Kindl, WM 2003, 409 (412); Schröcker, ZGR 2005, 63 (82); ähnlich Büdenbender, in: Dauner-Lieb, Unternehmenskauf und Schuldrechtsmodernisierung, S. 5 (39 f.). Anders scheinbar Bergjan, S. 152.

36 Vgl. Kap. 2 III 3 a) cc) und b).

37 So auch Fritzen, S. 72; Büdenbender, in: Dauner-Lieb, Unternehmenskauf und Schuldrechtsmodernisierung, S. 5 (38 f.). Anders aber U. Huber, AcP 202 (2002), 179 (232); ähnlich Wertenbruch, in: Dauner-Lieb/Konzen/Schmidt, Das neue Schuldrecht in der Praxis, S. 493 (504 f.).

38 Vgl. Haas/Medicus/Rolland/Schäfer/Wendtland-Haas, Kap. 5, Rn. 51; Barnert, WM 2003, 416 (422); Gaul, ZHR 166 (2002), 35 (54); Triebel/Hölzle, BB 2002, 521 (526); Weitnauer, NJW 2002, 2511 (2514); Wolf/Kaiser, DB 2002, 411 (418); Wunderlich, WM 2002, 981 (986). Vgl. auch schon Fuest, S. 72; G. Müller, Lossagungsrecht, S. 435; Hiddemann, ZGR 1982, 435 (442 f.).

39 So zutreffend Büdenbender, in: Dauner-Lieb, Unternehmenskauf und Schuldrechtsmodernisierung, S. 5 (38 f.).

40 Vgl. auch Weitnauer, NJW 2002, 2511 (2514), sowie die in Fn. 38 Genannten. Trotz dieser dogmatischen Konstruktion wird allerdings selten deutlich von Unmöglichkeit gesprochen, wohl aus der Überlegung heraus, dass eine Nacherfüllung nicht nur im Einzel-

Bei Falschangaben zur Ertragsfähigkeit erweist sich das Gewährleistungsrecht in dieser Hinsicht also nicht als nachteilig gegenüber den §§ 280 Abs. 1, 311 Abs. 2, 241 Abs. 2 BGB. Festzustellen ist allenfalls, dass die Vorschaltung der Nacherfüllung für den Bereich der Falschangaben über vergangene Geschäftsergebnisse keinen Grund darstellt, nun eher auf das Gewährleistungsrecht zurückzugreifen als bisher.

2. Die Herabsetzung des Kaufpreises

Die kaufpreismindernde Wirkung stellt sich für den Unternehmenskauf auch bei falschen Angaben über Geschäftsergebnisse als zentrales Anliegen des Käufers dar. Inwiefern ihm dies gewährt werden sollte und über welchen Weg das am besten erreichbar ist, soll im Folgenden untersucht werden. Die wesentlichen Unterschiede zwischen dem Gewährleistungsrecht und den §§ 280 Abs. 1, 311 Abs. 2, 241 Abs. 2 BGB liegen dabei im Verschulden und der Berechnung des Minderbetrags gerade im Hinblick auf die Kausalität.

a) Das kaufrechtliche Minderungsrecht

Die Minderung ist nach wie vor ein typisch kaufrechtlicher Rechtsbehelf, den der Käufer alternativ zum Rücktritt frei wählen kann[41], was jetzt auch bei Rechtsmängeln gilt[42]. Genau wie der Rücktritt ist die Minderung nunmehr ein Gestaltungsrecht[43], was zwar im Ergebnis zu wenigen Unterschieden zur früheren Rechtslage führt, aber konstruktive Probleme hinfällig macht[44]. Im Tatbestand verweist § 441 Abs. 1 S. 1 BGB auf die Rücktrittsvorschriften. Ausgeschlossen ist die Minderung damit neben den Fällen vertraglicher Ausschlüsse und denen des § 442 Abs. 1 BGB[45] im Fall des § 323 Abs. 6 BGB[46]. Neu ist

---

fall unmöglich ist, sondern im Regelfall nicht in Betracht kommt, was die dogmatische Konstruktion allerdings nicht ändert.

41 Zu einer automatischen Minderung bei unbehebbaren Mängeln kommt es wegen § 326 Abs. 1 S. 2 BGB nicht, stattdessen gibt § 437 Nr. 2 BGB das Wahlrecht, vgl. Lorenz, NJW 2002, 2497 (2498).

42 Dazu näher Knott, NZG 2002, 249 (252).

43 Vgl. die Regierungsbegründung, BT-Drucks. 14/6040, S. 234 f.; zu den sich daraus ergebenden Problemen des ius variandi Wertenbruch, JZ 2002, 862 ff.

44 Zum alten Streit zwischen der Herstellungstheorie und der Theorie des richterlichen Gestaltungsakts im Rahmen des § 465 BGB a. F. vgl. Staudinger-Honsell (1995), § 465 Rn. 2 ff.

45 Dazu gesondert Kap. 2 V 1 und 2.

46 Die dort aufgeführte überwiegende Verantwortlichkeit des Käufers soll auch dann gegeben sein, wenn der Käufer die Nacherfüllung unmöglich macht: Bamberger/Roth-Faust, § 439 Rn. 56; Lorenz, NJW 2002, 2497 (2499). Hinsichtlich der Geschäftsergebnisse wird so ein Fall aber nicht eintreten, weil dort regelmäßig die Nacherfüllung bereits anfänglich unmöglich ist.

auch hier die vorrangige Nacherfüllung sowie der Wegfall des Erheblichkeitskriteriums. Letzteres wird beim Unternehmenskauf aber wegen der regelmäßig nicht geschuldeten völligen Mangelfreiheit zu keiner wesentlichen Veränderung der Rechtslage führen[47]. Um diesbezüglich vertraglich größere Sicherheit zu schaffen, wird dennoch empfohlen, den Ausschluss der Minderung für unerhebliche Mängel in den Vertrag aufzunehmen oder jedenfalls Freigrenzen und Freibeträgen mehr Aufmerksamkeit zukommen zu lassen[48].

Für den Unternehmenskauf stellt die Minderung den wichtigsten Rechtsbehelf dar und wird deshalb auch vertraglich meistens vereinbart[49]. Hilfreich ist diesbezüglich die vertragliche Festlegung einer Minderungsformel, die häufig in abgewandelter Form dort vorkommt, wo ein flexibler Kaufpreis Wertveränderungen bis zum Übergang des Unternehmens oder sogar darüber hinaus berücksichtigt[50]. Der gesetzliche Fall der Minderung richtet sich nach dem aus dem alten Recht bekannten Dreisatz[51] und geht nicht über den Kaufpreis hinaus[52]. Berechnungsprobleme ergeben sich allerdings regelmäßig aufgrund der Komplexität des Kaufgegenstands und der Kaufpreisfindung. Die in § 441 Abs. 3

47 Vgl. bereits Kap. 2 III 3 a) aa) und Gaul, ZHR 166 (2002), 35 (55). Deshalb ist es auch nicht gerechtfertigt, das fehlende Erheblichkeitskriterium gegen die Anwendung des Kaufrechts auf Abschlussangaben ins Feld zu führen (so aber U. Huber, AcP 202 (2002), 179 (235)).

48 Gronstedt/Jörgens, ZIP 2002, 52 (55); näheres bei Mueller-Thuns, in: Rödder/Hötzel/Mueller-Thuns, Unternehmenskauf, § 9 Rn. 77 ff.

49 Wessing, ZGR 1982, 455 (468); vgl. auch Mueller-Thuns, in: Rödder/Hötzel/Mueller-Thuns, Unternehmenskauf, § 9 Rn. 87 u. 104, und Hommelhoff, ZHR 150 (1986), 254 (277). Zu beachten ist dabei allerdings, dass ein Mangel des Unternehmens ohne weitere Vereinbarung nicht durch den guten Zustand eines anderen Teils des Unternehmens ausgeglichen werden kann, etwa wenn ein Fahrzeug mangelhaft ist, auf der anderen Seite aber eine unerwartete Forderung in gleicher Höhe auftaucht (a. A. Hommelhoff/Schwab, FS Zimmerer, S. 267 (271)). Bei Geschäftsergebnissen kommt ein Ausgleich untereinander aber dann in Betracht, wenn nicht mitgeteilte Aufwendungen durch unerwartete Erträge wieder ausgeglichen werden und sich dadurch die Ertragsfähigkeit nicht ändert.

50 Häufig werden bilanzielle Wertveränderungen einheitlich über eine Eigenkapitalgarantie geregelt. Weicht das Eigenkapital zu einem bestimmten Stichtag von einem vertraglich festgelegten Wert ab, wird der Kaufpreis angepasst. Vgl. Larisch, S. 204 f.; Günther, in: Münchener Vertragshandbuch, Band 2, S. 178 ff.; Hess/Fabricius, in: Vertrags- u. Formularhandbuch Handelsrecht, S. 669 f.; Knott/Mielke/Weidlich, Unternehmenskauf, Rn. 241, 379 ff.; Hommelhoff, ZHR 150 (1986), 254 (269 ff.); Wessing, ZGR 1982, 455 (464 f.).

51 Zu Reformüberlegungen und der dazu geäußerten Kritik vgl. noch die Regierungsbegründung, BT-Drucks. 14/6040, S. 235; Canaris, ZRP 2001, 329 (335); Gaier, ZRP 2001, 336 ff.; Honsell, JZ 2001, 278 (281 f.).

52 Mueller-Thuns, in: Rödder/Hötzel/Mueller-Thuns, Unternehmenskauf, § 9 Rn. 86. Deshalb empfiehlt wohl auch Roschmann, ZIP 1998, 1941 (1945), den Ausschluss der Minderung und die Vorsehung des kleinen Schadensersatzes. Auch einen negativen Betrag anerkennend aber Moosmayer, S. 68; Rotthege/Wassermann-Rotthege, Rn. 1185.

S. 2 BGB vorgesehene Schätzung dürfte insofern häufig zum Zuge kommen[53]. Bei Falschangaben zur Ertragsfähigkeit ist bei der Feststellung des Unternehmenswerts insbesondere zu beachten, welche Bewertungsmethode den Parteien gerecht wird[54]. Der Minderwert richtet sich danach, welcher Wert des Unternehmens aufgrund der vorgelegten Angaben erwartet werden konnte und welcher sich aus den tatsächlichen Zahlen ergibt. Dabei sind wie gesagt gerade bei vorgelegten Vergangenheitsangaben Unsicherheitsabschläge zu berücksichtigen, die sich aus den Freiheiten innerhalb der Einhaltung der Grundsätze ordnungsgemäßer Buchführung ergeben und daraus, dass der Käufer nicht alle Umstände kennt, die eine detaillierte Abschätzung der Ertragsfähigkeit ermöglichen. Trotz der damit verbundenen Unsicherheiten stellt sich die Minderung aber für die Angaben zur Ertragsfähigkeit als praktikables Verfahren dar. Es fragt sich deshalb, ob es einen Vorteil der §§ 280 Abs. 1, 311 Abs. 2, 241 Abs. 2 BGB darstellt, dass dort zusätzlich Vertretenmüssen und Kausalität relevant sind.

b) Das Erfordernis des Vertretenmüssens im Rahmen der §§ 280 Abs. 1, 311 Abs. 2, 241 Abs. 2 BGB im Vergleich

Auf den ersten Blick erscheint eine zum Teil verschuldensunabhängige Einstandspflicht in einem Bereich, der so fehleranfällig ist wie eine Jahresabschlusserstellung, nicht unbedingt wünschenswert[55]. Ebenso plausibel klingt des Argument, dass der Käufer das Informationsbeschaffungsrisiko trage und der Verkäufer die Bilanzen nicht vorlege, weil er ihm dieses Risiko abnehmen will, sondern weil er die Zahlen ohnehin schon vorliegen habe. Daraus könne man ihn nicht in die Haftung nehmen[56]. Die Einwände verlieren aber ihre Berechtigung, wenn beachtet wird, dass der Verkäufer sich in den Fällen, in denen die

---

53 Knott, NZG 2002, 249 (252). Sie war auf Grundlage des § 287 ZPO auch schon bisher möglich.

54 Dazu bereits Kap. 1 III. Vorrangig zu beachten ist ein vertraglich festgelegter Wert (vgl. Bergjan, S. 228 f.) oder vertraglich festgelegte Bewertungsmethoden, deren Vereinbarung häufig empfohlen wird: MüKo-Westermann, § 453 Rn. 46; MüKoHGB-Lieb, Anh § 25 Rn. 121; Larisch, S. 105; G. Müller, Lossagungsrecht, S. 411 f.; Gaul, ZHR 166 (2002), 35 (58); W. Müller, JuS 1975, 489 (493 f.); Triebel/Hölzle, BB 2002, 521 (536); Willemsen, AcP 182 (1982), 515 (550). Subsidiär ist die Methode heranzuziehen, die dem Vertragszweck am ehesten entspricht, was wie gesagt in der Regel die Ertragswertmethode ist. Ähnlich W. Müller, JuS 1975, 389 (494), der aber bei Zusicherung die subjektive Methode des Käufers heranzieht, wenn sie für den Verkäufer erkennbar war. Demgegenüber hält Willemsen, AcP 182 (1982), 515 (448), die Ertragswertmethode für subsidiär anwendbar und G. Müller, Lossagungsrecht, S. 411, möchte eine Methode suchen, die möglichst viele Bewertungsdisziplinen vereint. MüKoHGB-Lieb, Anh § 25 Rn. 121, will ggf. auf branchenübliche Bewertungsmethoden zurückgreifen.

55 Vgl. Grigoleit/Herresthal, JZ 2003, 118 (125), die insofern mit der geringeren Kontrollmöglichkeit argumentieren; auch Keil, S. 189 f.

56 Kantenwein, S. 50 f.

vorgelegten Zahlen das Äquivalenzverhältnis ausmachen, positive Angaben in Form des dadurch beeinflussten Kaufpreises bezahlen lässt, der regelmäßig zumindest zum großen Teil auf diesen Angaben beruht. Jedenfalls bei der Vorlage von Angaben zur Ertragsfähigkeit ist das der Fall[57]. Der Verkäufer kann nicht Angaben machen, die erkenntlich den Kaufpreis beeinflussen, andererseits aber generell von einer Haftung freigesprochen werden, weil er die Angaben freiwillig macht, zumal die Haftung nur so weit geht, wie das Äquivalenzverhältnis durch die Angaben zugunsten des Verkäufers verschoben wurde[58].

Über die §§ 280 Abs. 1, 311 Abs. 2, 241 Abs. 2 BGB kann man diesen Wertungen nur bedingt gerecht werden, weil das Vertretenmüssen haftungseinschränkend wirkt. Beide Wege gleichen sich insoweit, als eine Ausgleichspflicht erst bei Verletzung der Grundsätze ordnungsgemäßer Buchführung in Betracht kommt[59]. Bei einer Verschuldensprüfung im Rahmen der §§ 280 Abs. 1, 311 Abs. 2, 241 Abs. 2 BGB müsste man aufgrund des Ansatzpunkts der Vorlage falscher Zahlen eigentlich fragen, ob den Verkäufer eine Prüfungspflicht hinsichtlich vorhandener Bilanzen vor deren Weitergabe trifft[60]. Wenn man davon ausgeht, dass der Verkäufer die Jahresabschlüsse nur deshalb übergibt, weil er sie gerade vorliegen hat und deshalb dem Käufer eigentlich nur einen „Gefallen" tut, kommt man nur in seltenen Fällen zur Annahme eines Verschuldens, was zu

57 Dieses ergibt sich wie dargestellt daraus, dass sie maßgebend für den wirtschaftlichen Wert des Unternehmens sind und damit Grundlage des Äquivalenzverhältnisses werden. Für Abschlussangaben generell kann dagegen in dieser Hinsicht keine Grundregel aufgestellt werden, was sich schon aus der Vertragspraxis ergibt. Dort wird die Haftung im Rahmen der Vertragsklauseln, die der Minderung entsprechen, z. T. verschuldensunabhängig (vgl. v. Gierke/Paschen, GmbHR 2002, 457 (463)) und z. T. verschuldensabhängig ausgestaltet (vgl. U. Huber, AcP 202 (2002), 179 (207 u. 209)). Das spricht für die hier vorgenommene differenzierte Betrachtung. Jedenfalls erweist sich auch die Behauptung, der Kaufpreis solle regelmäßig verbindlich und endgültig feststehen (U. Huber, ZGR 1972, 395 (410 f.)), als unnachgewiesen.

58 Keine andere Wertung liegt letztlich den Ansichten zugrunde, die sich für den Weg über die Störung der Geschäftsgrundlage aussprechen. Vgl. Canaris, Handelsrecht, § 8 Rn. 25; ders., ZGR 1982, 395 (401); G. Müller, ZHR 147 (1983), 501 (534 f.); ders., ZIP 1993, 1045 (1052).

59 Dieses gilt beim gewährleistungsrechtlichen Ansatz in der Regel vereinbarungsgemäß, denn eine subjektive Färbung der Zahlen im Rahmen dieser Grundsätze muss auch der Käufer erwarten und bei der Bewertung in Rechnung stellen, so dass dies bereits im Kaufpreis berücksichtigt ist (siehe Kap. 2 III 3 a) aa)). Beim Weg über die culpa in contrahendo fehlt es schon an einer darüber hinausgehenden Pflicht zur Angabe zutreffender Zahlen (G. Müller, Lossagungsrecht, S. 174; ders., ZHR 147 (1983), 501 (514 f.); Völker, S. 178; siehe auch BGH WM 1974, 51 (52)). Umgekehrt kann bei der culpa in contrahendo der Verstoß gegen diese Grundsätze aber noch nicht das Verschulden begründen (so aber anscheinend Angermann, S. 88).

60 Kantenwein, S. 50 f.

einer völlig fehlenden Verkäuferhaftung führt[61]. Weil dadurch Haftungslücken entstehen, wird bei der Lösung über die §§ 280 Abs. 1, 311 Abs. 2, 241 Abs. 2 BGB allerdings häufig auf das Verschulden bei der Bilanzerstellung abgestellt[62], so dass der Verkäufer sich kaum noch auf fehlendes Verschulden berufen kann[63]. Selbst auf dieser Grundlage mag es aber Ausnahmefälle geben[64], etwa wenn der Verkäufer die Zahlen selbst von Dritten vorgelegt bekommt und keinen Anlass hat, diese zu prüfen. Insbesondere wenn der Verkäufer das Unternehmen selbst gerade erst gekauft hat, kann dieses der Fall sein. Ein Verschulden lässt sich dann nicht begründen. Auch durch Vermutungen kann es kaum fingiert werden[65]. Den Käufer rechtlos zu stellen, scheint aus genannten Erwägungen aber nicht gerechtfertigt. Man könnte sich dann allenfalls noch durch die Annahme einer konkludenten selbstständigen Garantie retten. All diese Ansätze dienen aber eher der Verschleierung als der Aufdeckung der zugrundeliegenden Wertungen, denn der Verkäufer will nur selten tatsächlich uneingeschränkt für die Richtigkeit der Daten einstehen, er macht sie allenfalls zur Grundlage des Äquivalenzverhältnisses.

Jedenfalls Vereinbarungen zur Ertragsfähigkeit machen typischerweise das Äquivalenzverhältnis aus, wohingegen davon bei nur vereinzelten Vergangenheitsangaben nicht ausgegangen werden kann, wenn insofern kein selbstständi-

61 So auch Kantenwein, S. 50 f. Er versucht dies damit zu rechtfertigen, dass der Unternehmenskauf keine existenziellen Bedürfnisse befriedige (S. 64 f.). Ein Unternehmen, das erwartete Gewinne keinesfalls abwerfen kann, ist aber regelmäßig geeignet, den Käufer in den Ruin zu treiben, zumal der Kaufpreis häufig fremdfinanziert ist. Nicht überzeugend ist auch der Einwand, der Käufer handele aus einer Überlegenheit heraus, weil er seine Fähigkeiten regelmäßig so einschätze, das Unternehmen besser betreiben zu können als der Verkäufer (Fuest, S. 55; Kantenwein, S. 64). Diese Einschätzung beruht nämlich darauf, dass der Käufer von einer bestimmten Ertragsfähigkeit ausgeht, die er meint, verbessern zu können. Fehlt diese Grundlage, hilft dem Käufer auch sein Selbstvertrauen nicht.

62 Dieses zeigt sich durch die breite Anerkennung des Verschuldens von Erfüllungsgehilfen bei der Bilanzerstellung. Zu solchen Gehilfen gehören insbesondere Verhandlungsgehilfen (BGH NJW 1991, 2556 (2557); 2001, 2163 (2164 f.)), aber auch Steuerberater oder Wirtschaftsprüfer, welche die Angaben aufgestellt haben (vgl. BGH WM 1974, 51 (52); 1976, 10 (12)), auch wenn die Bilanzen vor Vertragsabschluss aufgestellt wurden (BGH WM 1974, 51 (52); Hollenberg, S. 234 f.; Weitnauer, NJW 2002, 2511 (2514)).

63 So auch kritisch MüKoHGB-Lieb, Anh § 25 Rn. 67; ders., FS Gernhuber, S. 259 (277); G. Müller, BB 1980, 1393 (1396); ders., ZIP 1993, 1045 (1047); ders., ZIP 2000, 817 (822 f.).

64 In der Rechtsprechung gab es solche Fälle allerdings bisher nicht, was insbesondere daran liegt, dass es dort zumeist um kleinere Unternehmensverkäufe ging, bei denen der Verkäufer das Unternehmen kennen musste (vgl. U. Huber, AcP 202 (2002), 179 (190), der gerade bei Großunternehmen dem Verschulden eine bedeutende haftungsbegrenzende Funktion zuschreibt).

65 Hollenberg, S. 90 f.; G. Müller, Lossagungsrecht, S. 178; ders., ZHR 147 (1983), 501 (519); ders., ZIP 1993, 1045 (1052); a. A. U. Huber, AcP 202 (2002), 179 (215 f.).

ger Garantievertrag vereinbart wird[66]. Bei solchen Angaben erweist sich auch der differenzierte Pflichtenmaßstab als nützlich. Inwiefern der Verkäufer die Angaben in der Bilanz prüfen oder auf potentielle Fehler hinweisen muss, hängt nämlich dann davon ab, wie wichtig die Angaben für den Käufer sind. Hier kann insbesondere die Höhe der Geschäftsergebnisse und der Grad der Verlässlichkeit der Angabe bedeutungsvoll sein. Die Anwendung des Kaufrechts auf Angaben zur Ertragsfähigkeit erweist sich im Hinblick auf die Kaufpreisminderung unabhängig vom Vertretenmüssen also als Vorteil gegenüber einer ausschließlichen Anwendung der §§ 280 Abs. 1, 311 Abs. 2, 241 Abs. 2 BGB.

c) Geminderter Kaufpreis und Kausalitätserfordernis

Die kaufrechtliche Minderung setzt nur den Mangel voraus und gibt dem Käufer dann das Recht, Minderung geltend zu machen. Diese richtet sich nach der festgelegten Berechnungsmethode in § 441 Abs. 3 S. 1 BGB. Demgegenüber kann der Käufer eine ähnliche Wirkung über die §§ 280 Abs. 1, 311 Abs. 2, 241 Abs. 2 BGB im Grunde nur erwirken, wenn er den überhöhten Teil des Kaufpreises als Schaden geltend machen kann. Hinsichtlich des dafür erforderlichen Kausalitätsnachweises, den eigentlich der Käufer zu führen hätte[67], ergeben sich dabei einige Probleme.

aa) Die Kausalität im Rahmen der §§ 280 Abs. 1, 311 Abs. 2, 241 Abs. 2 BGB

Zum einen muss der Käufer grundsätzlich nachweisen, dass er selbst den Vertrag bei richtiger Aufklärung nicht oder nicht in derselben Form abgeschlossen hätte. Im Wege einer Vermutung verlagert der BGH die Beweislast in dieser Hinsicht inzwischen grundsätzlich auf den Aufklärungspflichtigen[68], also den Verkäufer. Zumindest bei erheblichen Abweichungen der Abschlussangaben von der Realität mag diese Vermutung aufgrund der allgemeinen Lebenserfahrung noch zu befürworten sein[69].

War die Abweichung so groß, dass der Käufer bei richtiger Angabe den Vertrag gar nicht geschlossen hätte, tritt das andere Extrem ein und dem Kausali-

---

66 Anders insofern die Ansichten, die pauschal auf die Vereinbarungsfähigkeit der Angaben abstellen und daher alle Angaben als maßgebliche Grundlage für das Äquivalenzverhältnis ansehen: vgl. Kap. 2 I 3 a) und 4 am Anfang.

67 Vgl. Hölters-Semler, Teil VI, Rn. 175.

68 Vgl. BGHZ 61, 118 (121 f.); 72, 92 (106); NJW 1984, 1688 (1688 f.); WM 1988, 124 (125); BGHZ 111, 75 (81); 115, 213 (223); 124, 151; NJW-RR 1997, 144 (145); NJW 2001, 2163 (2165); ohne Stellungnahme BGH NJW-RR 1989, 306 (307); a. A. Buchwaldt, NJW 1994, 153 (155). Das soll aber offenbar nicht gelten, wenn es darum geht, ob Verträge mit Dritten gleichermaßen geschlossen worden wären: BGH WM 1990, 681; ZIP 1990, 659 (662); 1991, 153 (154).

69 Zustimmend auch Lieb, FS Rechtswiss. Fak. Köln, S. 251 (266).

tätsdogma folgend käme nur eine rücktrittsartige Wirkung des Schadensersatzes in Frage[70]. Die Rechtsprechung gibt dem Käufer aber selbst in diesem Fall die Möglichkeit, den Kaufpreis herabzusetzen. Der dogmatisch logische Ansatzpunkt dafür wäre eine (analoge) Anwendung des § 251 Abs. 1 BGB. Dazu muss die Naturalrestitution in Form der Rückabwicklung nicht möglich oder zur Entschädigung nicht genügend sein[71]. Anfangs deutete die Argumentation des BGH auf diesen Weg hin[72], nur um kurz darauf klarzustellen, dass eine Unzumutbarkeit der Rückgängigmachung nicht nötig sei. Es stehe vielmehr im Belieben des Käufers, auch bei eindeutigem Nichtabschluss des Vertrags im hypothetischen Kausalverlauf den Minderbetrag geltend zu machen[73]. Damit ist auch über die culpa in contrahendo in inzwischen gefestigter Rechtsprechung ein Wahlrecht des Käufers entstanden[74].

Schließlich ist selbst dann, wenn der Käufer sich darauf beruft, den Vertrag zu einem geringeren Kaufpreis abgeschlossen haben zu wollen, noch nicht sicher, ob der Verkäufer sich darauf auch eingelassen hätte. Nach allgemeinen Beweislastregeln hätte dies wiederum der Käufer zu beweisen[75]. Da der Nachweis indes nahezu unmöglich ist, hat der BGH hier wiederum die Vermutung

---

70 Dem Kausalitätsgedanken insofern noch verbunden RGZ 103, 47 (51); 132, 76 (79 f.); 151, 357 (359); BGH NJW 1962, 1196 (1198); WM 1965, 315 (316); NJW 1972, 822 (824); WM 1974, 51 (52); NJW 1977, 1538 (1539). Auch BGH NJW 1981, 2050 (2050 f.), und NJW-RR 1989, 306 (307), berufen sich noch darauf, ohne aber die Konsequenzen zu ziehen.

71 Vgl. Angermann, S. 56 f. u. 88; Baur, BB 1979, 381 (387); Canaris, AcP 200 (2000), 273 (315 f.); U. Huber, AcP 202 (2002), 179 (216 f); Kindl, WM 2003, 409 (412); Mertens, ZGS 2004, 67 (70 f.).

72 BGH NJW 1977, 1536 (1537), wo noch darauf abgestellt wurde, dass wegen der weitgehenden Eingliederung des gekauften Unternehmens die Rückabwicklung unzumutbar war (allerdings wurde auch dort schon die Alternative dargestellt, dass der Käufer dieses auch einfach für wirtschaftlich geboten halten konnte). Darauf auch noch abstellend Hiddemann, ZGR 1982, 435 (448).

73 BGH NJW 1980, 2408 (2410).

74 BGH NJW 1981, 2050 (2051); NJW-RR 1989, 306 (307); WM 1989, 416 (417); BGHZ 111, 75 (82); 114, 87 (94); NJW-RR 1997, 144 (145); ZIP 1998, 302; NJW 1999, 2032 (2034); 2001, 2163 (2165); 2001, 2875 (2876 f.). Vgl. auch Aderhold, DStR 1991, 844 (847); v. Bernuth, DB 1999, 1689 (1690 f.); Canaris, ZGR 1982, 395 (416); Mössle, BB 1983, 2146 (2148 f.); Zimmer, NJW 1997, 2345 (2350). Im umgekehrten Fall, dass der Käufer die rücktrittsartige Wirkung geltend macht, lässt der BGH demgegenüber den Gegenbeweis zu: BGH NJW 1978, 41 (42); WM 1988, 124 (125); NJW 1996, 2503.

75 BGH NJW 1981, 1035 (1036); Canaris, ZGR 1982, 395 (421); Hommelhoff, ZHR 150 (1986), 254 (273). Darauf gehen die meisten Vertreter der Lösung über die culpa in contrahendo gar nicht ein: Baur, BB 1979, 381 (386); ähnlich unkritisch Zimmer, NJW 1997, 2345 (2351). Bemerkenswert auch Fuest, S. 69, der zwar die Beweislastverteilung zugunsten des Käufers bei der rücktrittsartigen Wirkung kritisiert, dann aber ohne Begründung davon ausgeht, dass hinsichtlich der Vertragsanpassung der Beweislastregelung des BGH zuzustimmen sei.

aufgestellt, dass der Verkäufer sich darauf eingelassen hätte[76]. Der BGH geht sogar noch weiter und schneidet dem Verkäufer in denknotwendiger Fortsetzung des Käuferwahlrechts selbst den Gegenbeweis ab, so dass hierin zu Recht eine unwiderlegbare Vermutung gesehen wird[77].

bb) Die Schadensberechnung im Rahmen der §§ 280 Abs. 1, 311 Abs. 2, 241 Abs. 2 BGB

Erkennt man diese Rechtsprechung an, bleibt immer noch die Frage zu klären, wie der Betrag zu errechnen ist, um den der Käufer das Unternehmen „zu teuer" gekauft hat[78]. Hier wird oftmals vereinfachend auf die Berechnungsmethode der Minderung abgestellt[79]. Soweit der dem wirklichen Wert entsprechende Kaufpreis gezahlt wurde, wird dem zuzustimmen sein, auch wenn die Rechtsprechung sich nicht festgelegt hat[80]. Man kommt dann also zu einer Art verschuldensabhängiger Minderung[81]. Probleme tauchen jedoch auf, wenn der gezahlte Kaufpreis vom realen Wert abweicht. Die Minderung belässt etwaige Vorteile

---

76 Darüber hinausgehend sogar der VIII. Senat in NJW 1977, 1536 (1538), wo ganz klar war, dass der Vertrag bei richtiger Aufklärung nicht einmal zustande gekommen wäre. Demgegenüber war der I. Senat, der jetzt für Unternehmensverkäufe nicht mehr zuständig ist, der Beweispflicht des Käufers für die Kausalität noch verbunden: vgl. BGH WM 1970, 819 (822), wo er dem Berufungsgericht abverlangt, zu prüfen, ob der Verkäufer sich auf den niedrigeren Kaufpreis eingelassen hätte; NJW 1977, 1538 (1539); dazu auch H. P. Westermann, ZGR 1982, 45 (60). Inzwischen geht der BGH einheitlich von der Vermutung aus: BGH NJW 1980, 2408 (2410); WM 1987, 1466 (1466 f.); NJW-RR 1988, 328 (329); ZIP 1988, 1464 (1467); NJW-RR 1989, 306 (307); WM 1989, 416 (417); BGHZ 114, 87 (94); NJW 1991, 2556 (2558); BGHZ 124, 151 (160), wo er sich deutlich gegen die Annahme eines bloßen Anscheinsbeweises des IX. Senats (BGHZ 123, 311 (315)) richtet.

77 Dieses ergibt sich schon daraus, dass in den Fällen, in denen von vornherein deutlich ist, dass der Kaufvertrag gescheitert wäre, auch eine Zustimmung des Verkäufers ausgeschieden wäre. So auch mit ausführlicher Begründung Soergel-Huber, § 459 Rn. 244; Soergel-Wiedemann, Vor § 275 Rn. 197; Grigoleit, S. 182 f; Paefgen, S. 58; Larenz, Schuldrecht II/1, § 45 II (S. 168); auch Lieb, FS Rechtswiss. Fak. Köln, S. 251 (254 f.); Mertens, ZGS 2004, 67 (69 f.).

78 BGH WM 1987, 1466 (1466 f.); NJW-RR 1988, 328 (329); WM 1989, 416 (417 f.); BGHZ 114, 87 (94); NJW 2001, 2875 (2877).

79 MüKo-Emmerich, Bd. 2a, § 311 Rn. 244; Soergel-Wiedemann, Vor § 275 Rn. 180, 197; Aderhold, DStR 1991, 844 (847); Canaris, AcP 200 (2000), 273 (316 f.); U. Huber, AcP 202 (2002), 179 (216 f.); Lieb, FS Rechtswiss. Fak. Köln, S. 251 (268 Fn. 54); Prölss, ZIP 1981, 337 (346); Stoll, FS Riesenfeld, S. 275 (285).

80 Vgl. dazu die Ausführungen bei Grigoleit, S. 184 ff.

81 Soergel-Huber, § 459 Rn. 244; Aderhold, DStR 1991, 844 (847); Canaris, ZGR 1982, 395 (416); Gruber, MDR 2002, 433 (435); Hiddemann, ZGR 1982, 435 (449); Mössle, BB 1983, 2146 (2148 f.); H. P. Westermann, ZGR 1982, 45 (59); Willemsen, AcP 182 (1982), 515 (552); Zimmer, NJW 1997, 2345 (2350).

aus der Abweichung der Partei, die das günstigere Geschäft gemacht hat. Ausgehend vom Kausalitätsgedanken[82] liegt es nahe, dem Verkäufer bzw. Käufer einen Preisvorteil auch bei der Kaufpreisherabsetzung zu belassen, denn es wäre im Rahmen eines hypothetischen Kausalverlaufs sehr unwahrscheinlich, dass die eine oder andere Seite ihren Vorteil aufgegeben hätte.

Hier wird jedoch häufig wieder aufgegriffen, dass in vielen Fällen im Rahmen des hypothetischen Kausalverlaufs der Vertrag gar nicht zustande gekommen wäre und der Käufer deshalb so gestellt werden müsse, wie er ohne den Vertrag stünde[83]. Dieses bedingt eine Differenzzahlung allein zwischen realem Wert und gezahltem Kaufpreis. Wenn der Käufer also ein Unternehmen für 100.000 € kauft, welches eigentlich einen Wert von 200.000 € haben sollte, real aber nur 100.000 € wert ist, erhält der Käufer nichts[84]. Diese Methode dient aber allein der Begrenzung des Käuferanspruchs, ohne dass er diese Differenz auch erhalten soll, wenn er selbst ein nachteiliges Geschäft geschlossen hat (also z. B. 250.000 € gezahlt hätte), denn ansonsten würde er durch die Aufrechterhaltung des Vertrags ebenfalls einen Vorteil erhalten, den er bei den Verkaufsverhandlungen nicht erzielt hätte[85]. Im Alternativfall soll der Käufer also nur 100.000 € statt 150.000 € ersetzt bekommen[86]. Diese Argumentation ist jedenfalls richtig, wenn tatsächlich feststeht, dass es andernfalls nicht zum Vertrag gekommen wäre. Dann greift auch der Einwand, dass bei einem vorteilhaften Vertrag des Käufers und einer minderungsartigen Berechnung dieser das positive Interesse

---

82 Von vornherein für eine reine Frage der Schadensberechnung, bei der diese Kausalität keine Rolle spiele, hält Kiethe, DStR 1995, 1756 (1762 f.), dieses Problem. Dem kann nicht zugestimmt werden, weil die Kausalität die relevante Verknüpfung von Vertrauen und Vermögenseinbuße darstellt. Das gilt für die Schadensbegründung genauso wie für die Schadenshöhe.

83 Kanzleiter, DNotZ 1991, 141 (146); Medicus, FS Lange, S. 539 (557 f.); Mertens, ZGS 2004, 67 (71 f.); Messer, FS Steindorff, S. 743 (749 ff.); G. Müller, ZIP 1993, 1045 (1048); Tiedtke, JZ 1989, 569 (571); ders., DB 1989, 1321 (1322); Willemsen, AcP 182 (1982), 515 (553); auch Reinicke/Tiedtke, Kaufrecht, Rn. 854 f.

84 Diese Einschränkung wird auch am ehesten der inzwischen vom BGH geforderten Voraussetzung des Vorliegens eines Vermögensschadens gerecht: vgl. BGH NJW 1998, 302 (304). Kritisch dazu Erman-Westermann, § 311 Rn. 43; Fleischer, AcP 200 (2000), 91 (111 ff.); Lorenz, ZIP 1998, 1053 (1055 f.); Wiedemann, JZ 1998, 1176 (1177).

85 Insofern erübrigt sich eigentlich die besondere Klarstellung Paefgens, S. 80 ff., dass der Käufer nur den durch die Falschangabe objektiv bedingten Minderwert erhalten dürfe, denn dass immer die Differenz vom gezahlten Kaufpreis zum realen Wert zu ersetzen sei, behauptet auch die von ihm dargestellte Gegenansicht nicht.

86 Vgl. Canaris, ZGR 1982, 395 (420), der seine Ansicht aber ohnehin zugunsten der Minderungsberechnung aufgegeben hat: AcP 200 (2000), 273 (316 f.).

ersetzt bekäme, denn er würde einen Vorteil aus dem aufrechterhaltenen Vertrag erhalten, den er bei richtiger Aufklärung nicht erlangt hätte[87].

Dort, wo dem Käufer aber ein Kausalitätsnachweis tatsächlich erspart werden soll, soweit er sich auf die minderungsartige Wirkung beruft, entspricht die Minderungsrechnung am ehesten der Wahrscheinlichkeit und den Interessen der Parteien. Dann bekommt der Käufer auch nicht das positive Interesse ersetzt, denn den Vorteil aus dem Vertrag erlangt er aus der vertraglichen Abrede, die in jedem Fall Bestand gehabt hätte, nicht aus dem Schadensersatzanspruch[88]. Geht man davon aus, dass die Rechtsprechung als Billigkeitslösung ohne tatsächliche Prüfung des hypothetischen Kausalverlaufs von einer alternativen Kaufpreisherabsetzung ausgeht, ist die undifferenzierte Anwendung der Minderungslösung nur logisch, ansonsten würden die Beweislastprobleme wieder auftauchen, welche durch das Wahlrecht gerade beseitigt werden sollen[89]. Spätere Gewinne sind dann auch nicht im Wege der Vorteilsanrechnung in Abzug zu bringen[90].

cc) Kritik

Dass hier die Haftung über die culpa in contrahendo dem Kaufrecht sehr stark angepasst wurde, ist offensichtlich[91]. Dem Kausalitätsdogma folgend müsste man zumindest aus der Sicht eines vernünftigen Käufers differenzieren, ob er den Vertrag abgeschlossen hätte oder nicht und daran die Rechtsfolgen festmachen[92].

---

87 So Grigoleit, S. 194 ff.; Messer, FS Steindorff, S. 743 (751); G. Müller, ZIP 1993, 1045 (1048); Tiedtke, JZ 1989, 569 (571); Willemsen, AcP 182 (1982), 515 (553); zurückhaltend Medicus, FS Lange, S. 539 (558).

88 Paefgen, S. 81; Stoll, FS Riesenfeld, S. 275 (286); auch Mertens, ZGS 2004, 67 (70); Zimmer, NJW 1997, 2345 (2351 Fn. 62).

89 Insofern erscheint es aber verwunderlich, dass die Rechtsprechung vom Ersatz positiven Interesses spricht, wenn ein Vertrag aufrechterhalten wird, ohne zu klären, ob damit nicht eigentlich doch das negative Interesse gemeint ist: vgl. RGZ 103, 47 (51); 132, 76 (79 f.); BGH NJW 2001, 2875.

90 BGH NJW 1977, 1536 (1537 f.), entsprechend den vorangegangenen Ausführungen, wo allerdings ganz klar feststand, dass es bei richtiger Aufklärung nicht zum Vertrag gekommen wäre; anders die Gegenansicht, die wiederum nur daraus folgt, dass bei Abstandnahme vom Vertrag diese Gewinne auch nicht erzielt worden wären: Willemsen, AcP 182 (1982), 515 (553 f.).

91 So auch MüKoHGB-Lieb, Anh § 25 Rn. 67 f.; ders., FS Gernhuber, S. 259 (263 f.); Canaris, ZGR 1982, 395 (422); als Denaturierung des Anspruchs bezeichnend G. Müller, ZHR 147 (1983), 501 (521); als Sonderrecht bezeichnend Soergel-Wiedemann, Vor § 275 Rn. 277.

92 Lieb, FS Rechtswiss. Fak. Köln, S. 251 (267); Baur, BB 1979, 381 (386 f.); Willemsen, AcP 182 (1982), 515 (553); Zimmer, NJW 1997, 2345 (2350); auch AnwKomBGB-Krebs, § 311 Rn. 43, fordert zumindest nach neuem Recht eine Rückbesinnung auf diese

Steht von vornherein fest, dass der Vertrag bei richtiger Aufklärung nicht geschlossen worden wäre, kommt eine dogmatische Rechtfertigung der minderungsähnlichen Wirkung mit Ausnahme des nicht alle Fälle erfassenden § 251 Abs. 1 BGB gar nicht in Betracht[93]. Weil der BGH diese Fälle aber genauso entscheidet wie die, in denen der Käufer geltend macht, dass ein geringerer Kaufpreis vereinbart worden wäre, dürfte man den ihm zugesprochenen Ersatz eigentlich nur als Entschädigung auffassen, die nach § 287 ZPO geschätzt wird[94], wobei der Berechnungsmaßstab aber einer dogmatischen Grundlage entbehrt[95]. In dieser Weite ist es deshalb durchaus angebracht, kritisch von einer Durchbrechung des Prinzips der Naturalrestitution zu sprechen[96].

Soweit der Käufer versucht hätte, das Unternehmen zu einem geringeren Preis zu erwerben, ist zu Recht darauf hingewiesen worden, dass die (unwiderlegbare) Vermutung, der Verkäufer hätte sich auf einen der Minderung entsprechenden Kaufpreis eingelassen, weder gesetzlich angeordnet ist[97] noch aufgrund allgemeiner Lebenserfahrung existiert[98]. Man muss sich darüber im Klaren sein, dass die Vertragsanpassung einen Eingriff in die vertragsautonome Entscheidung der Parteien darstellt, den Kaufpreis selbst festzulegen[99]. Die Rechtsprechung rechtfertigt den Eingriff damit, dass eine Versagung des Anspruchs

---

Prinzipien, weil man über die §§ 280 Abs. 1, 311 Abs. 2, 241 Abs. 2 BGB keine Schutzlücken des Gewährleistungsrecht mehr kompensieren müsse.

93 Greift § 251 Abs. 1 BGB dagegen ein, erfolgt die Berechnung der Entschädigung danach, wie der Käufer bei Nichtabschluss des Vertrags gestanden hätte und nicht so, wie er gestanden hätte, wenn ein geringerer Kaufpreis vereinbart worden wäre.

94 Insofern ist Canaris (ZGR 1982, 395 (421 f.)) nicht zuzustimmen, wenn er geltend macht, der BGH verstoße gegen die allgemeinen Denkgesetze der Kausalität. Es handelt sich um eine Billigkeitslösung außerhalb der Kausalität: vgl. Soergel-Wiedemann, Vor § 275 Rn. 180; G. Müller, ZIP 1993, 1045 (1057); jetzt auch Canaris selbst: AcP 200 (2000), 273 (315 f.).

95 Vgl. Grigoleit, S. 183 f.; Zimmer, NJW 1997, 2345 (2350), der von einem Willkürelement spricht.

96 So Medicus, EWiR 1989, 19 (20); ders., FS Lange, S. 539 (556); Mertens, ZGS 2004, 67 (70); Tiedtke, JZ 1989, 569 (570); Zimmer, NJW 1997, 2345 (2350).

97 Insbesondere geht die Berufung auf § 282 BGB a. F. fehl. Diese Beweislastumkehr galt nur für das Verschulden und auch der neue § 280 Abs. 1 S. 2 BGB bezieht sich explizit nur darauf: Vgl. schon G. Müller, Lossagungsrecht, S. 173 ff.; ders., ZHR 147 (1983), 501 (524). Anders aber Larenz, Schuldrecht I, § 24 I b (S. 371 f.); Nirk, FS Möhring 1965, S. 385 (416); tendenziell auch BGHZ 61, 118 (122), und NJW 1968, 2240 (2240 f.), wo eine Kausalitätsvermutung aufgrund der Gefahrenbereiche aufgestellt wird.

98 Canaris, ZGR 1982, 395 (421); dem folgend G. Müller, Lossagungsrecht, S. 165; ders., ZHR 147 (1983), 501 (520 f.). Ebenso kritisch MüKoHGB-Lieb, Anh § 25 Rn. 68; Larenz, Schuldrecht II/1, § 45 II (S. 168); Reinicke/Tiedtke, Kaufrecht, Rn. 858; Medicus, EWiR 1989, 19 (20); Willemsen, AcP 182 (1982), 515 (552 ff.).

99 Canaris, ZGR 1982, 395 (421); Hommelhoff/Schwab, FS Zimmerer, S. 267 (286); Tiedtke, DB 1989, 1321 (1322); a. A. Paefgen, S. 60, unter bedenklichem Hinweis auf Gewohnheitsrecht.

aufgrund der schwer nachweisbaren Kausalität den Zweck der Aufklärungspflichten unterwandere, den Verkäufer zur sorgfältigen Aufklärung anzuhalten[100]. Dann sollte man sich aber vergegenwärtigen, dass über die weitreichenden Pflichten, die dem Verkäufer auferlegt werden, wenn er aussagekräftige Zahlen vorlegt, die Verschuldenshaftung so stark ausgeweitet wird, dass im Grunde nichts anderes gesagt wird, als dass er für solche Angaben nahezu verschuldensunabhängig einzustehen hat. Insbesondere dann, wenn eine Minderung zu einer sehr starken Herabsetzung des Kaufpreises führt, kann es aus Sicht des reinen Vertrauensschutzes dem Verkäufer nicht von vornherein verwehrt werden, geltend zu machen, dann das Unternehmen doch eher behalten haben zu wollen, insbesondere wenn die Geschäftsergebnisse nicht allein ausschlaggebend für den Kauf waren[101].

dd) Vorteile des vorgeschlagenen Lösungswegs

Wenn man der Abweichung von den allgemeinen Kausalitätsgrundsätzen zustimmen kann, dann allenfalls deshalb, weil das Ergebnis des Wahlrechts und der Anwendung der Minderungsgrundsätze gerechtfertigt erscheint, was wiederum daraus resultiert, dass es hier um die Anpassung des Äquivalenzverhältnisses geht[102]. Dies kommt auch durch die Berufung auf § 242 BGB bzw. die Störung der Geschäftsgrundlage[103] sowie in der Rechtfertigung des Wahlrechts über die culpa in contrahendo vielfach zum Ausdruck[104]. Dann stellt sich jedoch

100 BGHZ 61, 118 (122).

101 Kritisch auch Medicus, EWiR 1989, 19 (20); Tiedtke, JZ 1989, 569 (572), der daraus tatsächlich die Konsequenz zieht, den Käufer auf Rückabwicklung oder Verzicht auf Ersatzansprüche zu verweisen; allgemein auch Rieble, in: Dauner-Lieb/Konzen/Schmidt, Das neue Schuldrecht in der Praxis, S. 137 (154). Als treuwidrig (Soergel-Huber, § 459 Rn. 267) kann ein solches Verhalten jedenfalls nicht eingeordnet werden: vgl. auch G. Müller, Lossagungsrecht, S. 165; ders., ZIP 1993, 1045 (1054); Hommelhoff/Schwab, FS Zimmerer, S. 267 (286 ff.). G. Müller schlug deshalb vor, in solchen Fällen dem Verkäufer zumindest das Wahlrecht zuzubilligen, den Kaufpreis herabzusetzen oder den Vertrag rückabzuwickeln (ZIP 1993, 1045 (1053); ZHR 147 (1983), 501 (537)).

102 Soweit ist MüKoHGB-Lieb, Anh § 25 Rn. 67, und Willemsen, AcP 182 (1982), 515 (554), zuzustimmen; vgl. auch Larisch, S. 43.

103 Vgl. Grigoleit, S. 210 ff.

104 So etwa Soergel-Huber, § 459 Rn. 267, und G. Müller, ZIP 1993, 1045 (1054), wenn geltend gemacht wird, dass der Verkäufer sich widersprüchlich verhalte, wenn er die Bilanzzahlen erst zur Grundlage des Kaufpreises werden lässt und genau das dann doch bestreitet. Ebenso Prölss, ZIP 1981, 337 (346), der darauf verweist, der Käufer dürfe über die culpa in contrahendo nicht schlechter stehen als über die §§ 459 BGB ff. a. F. Deutlich auch Paefgen, S. 60, der einen Eingriff in die Privatautonomie verneint, weil die Parteien selbst unter Zugrundelegung der Angaben einen vom realen Verkehrswert abweichenden Preis vereinbart haben. Vgl. auch Keil, S. 181; Tiedtke, DB 1989, 1321 (1322); Zimmer, NJW 1997, 2345 (2350 f.).

die Frage, ob dieses Wahlrecht tatsächlich über das offensichtlich ungeeignete Rechtsinstitut der §§ 280 Abs. 1, 311 Abs. 2, 241 Abs. 2 BGB gewährt werden sollte, anstatt über die Minderung zu gehen[105]. Der oftmals unkritischen Feststellung, dass die §§ 280 Abs. 1, 311 Abs. 2, 241 Abs. 2 BGB eine interessengerechte Behandlung des Ausgleichs dieser Äquivalenzstörungen ermöglichen können[106], sollte deshalb mit Vorsicht begegnet werden.

Aber auch durch Abspaltung der Abschlussangaben, die nicht ausreichen, um eine Ertragsfähigkeitsangabe zu begründen, bietet sich hier die Möglichkeit, zu sachgerechten und dogmatisch überzeugenderen Entscheidungen zu gelangen. Es handelt sich dabei um bisher kaum relevant gewordene Grenzbereiche, die im Einzelfall erhebliche Unterschiede aufweisen können. Im Rahmen der Kausalität wird es selten vorkommen, dass bei richtigen Angaben der Kaufvertrag gar nicht abgeschlossen worden wäre. Wenn der Käufer sich nicht umfassend über die Geschäftsergebnisse informieren lässt, deutet das schon darauf hin, dass andere Gründe seine Kaufentscheidung maßgeblicher beeinflussen. Man ist dann nicht mehr gezwungen, eine hypothetische Kausalität im Rahmen der Kaufpreisbildung zu untersuchen, welche von vornherein gar nicht in Betracht kommt. Wenn der Käufer dagegen geltend macht, dass er den Kaufpreis reduzieren will, muss beachtet werden, dass eine Berechnung nach Maßgabe der Minderungsvorschriften oftmals schwierig wird, weil der Kaufpreis im Wesentlichen nicht an den Geschäftsergebnissen ausgerichtet ist. Annehmbar scheint dann sogar der allgemeine Ausgangspunkt, den Nachweis des hypothetischen geminderten Kaufpreises dem Käufer aufzubürden, auch wenn das im Regelfall damit verbunden sein wird, ihm keine „Minderung" zuzusprechen[107]. Jedenfalls sollte in diesen Grenzbereichen dem Verkäufer der mögliche Nachweis zugestanden werden, dass er sich auf eine sehr weitgehende Minderung nicht eingelassen hätte.

d) Ergebnis

Als Ergebnis bleibt festzuhalten, dass die kaufpreismindernde Wirkung hinsichtlich Verschulden und Kausalität über den vorgeschlagenen zweigleisigen

---

105 Die Behauptung U. Hubers, Minderung und Rücktritt seien am besten über die culpa in contrahendo zu erreichen (AcP 202 (2002), 179 (233)), kann deshalb auf jeden Fall nicht überzeugen. Vgl. auch MüKoHGB-Lieb, Anh § 25 Rn. 128; G. Müller, Lossagungsrecht, S. 168.

106 So Barnert, WM 2003, 416 (422).

107 Vgl. dazu die Ausführungen von Grigoleit, S. 201 ff., der allenfalls die Erleichterung über § 287 Abs. 1 ZPO befürwortet, wenn der hypothetische Vertragsschluss überwiegend wahrscheinlich ist und dafür greifbare Anhaltspunkte bestehen. Vgl. auch AnwKomBGB-Krebs, § 311 Rn. 43; G. Müller, Lossagungsrecht, S. 167 f.; Rieble, in: Dauner-Lieb/Konzen/Schmidt, Das neue Schuldrecht in der Praxis, S. 137 (155); Messer, FS Steindorff, S. 743 (754).

Weg am besten zu erreichen ist und zudem der Interessenlage entspricht. In den Fällen, in denen Angaben über die Ertragsfähigkeit vorliegen, wird das Äquivalenzverhältnis verschuldensunabhängig wiederhergestellt in der Relation des vereinbarten Preises zum realen Wert, wenn der Käufer als benachteiligte Partei dieses fordert. Liegen weniger aussagekräftige Daten vor, ist die genauere Prüfung, ob der Verkäufer die Angaben überprüfen und auf Probleme hinweisen musste, einzelfallbezogen vorzunehmen. Hier ist eine Verschuldensprüfung durchaus gerechtfertigt. Auch im Hinblick auf die Kausalität kann man hier eher wieder zu den allgemeinen Prinzipien der §§ 280 Abs. 1, 311 Abs. 2, 241 Abs. 2 BGB zurückkehren.

3. Rücktritt und Anspruch auf Rückabwicklung

Ein häufiger Grund dafür, dass man Abschlussangaben weitgehend aus dem Gewährleistungsrecht verbannen will, liegt im angeblich unpassenden Rücktrittsrecht[108]. Von dieser Behauptung ausgehend soll geprüft werden, inwieweit dies tatsächlich auf Angaben über die Ertragsfähigkeit zutrifft und ob der generelle Weg über die §§ 280 Abs. 1, 311 Abs. 2, 241 Abs. 2 BGB einen Vorteil darstellen würde. Hier stellt sich im Vergleich zum einen die Frage, ob und inwieweit über beide Wege die Rückübertragung des Unternehmens ausgeschlossen sein kann [a]. Zum anderen ist zu prüfen, ob es einen gerechten finanziellen Ausgleich in solchen Fällen gibt [b] und ob die Nebenfolgen des Rücktritts unbillig sind [c].

a) Der Ausschluss des Rücktrittsrechts bzw. des Anspruchs auf Rückabwicklung

aa) Das Problem eines uneingeschränkten Rücktrittsrechts

Der Rücktritt wird dem Unternehmenskäufer unabhängig von der Frage der Anerkennung der Ertragsfähigkeit als Eigenschaft jedenfalls in Fällen substratbezogener Mängel alternativ zur Minderung gewährt, soweit der Mangel erheblich ist (§§ 437 Nr. 2, 323 Abs. 1 und Abs. 5 S. 2 BGB). Auch dort stellt er sich zum Teil als unangemessen harter Rechtsbehelf dar, soweit er dazu führt, dass der Verkäufer tatsächlich dazu verpflichtet sein soll, das Unternehmen zurückzunehmen. Die Behandlung des Rücktrittsrechts im Rahmen des Unternehmenskaufs stellt also ein allgemeines Problem dar, welches nicht nur im Fall falscher Geschäftsergebnisse auftritt. Je nach Grad der Umstrukturierung des Unternehmens und der geänderten Marktsituation ist der Verkäufer nach einer gewissen Zeit zumeist gar nicht mehr in der Lage, das Unternehmen ohne Weiteres fortzuführen, was umso mehr zutrifft, wenn der Verkauf dem Wechsel in den Ruhe-

108 Vgl. zur Wandelung Soergel-Huber, § 459 Rn. 251; Kantenwein, S. 80 ff.

stand dient oder etwa der verkaufende Erbe das Unternehmen selbst nicht führen kann.

Abgesehen davon kann das Unternehmen durch einen häufigen Inhaberwechsel auch seine marktwirtschaftliche Stellung verlieren. Dadurch betroffene sozialpolitische Erwägungen wie etwa den Arbeitnehmerschutz hält insbesondere *Hommelhoff* für beachtlich[109]. Im Vertragsrecht müssen solche Belange Dritter aber unberücksichtigt bleiben, solange dadurch nicht die Interessen der Vertragsparteien berührt werden[110]. *Willemsen* weist zu Recht darauf hin, dass auch bei der Veräußerung eines Unternehmens der Unternehmer soziale Belange nicht berücksichtigen muss, solange dies nicht gesondert angeordnet ist[111]. Dasselbe muss dann auch bei der Rückabwicklung gelten.

Die genannten Erwägungen führen in den Fällen, in denen ein Vertragswerk vorhanden ist, meistens dazu, dass der Rücktritt ausgeschlossen wird[112]. Vereinzelt wird er bei Unzumutbarkeit der Fortführung auf Seiten des Käufers zugelassen[113]. Sowohl nach alter als auch neuer Rechtslage wird ein Ausschluss oder eine genaue Regelung des Rücktritts aber wohl zu Recht empfohlen[114]. Das vorgeschaltete Nacherfüllungsrecht des Verkäufers bietet nur dort eine ausreichende Möglichkeit zur Abwendung des Rücktritts, wo der Fehler behebbar ist[115]. Bei einem unbehebbaren Fehler, der regelmäßig bei Falschangaben über

109 Sachmängelhaftung, S. 25 f., und ZHR 140 (1976), 271 (300); zurückhaltender Hommelhoff/Schwab, FS Zimmerer, S. 267 (272 ff.).

110 Vgl. auch Hollenberg, S. 13 f.; G. Müller, Lossagungsrecht, S. 439 f.; Willemsen, AcP 182 (1982), 515 (566); aus schadensersatzrechtlicher Sicht Fuest, S. 63; kritisch auch H. P. Westermann, ZGR 1982, 45 (58), weil bei einer so vielseitigen Interessenabwägung kaum noch justiziabel sei, wann dem Käufer das Behalten des Unternehmens zumutbar ist; offengelassen von Prölss, ZIP 1981, 337 (344).

111 AcP 182 (1982), 515 (566).

112 Vgl. Hess/Fabricius, in: Vertrags- u. Formularhandbuch Handelsrecht, S. 675; U. Huber, AcP 202 (2002), 179 (205).

113 Vgl. Günther, in: Münchener Vertragshandbuch, Band 2, S. 188; Buchwaldt, NJW 1994, 153 (157 f.).

114 Zur neuen Rechtslage: Beisel/Klumpp-Klumpp, Kap. 16, Rn. 94 ff.; Haas/Medicus/Rolland/Schäfer/Wendtland-Haas, Kap. 5, Rn. 552; Hölters-Semler, Teil VI, Rn. N 1921; Holzapfel/Pöllath, Unternehmenskauf, Rn. 485; Kroiß-Plassmeier, Klauselbuch Schuldrecht, § 21 Rn. 48; Mueller-Thuns, in: Rödder/Hötzel/Mueller-Thuns, Unternehmenskauf, § 9 Rn. 85 u. 101, für Garantien § 10 Rn. 65 f.; Picot, in: Picot, Unternehmenskauf, Teil I, Rn. 91; Reiner, in: Semler/Volhard, ÜN Hdb., § 56 Rn. 199; Rotthege/Wassermann-Rotthege, Rn. 1235; v. Gierke/Paschen, GmbHR 2002, 457 (463); Gronstedt/Jörgens, ZIP 2002, 52 (62); Knott, NZG 2002, 249 (253); Seibt/Reiche, DStR 2002, 1135 (1140); Triebel/Hölzle, BB 2002, 521 (526 u. 536); Weitnauer, NJW 2002, 2511 (2516); Wunderlich, WM 2002, 981 (987); Zerres, MDR 2003, 368 (371). Zur alten Rechtslage vgl. Roschmann, ZIP 1998, 1941 (1944); Wessing, ZGR 1982, 455 (468).

115 Deshalb wurde schon nach früherem Recht die Vorschaltung eines Nacherfüllungsrechts vorgeschlagen: vgl. Angermann, S. 84; Hommelhoff, Sachmängelhaftung, S. 110 ff.;

die Ertragsfähigkeit vorläge, ist der Rücktritt sofort möglich (§ 326 Abs. 5 BGB). Deshalb stellt sich das Rücktrittsproblem dort weiterhin in gleicher Intensität wie bisher. Als gesetzliche Regelung entspricht diesen Interessen am ehesten § 313 BGB, weil dort nur bei Unzumutbarkeit eines anderweitigen Ausgleichs eine Rückabwicklung zugelassen wird (§ 313 Abs. 3 S. 1 BGB)[116]. Auf dieses Haftungsinstitut kann jedoch wie bereits erläutert nicht zurückgegriffen werden[117].

bb) Unzulängliche Lösungen im Rahmen des Rücktrittsrechts

(1) Der generelle Ausschluss des Rücktrittsrechts auf Analogiebasis

Eine Literaturansicht will das Rücktrittsproblem lösen, indem sie betont, dass die Anwendung des Gewährleistungsrechts auf den Unternehmenskauf nur im Wege der Analogie erfolgt. Die entsprechende Anwendung des Rücktrittsrechts soll es ermöglichen, die Rechtsfolgen einfach entsprechend der Interessenlage zu modifizieren und den Rücktritt nur im Ausnahmefall zuzulassen[118]. Im Hinblick auf eine interessengerechte Lösung erscheint dieser Weg zwar passabel, kann aber ohne gesetzliche Verortung kaum überzeugen, insbesondere nach der Gesetzesänderung. Nach alter Rechtslage wurde das Kaufrecht auf den Unternehmenskauf und das Rücktrittsrecht auf die Wandelung nur analog angewendet. In der jetzigen Gesetzesfassung ist das Rücktrittsrecht bei Mängelhaftung direkt anwendbar und auch der Unternehmenskauf soll nach der Regierungsbegründung zu § 453 Abs. 1 BGB deutlich dem Kaufrecht unterstehen[119]. Selbst wenn dort nur eine entsprechende Anwendung vorgesehen ist, spricht die Tatsache, dass man bei Erkennen der Problematik keinen Ausnahmetatbestand für den Unternehmenskauf vorgesehen hat, mehr dafür, nicht ohne Weiteres vom gesetzlich vorgesehenen Haftungssystem abzuweichen.

---

ders., ZHR 140 (1976), 271 (299 f.); G. Müller, Lossagungsrecht, S. 414 f., 433 ff.; ders., ZHR 147 (1983), 501 (539); auch K. Schmidt, Handelsrecht, § 6 II 3 b) aa) (S. 154).

116 Vgl. Canaris, Handelsrecht, § 8 Rn. 26; ders., ZGR 1982, 395 (402); G. Müller, ZIP 2000, 817 (827).

117 Vgl. Kap. 2 II 3.

118 Zur alten Rechtslage Knöpfler, S. 54, 134 f.; Larenz, Schuldrecht II/1, § 45 II a (S. 168 f.); K. Schmidt, Handelsrecht, § 6 II 3 b) aa) (S. 154); tendenziell auch MüKoHGB-Lieb, Anh § 25 Rn. 78 u. 108; für Modifizierungen auf der Rechtsfolgenseite nach bisherigem Recht MüKo-Westermann (3. Aufl.), § 459 Rn. 48; ders., ZGR 1982, 45 (58); vgl. auch Hommelhoff, Sachmängelhaftung, S. 115; ders., ZHR 140 (1976), 271 (300); G. Müller, Lossagungsrecht, S. 414 f. Zum neuen Recht Gaul, ZHR 166 (2002), 35 (56 f.); für die gänzliche Nichtanwendung Haas/Medicus/Rolland/Schäfer/Wendtland-Haas, Kap. 5, Rn. 552.

119 BT-Drucks. 14/6040, S. 242.

(2) Anwendung des § 323 Abs. 5 S. 1 BGB

Eine weitere Lösungsmöglichkeit könnte darin liegen, in geringeren Zahlen als erwartet einen Quantitätsmangel zu sehen und darauf die Schwelle des § 323 Abs. 5 S. 1 BGB anzuwenden, der einen Interessenwegfall des Käufers fordert. Tatsächlich wird vertreten, dass § 434 Abs. 3 Alt. 2 BGB nur eine Vereinfachung im Hinblick auf die Bestimmung eines Mangels ermöglichen solle, bei der Frage des Rücktritts aber nicht die Regel des § 323 Abs. 5 S. 2 BGB anzuwenden sei, sondern die eigentlich für solche Fälle interessengerechte Regelung des § 323 Abs. 5 S. 1 BGB[120]. Abgesehen davon, dass die vereinfachende Wirkung des § 434 Abs. 3 Alt. 2 BGB dadurch aufgehoben würde und deshalb eine einheitliche Behandlung eher geboten ist[121], kann diese Argumentation beim Unternehmenskauf aber ohnehin nicht durchgreifen, denn beim Stückkauf ist § 434 Abs. 3 Alt. 2 BGB gar nicht anwendbar[122]. Im Übrigen könnte der Gedanke, dass eine höhere Grenze gefordert wird, weil der Käufer sich die nicht geleisteten Teile ohne Weiteres woanders besorgen könnte und auch mit der geringeren Leistung in der Regel etwas anfangen kann[123], bei schlechten Ergebnissen der Vergangenheit nicht eingreifen.

cc) Ausschluss des Rücktritts bzw. des Anspruchs auf Rückabwicklung wegen Geringfügigkeit des Mangels

(1) Ausschluss durch das Erheblichkeitskriterium im Rücktrittsrecht

Aus gewährleistungsrechtlicher Sicht ist das Rücktrittsrecht bei geringfügigen Qualitätsmängeln nur im Fall der Unerheblichkeit nach § 323 Abs. 5 S. 2 BGB ausgeschlossen. Diese Schwelle soll den Verkäufer schützen, wird aber durch einseitige Prüfung der Beeinträchtigung auf Käuferseite ermittelt, so dass dieser Ansatz keinen vollständigen Interessenausgleich ermöglicht. Es stellt sich aber zumindest die Frage, ob diese Schwelle nur eine Bagatellgrenze darstellt oder darüber hinausgeht.

---

120 So auch Canaris, Schuldrechtsmodernisierung 2002, S. XXII f.; ders., ZRP 2001, 329 (334 f.); Looschelders, Schuldrecht AT, Rn. 629, 709; Lorenz/Riehm, Rn. 219, 519; Grigoleit/Riehm, ZGS 2002, 115 ff.

121 Regierungsbegründung, BT-Drucks, 14/6040, S. 187; Bamberger/Roth-Grothe, § 323 Rn. 42, § 326 Rn. 31; auch MüKo-Ernst, Bd. 2a, § 323 Rn. 215 f., mit Ausnahme der Fälle, in denen der Verkäufer deutlich macht, dass er den Rest noch leisten will; Westermann-Buck, Das Schuldrecht 2002, S. 105 (145 f.); Westermann-Schultz, Das Schuldrecht 2002, S. 17 (72 f.), zum selben Problem beim Schadensersatz.

122 Kap. 2 III 1 c) cc); vgl. auch Bergjan, S. 215 f.

123 Vgl. Grigoleit/Riehm, ZGS 2002, 115 (S. 117 f.).

(a) Ausweitung des Erheblichkeitskriteriums über Analogien nach altem Recht

Jedenfalls nach altem Recht stellte das Erheblichkeitskriterium nicht mehr als eine Bagatellgrenze dar, weil man bei Ablehnung der Erheblichkeit schon das Vorliegen eines Mangels ablehnen musste und dem Käufer gar keine Rechtsbehelfe zugestehen konnte[124]. Für die Wandelung beim Unternehmenskauf wurde jedoch gefordert, strengere Kriterien anzuwenden. Vorgeschlagen wurde etwa, den Rechtsgedanken des § 470 S. 2 BGB a. F. anzuwenden und die Wandelung nur zuzulassen, wenn der Fehler bezogen auf das Gesamtunternehmen nicht nebensächlich sei, sondern die wirtschaftliche Grundlage des Unternehmens erschüttere oder eine Zusicherung vorliege[125]. Zum anderen wurde eine Analogie zu § 468 S. 2 BGB a. F. erwogen, der eine Wandelung bei zugesicherter Grundstücksgröße nur zuließ, wenn die Abweichung so erheblich war, dass der Käufer an der Vertragserfüllung kein Interesse hatte[126]. Es bestünde insofern ein Gleichlauf der Interessen, weil auch die Grundstücksgröße zwar im Grundsatz relevant sei, der Käufer sich in der Regel bei abweichenden Angaben aber dennoch nicht vom Kaufvertrag gelöst hätte[127] und im Gegensatz zu typischen Umsatzgeschäften ein Verweis auf den rein wirtschaftlichen Ausgleich durch die Minderung zumutbar sei[128]. Die Rechtsprechung hat diese Ansätze nicht aufgegriffen und ist auch diesem Problem durch die Einschränkung des Beschaffenheitsbegriffs ausgewichen[129], ohne ihm im Rahmen der culpa in contrahendo aber endgültig entgehen zu können.

(b) Der Erheblichkeitsbegriff nach neuem Recht

Die analoge Anwendung der §§ 468 S. 2, 470 S. 2 BGB a. F. kommt nach neuem Recht nicht mehr in Betracht, weil diese Vorschriften ersatzlos entfallen sind[130], und auch der Erheblichkeitsbegriff selbst scheint auf den ersten Blick im

---

124 G. Müller, Lossagungsrecht, S. 434.

125 Mössle, BB 1983, 2146 (2152); auch schon G. Müller, Lossagungsrecht, S. 439; ähnlich Flume, Eigenschaftsirrtum, S. 123.

126 Hommelhoff, Sachmängelhaftung, S. 115; ders., ZHR 140 (1976), 271 (300); Moosmayer, S. 68; U. Huber, ZGR 1972, 395 (417 f.); W. Müller, JuS 1975, 489 (493); Prölss, ZIP 1981, 337 (344); H. P. Westermann, ZGR 1982, 45 (58); Willemsen, AcP 182 (1982), 515 (564). Vgl. auch MüKoHGB-Lieb, Anh § 25 Rn. 109; ders., FS Gernhuber, S. 259 (269 f.), der insofern neben den Käuferinteressen auch die des Verkäufers berücksichtigen wollte; Kantenwein, S. 125 ff., der allerdings von einer ausschließlich einzelgegenstandsbezogenen Haftung ausging. Kritisch dagegen Fuest, S. 60 f.; G. Müller, Lossagungsrecht, S. 441; Canaris, ZGR 1982, 395 (400).

127 U. Huber, ZGR 1972, 395 (417 f.).

128 Willemsen, AcP 182 (1982), 515 (563).

129 Deutlich Hiddemann, ZGR 1982, 435 (442 f.).

130 Regierungsbegründung, BT-Drucks. 14/6040, S. 205.

neuen Recht nichts anderes zu bedeuten als im alten Recht[131], wovon auch in der Literatur zumeist unbesehen ausgegangen wird[132]. Beim Unternehmenskauf würde dann die Erheblichkeit kaum eine große Hürde darstellen, zumal in der Regel nicht einmal eine Pflicht zu einer mangelfreien Leistung unterhalb dieser Grenze bestehen wird[133].

Zu einer solchen Übernahme der alten Maßstäbe zwingt das Gesetz aber keineswegs. Da jetzt bei unerheblichen Mängeln das Minderungsrecht bestehen bleibt, gibt es keinen Grund mehr, den Ausschluss des Rücktritts wegen Unerheblichkeit möglichst selten anzunehmen. Vielmehr kann man den Rücktritt jetzt allgemein auf die Fälle beschränken, in denen der Vertragszweck des Käufers gefährdet wird[134]. Bei typischen Umsatzgeschäften, insbesondere wenn es um Artikel geringeren Wertes oder zum Weiterverkauf vorgesehene Waren geht, ist diese Grenze schnell überschritten, weil bereits Mängel über der Bagatellgrenze das Interesse des Käufers, die Sache zu behalten, beeinträchtigen[135]. Bei Individualverträgen über größere Gegenstände wird sie demgegenüber höher

---

131 Das zeigt insbesondere die Entstehungsgeschichte des § 281 Abs. 1 S. 2 u. 3 BGB. Zuerst sollte es sowohl für die Teilleistung als auch für die Schlechtleistung auf den Interessenwegfall ankommen. Dann wurde aber doch in S. 3 für die Schlechtleistung nur auf die Erheblichkeit abgestellt, was der Gesetzgeber offenbar als niedrigere Schwelle ansah, vgl. die Regierungsbegründung, BT-Drucks. 14/6040, S. 186 f.

132 Dauner-Lieb/Heidel/Lepa/Ring-Büdenbender, § 8 Rn. 57; Reiner, in: Semler/Volhard, ÜN Hdb., § 56 Rn. 191; Westermann-Buck, Das Schuldrecht 2002, S. 105 (142); Boerner, ZIP 2001, 2264 (2271); Gaul, ZHR 166 (2002), 35 (55); Horn/Bernau, Jura 2003, 702 (707); U. Huber, AcP 202 (2002), 179 (235 f.); Schellhammer, MDR 2002, 301 (308); Triebel/Hölzle, BB 2002, 521 (527), zum Schadensersatz statt der ganzen Leistung.

133 Vgl. oben Kap. 2 III 3 a) aa).

134 Ähnlich MüKo-Ernst, Bd. 2a, § 323 Rn. 243; Larisch, S. 89 f.; Gronstedt/Jörgens, ZIP 2002, 52 (62); auch Büdenbender, in: Dauner-Lieb, Unternehmenskauf und Schuldrechtsmodernisierung, S. 5 (42 f.), der aber wohl nicht ganz so weit geht, wenn er darauf abstellt, ob die Zielsetzung des Erwerbs vollständig erreicht wurde. Bergjan befürwortet grundsätzlich die Annahme einer Bagatellgrenze, nimmt aber beim Unternehmenskauf ausnahmsweise eine restriktive Auslegung vor (S. 218 ff.); ähnlich auch Erman-Grunewald, § 437 Rn. 7 u. 9; Fritzen, S. 77. Vgl. zu dem Kriterium auch schon Willemsen, AcP 182 (1982), 515 (564). Weil der Verkäuferschutz hier nur soweit gewährt werden soll, wie es das Interesse des Käufers ermöglicht, sollte auf die subjektive Käufersicht beim Unternehmenserwerb abgestellt werden, so dass es nicht gezwungenermaßen auf eine Vereinbarung des Vertragszwecks ankommt.

135 Durch diese auch auf die Art des Vertrags bezogene Bewertung lassen sich die Bedenken U. Hubers abmildern, der Vorsicht gebietet, weil die höhere Schwelle nicht nur für den Unternehmenskauf relevant sei (AcP 202 (2002), 179 (236 Fn. 192); zustimmend Kindl, WM 2003, 409 (412 Fn. 52)). Die Schwelle liegt höher, je entscheidender die Bedeutung des Fehlers und der schnellen Abwicklung für den Käufer ist.

liegen[136]. Für diese Auslegung spricht auch, dass das Rücktrittsrecht nach neuer Rechtslage allgemein verschuldensunabhängig ausgestaltet ist und daher einer effektiven Einschränkung bedarf. Der Vorteil des § 323 Abs. 5 S. 2 BGB gegenüber Satz 1 der Vorschrift liegt dann darin, dass die Gefährdung des Vertragszwecks immer noch unterhalb der Schwelle des tatsächlichen Interessenwegfalls liegt und der Verkäufer beweisen muss, dass der Mangel unerheblich ist, während im Rahmen des S. 1 der Käufer den Interessenwegfall zu beweisen hat.

Daraus ergibt sich eine notwendig einzelfallbezogene Wertung anhand der Art des Geschäfts und des Fehlers. Als Anknüpfungspunkt schlägt *Ernst* die Heranziehung der reisevertraglichen Regelung des § 651 e BGB vor[137]. Dabei muss aber beachtet werden, dass der Unternehmer beim Reisevertrag ein großes Kostenrisiko trägt, das ihm nicht abgenommen wird, wenn die Reise abgebrochen wird. Beim Kauf wird das im Regelfall nicht so sein, auch wenn der Unternehmenskauf durchaus vergleichbare Risiken insofern aufweist, als dass auch der Verkäufer ein berechtigtes Interesse daran hat, das Unternehmen nur im Notfall zurücknehmen zu müssen.

Bei der Gefährdung des Vertragszwecks kann es eine Rolle spielen, inwiefern durch Minderung das Interesse des Käufers ausgeglichen werden kann[138]. Nicht berücksichtigungsfähig ist nach diesem Ansatz allerdings das Interesse, sich jetzt von dem ihm aus anderen Gründen vielleicht unliebsam gewordenen Vertrag zu lösen, denn diese Freiheit soll ihm gerade nur dann zustehen, wenn sich der ursprüngliche Vertragszweck nicht ausreichend befriedigen lässt. Ansatzpunkt ist also nicht die Betrachtung aus Verkäufersicht, ob der zurückzuzahlende Kaufpreis im Verhältnis zum Minderwert unangemessen hoch ist[139], sondern nur, ob der Ausgleich des Minderwerts das Interesse das Käufers befriedigt[140]. Das kann etwa dann der Fall sein, wenn eine defekte Maschine zu einem der Minderung in etwa entsprechenden Preisverhältnis repariert werden kann. Aber auch wenn der Minderungswert unter dem Reparaturbetrag liegt, muss dadurch nicht schon zwingend der ursprüngliche Vertragszweck gefährdet sein. Eine solche Gefährdung dürfte erst gegeben sein, wenn etwa der Fehler es unmöglich macht, das zur Fortführung erworbene Unternehmen noch gewinnbringend weiter zu führen, was z. B. beim schlechten Ruf einer Gaststätte in Betracht kommt[141]. Entsprechend einzelfallbezogen muss man dann im Rahmen

136 Diese differenzierte Betrachtungsweise legt bereits Prölss nahe (ZIP 1981, 337 (344)). So lässt sich auch für den Grundstückskauf eine dem § 468 S. 2 BGB a. F. entsprechende Rechtslage weitgehend erhalten.

137 MüKo, Bd. 2a, § 323 Rn. 243.

138 So schon Prölss, ZIP 1981, 337 (344); auch Larenz, Schuldrecht II/1, § 45 II a (S.169); Willemsen, AcP 182 (1982), 515 (564).

139 So aber Gronstedt/Jörgens, ZIP 2002, 52 (62); krit. dazu auch Larisch, S. 88 ff.

140 Vgl. auch Bergjan, S. 220.

141 Wenn G. Müller, ZHR 147 (1983), 501 (528 f.), dagegen fordert, dass der Verkäufer stärker geschützt werden müsse, weil Bilanzierungsfehler relativ leicht unterlaufen und so

der Falschangaben zur Ertragsfähigkeit entscheiden. Führen die Abweichungen bei der Errechnung der Ertragsfähigkeit zu Gewinnminimierungen, die eine Fortführbarkeit des Unternehmens als zweifelhaft erscheinen lassen, wird eine Erheblichkeit zu bejahen sein. In anderen Fällen, in denen die Gewinnerwartungen auf ein Maß reduziert sind, das immer noch eine Fortführung des Unternehmens ermöglicht und dem Käufer im Verhältnis zu alternativen Investitionsmöglichkeiten einen vergleichbaren Gewinn einbringen kann, kann er auf Minderung verwiesen werden. Dies gilt vor allem, weil dem Interesse des Käufers an den entgangenen Gewinnen über die Minderung bei Abhängigkeit des Kaufpreises von den erwarteten Ergebnissen zumindest zum Teil Genüge getan wird. Soweit den Verkäufer ein Verschulden trifft bzw. er die Richtigkeit der Zahlen garantiert hat, wird das Leistungsinteresse des Käufers auch dadurch gewahrt, dass er entgangenen Gewinn als Ausgleich verlangen kann.

(2) Ausschluss des Anspruchs auf Rückabwicklung nach den §§ 280 Abs. 1, 311 Abs. 2, 241 Abs. 2 BGB im Vergleich

Bei diesem Ausgangspunkt stellt sich die Frage, ob die Regelung der §§ 280 Abs. 1, 311 Abs. 2, 241 Abs. 2 BGB tatsächlich ein überlegenes System darstellt. Die Frage, ob der Käufer einen Anspruch auf Rückabwicklung hat, richtet sich hier nach Kausalitätsgesichtspunkten. Es kann im Einzelfall sein, dass der Käufer bei Gefährdung des Vertragszwecks den Vertrag trotzdem abgeschlossen hätte. In diesen Fällen liegt die Grenze höher als die kaufrechtliche[142]. Es kann aber genauso gut sein, dass er aus höchst subjektiven Erwägungen den Vertrag nicht geschlossen hätte, selbst wenn der ursprüngliche Vertragszweck nicht gefährdet war. Insofern kann die Grenze bei den §§ 280 Abs. 1, 311 Abs. 2, 241 Abs. 2 BGB sogar noch unter der Erheblichkeitsschwelle des Kaufrechts liegen. Dementsprechend wurde zur alten Rechtslage unter anderem vorgeschlagen, die Rechtsfolge der Vertragsaufhebung analog §§ 351 f. BGB a. F. einzuschränken[143] oder eine sonstige restriktive Anwendung dieser Variante der culpa in contrahendo einzuschlagen[144], was aber in Anbetracht der eigentlichen Natur

---

u. U. zu großen Verzerrungen der tatsächlichen Unternehmenslage führen könnten, ist dem zu wiedersprechen. Hier darf schließlich nicht übersehen werden, dass bei entsprechend erheblichen Fehlern das Unternehmen auch für den Käufer nicht mehr brauchbar ist und der mindestens genauso schützenswert ist, was sein Interesse angeht, von dem unliebsamen Unternehmen wieder loszukommen. Vgl. insofern auch den Bericht zur Diskussion zum Vortrag Wessings von Rallermeyer, ZGR 1982, 472 (474 f.).

142 Bergjan, S. 220, schlägt dagegen sogar vor, im Kaufrecht für die Erheblichkeit u. a. zu fordern, dass der Käufer den Vertrag nicht geschlossen hätte.

143 MüKoHGB-Lieb, Anh § 25 Rn. 126; Keil, S. 170 ff.

144 Vgl. Knöpfler, S. 144 f.; Canaris, ZGR 1982, 395 (416 ff.); unklar Moosmayer, S. 76, der nur bei schweren Irreführungen eine Vertragsaufhebung zulassen will, das aber dogmatisch nicht begründet.

dieses Schadensersatzanspruchs eher noch bedenklicher anmutet als entsprechende Versuche beim Rücktritt[145]. Im Ergebnis kann man jedoch sagen, dass eine Schwelle, unterhalb welcher eine Rückabwicklung nicht in Betracht kommt, im Kaufrecht und im Rahmen der §§ 280 Abs. 1, 311 Abs. 2, 241 Abs. 2 BGB etwa gleich hoch ist.

Zu keiner Einschränkung führt die Regelung des § 324 BGB, welche den Rücktritt aufgrund von Nebenpflichtverletzungen nur bei Unzumutbarkeit der Vertragsfortsetzung zulässt. Sowohl Wortlaut als auch Zweck der Vorschrift betreffen nur Pflichtverletzungen im Rahmen bestehender Schuldverhältnisse, wo die Kausalität im Allgemeinen nicht zu einer Rückabwicklung führen könnte. Auf vorvertragliche Nebenpflichtverletzungen ist sie daher schon gar nicht anwendbar[146]. Soweit eine Anwendung auch insoweit befürwortet wird, erfolgt dies zudem nur kumulativ zur allgemeinen Kausalität und dient nicht der Begrenzung der Rückabwicklung[147].

Einen Vorteil würde die Lösung über die §§ 280 Abs. 1, 311 Abs. 2, 241 Abs. 2 BGB noch bieten, wenn der Käufer anders als im Fall des § 323 Abs. 5 S. 2 BGB die Beweislast dafür tragen müsste, dass er den Vertrag nicht abgeschlossen hätte. Nach allgemeinen Beweislastregeln wäre das zwar der Fall. Auch hier will die Rechtsprechung allerdings wieder die falsch aufgeklärte Partei schützen und überträgt deshalb dem Verkäufer als aufklärungspflichtiger Partei die Beweislast, dass der Kaufvertrag auch bei richtiger Aufklärung zustande gekommen wäre[148]. Auch wenn diese Beweislastverteilung aus dogmatischen Gründen nicht zu befürworten ist und deshalb vielfach abgelehnt wird[149], bleibt festzuhalten, dass der Weg über die culpa in contrahendo bisher zu keinen anderen Ergebnissen geführt hat, als denen, die auch über das neue Rücktritts-

---

145 Auch G. Müller betonte schon nach alter Rechtslage, dass die culpa in contrahendo hinsichtlich des Ausschlusses des Rücktrittsrechts keine bessere Lösung bieten könne als die Wandelung (ZIP 1993, 1045 (1054); 2000, 817 (827)); genauso Lieb, FS Gernhuber, S. 259 (268 f.).

146 Vgl. Jauernig-Berger, § 324 Rn. 4; Mankowski, ZGS 2003, 91 ff.; Mertens, ZGS 2004, 67 (68 f.); Schulze/Ebers, JuS 2004, 266 (271).

147 Vgl. Bamberger/Roth-Grothe, § 324 Rn. 5; Erman-Westermann, § 324 Rn. 4; wohl auch AnwKomBGB-Krebs, § 311 Rn. 38; MüKo-Emmerich, § 311 Rn. 249 f.; Grunewald, FS Wiedemann, S. 75 (76 ff.).

148 BGH WM 1988, 124 (125), und NJW 1996, 2503, für den Unternehmenskauf; NJW 2001, 2163 (2165), für den Anteilskauf; NJW-RR 1997, 144 (145), für den Grundstückskauf; NJW 1978, 41 (42); 1993, 2107; 1996, 2503. Zustimmend Paefgen, S. 56; Canaris, ZGR 1982, 395 (420 f.); Kiethe, DStR 1995, 1756 (1761); Mertens, ZGS 2004, 67 (68).

149 Soergel-Huber, § 459 Rn. 267; Fuest, S. 66 ff.; Keil, S. 158 f.; Aderhold, DStR 1991, 844 (847); Baur, BB 1979, 381 (386 f.); Buchwaldt, NJW 1994, 153 (155); Willemsen, AcP 182 (1982), 515 (552 f.); Zimmer, NJW 1997, 2345 (2350); offenbar auch Mössle, BB 1983, 2146 (2148); zumindest ein Wahrscheinlichkeitsurteil fordernd Lieb, FS Rechtswiss. Fak. Köln, S. 251 (267).

recht zu erreichen wären. In dieser Hinsicht kann dessen Anwendung also nicht als interessenwidrig abgelehnt werden.

dd) Der Verweis auf finanziellen Ausgleich aufgrund von Interessen des Verkäufers

Das Erheblichkeitskriterium berücksichtigt allein die Frage, ob das Interesse gerade des Käufers erheblich beeinträchtigt ist und auch die Kausalität im Rahmen der §§ 280 Abs. 1, 311 Abs. 2, 241 Abs. 2 BGB fragt allein danach, ob der Käufer den Vertrag abgeschlossen hätte. Ein Verweis auf den rein finanziellen Ausgleich kann aber auch aufgrund zusätzlich zu beachtender Interessen des Verkäufers in Frage kommen. Im Rahmen des Rücktritts kommt dieses durch den Verweis auf Herausgabe des Wertersatz bzw. der Bereicherung nach § 346 Abs. 2 und 3 BGB in Betracht, auf Seite der §§ 280 Abs. 1, 311 Abs. 2, 241 Abs. 2 BGB können die Interessen im Rahmen des § 251 Abs. 2 BGB zu beachten sein.

(1) Wertersatz beim Unternehmenskauf

Zumindest dann, wenn der Fehler als erheblich einzustufen ist und das Unternehmen in weitestgehend unverändertem Zustand ist, hat der Käufer im Rücktrittsrecht grundsätzlich die Möglichkeit, das Unternehmen zurückzugeben[150]. Insofern ist richtigerweise auf das „Unternehmen“ als Kaufgegenstand abzustellen, welches in seinem aktuellen Bestand zurückzuübertragen ist[151]. Es gibt aber Fälle, in denen auf Seiten des Verkäufers die Rücknahme des Unternehmens unzumutbar ist, auch wenn der Käufer daran ein grundsätzlich berechtigtes Interesse hat. Hier ermöglicht es § 346 Abs. 2 BGB, den Käufer zu verpflichten, Wertersatz zu leisten.

(a) Fälle der Umgestaltung

Schon nach bisherigem Recht wurde die analoge Anwendung des § 352 BGB a. F. vorgeschlagen, der den Rücktritt dann ausschloss, wenn der Gegenstand umgestaltet wurde[152]. Dieser Weg wird jetzt in Form der Verpflichtung zum

150 Insofern ist Büdenbender durchaus zuzustimmen, wenn er entgegen der üblichen Tendenz des völligen Rücktrittsausschlusses geltend macht, dass dieses Interesse des Käufers bei Vereitelung des Vertragsziels durchaus schutzwürdig sein kann (in: Dauner-Lieb, Unternehmenskauf und Schuldrechtsmodernisierung, S. 5 (43 f.)).

151 Vgl. MüKoHGB-Lieb, Anh § 25 Rn. 118; Ballerstedt, FS Schilling, S. 289 (293 f.); Schröcker, ZGR 2005, 63 (84); Willemsen, AcP 182 (1982), 515 (565).

152 MüKoHGB-Lieb, Anh § 25 Rn. 110; ders., FS Gernhuber, S. 259 (269 f.); Angermann, S. 84 (der beim Unternehmenskauf immer eine Umgestaltung annahm); Moosmayer,

Wertersatz über § 346 Abs. 2 S. 1 Nr. 2 BGB fortgesetzt[153]. Die Frage ist jedoch, ob es eine Umgestaltung des Unternehmens im Sinne dieser Vorschrift überhaupt geben kann und wie diese aussieht. Ausgehend von § 950 BGB, an den die Vorschrift anknüpft, kommt eine Umgestaltung nur dann in Betracht, wenn eine neue Sache oder eine Sache anderer Art entsteht[154]. Auf ein Unternehmen als komplexes Gebilde von Sachen, Rechten und Immaterialgütern ist dieses Kriterium kaum sinnvoll anwendbar. Der Grundgedanke, dass es darauf ankommt, es dem Verkäufer nicht zuzumuten, eine Sache zurückzunehmen, die er gar nicht übereignet hat, greift bei einem neuartigen Unternehmen aber nicht weniger ein[155]. Eine solche Unzumutbarkeit ist oftmals schon nach kurzer Zeit[156] und auch bei einer nicht vollständig neuen Unternehmensstruktur gegeben[157].

Wann eine solche Umbildung vorliegt, kann aber ohne Einzelfallbetrachtung nicht bestimmt werden[158]. Man kann sie wohl nur bei relativ weitreichender Umstrukturierung annehmen[159]. So wird eine Änderung des Firmennamens allein noch nicht ausreichen können[160]. Eine Änderung der Organisationsform sowie des Gegenstands oder Zwecks des Unternehmens können demgegenüber Indikatoren darstellen, soweit die Änderungen bereits umgesetzt sind[161]. Wurde

---

S. 68; Mössle, BB 1983, 2146 (2152); Prölss, ZIP 1981, 337 (344); H. P. Westermann, ZGR 1982, 45 (58 f.); Willemsen, AcP 182 (1982), 515 (565 f.).

153 Diesem Weg folgend etwa MüKo-Westermann, § 453 Rn. 47; Beisel/Klumpp-Klumpp, Kap. 16, Rn. 58; Kroiß-Plassmeier, Klauselbuch Schuldrecht, § 21 Rn. 48; Mueller-Thuns, in: Rödder/Hötzel/Mueller-Thuns, Unternehmenskauf, § 9 Rn. 100; Gronstedt/Jörgens, ZIP 2002, 52 (62); Rehberg, ZGS 2002, 456 (458); Wolf/Kaiser, DB 2002, 411 (418); Wunderlich, WM 2002, 981 (986 f.); vgl. auch Kindl, WM 2003, 409 (412 f.); parallel zum Bereicherungsrecht Rupietta, S. 165 ff.

154 Vgl. Soergel-Hadding, § 352 Rn. 1; Staudinger-Kaiser (2004), § 346 Rn. 137; Dauner-Lieb/Heidel/Lepa/Ring-Hager, § 5 Rn. 21; Haas/Medicus/Rolland/Schäfer/Wendtland-Rolland, Kap. 4, Rn. 43.

155 MüKoHGB-Lieb, Anh § 25 Rn. 110; Fritzen, S. 81 f.; Larisch, S. 92 f.; Schwintowski, JZ 1987, 588 (590).

156 Kindl, WM 2003, 409 (413).

157 Deshalb ist Wunderlich, WM 2002, 981 (987), zu folgen, der für den Unternehmenskauf eine niedrigere Schwelle fordert, als die, welche man bei Anlehnung an § 950 BGB annehmen könnte.

158 G. Müller, Lossagungsrecht, S. 430.

159 Hollenberg, S. 13; Larisch, S. 92 f.; sehr streng allerdings Büdenbender, in: Dauner-Lieb, Unternehmenskauf und Schuldrechtsmodernisierung, S. 5 (41 f.). Näheres zu entsprechenden Kriterien im Rahmen der Haftung aus culpa in contrahendo bei Keil, S. 162 ff.

160 Schwintowski, JZ 1987, 588 (590 f.).

161 Vgl. Schwintowski, JZ 1987, 588 (591), unter Verweis auf die Beispiele RGZ 117, 112 (115) (Umwandlung einer Gastwirtschaft in ein Hotel), RGZ 139, 353 (356 ff.) (Umwandlung einer Sprit- in eine Schraubenfabrik), und RG JW 1930, 2655 (2656) (Umwandlung einer Dampfsägemühle in eine Fabrik). Insgesamt streng Rupietta zum Bereicherungsrecht (S. 187 ff.), während er beim Rücktrittsrecht aber wohl grundsätzlich andere Wertungsmaßstäbe zulässt (vgl. S. 172 f.).

das Unternehmen so weitreichend umgestaltet, wird es dem Käufer auch kaum zuzumuten sein, die Umgestaltungen wieder rückgängig zu machen, um das Unternehmen zurückgeben zu können[162].

(b) Fälle des Untergangs und der Verschlechterung

Nach altem Recht bestand zudem die Möglichkeit, nach § 351 BGB a. F. den Rücktritt auszuschließen. Die Vorschrift erfasste eine wesentliche Verschlechterung oder den Untergang des Gegenstands, soweit ein Verschulden des rücktrittsberechtigten Käufers vorlag. Soweit der Verschuldensbegriff weit im Sinne jeder freien Handlung verstanden wurde, konnte man zu einem regelmäßigen Rücktrittsausschluss bei Unternehmensfortführung mit schlechtem Erfolg kommen[163]. Bei engerem Verständnis musste man aber dem Einwand Rechnung tragen, dass der Käufer auch im Interesse des Verkäufers gar keine andere Möglichkeit hatte, als das Unternehmen dem Markt anzupassen und in irgendeiner Weise fortzuführen. Deshalb wurde wohl zu Recht vertreten, dass nur bei einer völligen Herunterwirtschaftung § 351 BGB a. F. eingreifen sollte[164]. Die Rolle der §§ 350 f. BGB a. F. wird jetzt durch § 346 Abs. 2 S. 1 Nr. 3 BGB übernommen[165].

Der Wertersatz wegen Untergangs spielt für den Unternehmenskauf eine Rolle, wenn das Unternehmen insolvent geworden ist oder auf andere Weise aufgelöst wurde. Unter Verschlechterung versteht man die nachteilige Veränderung der Sachsubstanz oder die Beeinträchtigung der Funktionstüchtigkeit[166]. Eine Verschlechterung dürfte insbesondere bei verlorengegangenen Substanzwerten eine Rolle spielen, viel wichtiger ist aber der Bereich der gesunkenen Ertragskraft. Ist allein der Marktwert des Unternehmens gesunken, genügt dieses

---

162 So allgemein zu § 346 Abs. 2 S. 1 Nr. 2 BGB schon Huber/Faust-Faust, Rn. 10/19; Kaiser, JZ 2001, 1057 (1062); Krebs, DB 2000, Beil. 14, S. 12. Im Grundsatz den Käufer aber zur Wiederherstellung des ursprünglichen Zustands verpflichtend Palandt-Heinrichs, § 346 Rn. 8; Amann/Brambring/Hertel-Kallrath, S. 109; Canaris, Schuldrechtsmodernisierung 2002, S. XXXVII; Looschelders, Schuldrecht AT, Rn. 840; Gaier, WM 2002, 1 (9). Selbst diese Ansicht muss ihre Grenzen aber dort finden, wo eine Wiederherstellung ein wirtschaftlich unsinniges Risiko darstellt. Meistens hat die Umgestaltung wirtschaftliche Hintergründe und eine Rückumwandlung würde erhebliche Geschäftsrisiken bis zur Insolvenz nach sich ziehen.

163 U. Huber, ZGR 1972, 395 (418); Mössle, BB 1983, 2146 (2152); zustimmend G. Müller, Lossagungsrecht, S. 417 u. 429; ders., ZHR 147 (1983), 501 (528 f. Fn. 100). Wohl auch W. Müller, JuS 1975, 489 (493); Staub-Hüffer, HGB, Vor § 22 Rn. 51, die aber den Verschuldensbegriff nicht definieren.

164 Vgl. Hommelhoff, Sachmängelhaftung, S. 114. Wohl auch Prölss, ZIP 1981, 337 (344); H. P. Westermann, ZGR 1982, 45 (48 f.); Willemsen, AcP 182 (1982), 515 (565), die ebenfalls den Verschuldensbegriff nicht definieren.

165 Kaiser, JZ 2001, 1057 (1059).

166 MüKo-Gaier, Bd. 2a, § 346 Rn. 43.

für eine Verschlechterung noch nicht[167]. Wenn dies jedoch auf einer Verminderung der Ertragsfähigkeit als wertbildendem Faktor beruht, kann dies wieder als Verschlechterung aufzufassen sein[168]. Die davon ausgenommene Verschlechterung durch bestimmungsgemäßen Gebrauch[169] betrifft insbesondere das Umlaufvermögen. Ob davon auch eine verminderte Ertragsfähigkeit betroffen sein kann, ist aber zumindest fragwürdig, weil nicht nachweisbar ist, ob die Wertminderung auf der Unternehmensführung oder anderen Faktoren beruht[170]. Bei Verschlechterung ist allerdings die Rückgabe des Unternehmens nicht ausgeschlossen. Der finanzielle Ausgleich erstreckt sich allein auf den durch die Verschlechterung betroffenen Teil.

(2) Die gleichartige Wirkung des § 251 Abs. 2 S. 1 BGB im Rahmen des Anspruchs aus §§ 280 Abs. 1, 311 Abs. 2, 241 Abs. 2 BGB

Soweit es nach den bereits benannten Grundsätzen zu einer Wertersatzpflicht beim Rücktritt kommt, stellt sich die Frage, ob die §§ 280 Abs. 1, 311 Abs. 2, 241 Abs. 2 BGB zu einem ähnlichen Interessenausgleich kommen. Von vornherein kommt ausschließlich ein Wertersatzanspruch in Frage, wenn man der Ansicht zustimmt, dass die §§ 280 Abs. 1, 311 Abs. 2, 241 Abs. 2 BGB schon grundsätzlich kein Recht zur Rückgängigmachung des Vertrags geben können, weil dieses gegen die Grundsätze des § 123 BGB verstoße, der nur bei Vorsatz die Möglichkeit der Vertragsaufhebung vorsehe[171]. Die Rechtsprechung ist dieser Auffassung von Anfang an nicht gefolgt[172] und auch die Literatur billigt ihr

167 Vgl. Soergel-Hadding, § 351 Rn. 3, unter Hinweis auf RGZ 64, 374 (376), wo es um die Wertminderung durch die Eigenschaft eines PKWs als „gebraucht" ging.

168 Soergel-Hadding, § 351 Rn. 3; Larisch, S. 94.

169 Dadurch wird dem Umstand Rechnung getragen, dass für gezogene Nutzungen aus dem Gebrauch schon nach § 346 Abs. 1 BGB Nutzungsersatz zu leisten ist, vgl. Canaris, Schuldrechtsmodernisierung 2002, S. XXXVII f. Soweit es zu Werteinbußen kommt, die keine Nutzung für den Käufer darstellen (etwa der Wertverlust durch die Erstzulassung eines Fahrzeugs), stellt die Vorschrift eine Privilegierung dar (Schwab, JuS 2002, 630 (633)). Für den bestimmungsgemäßen Untergang, der etwa beim Verkauf eines Unternehmens zur Zerschlagung vorliegt, ist die Privilegierung dagegen nicht anzuwenden (Schwab, JuS 2002, 630 (634)).

170 Bejahend Wunderlich, WM 2002, 981 (987). Dann ist von vornherein nur bei übermäßiger Herabwirtschaftung bzw. starkem Wertverlust Ersatz zu leisten.

171 Hollenberg, S. 77 ff.; Lieb, FS Rechtswiss. Fak. Köln, S. 251 (264 f.); Medicus, JuS 1965, 209 (212 ff.); Willemsen, AcP 182 (1982), 515 (539 f.); tendenziell auch G. Müller, Lossagungsrecht, S. 163 f. Canaris, der diesen Weg in ZGR 1982, 395 (416 ff.), ebenfalls vorschlug, hat ihn inzwischen für Abschlussangaben aufgrund der Nähe zum Gewährleistungsrecht aufgegeben (AcP 200 (2000), 273 (308 f.)).

172 Seit BGH NJW 1962, 1196 (1198 f.); vgl. auch BGH WM 1988, 124 (125); NJW-RR 1988, 744 (745); BGHZ 115, 213 (220 f.); NJW 1996, 2503; NJW-RR 1997, 144; NJW 1998, 302 (303 f.).

im Hinblick auf die Unterschiedlichkeit der Rechtsinstitute kaum Bedeutung zu[173]. Überzeugend ist hingegen die Anwendung des § 251 Abs. 2 S. 1 BGB[174]. Über diese Vorschrift wird es dem Verkäufer ermöglicht, den Käufer in Geld zu entschädigen, wenn die Naturalrestitution in Form der Rückgabe des Unternehmens gegen Rückzahlung des Kaufpreises nur mit unverhältnismäßigem Aufwand möglich ist[175]. Auch wenn der Wortlaut sich auf den Aufwand hinsichtlich des Rückabwicklungsvorgangs selbst bezieht[176], kann diese Vorschrift zumindest analog auf unzumutbare Folgeaufwendungen angewendet werden. Man kann damit jedenfalls die Fälle der Umgestaltung erfassen. Verschlechterungen können aber nicht erfasst werden, was daran liegt, dass die §§ 280 Abs. 1, 311 Abs. 2, 241 Abs. 2 BGB einen Schadensersatzanspruch darstellen und der Käufer diese Verschlechterungen nicht hätte tragen müssen, wenn der Vertrag nicht zustande gekommen wäre. Insofern kann das Rücktrittsrecht in diesem Bereich sogar vorteilhaft sein. Im Allgemeinen kann man aber den Käufer über beide Wege in bestimmten Fällen der Unzumutbarkeit auf einen finanziellen Ausgleich verweisen.

ee) Das Erfordernis des Vertretenmüssens im Rahmen der §§ 280 Abs. 1, 311 Abs. 2, 241 Abs. 2 BGB

Neben den bisher möglichen Vergleichen zwischen dem Rücktritt und dem Anspruch auf Rückabwicklung besteht ein großer Unterschied zwischen dem Gewährleistungsrecht und den §§ 280 Abs. 1, 311 Abs. 2, 241 Abs. 2 BGB genau wie bei der Minderung darin, dass nur das Gewährleistungsrecht den Rücktritt unabhängig vom Vertretenmüssen gewährt. Zur Begrenzung des Rücktrittsrechts wäre eine Verschuldensabhängigkeit zwar auch ein mögliches Kriterium. Eine konsequente Anwendung im Rahmen der §§ 280 Abs. 1, 311 Abs. 2, 241 Abs. 2 BGB muss dann aber auch die minderungsartige Wirkung nur bei Vertretenmüs-

173 Vgl. Palandt-Heinrichs, § 311 Rn. 24 u. 42; Soergel-Huber, § 459 Rn. 266; Fuest, S. 73 f.; Keil, S. 190 f.; Moosmayer, S. 76 f.; Lorenz, ZIP 1998, 1053 (1056); Messer, FS Steindorff, S. 743 (749 f.); Nirk, FS Möhring 1965, S. 385 (407); Schubert, AcP 168 (1968), 470 (504 ff.); Fleischer, AcP 200 (2000), 91 (96 ff.), der aber die Frist des § 124 BGB analog auf den Anspruch aus culpa in contrahendo anwenden will (S. 119).

174 Hollenberg, S. 89; U. Huber, AcP 202 (2002), 179 (216); Kindl, WM 2003, 409 (412).

175 Andere Vertreter dieses Weges in der Literatur wollen demgegenüber § 251 Abs. 1 BGB anwenden, indem sie diese Fälle der Unmöglichkeit der Herausgabe gleichstellen: Staub-Hüffer, HGB, Vor § 22 Rn. 51; Fuest, S. 62; Keil, S. 159 ff.; Baur, BB 1979, 381 (387). Es geht aber gerade um Fälle, in denen der Verkäufer den Käufer auf Geldersatz verweisen will. Wenn der Käufer also auch unter erhöhtem Aufwand Rückabwicklung verlangt, kann er nicht darauf verwiesen werden, dass ihm dies unmöglich ist, sondern allenfalls darauf, dass es dem Verkäufer nicht zumutbar ist.

176 Vgl. auch Hollenberg, S. 89.

sen zulassen, was wie bereits gesagt nicht interessengerecht ist[177]. Hinsichtlich der rücktrittsartigen Wirkung isoliert eine strengere Verschuldensprüfung vorzunehmen[178], kann als Ausweg nicht überzeugen.

Aber auch in den Fällen, in denen das Unternehmen nicht umgestaltet wurde, die Angaben zur Ertragsfähigkeit aber so gravierend falsch sind, dass das Unternehmen nicht rentabel fortzuführen ist, stellt sich die Frage, ob es für den Verkäufer nicht eher zuzumuten ist, das Unternehmen zurückzunehmen, als für den Käufer, es zu behalten. In der Möglichkeit der Rückabwicklung unabhängig vom Vertretenmüssen liegt die Essenz des Rücktrittsrechts. Ist ein wichtiger Punkt, der das Äquivalenzinteresse ausmacht, nicht zutreffend, soll der Käufer nicht auf einer Sache sitzen bleiben, die für seine Zwecke nicht verwendbar ist. Bei einem nicht oder nicht im angenommenen Maße ertragsfähigen Unternehmen kann das durchaus der Fall sein. Nicht in jedem Fall, in dem der Verkäufer die Falschangabe nicht zu vertreten hat, muss es interessengerecht sein, den Käufer darauf zu verweisen, das Unternehmen ohne Ausgleich behalten zu müssen, obwohl er damit nichts anfangen kann. Man kann nicht generell davon ausgehen, dass die Rücknahme für den Verkäufer unzumutbar ist. Der vorgeschlagene Lösungsweg lässt diese Möglichkeit zumindest offen. Bei Angaben über die Ertragsfähigkeit ist der Rücktritt bei erheblichen Mängeln nicht ausgeschlossen, wenngleich der Käufer in vielen Fällen auf einen finanziellen Ausgleich verwiesen wird.

b) Der Umfang eines finanziellen Ausgleichs

Soweit der Käufer auf finanziellen Ausgleich verwiesen wird, stellt sich die Frage, wie umfangreich dieser Ausgleich ist und ob er zumutbar ist. Verfolgt man den Weg über die §§ 280 Abs. 1, 311 Abs. 2, 241 Abs. 2 BGB, kommt man bei fehlendem Verschulden zu gar keinem Ausgleich. Beim Ausschluss des Rücktritts wegen Unerheblichkeit des Fehlers richtet sich der finanzielle Ausgleich nach den Regeln der Minderung. Ähnlich verhält es sich wie dargestellt im Rahmen der §§ 280 Abs. 1, 311 Abs. 2, 241 Abs. 2 BGB, wenn der Vertrag auch bei richtiger Aufklärung zustande gekommen wäre. Es fragt sich aber, wie der Ausgleich erfolgt, wenn die Rückgabe nur wegen Unzumutbarkeit auf der Verkäuferseite ausgeschlossen ist.

aa) Der Umfang des finanziellen Ausgleichs im Rücktrittsrecht

Im Rücktrittsrecht richtet sich der Umfang des finanziellen Ausgleichs danach, ob der Käufer Wertersatz für das Unternehmen leisten muss oder nur die ver-

177 Vgl. Kap. 2 IV 2 b.
178 So G. Müller, ZIP 1993, 1045 (1054).

bliebene Bereicherung herauszugeben hat. Im Gegenzug bekommt er in jedem Fall den Kaufpreis erstattet.

(1) Berechnung des Wertersatzes

Soweit der Käufer nach den dargestellten Grundsätzen Wertersatz leisten muss, ist bei der Berechnung eine im Vertrag festgelegte Gegenleistung zugrunde zu legen (§ 346 Abs. 2 S. 2 BGB). Diese Formulierung soll gerade die Fälle mangelbedingter Äquivalenzstörungen erfassen[179] und führt dazu, dass der Rücktritt auf dasselbe Ergebnis hinausläuft wie die Minderung[180]. Auch dann wird also beim Unternehmenskauf das erwünschte Resultat erreicht, den Käufer auf die Minderung zu verweisen[181]. Nicht übersehen werden darf dabei, dass diese Anordnung dem Grundgedanken des Rücktrittsrechts, der eigentlich eine Wiederherstellung der Lage vor Abschluss des Kaufvertrags anstrebt, widerspricht. Ein etwaiger Vorteil aus einem günstigen Geschäft bleibt dem Verkäufer bzw. Käufer nämlich erhalten. Selbst wenn man die neue Gesetzesfassung in dieser Hinsicht kritisieren kann[182], darf man sie nicht außer Acht lassen[183] oder umgehen[184].

---

179 Noch im Regierungsentwurf war vorgesehen, dass die Gegenleistung an die Stelle des Wertersatzes tritt (vgl. BT-Drucks. 14/6040, S. 196), was dazu geführt hätte, dass es wegen vollständiger Saldierung von Wertersatz und zurückzuzahlendem Kaufpreis keinen Ausgleich der Äquivalenzstörung gegeben hätte (Hager, in: Ernst/Zimmermann, S. 429 (450); Kohler, WM 1993, 45 (54 f.)). Diese Einwendung, die der Bundesrat aufgriff (BR-Drucks. 338/01 (Beschluss), S. 40 f.), führte zu der aktuellen Fassung.

180 AnwKomBGB-Hager, § 346 Rn. 41; ders., in: Dauner-Lieb/Heidel/Lepa/Ring, § 5 Rn. 28; Bamberger/Roth-Grothe, § 346 Rn. 23; Erman-Bezzenberger, § 346 Rn. 11; KompaktKomBGB-Willingmann/Hirse, § 346 Rn. 21; MüKo-Gaier, Bd. 2a, § 346 Rn. 47; ders., WM 2002, 1 (9); Staudinger-Kaiser (2004), § 346 Rn. 156 f. (mit teleologischer Reduktion bei Kaufpreiszahlung über Wert, Rn. 158); Canaris, Schuldrechtsmodernisierung 2002, S. XXXIX; Frankfurter HdB-Börner/Steimle, D VIII, Rn. 32; Haas/Medicus/Rolland/Schäfer/Wendtland-Rolland, Kap. 4, Rn. 49; Huber/Faust-Faust, Rn. 10/12; Looschelders, Schuldrecht AT, Rn. 843; Arnold, Jura 2002, 154 (157); Kaiser, JZ 2001, 1057 (1059). Wenn Gaul, ZHR 166 (2002), 35 (56), behauptet, der Käufer erhielte wegen vollständiger Saldierung nichts, kann dies nicht den Fall der Minderung, sondern nur sonstige Rücktrittsfälle ohne Äquivalenzstörung betreffen.

181 Falsch dagegen Gronstedt/Jörgens, ZIP 2002, 52 (62); dem folgend offenbar Kindl, WM 2003, 409 (413), und Beisel/Klumpp-Klumpp, Kap. 16, Rn. 59. Sie gehen davon aus, dass der Käufer den objektiven Wert des Unternehmens ersetzen müsste, was dem Gesetzeswortlaut offensichtlich widerspricht. Deshalb ist auch der Einwand, der Käufer erhalte auf diesem Wege Schadensersatz statt der Leistung, verfehlt. Verwunderlich auch Seibt/Reiche, DStR 2002, 1135 (1140), die diese Lösung als interessenwidriger ansehen als die alte Rechtslage. Positiv dagegen Wolf/Kaiser, DB 2002, 411 (418).

182 So MüKo-Gaier, Bd. 2a, § 346 Rn. 47; ders., WM 2002, 1 (9); Huber/Faust-Faust, Rn. 10/10 u. 41; Westermann-Kaiser, Das Schuldrecht 2002, S. 183 (192 f.); dies., JZ

(2) Fälle einer bloßen Bereicherungshaftung (§ 346 Abs. 3 BGB)

(a) Der Mangel zeigt sich erst bei Umgestaltung

Nach § 346 Abs. 3 S. 1 Nr. 1 BGB ist die Wertersatzpflicht ausgeschlossen, wenn sich der Mangel erst während der Verarbeitung oder Umgestaltung des Gegenstands zeigt. Diese Regelung entspricht § 467 S. 1 Hs. 2 BGB a. F. Da die Bereicherungshaftung auf die Wertersatzpflicht bezogen ist, kann sie ebenfalls nur auf Geld gerichtet sein, nicht etwa auf Rückgabe des umgestalteten Unternehmens[185]. Der Käufer, der den Mangel nicht kennt, darf glauben, mit der Sache verfahren zu können, wie er will. Deshalb soll er vor Kenntnis vom Mangel auch nicht für Wertminderungen aus einer Umgestaltung einstehen müssen[186]. Es verwundert, dass die Anwendung dieser Vorschrift auf den Unternehmenskauf bisher weitestgehend gar nicht in Betracht gezogen wurde[187]. Nach neuer Rechtslage hat *Gaul* zwar Stellung zu dem Problem bezogen, § 346 Abs. 3 S. 1 Nr. 1 BGB aber dennoch nicht angewendet, weil er den Begriff der Umgestaltung dort restriktiv im Sinne der Entstehung einer völlig anderen Sache auslegt[188]. Überzeugen kann dieser Ansatz nicht, weil *Gaul* andererseits den Begriff der Umgestaltung in Abs. 2 weit auslegt. Dass diese Begriffe aber in Abs. 2 und Abs. 3 dieselbe Bedeutung haben, dürfte nicht bestreitbar sein[189].

Denkbar wäre eine Einschränkung dieser Vorschrift dadurch, dass man sie nur auf Mängel anwendet, die sich gerade aufgrund der Umgestaltung zeigen.

2001, 1057 (1059); Kohler, JZ 2002, 682 (688); ders., WM 1993, 45 (54); Motsch, JR 2002, 221 (225).

183 Das tun aber Gronstedt/Jörgens, ZIP 2002, 52 (62) und Beisel/Klumpp-Klumpp, Kap. 16, Rn. 59.

184 So schlägt etwa Kohler vor, eine konkurrierende Bereicherungshaftung einzuführen, um dort den objektiven Maßstab des § 818 Abs. 2 BGB anwenden zu können (JZ 2002, 682 (689 f.); WM 1993, 45 (54 f.)). Das Rücktrittsrecht stellt aber gerade eine Sonderregelung für die vertragliche Rückabwicklung dar und verdrängt das Bereicherungsrecht. Der Gesetzgeber hat sich deutlich entschieden, in § 346 Abs. 3 BGB eine dem Bereicherungsrecht vorgehende Sonderregelung zu schaffen (vgl. BT-Drucks. 14/6040, S. 194). Motsch will eine Umgehung offen halten, indem er in der Ausrichtung am vertraglich festgelegten Gegenwert nur eine Vermutung sieht (JR 2002, 221 (224 f.)).

185 Gaier, WM 2002, 1 (9); Schwab, JuS 2002, 630 (634).

186 Vgl. Palandt-Heinrichs, § 346 Rn. 11; Staudinger-Kaiser (2004), § 346 Rn. 168; auf ein Erkennenmüssen abstellend aber MüKo-Gaier, Bd. 2a, § 346 Rn. 52. Erst recht gilt die Vorschrift natürlich, wenn der Mangel sich erst nach der Umgestaltung zeigt (KompaktKomBGB-Willingmann/Hirse, § 346 Rn. 24).

187 Richtig demgegenüber Gronstedt/Jörgens, ZIP 2002, 52 (61); auch schon Hommelhoff/Schwab, FS Zimmerer, S. 267 (282 f.).

188 ZHR 166 (2002), 35 (57); dem folgend MüKo-Westermann, § 453 Rn. 47.

189 Vgl. Larisch, S. 93; Haas/Medicus/Rolland/Schäfer/Wendtland-Rolland, Kap. 4, Rn. 51; krit. auch Fritzen, S. 82 f.

Dann wäre beim Unternehmenskauf insoweit ein Ausschluss der Wertersatzpflicht eher selten. Der hinter dieser Vorschrift stehende Rechtsgedanke besteht aber darin, den Käufer zu privilegieren, der den Mangel bis zur Umgestaltung nicht erkannt hat und der sich daher nicht veranlasst sehen musste, die Sache im ursprünglichen Zustand zu belassen. Dies ist aber nicht nur dann der Fall, wenn erst die Umgestaltung den Mangel hervorbringt, sondern auch dann, wenn der Mangel sich unabhängig von der Umgestaltung erst im Laufe oder nach der Umgestaltung zeigt.

(b) Eintritt der Verschlechterung trotz Beachtung der Sorgfalt in eigenen Angelegenheiten

Wird das Unternehmen nicht umgestaltet[190], verschlechtert sich aber im oben genannten Sinn, entfällt die Wertersatzpflicht jedenfalls, soweit die Verschlechterung aus der Mangelhaftigkeit des Unternehmens resultiert (§ 346 Abs. 3 S. 1 Nr. 2 BGB)[191]. Darüber hinaus soll sie nach § 346 Abs. 3 S. 1 Nr. 3 BGB entfallen, wenn der Käufer als Berechtigter des gesetzlichen Rücktrittsrechts diejenige Sorgfalt beachtet hat, die er in eigenen Angelegenheiten anzuwenden pflegt[192].

Uneingeschränkt gilt dieses aber nur so lange, wie der Käufer von seinem Rücktrittsrecht nichts wusste, denn nur dann greift der für den individuellen Sorgfaltsmaßstab heranzuziehende Gedanke, dass der Käufer davon ausgehen

190 Auf die Umgestaltung ist § 346 Abs. 3 S. 1 Nr. 3 BGB richtigerweise nicht analog zugunsten des Käufers anzuwenden. Der Käufer, der den Mangel bei Umgestaltung kennt, verdient keinen Schutz und wenn er ihn nicht kennt, greift bereits Nr. 1. So auch Frankfurter HdB-Börner/Steimle, D VIII, Rn. 45; Haas/Medicus/Rolland/Schäfer/Wendtland-Rolland, Kap. 4, Rn. 56; Huber/Faust-Faust, Rn. 10/17; a. A. aber Kaiser, JZ 2001, 1057 (1062).

191 Ein Beispiel dafür ist etwa die Verschlechterung der Marktstellung durch einen schlechten Ruf, der dadurch erzeugt wird, dass mitverkaufte Produktionsanlagen fehlerhafte Produkte herstellen. Zwar muss der Verkäufer die Verschlechterung zu vertreten haben. Insofern kann man für das Vertretenmüssen aber schon die gewährleistungsrechtliche Einstandspflicht ausreichen lassen: Canaris, Schuldrechtsmodernisierung 2002, S. XL; Haas/Medicus/Rolland/Schäfer/Wendtland-Rolland, Kap. 4, Rn. 54; Kaiser, JZ 2001, 1057 (1060); Schwab, JuS 2002, 630 (634).

192 Damit folgt die Gesetzeslage wertungsmäßig der strengen Auslegung des Verschuldensbegriffs in den §§ 350 f. BGB a. F. Diesbezüglich wird in vielerlei Hinsicht Kritik geübt. Diese geht zum einen dahin, dass der Verkäufer die Gefahr auch bei seinerseits nicht zu vertretender Pflichtverletzung tragen muss: Arnold, Jura 2002, 154 (159); Gaier, WM 2002, 1 (11); Kaiser, JZ 2001, 1057 (1064 f.); Kohler, JZ 2001, 325 (332). Zum anderen wird der subjektive Sorgfaltsmaßstab (näheres dazu bei Huber/Faust-Faust, Rn. 10/37) vielfach für nicht gerechtfertigt gehalten: Westermann-Kaiser, Das Schuldrecht 2002, S. 183 (200 f.); dies., JZ 2001, 1057 (1063 f.); Kohler, WM 1993, 45 (53), ders., JZ 2001, 325 (327 f. u. 333 f.).

durfte, nach Belieben mit der Sache verfahren zu können[193]. Trotz kritischer Gegenstimmen[194] dürfte den Käufer nach Kenntnis[195] des Rücktrittsrechts eine Pflicht aus dem Kaufvertrag treffen, die Sache sorgsam zu behandeln, so dass ihn eine Schadensersatzpflicht nach den §§ 346 Abs. 4, 280 Abs. 1 BGB trifft, wenn er die Verschlechterung zu vertreten hat[196]. Auch dann trifft ihn aber keine Haftung für den zufälligen Untergang, so dass mit Kenntnis des Mangels das Privileg des § 346 Abs. 3 S. 1 Nr. 3 BGB nicht entfällt[197].

Oft wird man so zu dem Ergebnis kommen, dass dem Käufer bei der Führung des Unternehmens kein Vorwurf zu machen ist. Dies gilt insbesondere deshalb, weil ihm ein unternehmerischer Ermessensspielraum zuzubilligen ist und häufig konjunkturelle oder marktbezogene Einflüsse für die Verschlechterung verantwortlich sind. In diesen Fällen trifft den Käufer keine Ersatzpflicht für das Herabsinken des Unternehmenswerts, wenn die Regeln des Rücktrittsfolgenrechts ohne Weiteres angewendet werden[198].

(3) Zeitpunkt der Wertbemessung bei Kombination von Verschlechterung und Umgestaltung

Ein methodisches Problem taucht auf, wenn man im Fall des Unternehmenskaufs Umgestaltung und Verschlechterung gemeinsam vortrifft. Die Wertersatzpflicht soll dazu führen, dass der Verkäufer ein Äquivalent zu seiner ursprünglichen Leistung erhält, so dass zumindest bei Wertverlust der Wert der Sache zur

193 Vgl. Canaris, Schuldrechtsmodernisierung 2002, S. XLI ff.

194 Vgl. Erman-Bezzenberger, § 346 Rn. 21, 34 ff.; Arnold, Jura 2002, 154 (158); Rheinländer, ZGS 2004, 178 (181); Schwab, JuS 2002, 630 (636).

195 Zum Teil wird auch schon auf den Zeitpunkt des Kennenmüssens abgestellt: MüKo-Gaier, § 346 Rn. 59; ders., WM 2002, 1 (11 u. 12); Huber/Faust-Faust, Rn. 10/51.

196 So der Rechtsausschuss des Bundestags, BT-Drucks. 14/7052, S. 193 f.; MüKo-Gaier, Bd. 2a, § 346 Rn. 59; ders., WM 2002, 1 (11 u. 12); Canaris, Schuldrechtsmodernisierung 2002, S. XLVII f.; Haas/Medicus/Rolland/Schäfer/Wendtland-Rolland, Kap. 4, Rn. 65 u. 72 ff. Z. T. wird allerdings vertreten, dass Schadensersatz nur unter Berücksichtigung des geringeren Verschuldensmaßstabs geschuldet wird, vgl. Bamberger/Roth-Grothe, § 346 Rn. 37; Palandt-Heinrichs, § 346 Rn. 18. Alternativ wird vorgeschlagen, § 280 BGB direkt anzuwenden: Staudinger-Kaiser (2004), § 346 Rn. 194 f.; Huber/Faust-Faust, Rn. 10/52; vgl. auch KompaktKomBGB-Willingmann/Hirse, § 346 Rn. 11.

197 Staudinger-Kaiser (2004), § 346 Rn. 188. Rheinländer, ZGS 2004, 178 (179 f.), befürwortet eine telelogische Reduktion des § 346 Abs. 3 S. 1 Nr. 3 BGB auf den normalen Sorgfaltsmaßstab. Für ein Entfallen des Privilegs ohne Einschränkung aber anscheinend AnwKomBGB-Hager, § 346 Rn. 50; ders., in: Dauner-Lieb/Heidel/Lepa/Ring, § 5 Rn. 34; KompaktKomBGB-Willingmann/Hirse, § 346 Rn. 30; Larisch, S. 96 f.; Schwab, JuS 2002, 630 (635).

198 Zum selben Ergebnis kommt Willemsen, AcP 182 (1982), 515 (565), auch schon zur alten Rechtslage.

Zeit der ursprünglichen Leistung[199] sowohl für den Fall der Umgestaltung als auch der Verschlechterung relevant ist[200]. Dieses führt aber auf der Ebene des § 346 Abs. 3 BGB zu unbilligen Ergebnissen. So könnte sich der Käufer, der ein Unternehmen umgestaltet hat und bei dem sich der Mangel erst im Laufe der Umgestaltung oder später gezeigt hat, auf Entreicherung berufen, selbst wenn das Unternehmen nicht nur durch die Umgestaltung eine Wertminderung erfahren hat, sondern auch ansonsten durch eine schlechte Unternehmensführung. Unbillig wird dieses Ergebnis, wenn diese zusätzliche Wertminderung unter Verstoß gegen die eigenübliche Sorgfalt stattgefunden hat. In den Fällen zeigt die Wertung des § 346 Abs. 3 S. 1 Nr. 3 BGB nämlich, dass der Käufer nicht privilegiert werden soll.

Eine dem entsprechende Anwendung der Vorschriften müsste also wie folgt aussehen: Die Wertminderung bis zur Umgestaltung bemisst sich ausschließlich nach § 346 Abs. 2 S. 1 Nr. 3 und Abs. 3 S. 1 Nr. 3 BGB. Erst ab Beginn der Umgestaltungsmaßnahmen und mit Bewertung zu diesem Zeitpunkt richtet sich die Wertersatzpflicht nach § 346 Abs. 2 S. 1 Nr. 2 und Abs. 3 S. 1 Nr. 1 BGB[201]. Der Wertung des Abs. 3 S. 1 Nr. 3 BGB entspricht es dann wiederum, dass der Käufer sich auf Entreicherung wegen Verschlechterung nach Umgestaltung nicht berufen kann, soweit er gegen die eigenübliche Sorgfalt bei der Führung des Unternehmens verstoßen hat.

(4) Konsequenzen

G. Müller schlug aufgrund der Rückabwicklungsproblematik vor, nur eine ex nunc-Wirkung entsprechend den Grundsätzen der fehlerhaften Gesellschaft zuzulassen[202]. Der Hinweis darauf, dass diese Gleichstellung deshalb erfolgen solle, weil den Verkäufer verbunden mit dem Kauf eine Pflicht zum dauerhaften

199 Der Ansatz, dass bei der Wertermittlung auf den Zeitpunkt der letzten mündlichen Verhandlung (MüKo-Gaier, Bd. 2a, § 346 Rn. 46; ders., WM 2002, 1 (9)) oder den Zeitpunkt der Rücktrittserklärung (Amann/Brambring/Hertel-Kallrath, S. 111) abgestellt wird, ist nur dann nachvollziehbar, wenn der Wert der Sache sich erhöht hat, weil nur dann das Argument greift, dass dem Käufer die Sachgefahr aufgebürdet wird (Gaier, WM 2002, 1 (9); vgl. auch die Literatur zu § 818 Abs. 2 BGB: MüKo-Lieb, § 818 Rn. 57 f.; Staudinger-Lorenz, § 818 Rn. 31). In Fällen der Wertminderung regeln die Vorschriften über Verschlechterungen in § 346 BGB, ob Wertersatz zu leisten ist oder nicht. Wenn Ehmann/Sutschet, § 5 II 6 (S. 143), das anders sehen, dann nur deshalb, weil sie vom Regelfall ausgehen, dass eine normale Abnutzung bis zur Verschlechterung nicht zu ersetzen ist.

200 Palandt-Heinrichs, § 346 Rn. 10; Huber/Faust-Faust, Rn. 10/40; Lorenz/Riehm, Rn. 425; vgl. auch Leser, S. 195.

201 So für § 818 Abs. 2 BGB auch Schwintowski, JZ 1987, 588 (591).

202 Lossagungsrecht, S. 424 ff.; ZHR 147 (1983), 501 (529).

Unterlassen von Wettbewerbstätigkeiten treffe[203], überzeugt jedoch nicht. Eine solche Begrenzung würde sowohl dann zu erheblichen Unbilligkeiten führen, wenn der Käufer in starken konjunkturellen Phasen hohe Gewinne erzielt hat, als auch umgekehrt, wenn er viel investiert hat, um später Gewinne zu machen, die jetzt dem Verkäufer zugute kommen.

Der Rücktritt beim Unternehmenskauf erweist sich zwar als schwierig, nicht aber als unmöglich. Die extensive Auslegung des Erheblichkeitskriteriums schließt den Rücktritt in vielen Fällen aus, der Verweis auf die Wertersatzpflicht führt in anderen Fällen ebenfalls dazu, dass der Käufer im Ergebnis auf eine Minderung verwiesen wird. Wenn gesichert werden soll, dass der Rücktritt der bevorteilten Partei auch den Gewinn wieder nehmen soll, muss dies vertraglich vereinbart werden.

In einigen Fällen führt die konsequente Anwendung der Rücktrittsregeln aber dazu, dass dem Verkäufer die Gefahr der Verschlechterung der wirtschaftlichen Lage des Unternehmens zurückübertragen wird[204]. Dieses kann im schlimmsten Fall dazu führen, dass der Verkäufer den gesamten Kaufpreis zurückzahlen muss und der Käufer nichts zu zahlen hat, obwohl es seine unternehmerischen Entscheidungen waren, die zu einer Herabwirtschaftung geführt haben. Dieses Ergebnis lässt sich nur durch einen vertraglichen Ausschluss des Rücktritts selbst oder zumindest des § 346 Abs. 3 BGB verhindern[205]. Es spricht aber vieles dafür, zumindest beim Unternehmenskauf einen solchen Ausschluss auch in konkludenter Form regelmäßiger anzunehmen[206]. Anders als bei anderen Gegenständen des Rechtsverkehrs, bei denen der neue Rechtsinhaber zwar mit dem Gegenstand machen kann, was er will, bei normaler Verwendung aber im Grunde nur eine normale Abnutzung zu befürchten ist, die das Risiko für den Verkäufer überschaubar macht, trifft eine solche Risikoverteilung auf den Unternehmenskauf nicht zu. Zum einen bedeutet der Verkauf für beide Parteien oft ein enormes Risiko, weil der wirtschaftliche Wert sehr hoch ist. Eine pauschale Gefahrtragungsregel wie § 346 Abs. 3 BGB kann in größeren wirtschaftlichen Dimensionen kaum noch befriedigen. Zum anderen ist das Risiko einer enormen Verbesserung oder Verschlechterung der Unternehmenslage auch bei einer normalen Unternehmensfortführung von vornherein ersichtlich. Der Unternehmenskauf dient mehr als andere Kaufgeschäfte dazu, das Risiko einer besseren oder schlechteren Unternehmensführung endgültig zu verlagern.

---

203 So G. Müller, Lossagungsrecht, S. 426.

204 Kritisch insofern zu Recht Kindl, WM 2003, 409 (413).

205 Dass Abs. 3 beim Unternehmenskauf keine Rolle spielen soll (Bergjan, S. 225; Gaul, ZHR 166 (2002), 35 (57)), kann nach den obigen Ausführungen nicht behauptet werden.

206 Weitergehend will Fritzen (S. 83) diese Regelung auf den Unternehmenskauf grundsätzlich nicht anwenden mit der Begründung, dass § 453 BGB nur eine entsprechende Anwendung der Rücktrittsregeln anordne.

Einen konkludenten Ausschluss des gesamten Rücktrittsrechts wird man umso eher annehmen müssen, wenn die Übertragung auch dem Zweck diente, den Verkäufer endgültig aus seiner Unternehmerrolle zu entlassen. Das trifft vor allem dann zu, wenn der Verkäufer in den Ruhestand treten will. Ist das hingegen kein gewichtiger Grund für den Verkauf gewesen, wird man den Rücktritt nicht als ausgeschlossen ansehen können, aber prüfen müssen, ob die Gefahrtragung nicht anders geregelt werden sollte.

bb) Die Wirkung des § 251 Abs. 2 S. 1 BGB im Rahmen der §§ 280 Abs. 1, 311 Abs. 2, 241 Abs. 2 BGB

Soweit man ähnlich wie § 346 Abs. 2 BGB auch bei den §§ 280 Abs. 1, 311 Abs. 2, 241 Abs. 2 BGB über § 251 Abs. 2 S. 1 BGB zu einem bloß finanziellen Ausgleich kommt, wird zum Teil behauptet, die Entschädigung bemesse sich nach Minderungsgrundsätzen[207]. Dem ist nicht zuzustimmen. Weist der Käufer nach, dass der Vertrag bei richtiger Aufklärung nicht zustande gekommen wäre oder erlässt man ihm diesen Nachweis, richtet sich der Schadensersatz anders als dann, wenn der Käufer sich erfolgreich darauf beruft, dass der Kaufvertrag zu anderen Konditionen zustande gekommen wäre, danach, wie der Käufer vermögensmäßig stünde, wenn der Vertrag nicht geschlossen worden wäre. Er kann also den gesamten Kaufpreis unter Abzug des verbliebenen Unternehmenswerts verlangen[208]. Er wird sich deshalb auch nur auf die rücktrittsartige Wirkung berufen, wenn der verbliebene Unternehmenswert unter dem Betrag liegt, den er nach der Minderung noch bezahlen müsste.

Über die §§ 280 Abs. 1, 311 Abs. 2, 241 Abs. 2 BGB kommt man deshalb nie zu einer dem § 346 Abs. 2 BGB entsprechenden Lage, sondern zu § 346 Abs. 3 BGB, der aber wie bereits betont eher als interessenwidrig einzustufen ist. Dabei muss allerdings berücksichtigt werden, dass diese käuferfreundliche Lösung damit zusammenhängt, dass die §§ 280 Abs. 1, 311 Abs. 2, 241 Abs. 2 BGB einen Schadensersatzanspruch darstellen, was für das Rücktrittsrecht nicht gilt.

c) Die Nebenfolgen des Rücktritts beim Unternehmenskauf

Schließlich stellt sich noch die Frage, ob die Nebenfolgen des Rücktrittsrechts unbillige Benachteiligungen des Verkäufers mit sich bringen. Es geht dabei um den Nutzungs- und Verwendungsersatz[209]. In jedem Fall hat der Verkäufer den

---

207 U. Huber, AcP 202 (2002), 179 (216 f.).

208 Richtig Baur, BB 1979, 381 (387).

209 Vgl. etwa H. P. Westermann, ZGR 1982, 45 (58); Willemsen, AcP 182 (1982), 515 (563).

Kaufpreis zurückzuzahlen[210] und zu verzinsen[211]. In Grundzügen soll noch erläutert werden, ob der Käufer den erwirtschafteten Gewinn herauszugeben hat und den Ersatz seiner Aufwendungen und Investitionen verlangen kann.

aa) Herausgabe des Gewinns

Nach § 346 Abs. 1 BGB sind die gezogenen Nutzungen herauszugeben. Nach altem Recht ergab sich dieses aus den §§ 347 S. 2, 987 Abs. 1 BGB[212]. Inwiefern der Nutzungsbegriff den Gewinn eines Unternehmens erfasst, dürfte nach wie vor höchst streitig bleiben[213]. Zum Teil wird vertreten, als Nutzung sei nur der objektive Pachtwert des Unternehmens anzusehen[214]. Soll das Rücktrittsrecht aber so weit wie möglich die ursprüngliche Lage wiederherstellen, erlangt der Käufer aus den Gewinnen einen ihm eigentlich nicht zustehenden Vorteil, zumindest insoweit, wie der Verkäufer diesen Gewinn aller Wahrscheinlichkeit nach auch gezogen hätte[215]. Deshalb neigte die Rechtsprechung bisher dazu, den Gewinn als Nutzung (analog § 99 Abs. 2 BGB) zu erfassen[216], differenzierte aber, ob er eher aus dem Unternehmenssubstrat oder den persönlichen Fähigkeiten des Inhabers resultierte. So wurde etwa der Gewinn eines Kinos[217], einer Apotheke[218] oder einer Tankstelle[219] auf das Substrat zurückgeführt, der einer Fleischerei[220] dagegen auf die persönlichen Fähigkeiten. Soweit der Gewinn

210 Das dürfte sich allein nach § 346 Abs. 1 BGB richten: vgl. Westermann-Kaiser, Das Schuldrecht 2002, S. 183 (189); Arnold, Jura 2002, 154 (156).

211 Im Rahmen des § 346 Abs. 1 BGB gilt das allerdings nur für die tatsächlich erhaltenen Zinsen. Für die nicht erhaltenen Zinsen ergibt sich eine Zahlungspflicht allenfalls aus § 347 Abs. 1 S. 2 BGB.

212 Damit steht jetzt auch fest, dass der Käufer, der sein Rücktrittsrecht nicht kennt, die gezogenen Nutzungen nicht mehr nur nach Bereicherungsrecht (analog § 327 S. 2 BGB a. F.) herausgeben muss (vgl. MüKoHGB-Lieb, Anh § 25 Rn. 118), sondern ihren Wert ohne die Möglichkeit des Entreicherungseinwands zu ersetzen hat (Frankfurter HdB-Börner/Steimle, D VIII Rn. 66; Kaiser, JZ 2001, 1057 (1066)).

213 In der Praxis wird vorgeschlagen, eine vollständige Herausgabe der Erlöse bei vollständigem Ersatz der Aufwendungen vertraglich zu vereinbaren: Mueller-Thuns, in: Rödder/Hötzel/Mueller-Thuns, Unternehmenskauf, § 10 Rn. 67 f.

214 Soergel-Huber, § 467, Rn. 160 u. 171; Staudinger-Kaiser (2004), § 346 Rn. 237; Staudinger-Gursky (1999), § 987 Rn. 20; Canaris, Handelsrecht, § 8 Rn. 51 u. 49; Huber/Faust-Faust, Rn. 10/58. Noch weitergehend dem Käufer generell den Gewinn zuweisend Fuest, S. 139 f.

215 Aus der Rückverlagerung des unternehmerischen Risikos zieht Larisch (S. 98 f.) die Konsequenz, den Gewinn generell dem Verkäufer zuzuweisen.

216 Vgl. BGHZ 7, 208 (218); LM Nr. 3 zu § 987 BGB; DB 1956, 63 f.; BGHZ 63, 365 (368); NJW 1978, 1578; andererseits aber BGH WM 1998, 609 (612): objektiver Mietwert.

217 BGH DB 1956, 63 (63 f.).

218 BGH LM Nr. 3 zu § 987 BGB.

219 BGH NJW 1978, 1578.

220 BGHZ 7, 208 (218).

herauszugeben war, betraf dies den Reingewinn unter Abzug eines angemessenen Entgelts für die geschäftsführende Tätigkeit[221]. Die grundsätzlich zustimmende Sichtweise in der Literatur[222] hält nur die Differenzierung zwischen leistungs- und substratbezogenen Gewinnen für kaum möglich[223]. *Ballerstedt* schlug vor, grundsätzlich als Ausgleich den tatsächlich erzielten Gewinn mit den Gewinnerwartungen zur Zeit der Unternehmensübertragung zu vergleichen[224]. Die Gewinnerwartungen sollen die Nutzungen darstellen, die aus dem Betriebsvermögen resultieren[225]. Erzielt der Käufer einen Nettoertrag, der nach Abzug der dafür erforderlichen Abschreibungen über diesen Erwartungen liegt, soll der die Erwartungen übersteigende Betrag ihm zustehen[226]. In jedem Fall wird man aber in Ansatz bringen müssen, dass im Laufe der Zeit der weitere Bestand und die Gewinnerzielungsfähigkeit immer weniger von dem übertragenen Unternehmen und immer mehr von den Maßnahmen des Käufers abhängt, so dass der Nutzungsersatzanspruch überhaupt auf wenige Jahre begrenzt sein dürfte. Nicht gezogene Gewinne sind nach § 347 Abs. 1 S. 2 BGB nur dann zu ersetzen, wenn sie bei Beachtung der eigenüblichen Sorgfalt gezogen werden konnten[227]. Insofern dürfte der Nachweis regelmäßig schwierig sein.

bb) Ersatz von Investitionen

Getätigte notwendige Investitionen kann der Käufer nach § 347 Abs. 2 BGB herausverlangen[228], wenn er das Unternehmen herausgibt oder Wertersatz leistet

221 BGH DB 1956, 63 (63 f.).

222 Vgl. MüKo-Gaier, Bd. 2a, § 346 Rn. 29; MüKoHGB-Lieb, Anh § 25 Rn. 50; Soergel-Hadding, § 347 Rn. 3; Soergel-Mühl, § 987 Rn. 2; K. Schmidt, Handelsrecht, § 6 IV 1 (S. 165); Ballerstedt, FS Schilling, S. 289 (294 f.).

223 Vgl. G. Müller, Lossagungsrecht, S. 420.

224 FS Schilling, S. 289 (300).

225 Bei diesem Ansatz sollte jedoch berücksichtigt werden, dass die Gewinnerwartungen nicht auf den Zeitpunkt der ursprünglichen Unternehmensübertragung festgeschrieben werden dürfen. Vielmehr kann etwa ein unerwartetes Konjunkturtief dafür sorgen, dass aus dem Substrat eines Unternehmens doch weniger Gewinn zu ziehen ist, als ursprünglich angenommen wurde. Relevant für den Nutzungsersatz sind aber die tatsächlich erzielten Gewinne. Dementsprechend ist eine Korrektur erforderlich.

226 Beim Bereicherungsrecht werden dieselben Maßstäbe herangezogen, vgl. Ballerstedt, FS Schilling, S. 289 (294 ff., 300). Ähnlich MüKo-Lieb, § 818 Rn. 26; MüKoHGB-Lieb, Anh § 25 Rn. 50; Rupietta, S. 249 ff.; K. Schmidt, Handelsrecht, § 6 IV 1 (S. 166); Schwintowski, JZ 1987, 588 (593); vgl. auch Kaiser, JZ 2001, 1057 (1066), die beim durchschnittlichen Mietzins ansetzen will.

227 Dieses Privileg soll allerdings nur bis zum Zeitpunkt der Kenntnis des Rücktrittsgrunds gelten, vgl. MüKo-Gaier, Bd. 2a, § 347 Rn. 11, und oben Kap. 2 IV 3 b) aa) (2) (b) zu der parallelen Problematik bei § 346 Abs. 3 S. 1 Nr. 3 BGB.

228 Vgl. im Einzelnen Larisch, S. 100 ff. Nach altem Recht war dies über die Verweisung nach §§ 347 S. 2, 994 Abs. 2 BGB a. F. auf die Fälle beschränkt, in denen die Ver-

bzw. von dieser Pflicht befreit ist, es sei denn, die Befreiung erfolgt aufgrund des § 346 Abs. 3 S. 1 Nr. 3 BGB[229]. Sonstige Aufwendungen erhält er nur insoweit ersetzt, wie der Rückgewährgläubiger durch sie bereichert ist[230]. Insofern stellt sich dann allerdings oftmals das Problem der aufgedrängten Bereicherung[231]. Anders als bisher kann der Käufer aber nicht mehr den Ersatz der Vertragskosten verlangen (§ 467 S. 2 BGB a. F.).

cc) Relevanz der Nebenfolgen

In den Fällen, in denen das Unternehmen hohe Gewinne erwirtschaftet hat, wird der Käufer kaum den Rücktritt wählen. Anders stellt sich die Lage zwar grundsätzlich bei geringem Unternehmenswert und hohen Investitionen dar. Der Ausschluss des Ersatzanspruchs wegen Befreiung der Wertersatzpflicht des Käufers nach § 346 Abs. 3 S. 1 Nr. 3 BGB oder die Reduzierung auf den Ersatz der dem Verkäufer verbleibenden Bereicherung machen aber auch diese Nebenfolge für den Käufer in den meisten Fällen nicht sehr attraktiv. Daher dürften die Nebenfolgen des Rücktritts kaum unbillige Ergebnisse auf der Verkäuferseite hervorrufen.

---

wendungen dem Interesse oder mutmaßlichen Interesse des Verkäufers diente oder dieses Interesse nach den Regeln der Geschäftsführung ohne Auftrag unbeachtlich war.

229 Diese Regelung erscheint auf den ersten Blick unklar (so MüKo-Gaier, Bd. 2a, § 347 Rn. 15), ist aber als Billigkeitslösung zumindest begreiflich (Huber/Faust-Faust, Rn. 10/68). Wenn der Käufer weder den Gegenstand noch den Wertersatz leisten muss, weil die Sache bei ihm zu Schaden gekommen ist, erscheint es kaum zumutbar, dass der Verkäufer auch noch die Erhaltungskosten tragen soll.

230 Die Rechtsprechung hatte den Begriff der notwendigen Verwendungen deshalb ursprünglich weit ausgelegt und solche auch dann angenommen, wenn Investitionen dazu dienten, die Wettbewerbsfähigkeit des Unternehmens durch grundlegende Umstrukturierungen zu erhalten (vgl. etwa RGZ 117, 112 (115 f.), für den Umbau eines Gasthauses in ein Logierhaus und RGZ 139, 353 (357), für die Umstrukturierung einer Sprit- in eine Schrauben- und Mutternfabrik). Problematisch war diese weite Auslegung auch, weil sie nicht erforderte, dass der Verkäufer noch bereichert war und so der Käufer auch unternehmerische Fehlentscheidungen auf den Verkäufer abwälzen konnte (G. Müller, Lossagungsrecht, S. 422 f.; Ballerstedt, FS Schilling, S. 289 (304 f.)). Unter dem engen Verwendungsbegriff des BGH war die Fortsetzung dieser Rechtsprechung aber höchst fraglich. Vorgeschlagen wurde deshalb auch nach alter Rechtslage schon, nützliche Verwendungen im Wege der Verwendungskondiktion ersatzfähig zu machen, vgl. MüKo-Westermann (3. Aufl.), § 467 Rn. 11; Soergel-Hadding, Bd. 2, § 347 Rn. 10. Dagegen allerdings MüKo-Janßen, Bd. 2, § 347 Rn. 31.

231 MüKo-Gaier, Bd. 2a, § 347 Rn. 21.

dd) Ausgleich von Gewinnen und Investitionen im Rahmen der §§ 280 Abs. 1, 311 Abs. 2, 241 Abs. 2 BGB

Anders als beim Rücktritt erfolgt der Ausgleich von Gewinnen und Investitionen bei den §§ 280 Abs. 1, 311 Abs. 2, 241 Abs. 2 BGB nicht aufgrund der Zuweisung von Nutzungen und Verwendungen, sondern aus Zwecken des einseitigen Schadensausgleichs. Dieses hat zur Folge, dass der Käufer etwaige überschüssige Gewinne nie herausgeben muss. Demgegenüber muss der Verkäufer getätigte Investitionen vollständig ersetzen. Dies betrifft anders als beim Rücktritt nicht nur die notwendigen Verwendungen, sondern alle Aufwendungen, da sie einen Schaden des Käufers darstellen. Dieses gilt auch für fehlgeschlagene Investitionen. Der Zurechnungszusammenhang ist allenfalls dort unterbrochen, wo der Käufer offensichtlich unnötige Investitionen getätigt hat[232]. Erwirtschaftete Gewinne muss sich der Käufer bis zur Höhe der Investitionen als erlangten Vorteil anrechnen lassen[233]. Auch dieser wirtschaftliche Ausgleich ist aber aufgrund des Verschuldenserfordernisses nicht sinnvoll mit dem Rücktrittsrecht vergleichbar.

d) Zusammenfassung

Als Ergebnis kann festgehalten werden, dass die Anwendung des Rücktrittsrechts auf den Unternehmenskauf zwar einige Probleme mit sich bringt, welche aber nicht unlösbar sind und sich vor allem nicht nur im Bereich der Falschangaben zur Ertragsfähigkeit finden lassen. Eine Rückabwicklung nur bei Verschulden zuzulassen, kann sich in einzelnen Fällen als unbillig erweisen. Über das Erheblichkeitskriterium und die Wertersatzvorschriften kann man ähnliche Begrenzungen schaffen wie im Rahmen der §§ 280 Abs. 1, 311 Abs. 2, 241 Abs. 2 BGB über die Kausalität und § 251 Abs. 2 S. 1 BGB. Auch in dieser Hinsicht erweist sich also die Annahme eines Flexibilitätsvorteils der Lösung über die §§ 280 Abs. 1, 311 Abs. 2, 241 Abs. 2 BGB[234] als nicht begründet[235].

---

232 Fuest regt diesbezüglich eine Anwendung des § 254 Abs. 2 S. 1 BGB an (S. 70).

233 Wenn Fuest dies verneint, weil der Käufer im Rahmen des § 254 BGB auch befürchten müsse, Verluste zu tragen (S. 71), kann das dennoch nicht generell dazu führen, dass er die Gewinne behalten kann, denn auch eine Anrechnung der Verluste wird man nur in Ausnahmefällen anzunehmen haben.

234 Soergel-Huber, § 459 Rn. 251; ders., AcP 202 (2002), 179 (236); Kantenwein, S. 66 f.; Hiddemann, ZGR 1982, 435 (443). Viele Vertreter des Lösungswegs über die culpa in contrahendo äußern sich sehr kritisch gegenüber dem Wandelungsproblem, ohne es bei ihrer Lösung überhaupt zu problematisieren: vgl. Kantenwein, S. 76 ff.; Baur, BB 1979, 381 ff.; Zimmer, NJW 1997, 2345 (2347).

235 So auch MüKoHGB-Lieb, Anh § 25 Rn. 65; Büdenbender, in: Dauner-Lieb, Unternehmenskauf und Schuldrechtsmodernisierung, S. 6 (17); Mueller-Thuns, in: Rödder/Hötzel/Mueller-Thuns, Unternehmenskauf, § 9 Rn. 145 u. 155; Gaul, ZHR 166 (2002), 35 (41 u.

Zu Härten kann das Rücktrittsrecht nur dort führen, wo bei fehlendem Verschulden des Verkäufers der Käufer den Kaufpreis zurückerhält, im Gegenzug aber nur für ein stark herabgewertetes Unternehmen die verbliebene Bereicherung nach § 346 Abs. 3 S. 2 BGB zurückzahlen muss. Dabei handelt es sich aber um ein Problem, das die Gewährleistung beim Unternehmenskauf insgesamt betrifft. Indem man die Angaben über Geschäftsergebnisse aus diesem Bereich völlig herausnimmt, kann man dieses Problem nicht lösen, sondern allenfalls umgehen. Hier müssen die Parteien den besonderen Interessen durch einen Ausschluss des Rücktrittsrechts selbst Rechnung tragen. Allenfalls kann sich ein solcher Ausschluss konkludent aus den vertraglichen Abreden ergeben.

Bei Angaben über die Ertragsfähigkeit bietet das Rücktrittsrecht also einen akzeptablen Lösungsweg an. Erreichen die Angaben demgegenüber nicht die Grenze der Ertragsfähigkeit, können sie von vornherein für den Käufer kaum so wichtig sein, dass er den Vertrag nicht geschlossen hätte. Die §§ 280 Abs. 1, 311 Abs. 2, 241 Abs. 2 BGB können dann zu keiner Rückabwicklung mehr führen[236].

4. Schadensersatzansprüche

Im Hinblick auf die Rechtsbehelfe stellt sich schließlich die Frage, ob die Behandlung von Angaben zur Ertragsfähigkeit über das Gewährleistungsrecht in schadensersatzrechtlicher Hinsicht zu unbilligen Ergebnissen gegenüber einer generellen Anwendung der §§ 280 Abs. 1, 311 Abs. 2, 241 Abs. 2 BGB führt. Dazu soll zunächst dargestellt werden, wie sich insofern das Gewährleistungsrecht geändert hat [a]. Anschließend wird erläutert, wie es dazu kommt, dass im Hinblick auf Falschangaben zur Ertragsfähigkeit die Verletzung derselben Pflicht mit dem positiven oder dem negativen Interesse belegt werden könnte [b]. Schließlich soll geprüft werden, wie sich die unterschiedliche Einordnung beim Unternehmenskauf im Hinblick auf die Schadensersatzposten auswirkt [c] und ob daraus Konsequenzen für die Einordnung der Angaben über die Ertragsfähigkeit zu ziehen sind [d].

---

53); Hommelhoff/Schwab, FS Zimmerer, S. 267 (288); auch G. Müller, Lossagungsrecht, S. 172, meint, dass die §§ 351 f. BGB a. F. eher den Verkäuferschutz ermöglichen als der Weg über die culpa in contrahendo.

236 Im Übrigen führt Hiddemann, ZGR 1982, 435 (448), zu Recht an, dass dem Käufer niemals ganz grundsätzlich die Möglichkeit genommen werden sollte, sich vom Vertrag zu lösen. Sollte der Käufer sich im Einzelfall unbilligerweise auch bei Einzelangaben darauf berufen, den Vertrag nicht geschlossen haben zu wollen, kann man ihm die Berufung darauf zumindest nach § 242 BGB abschneiden. Ähnlich verfuhr die Rechtsprechung bisher, wenn der Käufer sich bei geringfügigen Mängeln, für die der Verkäufer die Mangelfreiheit zugesichert hatte, auf großen Schadensersatz berief, vgl. BGH NJW 1986, 920 (921 f.).

a) Die Änderung des Schadensersatzrechts im Rahmen der Gewährleistung

§ 437 Nr. 3 BGB verweist hinsichtlich des Schadensersatzes auf die allgemeinen Vorschriften, während § 463 BGB a. F. für das Gewährleistungsrecht eine Sonderregelung aufstellte. § 280 Abs. 1 BGB ist jetzt für alle Arten des Schadensersatzes mit Ausnahme der anfänglich unmöglichen Leistung grundlegende Norm und der früheren positiven Forderungsverletzung nachgebildet[237]. Schadensersatz statt der Leistung kann nur unter den zusätzlichen Voraussetzungen des § 281 BGB verlangt werden. Bei nachträglicher Unbehebbarkeit greift § 283 BGB, bei anfänglicher Unbehebbarkeit § 311a Abs. 2 BGB als Sondertatbestand ein, weil in diesen Fällen qualitativer Unmöglichkeit[238] die Setzung einer Nacherfüllungsfrist nicht notwendig ist.

aa) Die unterschiedlichen Pflichtverletzungsansätze

Für die gewährleistungsrechtliche Schadensersatzhaftung ist eine Pflichtverletzung erforderlich. Eine solche kann in der Nichterfüllung der Pflicht zur Lieferung einer Sache liegen, die frei von Sach- und Rechtsmängeln ist (§ 433 Abs. 1 S. 2 BGB)[239]. Allein relevant für den zu ersetzenden Schaden bleibt sie aber nicht. So liegt bei behebbaren Mängeln eine eigenständige zweite Pflichtverletzung im Unterlassen der Nacherfüllung innerhalb der gesetzten Frist[240]. Tritt nach Vertragsschluss Unbehebbarkeit ein, gilt für die zweite Pflichtverletzung abweichendes, denn nach § 275 Abs. 1 BGB entfällt insoweit die Pflicht zur mangelfreien Leistung. In diesen Fällen liegt die Pflichtverletzung allein im

237 Palandt-Heinrichs, § 280 Rn. 5; Mattheus, JuS 2002, 209 (210); Zimmer, NJW 2002, 1 (6 f.).

238 Dauner-Lieb/Heidel/Lepa/Ring-Dauner-Lieb, § 2 Rn. 23; Lorenz/Riehm, Rn. 514; Lorenz, NJW 2002, 2497 (2498).

239 Damit folgt die neue Gesetzeslage eindeutig der sog. Erfüllungstheorie, vgl. Lorenz/Riehm, Rn. 472 f.; Westermann, in: Schulze/Schulte-Nölke, S. 109 (111); Zimmer/Eckhold, Jura 2002, 145 (145 f.). Diese sah schon bisher den Grund der Gewährleistungsvorschriften darin, dass der Käufer eine vertragliche Pflicht verletzte. Die Gewährleistungstheorie ordnete dagegen die mangelfreie Lieferung nicht als Leistungspflicht ein, so dass die Gewährleistungshaftung sich allein aus der gesetzlichen Anordnung rechtfertigen ließ (Larenz, Schuldrecht II/1, § 41 II e (S. 66 ff.)).

240 Canaris, DB 2001, 1815 (1816); Lorenz, NJW 2002, 2497 (2502); Mattheus, JuS 2002, 209 (213).

Ausbleiben der mangelfreien Leistung[241], auch wenn das vom üblichen Verständnis abweicht, die Pflichtverletzung handlungsbezogen festzustellen[242].

Noch schwieriger ist die Lage bei anfänglicher Unbehebbarkeit. Hier besteht gemäß § 275 Abs. 1 BGB von Anfang an keine verletzbare Pflicht zur mangelfreien Leistung, obwohl das nicht die Wirksamkeit des Vertrags berührt (§ 311a Abs. 1 BGB)[243]. Pflichtverletzung kann hier eigentlich nur das Nichtkennen der eigenen Leistungsunfähigkeit sein. Bei Beachtung der vorvertraglichen Pflicht, sich darüber zu informieren, wäre der Vertrag nicht oder mit anderem Inhalt zustande gekommen. Eigentlich handelt es sich also um einen Bereich, den die §§ 280 Abs. 1, 311 Abs. 2, 241 Abs. 2 BGB mit dem Ersatz des negativen Interesses belegen[244]. Genau davon wollte der Gesetzgeber aber eine Ausnahme machen. Haftungsgrund soll deshalb keine Pflichtverletzung sein, sondern das abgegebene Leistungsversprechen, an dem der Schuldners festgehalten wird[245].

---

241 Vgl. MüKo-Ernst, Bd. 2a, § 280 Rn. 17 ff.; Brox/Walker, Schuldrecht AT, § 22 Rn. 51; Huber/Faust-Faust, Rn. 3/121; Looschelders, Schuldrecht AT, Rn. 506; Canaris, JZ 2001, 499 (512); Schulze/Ebers, JuS 2004, 266 (269, 271). Der Gesetzgeber ließ die Frage gänzlich offen und hielt es für ausreichend, durch § 283 BGB das Bestehen eines Anspruchs klarzustellen (Regierungsbegründung, BT-Drucks. 14/6040, S. 142).

242 Deshalb wird vielfach vertreten, die Pflichtverletzung müsse darin gesehen werden, dass der Verkäufer die Unbehebbarkeit herbeigeführt oder ihren Eintritt nicht verhindert habe: vgl. Erman-Grunewald, § 437 Rn. 12; Ehmann/Sutschet, § 2 VI 5 b (S. 36 f.) u. § 4 II 2 b (S. 64 ff.); Reichenbach, Jura 2003, 512 (518); v. Wilmowsky, JuS 2002, Beil. 1, S. 14; jedenfalls kritisch Wiesner, NJW 2001, 121 (124), und Zimmer, NJW 2002, 1 (8). Die Auffassung hat aber den Nachteil, dass der Käufer dann wieder die Beweislast hinsichtlich der objektiv sorgfaltswidrigen Handlung tragen müsste. Gerade aus dieser schwierigen Beweislage sollte er aber befreit werden. Er soll nur das Ausbleiben der Leistung zu beweisen haben: vgl. MüKo-Ernst, Bd. 2a, § 280 Rn. 17; Looschelders, Schuldrecht AT, Rn. 506. Der Handlungsbezug ist dann erst auf der Ebene des Vertretenmüssens wieder herzustellen.

243 Dies entspricht der bisherigen Rechtslage, weil zwar § 306 BGB a. F. bei anfänglicher Unmöglichkeit die Nichtigkeit des Vertrags anordnete, was aber für die Unmöglichkeit der sachmangelfreien Lieferung nicht galt, weil ansonsten die Gewährleistungsvorschriften leergelaufen wären, vgl. BGHZ 54, 236 (237 f.).

244 Deshalb wurde § 311a Abs. 2 BGB z. T. sehr heftig als systemwidrig kritisiert, vgl. Palandt-Heinrichs, § 311a Rn. 7; Altmeppen, DB 2001, 1399 (1400) u. 1821 (1823); Wilhelm, JZ 2001, 861 (867); vgl. auch Huber, in: Ernst/Zimmermann, S. 31 (103 f.). Trotz dieses dogmatischen Grundverständnisses befürwortend aber Westermann-Schultz, Das Schuldrecht 2002, S. 17 (75 f.).

245 Regierungsbegründung, BT-Drucks. 14/6040, S. 165. Vgl. auch Erman-Westermann, § 311a Rn. 6; U. Huber, in: Ernst/Zimmermann, S. 31 (85 f.); Henssler/v. Westphalen-Dedek, § 311a Rn. 14; Huber/Faust-Faust, Rn. 7/12; Canaris, JZ 2001, 499 (507); ders., DB 2001, 1815 (1818); ders., ZRP 2001, 329 (331); ders., Karlsruher Forum 2002, S. 5 (51); Grunewald, JZ 2001, 433 (435); Gsell, in: Jahrbuch junger Zivilrechtswissenschaftler 2001, S. 105 (119 ff.); Mattheus, JuS 2002, 209 (214); Reichenbach, Jura 2003, 512 (518 f., 516); Windel, JR 2004, 265 (266 f.); vgl. auch v. Wilmowsky, JuS 2002, Beil. 1, S. 12 f.; auch Stoll, JZ 2001, 589 (592), der sogar eine Pflicht zur unmöglichen

Daher liegt die Anspruchsgrundlage des § 311a Abs. 2 BGB auch außerhalb der §§ 280 ff. BGB.

bb) Das Vertretenmüssen

(1) Die Neuregelung des § 276 BGB

In § 276 BGB wurde nur Abs. 1 S. 1 verändert. Weiterhin wird vorbehaltlich einer anderen gesetzlichen oder vertraglichen Bestimmung grundsätzlich von einer Haftung für Vorsatz und Fahrlässigkeit ausgegangen. Als potentielle andere vertragliche Bestimmung wird die Übernahme einer Garantie und die eines Beschaffungsrisikos explizit angesprochen. Während die Übernahme des Beschaffungsrisikos nur Gattungsschulden betrifft[246], erfasst die Übernahme einer Garantie sämtliche Fälle, die früher unter die Zusicherung einer Eigenschaft gefasst wurden[247]. Nicht eigenschaftsbezogene Garantien werden erfasst, soweit damit die Verantwortlichkeit geregelt werden soll[248]. Es handelt sich also um die dogmatisch überzeugend bei der Verantwortlichkeit eingeordnete rechtsgeschäftliche Vereinbarung einer verschuldensunabhängigen Einstandspflicht[249]. Der Umfang einer solchen Garantieübernahme kann bei Unternehmenskaufverträgen sehr unterschiedlich sein. Insbesondere bei der Vereinbarung von Bilanzzahlen sollte man eher vorsichtig sein, darin zugleich eine Garantieübernahme zu erblicken[250]. Vertraglich wird oft garantiert, dass die Bilanz nach den Grundsätzen ordnungsgemäßer Buchführung und Bilanzierung unter Anwendung der gebotenen Sorgfalt erstellt wurde. Eine solche subjektive Richtigkeitsgarantie bietet dem Käufer kaum einen Vorteil, denn auch hier muss dem Verkäufer Fahrlässigkeit vorgeworfen werden können[251]. Vorteilhaft sind jedoch objektive Richtigkeitsgarantien oder solche, die eine Schadensfreistellung im Fall des Eintritts eines unsicheren Faktors gewähren[252].

Leistung annimmt und § 311a Abs. 2 BGB aus diesem Verständnis heraus für überflüssig erachtet; ähnlich Gieseler, JR 2004, 133 (135 f.).

246 Dadurch wird § 279 BGB a. F. erfasst, vgl. die Regierungsbegründung, BT-Drucks. 14/6040, S. 132. Auch Geldschulden sollen darunter fallen, vgl. BT-Drucks. 14/7052, S. 184.

247 Regierungsbegründung, BT-Drucks. 14/6040, S. 132.

248 Vgl. den Rechtsausschuss des Bundestags, BT-Drucks. 14/7052, S. 184.

249 Lieb, in: Dauner-Lieb, Unternehmenskauf und Schuldrechtsmodernisierung, S. 57 (61); Lorenz, NJW 2002, 2497 (2502).

250 Vgl. dazu G. Müller, Lossagungsrecht, S. 131 ff., und oben Kap. 2 III 2 a) ee).

251 Vgl. etwa Lorenz, NJW 2002, 2497 (2502), für die Zusicherung, dass verborgene Mängel nicht bekannt sind; auch Liebs, Der Unternehmenskauf, Rn. 110.

252 Vgl. zum Ganzen Mueller-Thuns, in: Rödder/Hötzel/Mueller-Thuns, Unternehmenskauf, § 10 Rn. 28 ff.; Buchwaldt, NJW 1994, 153 (157).

(2) Die neue Grundlage für das Kaufrecht

Den Schadensersatzanspruch generell vom Vertretenmüssen des Verkäufers abhängig zu machen, ist eine der grundsätzlichsten Änderungen im Kaufrecht. Bisher war dies nur eingeschränkt der Fall, entweder wenn die verschuldensunabhängige Einstandspflicht vereinbart war (Zusicherung) oder wenn dem Verkäufer Vorsatz vorzuwerfen war (Arglist). Nicht erfasst waren dagegen einfache Fälle der Fahrlässigkeit. Demgegenüber haftete der Verkäufer im Rahmen der von § 463 BGB a. F. nicht erfassten Mangelfolgeschäden über die insoweit nicht verdrängte positive Forderungsverletzung für jedes Verschulden. Diese Privilegierung des Verkäufers für Mangelschäden hielt man nicht mehr für gerechtfertigt[253]. Eine weitere Erleichterung für den Käufer liegt darin, dass der Verkäufer beim Schadensersatz beweisen muss, dass er die Pflichtverletzung nicht zu vertreten hat (vgl. § 280 Abs. 1 S. 2 BGB)[254]. Im Fall einer Garantie muss der Käufer zwar immer noch beweisen, dass der Verkäufer eine solche abgegeben hat. Der Arglistnachweis wird dem Käufer aber erspart, vielmehr muss der Verkäufer beweisen, dass er nicht einmal fahrlässig gehandelt hat.

Diese Änderungen sind für den Unternehmenskauf höchst relevant, weil dort schon kleinere Pflichtverletzungen zu hohen Schadensersatzansprüchen führen können[255]. Hier wird in vielen Fällen vertraglicher Regelungsbedarf bestehen, der die Vereinbarung eines eigenen Haftungssystems auch weiterhin fördern dürfte[256]. Im Grundsatz ist aber der rein verschuldensabhängige Ansatz für Schadensersatz durchaus üblich im Rahmen vertraglicher Haftungssysteme und kann deshalb nicht grundsätzlich als interessenwidrig angesehen werden[257].

(3) Bezugspunkte des Vertretenmüssens

Der Pflichtverletzungsansatz des Gesetzes ist vor allem bedeutsam für das im Regelfall darauf bezogene Vertretenmüssen. Bei zur Zeit des Vertragsabschlusses behebbaren Mängeln kann das Vertretenmüssen sich auf die fehlerhafte

---

253 Regierungsbegründung, BT-Drucks. 14/6040, S. 224; vgl. auch Schmidt-Räntsch, Rn. 794 f.

254 Dieses folgt aus der Verallgemeinerung der Anordnungen der §§ 282, 285 BGB a. F., vgl. die Regierungsbegründung, BT-Drucks. 14/6040, S. 136.

255 So auch schon kritisch Krebs, DB 2000, Beil. 14, S. 20. Für unbegründet halten diese Sorge dagegen Haas/Medicus/Rolland/Schäfer/Wendtland-Haas, Kap. 5, Rn. 226, und Schmidt-Räntsch, Rn. 810.

256 Vgl. v. Gierke/Paschen, GmbHR 2002, 457 (463); Gronstedt/Jörgens, ZIP 2002, 52 (54); Zerres, MDR 2003, 368 (371). Stoll, JZ 2001, 589 (597), weist in diesem Zusammenhang auf die Möglichkeit hin, die Haftung für außerordentliche Vermögensschäden in Anlehnung an die „contemplation rule" des Einheitlichen Kaufrechts einzuschränken.

257 Vgl. Mueller-Thuns, in: Rödder/Hötzel/Mueller-Thuns, Unternehmenskauf, § 9 Rn. 89 u. 109; Roschmann, ZIP 1998, 1941 (1945).

Leistung beziehen oder auf das spätere Unterlassen oder Fehlschlagen der Nacherfüllung. Wird der Mangel nachträglich unbehebbar, kann zudem das Vertretenmüssen im Hinblick auf die Herbeiführung oder unterlassene Abwendung der Unbehebbarkeit relevant sein. Das Prinzip der allgemeinen Haftung für Vertretenmüssen wurde auch bei der anfänglichen Unmöglichkeit übernommen[258]. Hier stellt das Gesetz in § 311a Abs. 2 S. 2 BGB für den Schadensersatz statt der Leistung selbst fest, dass es auf das Vertretenmüssen hinsichtlich der Kenntnis oder fahrlässigen Unkenntnis der Unbehebbarkeit[259] ankommt, also auf eine falsche Einschätzung der eigenen Leistungsfähigkeit[260]. Die Besonderheit liegt darin, dass es wegen dem Haftungsgrund des Leistungsversprechens keine Pflichtverletzung gibt, auf die sich das Vertretenmüssen beziehen kann, der Verkäufer sich allerdings haftungsbefreiend auf ein fehlendes Vertretenmüssen im vorvertraglichen Bereich berufen kann[261].

cc) Der zu ersetzende Schaden

Im Grundsatz wird der Schaden ersetzt, der aufgrund der zu vertretenden Pflichtverletzung eingetreten ist[262]. Es ist zu unterscheiden zwischen dem Schadensersatz statt der Leistung und dem einfachen Schadensersatz. Beim Schadensersatz statt der Leistung ist zu differenzieren: Bei behebbaren Mängeln (§ 281 BGB) kann auf die zu vertretende mangelhafte Leistung abzustellen sein oder auf das zu vertretende Verstreichenlassen der Nacherfüllungsfrist[263]. Wird

---

258 Regierungsbegründung, BT-Drucks. 14/6040, S. 165; Canaris, JZ 2001, 499 (506); Mattheus, JuS 2002, 209 (214). Man kann deshalb die bisherige Garantiehaftung für anfängliches Unvermögen auch nicht durch Annahme einer anderweitigen Bestimmung i. S. d. § 276 Abs. 1 S. 1 BGB fortführen. Vgl. aber Vollkommer, in: Dauner-Lieb/Konzen/Schmidt, Das neue Schuldrecht in der Praxis, S. 123 (128 f.); Zimmer, NJW 2002, 1 (3); Zimmer/Eckhold, Jura 2002, 145 (146 f.). Wie hier Huber/Faust-Faust, Rn. 7/26.

259 Hirsch, Jura 2003, 289 (298). Es kommt nicht auf die Unkenntnis der mangelhaften Leistung an (so aber Westermann-Buck, Das Schuldrecht 2002, S. 105 (149)).

260 Lorenz, NJW 2002, 2497 (2501). Die Kenntnis von Hilfspersonen ist analog § 166 BGB nur dann zuzurechnen, wenn sie als Stellvertreter oder Verhandlungsgehilfen am Vertragsschluss beteiligt waren, Lorenz/Riehm, Rn. 532.

261 So deutlich Ehmann/Sutschet, § 2 V 2 (S. 29 ff.); Huber/Faust-Faust, Rn. 7/12; Gsell, in: Jahrbuch junger Zivilrechtswissenschaftler 2001, S. 105 (120 f.); Rieble, in: Dauner-Lieb/Konzen/Schmidt, Das neue Schuldrecht in der Praxis, S. 137 (148); Canaris, DB 2001, 1815 (1818); Reichenbach, Jura 2003, 512 (516).

262 Eine Ausnahme muss in dieser Hinsicht bei anfänglicher Unmöglichkeit gemacht werden. Die Schadensberechnung wird dort aber nicht etwa unmöglich. Der Käufer ist einfach so zu stellen, wie er stünde, wenn die unmögliche Leistung möglich und Erfüllung erfolgt wäre.

263 Streitig ist allerdings, ob es genügt, dass das Vertretenmüssen hinsichtlich einer der beiden Pflichtverletzungen vorliegt (Bamberger/Roth-Faust, § 437 Rn. 68 ff., 90 ff.; Reinicke/Tiedtke, Kaufrecht, Rn. 537 ff.), ob es hinsichtlich beider Pflichtverletzungen

der Mangel nachträglich unbehebbar (§ 283 BGB), kommt es auf die Herbeiführung oder unterlassene Verhinderung der Unbehebbarkeit an[264]. Für die anfängliche Unbehebbarkeit (§ 311a Abs. 2 BGB) ist das Vertretenmüssen hinsichtlich der Kenntnis oder Unkenntnis der Unbehebbarkeit relevant. Den einfachen Schadensersatz (§ 280 Abs. 1 BGB) kann der Käufer hingegen immer bei zu vertretender mangelhafter Leistung verlangen[265]. Die Abgrenzung des einfachen Schadensersatzes vom Schadensersatz statt der Leistung kann daher im Einzelfall sehr relevant sein.

Die frühere Differenzierung zwischen Mangel- und Mangelfolgeschäden taucht im Hinblick auf diese Abgrenzung wieder auf[266]. Mangelschäden sind also nach den §§ 280 Abs. 1 u. 3, 281 BGB zu ersetzen, Mangelfolgeschäden allein nach § 280 Abs. 1 BGB[267]. Die Abgrenzung muss dann aber richtigerweise im Wesentlichen danach erfolgen, ob sich die Schäden durch eine spätere Nacherfüllung noch beheben lassen[268]. So wird etwa beim entgangenen Gewinn zu differenzieren sein[269]: Handelt es sich um entgangenen Gewinn, der sich durch eine (potentielle) spätere Nacherfüllung nicht mehr erwirtschaften lässt, wie etwa bei vorübergehendem Betriebsausfall, ist er nach § 280 Abs. 1 BGB ersetzbar[270]. Erst der zukünftige Betriebsausfall, der dadurch zu erwarten ist, dass die Nacherfüllung endgültig unterlassen wurde, fällt unter §§ 280 Abs. 1

---

vorliegen muss (Hirsch, Jura 2003, 289 (292 f.)), oder ob es genügt, dass der Verkäufer das Verstreichenlassen der Nacherfüllungsfrist zu vertreten hat (vgl. Lorenz/Riehm, Rn. 535; Lorenz, NJW 2002, 2497 (2503); Reichenbach, Jura 2003, 512 (519)).

264 Vgl. Lorenz/Riehm, Rn. 534; Hirsch, Jura 2003, 289 (296); Lorenz, NJW 2002, 2497 (2501). Der Gesetzgeber hat sich einer Stellungnahme dazu enthalten: Regierungsbegründung, BT-Drucks. 14/6040, S. 142.

265 Vgl. Bamberger/Roth-Faust, § 437 Rn 134.

266 Insofern ist es zwar richtig, dass die Differenzierung zwischen Mangel- und Mangelfolgeschäden nicht mehr so wichtig ist, vgl. Huber/Faust-Huber, Rn. 16/21; Gaul, ZHR 166 (2002), 35 (45); Lorenz, NJW 2002, 2497 (2500); Wolf/Kaiser, DB 2002, 411 (413). Obsolet ist sie aber nicht.

267 MüKo-Westermann, § 437 Rn. 33; Bergjan, S. 230; Looschelders, Schuldrecht AT, Rn. 571; Schmidt-Räntsch, Rn. 800; Westermann-Buck, Das Schuldrecht 2002, S. 105 (155); Boerner, ZIP 2001, 2264 (2272); Wunderlich, WM 2002, 981 (987); Zimmer/Eckhold, Jura 2002, 145 (151); vorsichtig Schubel, JuS 2002, 313 (319).

268 Insg. kritisch zur Übernahme der alten Abgrenzung: Larisch, S. 113 f.; Dauner-Lieb/Heidel/Lepa/Ring-Dauner-Lieb, § 2 Rn. 36 ff.; Grunewald, in: Dauner-Lieb/Konzen/Schmidt, Das neue Schuldrecht in der Praxis, S. 313 (314 f.); Henssler/v. Westphalen-Dedek, § 280 Rn. 14 ff.; Reinicke/Tiedtke, Kaufrecht, Rn. 505 ff.; Dauner-Lieb/Thiessen, DStR 2002, 809 (813); Lorenz, NJW 2002, 2497 (2500); Recker, NJW 2002, 1247 f.

269 Diesen fasst Palandt-Heinrichs, § 280 Rn. 18, generell als Schaden im Sinne des § 280 BGB auf, Schellhammer, MDR 2002, 301 (304), dagegen als Mangelschaden.

270 Dafür ist Anknüpfungspunkt ausschließlich die verletzte Pflicht zur fehlerfreien Leistung, vgl. Palandt-Heinrichs, § 280 Rn. 19.

und 3, 281 BGB[271]. Dieses hat zur Folge, dass im Grunde jeder Schaden ersatzfähig ist und die Einordnung davon abhängt, ob das entsprechende Interesse durch eine spätere Nacherfüllung noch zu befriedigen ist[272]. Begrenzend könnte man allenfalls Betriebs- oder Nutzungsausfallschäden als Verzugsschäden ansehen, so dass eine Mahnung erforderlich wäre[273]. In einem Großteil der Fälle wird die Einordnung aber keinen Unterschied machen, da das Setzen der Nacherfüllungsfrist zugleich eine verzugsbegründende Mahnung darstellt[274].

dd) Besonderheiten für den Schadensersatz statt der ganzen Leistung

In den Fällen, in denen der Käufer Schadensersatz statt der Leistung verlangen kann, steht ihm bei Erheblichkeit der Pflichtverletzung auch Schadensersatz statt der ganzen Leistung zu[275], womit der frühere „große Schadensersatz" angespro-

---

271 Dafür ist Ansatzpunkt dann die nicht erfüllte Pflicht der Nacherfüllung und das darauf bezogene Vertretenmüssen (vgl. Lorenz, NJW 2002, 2497 (2500)), die verletzte Pflicht zur fehlerfreien Leistung bzw. beides (vgl. dazu die Ansichten in Fn. 263).

272 Vgl. Palandt-Heinrichs, § 280 Rn. 18; Larisch, S. 113 ff.; Dauner-Lieb/Heidel/Lepa/Ring-Dauner-Lieb, § 2 Rn. 44; Lorenz/Riehm, Rn. 185; Canaris, Karlsruher Forum 2002, S. 5 (37 f.). Kritisch allerdings Grunewald, in: Dauner-Lieb/Konzen/Schmidt, Das neue Schuldrecht in der Praxis, S. 313 (315 f.). Ähnliche Ergebnisse werden erreicht, wenn man unter der Annahme der Entbehrlichkeit der Fristsetzung bzw. Mahnung solche Schäden unter § 281 BGB (Huber/Faust-Huber, Rn. 13/106; Recker, NJW 2002, 1247 (1247 f.)) bzw. § 286 BGB (Grigoleit/Riehm, JuS 2004, 745 (746 f.)) subsumiert.

273 Das dafür vorgebrachte Argument liegt darin, dass die gesamte Nichtleistung nur unter den Voraussetzungen der §§ 280 Abs. 1 u. 2, 286 BGB zum Ersatz der Nutzungsschäden führe und deshalb bei Teilleistungen hinsichtlich des nichterfüllten Teils nichts anderes gelten könne: Huber/Faust-Faust, Rn. 3/223; Looschelders, Schuldrecht AT, Rn. 574 f.; Henssler/v. Westphalen-Dedek, § 280 Rn. 18; Westermann-Buck, Das Schuldrecht 2002, S. 105 (156 f.); Westermann-Schultz, Das Schuldrecht 2002, S. 17 (83 f.); Dauner-Lieb, in: Ernst/Zimmermann, S. 305 (311 f.); dies., in Dauner-Lieb/Heidel/Lepa/Ring, § 2 Rn. 45; Dauner-Lieb/Dötsch, DB 2001, 2535 (2537); Dauner-Lieb/Thiessen, DStR 2002, 809 (813). Dagegen etwa Bergjan, S. 232 f.; Canaris, Karlsruher Forum 2002, S. 5 (38 f.).

274 Henssler/v. Westphalen-Dedek, § 280 Rn. 19. Im Übrigen bietet es sich an, einen Verzugsschaden dann anzunehmen, wenn der Schaden ausschließlich auf dem Ausbleiben der Leistung beruht, also etwa eine neue Maschine geliefert wird, die einen Produktionsvorgang starten soll. In einigen Fällen wird aber zu berücksichtigen sein, dass die mangelhafte Leistung eine eigene Pflichtverletzung darstellt (Lorenz/Riehm, Rn. 546 f.; Lorenz, NJW 2002, 2497 (2501 Fn. 32); Hirsch, Jura 2003, 289 (294); Schubel, JuS 2002, 313 (319)). Dies ist aber nur dann der Fall, wenn durch die Leistung selbst ein Schaden ausgelöst wird, etwa die neue Maschine eine alte noch funktionierende Maschine ersetzt und durch die mangelhafte Maschine ein Produktionsausfall entsteht, der bei vollständiger Nichtleistung nicht entstanden wäre, weil die alte Maschine weitergearbeitet hätte.

275 § 281 Abs. 1 S. 3 BGB, worauf auch § 283 S. 2 BGB und § 311a Abs. 2 S. 3 BGB verweisen.

chen ist. Hier wird der Schadensersatz mit dem Rücktritt verbunden, so dass in weiten Teilen auf die dortigen Ausführungen verwiesen werden kann[276]. § 325 BGB bedingt, dass der Schadensersatz statt der ganzen Leistung jetzt grundsätzlich auch dann verlangt werden kann, wenn der Leistungsaustausch bereits stattgefunden hat, weil Rücktritt und Schadensersatz beliebig kombinierbar sind[277]. Der Schadensersatz geht auch hier auf das positive Interesse verbunden mit der Möglichkeit, den Kaufgegenstand zurückzugeben[278].

Auch diese Rechtsfolge ist bei den meisten Unternehmenskäufen nicht interessengerecht[279]. Begrenzt werden kann sie wie der Rücktritt dadurch, dass nur die Gefährdung des ursprünglichen Vertragszwecks als erheblich eingestuft wird[280]. Dem steht zwar im Grundsatz entgegen, dass der bisherige § 463 BGB keine Einschränkung des Wahlrechts vorsah[281]. Die Schwelle höher zu setzen als beim bisherigen Erheblichkeitsbegriff rechtfertigt sich aber auch hier damit, dass nunmehr im Hinblick auf die Rückabwicklungskonsequenzen die Verkäuferinteressen eher berücksichtigt werden können[282]. Die Tatsache, dass einfache Fahrlässigkeit schon die Wahl des Schadensersatzes statt der ganzen Leistung ermöglicht, gebietet eine solche Beschränkung.

Im Fall der Rückabwicklung ergibt sich der Anspruch des Käufers auf Rückzahlung des Kaufpreises schon aus dem Schadensersatzanspruch selbst[283]. Auch hier muss der Käufer bei Umgestaltung oder Verschlechterung Wertersatz

---

276 Diese identische Handhabung des großen Schadensersatzes und der Wandelungsmöglichkeit bestand auch früher schon, vgl. MüKoHGB-Lieb, Anh § 25 Rn. 131; Soergel-Huber, § 459 Rn. 45 ff.; Staudinger-Honsell (1995), § 463 Rn. 62; Prölss, ZIP 1981, 337 (344). Zur neuen Rechtslage: Bergjan, S. 238; Haas/Medicus/Rolland/Schäfer/Wendtland-Haas, Kap. 5, Rn. 553; Gaul, ZHR 166 (2002), 35 (60).

277 Mattheus, JuS 2002, 209 (213); Zimmer, NJW 2002, 1 (8).

278 Mattheus, JuS 2002, 209 (210 f.); Schellhammer, MDR 2002, 301 (305); Zimmer, NJW 2002, 1 (8).

279 Vgl. Mueller-Thuns, in: Rödder/Hötzel/Mueller-Thuns, Unternehmenskauf, § 9 Rn. 89 u. 109.

280 Siehe oben Kap. 2 IV 3 a) cc) (1) (b). Wenn Gronstedt/Jörgens, ZIP 2002, 52 (62), dieses nur für den Rücktritt vertreten, liegt das daran, dass sie beim Schadensersatz fälschlicherweise noch vom Regierungsentwurf ausgehen, der schon gesetzlich die höhere Hürde des gegenwärtigen Interessenwegfalls vorsah (vgl. § 281 Abs. 1 S. 3 RegE).

281 So die überwiegende, auch vom BGH geteilte Ansicht: BGHZ 29, 148 (151); Soergel-Huber, § 463 Rn. 43; Larenz, Schuldrecht II/1, § 41 II c 3 (S. 60).

282 Soergel-Huber, § 463 Rn. 43, führt etwa an, dass das Fehlen eines Nacherfüllungsrechts im alten Recht zeige, dass der Verkäufer nicht zu schützen sei. In dieser Hinsicht haben sich die Wertungen des neuen Kaufrechts aber geändert. Der Käufer ist seinerseits durch die verbleibende Minderungsmöglichkeit ausreichend geschützt.

283 So auch Gaul, ZHR 166 (2002), 35 (59).

leisten oder zumindest die verbliebene Bereicherung herausgeben[284]. Etwaiger entgangener Gewinn muss konsequenterweise dadurch gekürzt werden, dass der Käufer die anderweitige Anlagemöglichkeit hinsichtlich des Kaufpreises hat. Auch hier wird aber wieder genau zu prüfen sein, ob nicht der Vertragszweck auf eine konkludente Vereinbarung hindeutet, den Schadensersatz statt der ganzen Leistung auszuschließen[285] oder zumindest die bloße Anrechnung der verbliebenen Bereicherung zugunsten einer Anrechnung des Wertersatzes zurückzudrängen, wenn die Rückgabe wegen Umgestaltung oder Verschlechterung ausscheidet.

ee) Der Aufwendungsersatz als Sonderfall des Schadensersatzes

Eine Neuregelung in schadensersatzrechtlicher Hinsicht stellt § 284 BGB dar, wonach der Käufer alternativ zum Schadensersatz statt der Leistung den Ersatz seiner vergeblichen Aufwendungen verlangen kann. Grundlage dafür ist die bisherige Rentabilitätsvermutung der Rechtsprechung. Freiwillige Aufwendungen des Käufers, die dazu dienten, den Gegenstand zu erwerben, umzugestalten und für spätere Verwendungen nutzbar zu machen, wären häufig auch dann angefallen, wenn ordnungsgemäß geleistet worden wäre. Deshalb zählten sie nicht zum positiven, sondern zum negativen Interesse. Die Rechtsprechung behalf sich damit zu vermuten, dass sich die entsprechenden Kosten bei ordnungsgemäßer Leistung rentiert hätten[286]. Die Grenzen setzte der BGH allerdings bei Aufwendungen für Folgegeschäfte, wenn z. B. eine Diskothek auf dem Kaufgrundstück errichtet worden ist[287]. Gänzlich unanwendbar war die Vermutung bei von vornherein nicht kommerziellen Zweckverfolgungen[288], was der Gesetzgeber ändern wollte.

Während für nicht kommerzielle Zwecke durch § 284 BGB abweichend von § 253 Abs. 1 BGB immaterielle Schäden ersatzfähig werden, führt die Vorschrift bei kommerziellen Geschäften, zu denen regelmäßig auch Unternehmenskäufe gehören, im Grundsatz die Rentabilitätsvermutung fort[289]. Die An-

284 Dieses ergibt sich aus §§ 281 Abs. 5, 346 Abs. 2 u. 3 BGB, auf die auch § 283 S. 2 BGB und § 311a Abs. 2 S. 3 BGB verweisen. Vgl. auch Haas/Medicus/Rolland/Schäfer/Wendtland-Haas, Kap. 5, Rn. 243; Gaul, ZHR 166 (2002), 35 (60 u. 56 f.).

285 Für eine generelle Unanwendbarkeit des Schadensersatzes statt der ganzen Leistung beim Unternehmenskauf demgegenüber Haas/Medicus/Rolland/Schäfer/Wendtland-Haas, Kap. 5, Rn. 553.

286 RGZ 127, 245 (248 f.); BGHZ 57, 78 (80); 99, 182 (197); 114, 193 (197).

287 BGHZ 114, 193 (199 f.); vgl. auch BGH NJW 1992, 2564 (2565); ähnlich Stoll, JZ 1987, 517 (519 f.).

288 So konsequent BGHZ 99, 182 (198); kritisch dazu Stoll, JZ 1987, 517 (518).

289 Vgl. die Regierungsbegründung, BT-Drucks. 14/6040, S. 142 ff.; MüKo-Ernst, Bd. 2a, § 284 Rn. 5. Dazu auch Gsell, in: Dauner-Lieb/Konzen/Schmidt, Das neue Schuldrecht in der Praxis, S. 321 (324).

knüpfung an die Rentabilitätsvermutung bedingt die eigentliche Einordnung des Aufwendungsersatzanspruchs als Teil des positiven Interesses[290]. Wenn also der einzige Zweck des § 284 BGB bei kommerziellen Geschäften das Aufgreifen der Rentabilitätsvermutung sein kann, liegt die vom Wortlaut gestützte Vermutung nahe, dass die Aufwendungen nur noch alternativ verlangt werden können, die Rentabilitätsvermutung also aufzugeben ist[291]. Dies wäre jedenfalls beim Unternehmenskauf nicht sehr problematisch, denn primär will der Unternehmenskäufer entgangenen Gewinn geltend machen[292]. Nur wenn sich dieser nicht nachweisen lässt, was insbesondere dort der Fall sein kann, wo eine Ertragskalkulation infolge großer Umgestaltungsmaßnahmen oder dem erst kurzen Bestehenszeitraum nicht möglich ist, stellte nach altem Recht die Rentabilitätsvermutung eine Möglichkeit dar, einen Mindestschaden nachzuweisen[293]. Anders ist es auch nach neuer Rechtslage nicht.

Als Ersatzposten kommen nur Aufwendungen in Betracht, die „im Vertrauen auf den Erhalt der Leistung“ getätigt wurden[294]. Dies sind Aufwendungen ab dem Zeitpunkt des Vertragsschlusses bis zur Kenntnis des Käufers von der endgültigen Nichtleistung des Verkäufers. Die Phase der Vertragsanbahnung gehört grundsätzlich nicht dazu[295], weshalb auch Kosten für die Vorbereitung des Kauf-

---

290 So auch KompaktKomBGB-Willingmann/Hirse, § 284 Rn. 8; MüKo-Ernst, Bd. 2a, § 284 Rn. 6; Larisch, S. 118; Gsell, in: Dauner-Lieb/Konzen/Schmidt, Das neue Schuldrecht in der Praxis, S. 321 (336 ff.); Haas/Medicus/Rolland/Schäfer/Wendtland-Rolland, Kap. 1, Rn. 31; Westermann-Schultz, Das Schuldrecht 2002, S. 17 (67 f.). Eher als negatives Interesse bezeichnend Bamberger/Roth-Grüneberg, § 284 Rn. 13; HK BGB-Schulze, § 284 Rn. 1; Lorenz/Riehm, Rn. 542; Seibt/Reiche, DStR 2002, 1135 (1140); Triebel/Hölzle, BB 2002, 521 (527); v. Wilmowsky, JuS 2002, Beil. 1, S. 15; Zimmer, NJW 2002, 1 (10).

291 AnwKomBGB-Dauner-Lieb, § 284 Rn. 5; KompaktKomBGB-Willingmann/Hirse, § 284 Rn. 4; Schellhammer, MDR 2002, 301 (305); Stoppel, AcP 204 (2004), 81 (112 f.); v. Wilmowsky, JuS 2002, Beil. 1, S. 10. Anders aber Bamberger/Roth-Grüneberg, § 281 Rn. 44, § 284 Rn. 3; Erman-Westermann, § 281 Rn. 33; HK BGB-Schulze, § 281 Rn. 14; Lorenz/Riehm, Rn. 225; Canaris, JZ 2001, 499 (517); Schulze/Ebers, JuS 2004, 266 (272); auch MüKo-Ernst, Bd. 2a, § 284 Rn. 35, der allerdings § 284 BGB im Bereich kommerzieller Zweckverfolgungen nur als Anspruchsmodifizierung auffasst (Rn. 5 u. 8). Zumindest soweit, wie der Ersatz der Aufwendungen neben dem sonstigen Schaden zu keinem zweifachen Ersatz desselben Interesses führt, will ein Teil der Literatur ihn außerdem neben dem Schadensersatz zulassen: Canaris, JZ 2001, 499 (517); ähnlich Huber/Faust-Faust, Rn. 4/50.

292 Vgl. Gsell, in: Dauner-Lieb/Konzen/Schmidt, Das neue Schuldrecht in der Praxis, S. 321 (338 f., 340).

293 Vgl. Canaris, JZ 2001, 499 (517).

294 Ob auch die Gegenleistung dazu gehört, ist streitig: dafür Stoppel, AcP 204 (2004), 81 (91 ff.); dagegen Huber/Faust-Faust, Rn. 4/17, die insofern auf die kumulativ anwendbaren Rücktritts- oder Minderungsvorschriften verweisen.

295 MüKo-Ernst, Bd. 2a, § 284 Rn. 18; Huber/Faust-Faust, Rn. 4/14. Umfasst werden können allenfalls die Kosten für den formellen Abschluss des Kaufvertrags, weil dann das Ver-

vertrags sowie dazu durchgeführte Due Diligence-Prüfungen nicht ersatzfähig sind[296]. Für die Vertragsdurchführungskosten (dingliche Verträge, Anwalts- und Notarkosten, etc.) gilt § 284 BGB dagegen uneingeschränkt[297]. Im Gegensatz zur Rentabilitätsvermutung lässt der Wortlaut des § 284 BGB aber kaum noch die Restriktion zu, Aufwendungen für Folgegeschäfte, also etwa Investitionen oder Umgestaltungsmaßnahmen, auszuschließen[298]. Die Unklarheiten hinsichtlich des Haftungsumfangs führen dazu, dass häufig empfohlen wird, diesen Anspruch schon im vorvertraglichen Bereich zu begrenzen oder auszuschließen[299].

b) Der identische Pflichtverletzungsansatz bei Falschangaben zur Ertragsfähigkeit

Die §§ 280 Abs. 1, 311 Abs. 2, 241 Abs. 2 BGB haben als Haftungsgrund die Pflichtverletzung im vorvertraglichen Bereich und sind deshalb dem Kausalitätsdogma folgend nur auf den Ersatz des negativen Interesses ausgelegt[300]. In Unternehmenskaufverträgen können selbstständige Garantien dann immer noch zu einem Anspruch auf positives Interesse führen[301]. Interessant für den vorgenommenen Vergleich sind nur die Fälle, in denen eine solche Garantie nicht vorliegt.

Auch die Angabe von Eigenschaften, welche die Kaufsache dann aber nicht hat, ist erst einmal nur eine Pflichtverletzung im vorvertraglichen Bereich. Sie

---

trauen auf den Erhalt der Leistung schon eine gesicherte Grundlage in der Vereinbarung der Parteien hat, vgl. HK BGB-Schulze, § 284 Rn. 8.

296 Unklar Wolf/Kaiser, DB 2002, 411 (413): Beratungs- und Prüfungskosten sollen ersatzfähig sein. Das ist nur richtig, soweit sie nach Vertragsschluss zur Unternehmensweiterführung angefallen sind.

297 Darin geht § 467 S. 2 BGB a. F. auf, der den Ersatz der Vertragskosten vorsah (allerdings anders als jetzt verschuldensunabhängig): Bamberger/Roth-Grüneberg, § 284 Rn. 8; KompaktKomBGB-Willingmann/Hirse, § 284 Rn. 9; MüKo-Ernst, Bd. 2a, § 284 Rn. 16; Schmidt-Räntsch, Rn. 805.

298 So auch Larisch, S. 122 f.; siehe auch MüKo-Ernst, Bd. 2a, § 284 Rn. 16; Büdenbender, in: Dauner-Lieb, Unternehmenskauf und Schuldrechtsmodernisierung, S. 5 (46); Henssler/v. Westphalen-Dedek, § 284 Rn. 9; Gronstedt/Jörgens, ZIP 2002, 52 (63); auch Gsell, in: Dauner-Lieb/Konzen/Schmidt, Das neue Schuldrecht in der Praxis, S. 321 (323), die zur Vermeidung unübersehbarer Aufwendungsersatzbeträge den § 252 S. 2 BGB mit umgekehrten Vorzeichen anwenden will und den Gegenbeweis als erbracht ansieht, wenn es unwahrscheinlich ist, dass sich die Aufwendungen rentiert hätten (S. 326); begrenzend auch Huber/Faust-Faust, Rn. 4/21 ff., der nur die Kosten als ersatzfähig ansieht, die durch die vertraglich vereinbarte oder als selbstverständlich vorausgesetzte Verwendung entstehen (Rn. 24).

299 Seibt/Reiche, DStR 2002, 1135 (1140); Kroiß-Plassmeier, Klauselbuch Schuldrecht, § 21 Rn. 53.

300 Vgl. Aderhold, DStR 1991, 844 (847); Baur, BB 1979, 381 (386).

301 Buchwaldt, NJW 1994, 153 (157); Canaris, ZGR 1982, 395 (414).

erfährt jedoch einen Bedeutungswandel durch den Vertragsschluss, denn die bloße Informationspflicht wird dann zum Vertragsinhalt und damit zur Leistungspflicht[302]. Deshalb muss der Verkäufer im Wege der Nacherfüllung der Sache die versprochene Eigenschaft verschaffen. Ist dieses nicht möglich, sorgt § 311a Abs. 2 BGB dafür, dass der Verkäufer statt auf das negative auf das positive Interesse haftet[303]. Das fehlende Verschulden hinsichtlich der Pflichtverletzung im vorvertraglichen Bereich kann dann allerdings haftungsbefreiend wirken. Genau dasselbe gilt nach der vorgeschlagenen Differenzierung bei Geschäftsergebnissen auch für die Falschangabe von Vergangenheitszahlen, die Rückschlüsse auf die Ertragsfähigkeit zulassen. Für den Schadensersatzanspruch kommt es dann darauf an, ob der Verkäufer wusste oder wissen musste, dass das Unternehmen nicht die von ihm vorgelegten Ergebnisse aufwies. Das hängt davon ab, ob er die Zahlen selbst erstellt hat[304] bzw. ob ihn eine Pflicht zur Prüfung der Angaben trifft. Die Einordnung als Unternehmenseigenschaft bedingt dann, dass der Verkäufer am Leistungsversprechen einer bestimmten Ertragsfähigkeit festgehalten wird und auf das positive Interesse haftet.

c) Vergleich des Haftungsumfangs

Wenn die Anerkennung der Ertragsfähigkeit als Beschaffenheit eines Unternehmens maßgeblich davon abhängt, ob die Haftung auf das positive oder negative Interesse gerechtfertigt ist[305], sollte zuerst geklärt werden, welche unterschiedlichen Schadensposten hier jeweils in Betracht kommen. Hier soll nach den unterschiedlichen Situationen im Rahmen der §§ 280 Abs. 1, 311 Abs. 2, 241 Abs. 2 BGB differenziert werden.

aa) Der einfache Differenzschaden

Will der Käufer das Unternehmen behalten, richtet sich der ersatzfähige Mindestschaden im Rahmen des Gewährleistungsrechts nach dem Minderwert des Unternehmens[306]. Bei mangelhaften oder fehlenden Gegenständen des Anlage-

---

302 Vgl. auch Bergjan, S. 266 f.; Völker, S. 127.

303 Vgl. Canaris, JZ 2001, 499 (507); Zimmer, NJW 2002, 1 (7 f.).

304 Genau wie im Rahmen der §§ 280 Abs. 1, 311 Abs. 2, 241 Abs. 2 BGB ist aber zu beachten, dass dem Verkäufer die Entlastung selten gelingen wird, auch weil das Verschulden von Hilfspersonen zumeist nach § 278 BGB zuzurechnen ist. Das gilt selbst dann, wenn die Bilanzen schon vor den Verkaufsverhandlungen erstellt wurden, denn es macht insofern keinen Unterschied, ob der Verkäufer die Hilfsperson für die Verhandlungen einschaltet oder sich deren Arbeit im Vorfeld zu Eigen macht, vgl. Weitnauer, NJW 2002, 2511 (2514).

305 Diesen Unterschied übersieht etwa Gaul, ZHR 166 (2002), 35 (52 f.).

306 Soergel-Huber, § 463 Rn. 53; allgemein BGH NJW 1989, 2534 (2535). Unbeachtlich ist dann auch, ob und zu welchem Preis er das Unternehmen weiterveräußern konnte. Eine

oder Umlaufvermögens kommt der u. U. darüber liegende Betrag in Betracht, der zur Reparatur oder Wiederbeschaffung erforderlich ist[307]. Bei mangelnder Ertragsfähigkeit kann man aber auch durch eine Bilanzauffüllung die Ertragsfähigkeit des Unternehmens nicht erhöhen. Diesen Schaden kann man entweder durch die Finanzierung von Sanierungsmaßnahmen kompensieren oder dadurch, dass ausschließlich der entgangene Gewinn ersetzt wird, der sich etwa aus der Ertragsvorschau ergibt. Der Minderwert ist dann nicht mehr gesondert zu ersetzen[308]. Es stellt sich aber die Frage, wie lange ein solcher Gewinn wahrscheinlich zu erwarten ist (§ 252 S. 2 BGB). Hier bietet es sich an, die Ersatzfähigkeit des erwarteten Gewinns in der Regel auf die erste Planungsphase einer üblichen Ertragsvorschau zu begrenzen, also etwa auf die ersten drei bis höchstens fünf Jahre[309]. Danach ist der spekulative Bereich erreicht, weil sich kaum noch sagen lässt, ob sich ein ursprünglich den Vorstellungen entsprechendes Unternehmen planungsgemäß weiterentwickelt hätte. Vertragskosten kann der Käufer über § 284 BGB nur noch alternativ verlangen. Im Übrigen wird diese Norm hier aber kaum eine große Rolle spielen, weil der wahrscheinlich zu erwartende Gewinn über eine Ertragsvorschau direkt darstellbar und ersatzfähig ist, so dass man selten auf getätigte Aufwendungen zurückgreifen muss. Außerdem ist der Anspruch aus § 284 BGB auf den Ersatz der Kosten zu begrenzen, die der Käufer gerade im Hinblick auf den Mangel vergeblich gemacht hat[310]. Die meisten Kosten sind jedoch nicht vergeblich, wenn der Käufer das Unternehmen behält.

Im Rahmen der §§ 280 Abs. 1, 311 Abs. 2, 241 Abs. 2 BGB kann der Käufer demgegenüber nach der bisherigen Rechtslage einen der Minderung entsprechenden Betrag zurückverlangen[311]. Bei der Unternehmensbewertung anhand der Ertragswertmethode enthält dieser Betrag auch einen Teil des entgangenen Gewinns, weil die Herabsetzung sich am Kaufpreis orientiert, der seinerseits an den erwarteten zukünftigen Gewinnen ausgerichtet ist. Sonstige entgangene

---

Vorteilsanrechnung findet nicht statt: vgl. zum Grundstückskauf BGH NJW 1981, 45 (46 f.).

307 Vgl. Kiethe, DStR 1995, 1756 (1759). Der BGH versteht unter diesem Betrag nur eine andere Berechnung des Minderwerts des Unternehmens, so dass dieser Minderwert ein anderer ist als derjenige, welcher sich bei der Minderungsberechnung ergibt, vgl. BGH NJW 1965, 34 (35); 1983, 1424 (1425); 1989, 2534 (2535).

308 Dieses ergibt sich daraus, dass kein doppelter Ersatz des positiven Interesses stattfinden darf. Zumindest wenn der Unternehmenswert am Ertragswert ausgerichtet wurde, enthält der Minderwert bereits einen Teil der erwarteten zukünftigen Gewinne.

309 Vgl. Beisel/Klumpp-Theyson-Wadle, Kap. 3, Rn. 42; Peemöller, DStR 2001, 1401 (1405).

310 Bamberger/Roth-Faust, § 437 Rn. 146; ders., in: Huber/Faust, Rn. 4/47.

311 So ist es nach der Rechtsprechung immer, weil der Käufer ein Wahlrecht hat, während das unter Kausalitätsgesichtspunkten eigentlich nur in Frage kommt, wenn zumindest wahrscheinlich ist, dass der Vertrag zu geringeren Konditionen zustande gekommen wäre (vgl. oben Kap. 2 IV 2 c)). Andernfalls muss der Käufer so gestellt werden, als sei der Vertrag nicht zustande gekommen (dazu sogleich unter cc)).

Gewinne kann der Käufer allenfalls noch geltend machen, wenn er alternative Anlagemöglichkeiten für den zuviel gezahlten Kaufpreis nachweisen kann. Aufwendungen zur Bilanzauffüllung kann er nicht verlangen, er muss sich aber auch spätere Erträge nicht im Rahmen der Vorteilsanrechnung anrechnen lassen[312]. Genauso wenig ersatzfähig sind Sanierungskosten[313]. Auch die Vertragskosten kann er größtenteils nicht ersetzt bekommen, weil ihm diese auch entstanden wären, wenn er einen geringeren Preis gezahlt hätte. Die Rechtsfolgen entsprechen hier also in etwa der Minderung[314]. Nur über den gewährleistungsrechtlichen Ansatz können also höhere Ansprüche entstehen, die aber ebenfalls selten zu unübersehbaren Schadenshöhen führen dürften.

bb) Der Käufer gibt das Unternehmen zurück

Dass der Käufer das Unternehmen zurückgeben kann, wird nicht selten sowohl über den gewährleistungsrechtlichen Weg als auch über die §§ 280 Abs. 1, 311 Abs. 2, 241 Abs. 2 BGB ausgeschlossen sein. In Bezug auf den letztgenannten Weg gibt ihm zumindest die Rechtsprechung zwar nahezu ein Wahlrecht, das aber wie gesagt nicht zu rechtfertigen ist. Kommt es doch zu einer Rückgabe, ist über den Schadensersatz statt der ganzen Leistung entgangener Gewinn zwar ersatzfähig, eine zeitliche Begrenzung und die Vorteilsanrechnung aus alternativen Anlagemöglichkeiten des zurückgezahlten Kaufpreises dürften aber zu überschaubaren Schadenshöhen führen. Stattdessen kann der Käufer auch nach § 284 BGB Aufwendungsersatz verlangen. Dies betrifft auch solche Aufwendungen, die sich dadurch als nutzlos erweisen, dass er das Unternehmen zurückgibt[315].

Die Vertragskosten und sonstigen vergeblichen Aufwendungen kann der Käufer auch dann verlangen, wenn man ihn auf den Weg über die §§ 280 Abs. 1, 311 Abs. 2, 241 Abs. 2 BGB verweist[316]. Darüber hinaus kann er dann aber auch sonstige Schäden wie den entgangenen Gewinn aus alternativen Anlagemöglichkeiten verlangen. Erwirtschaftete Gewinne sind als Vorteil schadens-

---

312 BGH NJW 1977, 1536 (1538), wo dies allerdings auch angenommen wird, wenn der Käufer sich für die minderungsartige Wirkung entscheidet, obwohl eigentlich der Vertrag gar nicht zustande gekommen wäre.

313 Keil, S. 177 f.; Aderhold, DStR 1991, 844 (847); Hiddemann, ZGR 1982, 435 (449).

314 So pauschal schon Baur, BB 1979, 381 (386).

315 Vgl. Soergel-Huber, § 463 Rn. 52; für Reparaturkosten BGH NJW 1995, 1547.

316 So auch BGH NJW 1999, 1404 ff., wo Aufwendungen im Zusammenhang mit einem Kanzleierwerb nur aus Beweislastgründen nicht ersatzfähig waren; BGH NJW 2001, 2163 (2164), beim Beteiligungserwerb für Sanierungsmaßnahmen. Vgl. auch Hollenberg, S. 237 f.; Mueller-Thuns, in: Rödder/Hötzel/Mueller-Thuns, Unternehmenskauf, § 9 Rn. 139. Missverständlich aber BGH BB 1980, 1392 (1393), wo behauptet wird, der Käufer könne nur die Rückzahlung des Kaufpreises verlangen. Darin kann aber durchaus eine nur einzelfallbezogene Behauptung liegen.

mindernd anzurechnen[317]. Dieser vollständige Vertrauensschaden wird über des Gewährleistungsrecht nicht ersetzt[318]. Die bereits geäußerte Erwägung, dass der Vertragsschluss hinsichtlich der Leistungsvereinbarungen eine Zäsur darstellt, welche dazu führt, dass in dieser Hinsicht ausschließlich das positive Interesse ersetzt wird[319], führt aber dazu, dass diese Einschränkung gerechtfertigt ist. Der Käufer wird so gestellt, als sei der Vertrag erfüllt worden, weil er nur von dem Eintritt dieser Wirtschaftslage ausgehen darf. Schon gar nicht ist es gerechtfertigt, aufgrund der fehlenden Abdeckung dieser Schadensposten bei anfänglicher Unmöglichkeit und fehlendem Vertretenmüssen rechtsfortbildend eine Haftung auf negatives Interesse analog § 122 Abs. 1 BGB einzuführen, wie es *Canaris* vorschlägt[320]. Es wäre geradezu widersinnig, den Verkäufer bei Verschulden hinsichtlich entgangener Gewinne aus alternativen Geschäftsmöglichkeiten für nicht ersatzpflichtig zu halten, seine Haftung aber in diese Richtung zu erweitern, wenn ihm kein Vorwurf zu machen ist. Man würde so für unbehebbare Mängel eine culpa-Haftung ohne Verschulden schaffen[321]. Hier kann der Anspruch aus den §§ 280 Abs. 1, 311 Abs. 2, 241 Abs. 2 BGB also unter Umständen über den Schadensersatz statt der Leistung hinausgehen, zumal er nicht auf das Erfüllungsinteresse begrenzt ist[322].

cc) Der Käufer kann oder muss das Unternehmen nicht zurückgeben

Eine dritte Möglichkeit der Schadensberechnung bieten die §§ 280 Abs. 1, 311 Abs. 2, 241 Abs. 2 BGB dann, wenn der Käufer das Unternehmen nicht gekauft hätte, aber es jetzt dennoch behalten muss[323] oder darf[324]. Auch dann muss der Käufer so gestellt werden, als hätte er das Unternehmen nicht gekauft. Er muss sich also nur den Restwert des Unternehmens anrechnen lassen und bekommt

317 BGH NJW 1977, 1536 (1537 f.).

318 Regierungsbegründung, BT-Drucks. 14/6040, S. 144; vgl. auch Huber/Faust-Faust, Rn. 4/11; a. A. allerdings MüKo-Ernst, Bd. 2a, § 284 Rn. 17, der im Unterlassen der Durchführung eines gewinnbringenden Alternativgeschäfts eine Aufwendung sieht. Dieses dürfte allerdings den Aufwendungsbegriff überspannen, vgl. Stoppel, AcP 204 (2004), 81 (91).

319 Kap. 2 III 4 a).

320 In: Schulze/Schulte-Nölke, S. 43 (64 f.); JZ 2001, 499 (507 f.); DB 2001, 1815 (1819). Auch die Regierungsbegründung hält dieses für möglich, BT-Drucks. 14/6040, S. 166.

321 Ablehnend gegenüber diesem Vorschlag auch Erman-Westermann, § 311a Rn. 5; Huber/Faust-Faust, Rn. 7/38; Westermann-Schultz, Das Schuldrecht 2002, S. 17 (78 ff.); Dauner-Lieb/Dötsch, DB 2001, 2535 (2539); Windel, JR 2004, 265 (270).

322 BGH NJW 1977, 1536 (1537); 1988, 2234 (2236); Lieb, FS Rechtswiss. Fak. Köln, S. 251 (262); Nirk, FS Möhring 1965, S. 385 (397).

323 Dies ergibt sich aus § 251 Abs. 2 S. 1 BGB, vgl. Kap. 2 IV 3 a) dd) (2). Beim Schadensersatz statt der Leistung kann sich die ähnliche Wirkung über § 346 Abs. 2 und 3 BGB ergeben (§ 311a Abs. 2 S. 3, 281 Abs. 5 BGB).

324 Dies sind die Fälle des § 251 Abs. 1 BGB, vgl. Kap. 2 IV 2 c) aa).

den Kaufpreis zurück, selbst wenn er Verschlechterungen des Unternehmens herbeigeführt hat. Demgegenüber kann im Gewährleistungsrecht der Käufer entweder nur die entgangenen Gewinne verlangen oder er ist bei Wahl des Schadensersatzes statt der ganzen Leistung über § 346 Abs. 2 BGB in einigen Fällen zum Wertersatz für Wertminderungen verpflichtet. Hier kann also die Belastung des Verkäufers über die §§ 280 Abs. 1, 311 Abs. 2, 241 Abs. 2 BGB ebenfalls größer sein.

Selbst Aufwendungen zur Stabilisierung des Unternehmens, die der Käufer bei Abstandnahme vom Kauf nicht gemacht hätte, sind über die §§ 280 Abs. 1, 311 Abs. 2, 241 Abs. 2 BGB ersatzfähig, wenn der BGH dies auch unter Kausalitätsgesichtspunkten verneint hat, sobald der Käufer von den Falschangaben wusste[325]. Soll der Käufer aber wirklich so gestellt werden, wie er ohne den Kauf stünde, müsste man eigentlich das Unternehmen stabilisieren und auf den vertraglich erwarteten Stand bringen, denn nur dann erleidet das Vermögen des Käufers keinen Nachteil, wenn er darauf verwiesen wird, das Unternehmen zu behalten. Eine solche generelle Ersatzfähigkeit von Sanierungsmaßnahmen würde dem Ersatz des positiven Interesse nahe kommen. Dass sich in speziellen Fällen beide Arten von Schadensersatz überschneiden, dürfte indessen nicht genügen, um die Ersatzfähigkeit solcher Maßnahmen auszuschließen[326].

d) Die Angemessenheit des vorgeschlagenen Lösungswegs

Die vorangegangenen Ausführungen zeigen, dass die Gewährung des positiven Interesses gar nicht zwingend weiter reichen muss als die Haftung auf das negative. Will der Käufer das Unternehmen behalten, kann das positive Interesse höher sein als das negative, wenn auch oftmals gar nicht so wesentlich. Beruft der Käufer sich demgegenüber darauf, das Unternehmen zurückgeben zu wollen, kann es durchaus Fälle geben, in denen das negative Interesse für den Verkäufer sogar belastender ist. Hier ist allerdings zu beachten, dass die Vielschichtigkeit der möglichen Schäden und der dogmatischen Probleme eine Abschätzung der Rechtsprechung im Einzelnen schwierig macht. Nicht umsonst wies schon *U. Huber* darauf hin, dass man diese Unterscheidung nicht überbewerten solle und sie in der bisherigen Rechtsprechung des Unternehmenskaufs kaum eine Rolle gespielt hat[327].

---

325 BGH BB 1980, 1392 (1393), wo es um nicht ausgewiesene Verbindlichkeiten ging, die der Käufer ausgeglichen hatte; ähnlich BGH NJW 1981, 1035 (1036). An einem Kausalzusammenhang ist indessen nicht zu zweifeln, vgl. Hollenberg, S. 80 ff.; Canaris, ZGR 1982, 395 (423 f.).

326 Vgl. Hollenberg, S. 236 f.; Baur, BB 1979, 381 (387); Canaris, ZGR 1982, 395 (424 f.). Anders Willemsen, AcP 182 (1982), 515 (532 f.), der danach unterscheiden will, ob die Aufwendungen freiwillig oder unfreiwillig sind und nur letztere für ersatzfähig hält.

327 AcP 202 (2002), 179 (232 f.).

Die Haftung auf Schadensersatz bei Fahrlässigkeit führt im Rahmen des Gewährleistungsrechts dennoch zu einer wesentlichen Änderung der Haftungslage beim Unternehmenskauf, die sich aber nicht auf das Problem der Ertragsfähigkeit reduziert. Dass der Gesetzgeber diese Änderung hinsichtlich der Angaben zur Ertragsfähigkeit nicht gewollt habe[328], lässt sich jedoch bestreiten. Die Konsequenz folgt aus zwei an anderer Stelle getroffenen Grundentscheidungen des Gesetzgebers: zum einen aus der Streichung des Verkäuferprivilegs der Schadensersatzhaftung hinsichtlich des Mangelschadens lediglich bei Zusicherung und Arglist[329], zum anderen aus der Entscheidung, die Haftung für anfängliche Unmöglichkeit auf das positive Interesse zu erweitern[330]. Es ist dann nur noch eine Wertungsfrage, ob die Angaben zur Ertragsfähigkeit eine Leistungspflicht in dieser Hinsicht begründen. Dass diese Wertung zutrifft, wurde bereits festgestellt[331]. Dem entspricht auch die vertragliche Praxis, die bei entsprechenden Garantien häufig den Ersatz positiven Interesses unter Ausschluss des großen Schadensersatzes vorsieht[332]. Der Gesetzgeber selbst war sogar bereit, über dieses Ergebnis hinauszugehen, indem er zur Diskussion stellte, alle Angaben über Umsätze und Erträge dem Gewährleistungsrecht zu unterstellen[333].

Im Übrigen stellt sich die Frage, ob die Begrenzung der Haftung auf das negative Interesse nach altem Recht überhaupt das Ziel der Rechtsprechung war[334]. Bei der Zusicherung von Angaben über einen längeren Zeitraum hielt die Rechtsprechung die Haftung auf das positive Interesse für gerechtfertigt. Dass die Grenze immer weiter nach oben verschoben wurde, lag nicht an dem Bestreben, eine als unbillig erkannte Haftung auf positives Interesse auszuschalten. Es ging eher im Gegenteil darum, dem Käufer über die Geltungsdauer der kurzen Verjährung hinaus überhaupt Ansprüche zu erhalten. Zudem wurde die Schadensersatzhaftung schon bei einfacher Fahrlässigkeit in diesen Bereichen für durchaus

328 So Wertenbruch, in: Dauner-Lieb/Konzen/Schmidt, Das neue Schuldrecht in der Praxis, S. 493 (505).

329 Vgl. Gruber, MDR 2002, 433 (436); Gaul, ZHR 166 (2002), 35 (44).

330 Vgl. auch Gruber, MDR 2002, 433 (436 f.).

331 Vgl. zu diesem Ansatz auch Lieb, FS Gernhuber, S. 259 (262 f.); Gaul, ZHR 166 (2002), 35 (43); Willemsen, AcP 182 (1982), 515 (526).

332 Vgl. etwa Roschmann, ZIP 1998, 1941 (1946). Wenn U. Huber, AcP 202 (2002), 179 (209 und 211), dagegen behauptet, es sei dort regelmäßig nur eine culpa-Haftung vorgesehen, kann dem gerade im Hinblick auf die Rechtsfolgen nicht gefolgt werden. Er gibt selbst zu, dass in dieser Hinsicht eine Haftung auf das positive oder negative Interesse vereinbart sein kann (S. 209 und 205).

333 Regierungsbegründung, BT-Drucks. 14/6040, S. 242.

334 Siehe dazu v. a. die Ausführungen Zimmers, NJW 1997, 2345 (2348), der darstellt, dass das Gewährleistungsrecht ursprünglich die einzige Möglichkeit darstellte, den Käufer überhaupt zu schützen und erst mit Entwicklung der culpa in contrahendo eine weitergehende Schutzmöglichkeit gefunden wurde.

wünschenswert gehalten[335]. Es ist also nicht zu erkennen, dass der Rückgriff der Rechtsprechung auf die culpa in contrahendo dazu diente, eine Erfüllungshaftung des Verkäufers auszuschließen, vielmehr sollte dadurch der Käufer geschützt werden. Dass dieser Schutz nur erreicht werden konnte, indem statt dem Ersatz des positiven Interesses nur der des negativen Interesses gewährt wurde, muss eher als Notlösung betrachtet werden. Man kann dadurch kaum die Erkenntnis der Rechtsprechung nachweisen, in den Fällen falscher Angaben über Geschäftsergebnisse generell die Begrenzung des Schadensersatzes auf negatives Interesse für angemessen zu halten.

Dem Käufer den Anspruch auf positives Interesse gänzlich zu verwehren, erscheint zumindest bei vorsätzlicher Falschangabe nicht gerechtfertigt[336]. Bei Vorsatz bleibt ihm zusätzlich die Möglichkeit, sich auf die §§ 280 Abs. 1, 311 Abs. 2, 241 Abs. 2 BGB zu berufen[337], während er bei bloßer Fahrlässigkeit allenfalls Aufwendungsersatz (§ 284 BGB) verlangen kann. Im Gegensatz zur Garantieerklärung besteht zumindest die Möglichkeit für den Verkäufer, sich auf fehlendes Verschulden zu berufen, so dass das Stufenverhältnis hinsichtlich der Schwere des ihm zu machenden Vorwurfs nicht verloren geht[338].

Hinsichtlich einfacher Fahrlässigkeit ist ein potentiell hoher Schadensersatz auch in anderen Fällen vertraglicher oder deliktischer Haftung selbst dort kein Grund für eine Beschränkung des Haftungsumfangs, wo es leicht zu hohen Ersatzansprüchen kommen kann. Man denke an ärztliche Behandlungsfehler oder Fehler im Straßenverkehr. Im Grunde besteht kein Anlass, den Unternehmenskauf anders zu behandeln. Wenn dem Verkäufer das Haftungsrisiko zu groß ist, muss er sich um eine vertragliche Vereinbarung zu seinen Gunsten bemühen, was der Tendenz einer käuferfreundlichen gesetzlichen Gestaltung nachkommt.

Im verbleibenden Bereich für die §§ 280 Abs. 1, 311 Abs. 2, 241 Abs. 2 BGB bleibt es dann dabei, dass der Käufer sich ohnehin kaum darauf berufen kann, das Unternehmen sonst nicht gekauft zu haben. Dass der Käufer dann Schadensersatz über eine etwaige geringfügige Minderung hinaus verlangen kann, wird in verschwindend wenigen Fällen vorkommen.

335 Auch in der Literatur wurde in diesem Sinne das Fehlen der Arglist- oder Zusicherungsgrenze bei der culpa in contrahendo als Vorteil angesehen: vgl. Büdenbender, in: Dauner-Lieb, Unternehmenskauf und Schuldrechtsmodernisierung, S. 5 (6); Haas/Medicus/Rolland/Schäfer/Wendtland-Haas, Kap. 5, Rn. 539; Barnert, WM 2003, 416; Canaris, ZGR 1982, 395 (398); Hiddemann, ZGR 1982, 435 (448); siehe auch Hommelhoff, Sachmängelhaftung, S. 91; G. Müller, Lossagungsrecht, S. 149 ff. u. 161.

336 Gruber, MDR 2002, 433 (436 f.); Hommelhoff/Schwab, FS Zimmerer, S. 267 (284).

337 Hier besteht nach ständiger Rechtsprechung keine Verdrängung der §§ 280 Abs. 1, 311 Abs. 2, 241 Abs. 2 BGB, siehe Kap. 2 III 4 a).

338 Dahin geht die Kritik Wertenbruchs, in: Dauner-Lieb/Konzen/Schmidt, Das neue Schuldrecht in der Praxis, S. 493 (505).

V. Ausschlussgründe und Verjährung

Des Weiteren stellt sich die Frage, ob andere Rechtsfolgen hinsichtlich der Falschangaben zur Ertragsfähigkeit auf gewährleistungsrechtlicher Ebene zu unbilligen Ergebnissen führen würden. Hier geht es um die Kenntnis bzw. fahrlässige Unkenntnis des Mangels seitens des Käufers [1], vertragliche Haftungsbegrenzungen [2] und die Verjährung [3].

1. Kenntnis und fahrlässige Unkenntnis des Käufers

a) Erkennbare Mängel im Rahmen einer Due Diligence

Zum einen stellt sich die Frage, ob die unterschiedlichen Lösungswege hinsichtlich der Kenntnis oder fahrlässigen Unkenntnis des Käufers von den falschen Angaben unterschiedliche Ergebnisse hervorbringen können. Gewährleistungsrechte sind ausgeschlossen, wenn der Käufer das Vorhandensein des Mangels kannte (§ 442 Abs. 1 S. 1 BGB)[1]. Kannte er den Mangel aufgrund grober Fahrlässigkeit nicht, besteht die Verkäuferhaftung nur fort, wenn der eine Beschaffenheitsgarantie übernommen hat oder Arglist vorliegt (§ 442 Abs. 1 S. 2 BGB)[2]. Dieser gesetzliche Haftungsausschluss spielt im Rahmen des Unternehmenskaufs eine besondere Rolle, weil der Käufer schon im eigenen Interesse für die Kaufpreisfindung oft eine Due Diligence vornimmt, bei der er die Unterlagen des Zielunternehmens untersucht. Tauchen in diesen Unterlagen mehr oder weniger eindeutige Hinweise darauf auf, dass das Unternehmen fehlerhaft ist, führt dieses im Fall des Erkennens durch den Käufer jedenfalls zu einem Haftungsausschluss[3]. Etwas anderes würde bei genereller Anwendung der §§ 280 Abs. 1, 311 Abs. 2, 241 Abs. 2 BGB auch nicht gelten, weil dann die Aufklä-

1 Dieses entspricht § 460 S. 1 BGB a. F. für Sachmängel und § 439 Abs. 1 BGB a. F. für Rechtsmängel. Eine Ausnahme gilt nach wie vor für die Pflicht zur Beseitigung eingetragener Grundstücksrechte, § 442 Abs. 2 BGB bzw. § 439 Abs. 2 BGB a. F.

2 Dieses entspricht § 460 S. 2 BGB a. F. und gilt jetzt auch für Rechtsmängel, wo früher nur Kenntnis schädlich war, vgl. die Regierungsbegründung, BT-Drucks. 14/6040, S. 236. Die einheitliche Behandlung wird aber durchaus als praxisgerecht angesehen, vgl. Knott, NZG 2002, 249 (250).

3 Allg. Ansicht: Angersbach, S. 136 ff.; Eggenberger, S. 265 ff.; Fritzen, S. 183 ff.; Larisch, S. 133; Picot, in: Picot, Unternehmenskauf, Teil I, Rn. 91 (S. 141 f.); Fleischer, in: Dauner-Lieb, Unternehmenskauf und Schuldrechtsmodernisierung, S. 103 (106); Fleischer/Körber, BB 2001, 841 (847); Loges, DB 1997, 965 (968). Die Kenntnis des Prüfers wird dem Käufer nach § 166 BGB zugerechnet, vgl. Angersbach, S. 137; Knöpfler, S. 67 f.; Larisch, S. 133 ff.; U. Huber, AcP 202 (2002), 179 (199); Weitnauer, NJW 2002, 2511 (2516).

rungspflicht des Verkäufers entfällt oder zumindest der Kausalzusammenhang zum Schaden in Form des Abschlusses eines nachteiligen Vertrags fehlt[4].

Wird ein Fehler in den Unterlagen übersehen, weil die Due Diligence nicht oder nicht vollständig durchgeführt wurde, stellt sich jedoch die Frage, ob dieses aus gewährleistungsrechtlicher Sicht als grobe Fahrlässigkeit gewertet werden kann[5]. Diese Problematik hat durch die Gesetzesänderung keinen Bedeutungswandel erfahren. Schon nach alter Rechtslage wurde weitestgehend bestritten, ein Unterlassen oder eine unvollständig durchgeführte Due Diligence sei als grobe Fahrlässigkeit aufzufassen[6]. Dies begründet sich auf der nach wie vor bestehenden gesetzlichen Vorstellung, dass der Verkäufer eine fehlerfreie Sache zu verschaffen hat und der Käufer die Sache grundsätzlich nicht überprüfen muss[7]. Ihm eine unvollständige oder unterlassene Due Diligence als grobe Fahrlässigkeit vorzuwerfen, würde aber dazu führen, dass diese Untersuchung zumindest als Obliegenheit des Käufers anzusehen wäre. Nur weil er freiwillig Aufwand betreibt, um den Wert des Unternehmens zu erkunden, kann es ihm aber nicht angelastet werden, wenn er dies nicht gründlich macht[8]. Eine unterlassene oder schlechte Durchführung der Due Diligence ist daher nicht als grobe Fahrlässig-

---

4 Vgl. auch Völker, S. 164 f.

5 Vorsichtig bejahend Merkt, BB 1995, 1041 (1047), falls man insoweit inzwischen eine Verkehrssitte annehmen könne; vgl. auch Krecek, S. 44 f. Von einer Verkehrssitte geht Knöpfler beim Erwerb großer Unternehmen aus, ohne dass jedoch ein allgemeiner Umfang festlegbar sei (S. 72 ff, 125 ff.); ähnlich auch Völker, S. 169 f.; Hölters-Semler, Teil VI, Rn. 43. Dagegen MüKo-Westermann, § 453 Rn. 60; Angersbach, S. 140 f.; Eggenberger, S. 249 ff.; Fritzen, S. 175 ff.; K. J. Müller, NJW 2004, 2196 (2197 f.). Larisch (S. 136 ff.) geht zwar von einer Verkehrssitte aus, hält die Anwendung des § 442 BGB deshalb aber dennoch nicht für gerechtfertigt, weil die Vorschrift den Zweck habe, unnötige Transaktionskosten zu vermeiden und der Aufwand dem Käufer nicht zumutbar sei (S. 149 ff.).

6 Angersbach, S. 139 ff.; Eggenberger, S. 242 ff., 267 ff.; Fleischer/Körber, BB 2001, 841 (844 ff., insb. 846 u. 848). Zum neuen Recht: MüKo-Westermann, § 453 Rn. 59 f.; Bergjan, S. 182 ff.; Fritzen, S. 169 ff., 186 ff.; Larisch, S. 147 ff.; Beisel/Klumpp-Beisel, Kap. 2, Rn. 9; Kroiß-Plassmeier, Klauselbuch Schuldrecht, § 21, Rn. 40 f.; Mueller-Thuns, in: Rödder/Hötzel/Mueller-Thuns, Unternehmenskauf, § 3 Rn. 53 f.; Picot, in: Picot, Unternehmenskauf, Teil I, Rn. 91 (S. 144 ff.); Gaul, ZHR 166 (2002), 35 (64); Horn/Bernau, Jura 2003, 702 (705); U. Huber, AcP 202 (2002), 179 (201); K. J. Müller, NJW 2004, 2196 (2197 ff.); Triebel/Hölzle, BB 2002, 521 (526); Weitnauer, NJW 2002, 2511 (2516), der aber trotzdem eine vertragliche Regelung empfiehlt.

7 U. Huber, AcP 202 (2002), 179 (201). Die Due Diligence stammt demgegenüber aus dem US-amerikanischen Raum, wo das caveat emptor-Prinzip stärker ausgeprägt ist, vgl. Merkt, BB 1995, 1041 (1041 ff.).

8 Weitnauer, NJW 2002, 2511 (2516). Soweit eine Pflicht zur Durchführung einer Due Diligence gerichtlich anerkannt wurde, betraf dieses immer nur den internen Pflichtenkreis der Unternehmensführung gegenüber den Gesellschaftern, nicht aber das Verhältnis zum Verkäufer, vgl. LG Hannover AG 1977, 198 (200); LG Frankfurt a. M., WM 1998, 1181 (1185); Fleischer/Körber, BB 2001, 841 (846).

keit zu bewerten[9]. Dennoch kann eine durchgeführte Due Diligence zumindest beweisrechtliche Konsequenzen haben[10]. Zudem sind die Parteien nicht daran gehindert, vertraglich eine andere Risikoverteilung vorzunehmen[11].

Im Rahmen der §§ 280 Abs. 1, 311 Abs. 2, 241 Abs. 2 BGB würde das Ergebnis aber nicht anders ausfallen. Bei unterlassener Prüfung könnte man zwar ein Mitverschulden nach § 254 BGB annehmen. Es überzeugt indes nicht, dass der Käufer die Angaben über das Unternehmenssubstrat nicht prüfen muss, wohl aber die über Geschäftsergebnisse. Genauso wenig würde es überzeugen, hinsichtlich Einzelangaben über Geschäftsergebnisse eine stärkere Prüfungspflicht aufzuerlegen als bezüglich Angaben über die Ertragsfähigkeit. Wer erst falsche Angaben macht, kann im Regelfall nicht geltend machen, dass den Geschädigten ein Mitverschulden trifft, weil er auf die Angaben vertraut hat[12]. Es ist deshalb nahezu unumstritten, dass eine Prüfungspflicht der Angaben auch über den Weg der §§ 280 Abs. 1, 311 Abs. 2, 241 Abs. 2 BGB nicht besteht und eine unterlassene oder unvollständig durchgeführte Due Diligence auch hier die Haftung weder ausschließt[13] noch begrenzt. Ob man deshalb gleich soweit gehen muss, den Maßstab der groben Fahrlässigkeit auch auf § 254 BGB zu übertragen[14], mag dahinstehen. Jedenfalls sollte darin kein Mitverschulden zu erblicken sein[15]. In

---

9 Etwas anderes kann nur insofern gelten, als dass es auch außerhalb der Due Diligence Umstände geben kann, aus denen sich aufdrängen muss, dass ein Mangel vorliegt, vgl. Mueller-Thuns, in: Rödder/Hötzel/Mueller-Thuns, Unternehmenskauf, § 3 Rn. 54.

10 Vgl. Reiner, in: Semler/Volhard, ÜN Hdb., § 56 Rn. 150: Aus nicht eingesehenen Unterlagen kann auf eine insoweit nicht relevante Beschaffenheit geschlossen werden und bei vorgelegten Unterlagen kann eine Kenntnisvermutung entstehen, weshalb zumeist in den Verträgen festgestellt wird, welche Unterlagen vorgelegt wurden (Mueller-Thuns, in: Rödder/Hötzel/Mueller-Thuns, Unternehmenskauf, § 10 Rn. 88).

11 Dies empfehlend Seibt/Reiche, DStR 2002, 1135 (1141), wohingegen Weitnauer, NJW 2002, 2511 (2516 f.), genau das Gegenteil in Form der Festschreibung der hier genannten Grundsätze vorschlägt.

12 BGH NJW 1977, 1536 (1537); Fritzen, S. 181 f.

13 Hier wird man insbesondere nicht sagen können, dass durch eine unterlassene Due Diligence die Aufklärungspflicht reduziert wird, nur richtige Angaben zu machen (vgl. dazu Fritzen, S. 180 f., 194 ff.; Larisch, S. 170 f.). Man könnte das Unterlassen der Due Diligence in Teilbereichen aber u. U. so auslegen, dass es dem Käufer in diesen Bereichen nicht auf eine Aufklärung ankommt (vgl. auch Knöpfler, S. 140 ff.; Loges, DB 1997, 965 (969 f.)). Darin besteht aber keine Diskrepanz zum kaufrechtlichen Ansatz, weil auch dort das Unterlassen dazu führen kann, dass von einer insoweit fehlenden Beschaffenheitsvereinbarung auszugehen ist.

14 So Eggenberger, S. 258 f.; Mueller-Thuns, in: Rödder/Hötzel/Mueller-Thuns, Unternehmenskauf, § 9 Rn. 142.

15 So auch Fritzen, S. 181 f., 198 ff.; Larisch, S. 170 f.; Fleischer/Körber, BB 2001, 841 (848 f.); Weitnauer, NJW 2002, 2511 (2516); auch Soergel-Huber, § 459 Rn. 248, und AcP 202 (2002) 179 (190 u. 201); unsicher aber anscheinend Goltz, DB 1974, 1609 (1611). Anderer Ansicht Knöpfler, S. 145 ff., die aber auch aus kaufrechtlicher Sicht eine Pflicht des Käufers zur Durchführung einer Due Diligence annimmt.

dieser Hinsicht ist also die Anwendung des Gewährleistungsrechts völlig unschädlich und entspricht dem Weg über die §§ 280 Abs. 1, 311 Abs. 2, 241 Abs. 2 BGB.

b) Die Streichung des § 464 BGB a. F. (vorbehaltlose Annahme)

§ 464 BGB a. F. sah vor, dass der Käufer, der den Mangel bei Annahme der Kaufsache kannte, Gewährleistungsrechte nur geltend machen konnte, wenn er sich dies vorbehielt. Im Rahmen der §§ 280 Abs. 1, 311 Abs. 2, 241 Abs. 2 BGB gibt es eine solche Vorschrift nicht. Aber auch § 464 BGB a. F. griff nur dort ein, wo der Mangel zwischen Vertragsschluss und Übergabe erkannt wurde. Da dieser Zeitpunkt beim Unternehmenskauf regelmäßig auseinander fällt, konnte ein solcher Fall zwar eintreten. Der schwer zu führende Kenntnisnachweis ließ aber auch hier die Vorschrift zumeist leer laufen[16], weshalb vertragliche Regelungen für die Schaffung eines solchen Ausschlusses ohnehin erforderlich waren[17]. Dieses gilt nach neuer Rechtslage nunmehr gleichermaßen für das Gewährleistungsrecht[18] und die §§ 280 Abs. 1, 311 Abs. 2, 241 Abs. 2 BGB, so dass auch hier kein relevanter Unterschied besteht.

2. Vertragliche Haftungsbeschränkungen und § 444 Alt. 2 BGB

Die Fehleranfälligkeit gerade der Angaben von Geschäftsergebnissen führt dazu, dass in der Praxis ein verstärktes Bedürfnis für eine vertragliche Haftungsbegrenzung besteht, selbst wenn der Verkäufer üblicherweise eine im Grundsatz verschuldensunabhängige Einstandspflicht verspricht. Typischerweise finden sich deshalb in den Vertragstexten Vereinbarungen von Haftungshöchstbeträgen (sog. *Caps*), aber auch von Freibeträgen und Freigrenzen[19]. Im Hinblick auf die

16 Deshalb führt der Wegfall des § 464 BGB a. F. per se nicht zu einer erheblichen Haftungserweiterung des Unternehmensverkäufers (so aber Wunderlich, WM 2002, 981 (986)).

17 Bisher geschah das, in dem vertraglich vereinbart wurde, dass alle Informationen, die dem Käufer zur Verfügung gestellt wurden, als bekannt i. S. d. § 464 BGB a. F. angesehen werden sollten: vgl. Gronstedt/Jörgens, ZIP 2002, 52 (59); Seibt/Reiche, DStR 2002, 1135 (1141).

18 Der einzige Unterschied auf gewährleistungsrechtlicher Ebene besteht nun darin, dass § 464 BGB a. F. mit der in Fn. 17 genannten Kenntnisklausel in den Vertragstext übernommen werden muss. Vgl. Fritzen, S. 163; Mueller-Thuns, in: Rödder/Hötzel/Mueller-Thuns, Unternehmenskauf, § 10 Rn. 88; Seibt/Raschke/Reiche, NZG 2002, 256 (257); Seibt/Reiche, DStR 2002, 1135 (1141); allgemein dazu Wendlandt, ZGS 2004, 88 ff.

19 Der Unterschied von Freigrenzen und Freibeträgen entspricht der Unterscheidung im Steuerrecht: Bei Freigrenzen haftet der Verkäufer für alle Schäden, sobald ein gewisser Schadensbetrag überschritten ist, bei Freibeträgen nur für die Beträge, die über den Freibetrag hinausgehen; vgl. Roschmann, ZIP 1998, 1941 (1947).

Anerkennung u. a. der Ertragsfähigkeit als Beschaffenheit stellt sich die Frage, ob die kaufrechtlichen Regelungen in § 444 BGB die Haftungsbegrenzungen unangemessen einschränken, was für eine restriktive Handhabung des Beschaffenheitsbegriffs sprechen würde.

Generell ist eine Haftungsbeschränkung größtenteils nur im für den Unternehmenskauf uninteressanten Bereich des Verbrauchsgüterkaufs nach § 475 Abs. 1 S. 1 BGB ausgeschlossen[20]. § 444 Alt. 1 BGB versagt dem Verkäufer zudem die Berufung auf eine Haftungsbeschränkung, wenn er den Mangel arglistig verschwiegen hat. Darin liegt nur ein allgemeines Rechtsprinzip aus Treu und Glauben, so dass diese Regelung nicht problematisch ist[21].

a) Die Neuregelung des § 444 Alt. 2 BGB

Im kaufrechtlichen Bereich neu ist die Regelung des § 444 Alt. 2 BGB. In seiner ursprünglichen Fassung nach der Schuldrechtsreform besagte diese Vorschrift, dass der Verkäufer sich auch nicht auf den Ausschluss oder die Begrenzung berufen kann, *wenn* er eine Beschaffenheitsgarantie übernommen hat.

Einige Stimmen in der Literatur legten diese Norm streng aus und waren der Ansicht, dass nunmehr der Unternehmensverkäufer für alle Beschaffenheitsgarantien unbeschränkt hafte, ohne sich auf für den Unternehmenskauf übliche Haftungsbeschränkungen berufen zu können[22]. Auf unterschiedlichstem Weg kam der Großteil der Literatur allerdings zu einer restriktiveren Auslegung der Vorschrift mit der Folge, dass die Norm den bisher üblichen Garantien nicht entgegenstand[23]. Dem war tatsächlich zugute zu halten, dass der Gesetzgeber

---

20 Dieses ergibt sich schon daraus, dass eine Haftungsbeschränkung zugleich zum Nachteil des Verbrauchers von § 437 BGB abweicht. Dort findet § 444 BGB nur in den Bereichen Anwendung, in denen § 475 BGB im Einklang mit der Verbrauchsgüterkaufrichtlinie eine abweichende Regelung zulässt. Deshalb war auch bisher schon eine einschränkende Auslegung des § 444 Alt. 2 BGB richtlinienkonform (a. A. v. Gierke/Paschen, GmbHR 2002, 457 (460 f.)).

21 Hier hat sich nur geändert, dass die Nichtigkeit des Ausschlusses durch die fehlende Möglichkeit ersetzt wurde, sich auf den Ausschluss zu berufen. Dies soll von vornherein ausschließen, dass nach § 139 BGB der ganze Kaufvertrag wegen der Unwirksamkeit der Klausel nichtig sein kann, vgl. die Regierungsbegründung, BT-Drucks. 14/6040, S. 240; v. Westphalen, ZIP 2002, 545.

22 So allerdings deutlich nur v. Westphalen, ZIP 2001, 2107; ders., BB 2002, 209 ff.; ders., in: Henssler/v. Westphalen, § 444 Rn. 18 f.; vgl. auch Horn/Bernau, Jura 2003, 702 (708). Die meisten praxisorientierten Beiträge nahmen diese Auslegung nur vorsichtshalber vor, um eine möglichst sichere Vertragsgestaltung zu wählen, vgl. v. Gierke/Paschen, GmbHR 2002, 457 (461 ff.); Hermanns, ZIP 2002, 696 (697 f.); Wagner, DStR 2002, 1400 (1401).

23 Vgl. das Gutachten des BMJ, ZGS 2003, 307 (309 f.); Bamberger/Roth-Faust, § 444 Rn. 18 ff.; Erman-Grunewald, § 444 Rn. 11; KompaktKomBGB-Tonner, § 444 Rn. 9; MüKo-Westermann, § 444 Rn. 13 ff.; Staudinger-Beckmann (2004), § 453 Rn. 44;

dieses Problem gar nicht gesehen und eine solche Rechtsfolge nicht beabsichtigt hatte. Die Norm war aus einer Generalisierung des § 11 Nr. 11 AGBG hervorgegangen[24], der seinerseits nur eine Ausprägung des Verbots widersprüchlichen Verhaltens darstellte[25], sodass sich daran auch die Auslegung des § 444 Alt. 2 BGB zu orientieren hat[26]. Da anknüpfend an die Definition der Zusicherung nach altem Recht unter einer Garantie im Sinne des § 444 Alt. 2 BGB grundsätzlich der Wille zur Übernahme einer unbeschränkten Haftung verstanden wurde[27], berief man sich darauf, dass eine Erklärung, welche von vornherein nur begrenzte Rechte gewähre und nicht bereits gewährte Rechte wieder einschränke, gar nicht darunter falle[28]. Eine etwas weitergehende Ansicht sprach

---

Staudinger-Matusche-Beckmann (2004), § 444 Rn. 53 f.; Bergjan, S. 323 ff.; Fritzen, S. 205 ff.; Larisch, S. 220 ff.; Amann/Brambring/Hertel-Rombach, S. 564; Beisel/Klumpp-Klumpp, Kap. 16, Rn. 71 ff.; Haas/Medicus/Rolland/Schäfer/Wendtland-Haas, Kap. 5, Rn. 289; Holzapfel/Pöllath, Unternehmenskauf, Rn. 442 u. 491; Looschelders, in: Dauner-Lieb/Konzen/Schmidt, Das neue Schuldrecht in der Praxis, S. 395 (407 ff.); Mueller-Thuns, in: Rödder/Hötzel/Mueller-Thuns, Unternehmenskauf, § 10 Rn. 8 f.; Picot, in: Picot, Unternehmenskauf, Teil I, Rn. 100; ders., in: Dauner-Lieb, Unternehmenskauf und Schuldrechtsmodernisierung, S. 69 (77); Reiner, in: Semler/Volhard, ÜN Hdb., § 56 Rn. 280 f.; Rotthege/Wassermann-Rotthege, Rn. 1216; Reinicke/Tiedtke, Kaufrecht, Rn. 1262; Wertenbruch, in: Dauner-Lieb/Konzen/Schmidt, Das neue Schuldrecht in der Praxis, S. 493 (509 ff.); Canaris, Karlsruher Forum 2002, S. 5 (84 ff.); Dauner-Lieb/Thiessen, ZIP 2002, 108 ff.; Eidenmüller, ZGS 2002, 290 (296); Faust, ZGS 2002, 271 ff.; Fischer, DStR 2004, 276 (282); Gaul, ZHR 166 (2002), 35 (65); v. Gierke/Paschen, GmbHR 2002, 457 (459 ff.); Gronstedt/Jörgens, ZIP 2002, 52 (56 ff.); Harke, JR 2003, 400 (402 ff.); Hilgard/Kraayvanger, MDR 2002, 678 ff.; U. Huber, AcP 202 (2002), 179 (238 ff.); Jaques, BB 2002, 417 ff.; Kindl, WM 2003, 409 (413 ff.); Knott, NZG 2002, 249 (254 ff.); K. J. Müller, NJW 2002, 1026 f.; Pfeiffer, ZGS 2002, 23 (31); Picot/Russenschuck, M&A-Review 2002, 64 (66); Schröcker, ZGR 2005, 63 (93 ff.); Schulte-Nölke, ZGS 2002, 72 (75); Seibt/Reiche, DStR 2002, 1181 ff.; Seibt/Raschke/Reiche, NZG 2002, 256 ff.; Triebel/Hölzle, BB 2002, 521 (528 ff.); Weitnauer, NJW 2002, 2511 (2517); Wolf/Kaiser, DB 2002, 411 (419); Zerres, MDR 2003, 368 (369 ff.).

24 Regierungsbegründung, BT-Drucks. 14/6040, S. 240.

25 Vgl. MüKo-Basedow, § 11 Nr. 11 AGBG Rn. 1.

26 So auch Lieb, in: Dauner-Lieb, Unternehmenskauf und Schuldrechtsmodernisierung, S. 57 (66); Faust, ZGS 2002, 271 (272); Gaul, ZHR 166 (2002), 35 (62 f.); Hermanns, ZIP 2002, 696 (697); v. Westphalen, ZIP 2002, 545 (547). Kritisch zur Übernahme dieses Maßstabs in § 444 BGB jedoch Staudinger-Matusche-Beckmann (2004), § 444 Rn. 52.

27 Vgl. die Regierungsbegründung, BT-Drucks. 14/6040, S. 236; RGZ 161, 330 (337); BGHZ 59, 158 (160); NJW 1980, 2127 (2128); 1981, 1269 (1270); 1985, 1957.

28 So etwa das Gutachten des BMJ, ZGS 2003, 307 (309); Fritzen, S. 215 ff.; Larisch, S. 226; Lieb, in: Dauner-Lieb, Unternehmenskauf und Schuldrechtsmodernisierung, S. 57 (64 f.); Hölters-Semler, Teil VI, Rn. N 192s; Mueller-Thuns, in: Rödder/Hötzel/Mueller-Thuns, Unternehmenskauf, § 10 Rn. 11 f.; Rotthege/Wassermann-Rotthege, Rn. 1216; Wertenbruch, in: Dauner-Lieb/Konzen/Schmidt, Das neue Schuldrecht in der Praxis, S. 493 (511); Gronstedt/Jörgens, ZIP 2002, 52 (56 f.); U. Huber, AcP 202 (2002), 179 (238 f.); ähnlich Staudinger-Beckmann (2004), § 453 Rn. 44; Gaul, ZHR 166 (2002), 35

sich allgemein für eine teleologische Reduktion auf diejenigen Fälle aus, in denen sich der Verkäufer mit der Haftungsbegrenzung treuwidrig verhalte[29]. Daneben wurden auch gänzlich anders konstruierte und zumeist nicht sehr naheliegende Begrenzungen vorgenommen[30].

Der Gesetzgeber hat diesen Streit nunmehr seit dem 8. Dezember 2004 weitestgehend beendet, indem er das bisherige Wort „wenn" durch „soweit" ersetzt hat, womit schon der Wortlaut deutlich macht, dass die Begrenzbarkeit der Haftung vom Umfang der Garantievereinbarung abhängt[31]. In der Begründung zu der Änderung wird deutlich, dass es sich insoweit lediglich um eine Klarstellung handeln soll, sodass auch der bisherige Gesetzeswortlaut in diesem Sinne auszulegen ist, was wiederum eine Übergangsvorschrift entbehrlich gemacht hat[32].

(62 f.); v. Gierke/Paschen, GmbHR 2002, 457 (461); Knott, NZG 2002, 249 (255); Pfeiffer, ZGS 2002, 23 (31); Schulte-Nölke, ZGS 2002, 72 (75).

29 So das Gutachten des BMJ, ZGS 2003, 307 (309); Erman-Grunewald, § 444 Rn. 11; KompaktKomBGB-Tonner, § 444 Rn. 8; MüKo-Westermann, § 444 Rn. 15 f.; Haas/Medicus/Rolland/Schäfer/Wendtland-Haas, Kap. 5, Rn. 289; Looschelders, in: Dauner-Lieb/Konzen/Schmidt, Das neue Schuldrecht in der Praxis, S. 395 (409); Reiner, in: Semler/Volhard, ÜN Hdb., § 56 Rn. 280 f.; Reinicke/Tiedtke, Kaufrecht, Rn. 1261 f.; Canaris, Karlsruher Forum 2002, S. 5 (85); Dauner-Lieb/Thiessen, DStR 2002, 809 (816); Eidenmüller, ZGS 2002, 290 (296); v. Gierke/Paschen, GmbHR 2002, 457 (461); Gronstedt/Jörgens, ZIP 2002, 52 (57); Kindl, WM 2003, 409 (415); K. J. Müller, NJW 2002, 1026 (1026 f.); Seibt/Reiche, DStR 2002, 1181; Triebel/Hölzle, BB 2002, 521 (530 f.); Wolf/Kaiser, DB 2002, 411 (419); Zerres, MDR 2003, 368 (370); i. E. auch Hilgard/Kraayvanger, MDR 2002, 678 (682), die darauf abstellen, ob die Garantie sinnentleert wird.

30 Eine Ansicht ging etwa dahin, § 444 Alt. 2 BGB nur als Auslegungsregel aufzufassen, die deutlich mache, dass die Garantie vorrangig und eine Perplexität der widersprüchlichen Aussagen nicht anzunehmen sei: vgl. Bamberger/Roth-Faust, § 444 Rn. 20; ders., ZGS 2002, 271 (273 f.); Staudinger-Matusche-Beckmann (2004), § 444 Rn. 53; ähnlich Fischer, DStR 2002, 276 (282). Weiterhin wurde vertreten, dass § 444 BGB nur auf der Tatbestands-, nicht aber auf der Rechtsfolgenseite eine Begrenzung verbiete: vgl. Fritzen, S. 206 ff.; Dauner-Lieb/Thiessen, ZIP 2002, 108 (114); Gronstedt/Jörgens, ZIP 2002, 52 (58); im Ansatz auch Lieb, in: Dauner-Lieb, Unternehmenskauf und Schuldrechtsmodernisierung, S. 57 (64). Vorgeschlagen wurde auch, die Garantie in § 444 BGB als reine Wissenserklärung aufzufassen sei, bei der deutlich gemacht werde, dass der Verkäufer den Zustand der Sache kennt und der Käufer sich deshalb darauf verlassen könne: Harke, JR 2003, 400 (402 ff.). Sehr bedenklich war die Auffassung, § 444 Alt. 2 BGB sei nur auf vorformulierte Verträge anwendbar: Beisel/Klumpp-Klumpp, Kap. 16, Rn. 74; Seibt/Raschke/Reiche, NZG 2002, 256 (259); Seibt/Reiche, DStR 2002, 1181. Zu der weiteren Restriktionsmöglichkeit, die Vorschrift nicht auf selbstständige Garantien anzuwenden, vgl. im Folgenden Fn. 36.

31 Die Änderung erfolgte im Rahmen des Gesetzes zur Änderung der Vorschriften über Fernabsatzverträge bei Finanzdienstleistungen vom 2.12.2004 (BGBl. I 2004, S. 3102) und wurde auch vorher schon in der Literatur vorgeschlagen: vgl. K. J. Müller, NJW 2002, 1026 (1027); Seibt/Reiche, DStR 2002, 1181.

32 Vgl. BT-Drucks. 15/3483, S. 22 f.

b) Der Anwendungsbereich des § 444 Alt. 2 BGB

Damit bleibt zu klären, welchen Anwendungsbereich § 444 Alt. 2 BGB nunmehr hat. Hier stellt sich zum einen die Frage, was unter „Garantie“ zu verstehen ist [aa] und zum anderen, inwiefern widersprüchliches Verhalten von dieser Norm sanktioniert wird [bb].

aa) Der Garantiebegriff

Wenn in § 444 Alt. 2 BGB von „Garantie“ die Rede ist, betrifft dies grundsätzlich nur den Teil der Garantieabrede, welcher den Willen zur verschuldensunabhängigen Einstandspflicht betrifft[33]. Identität besteht daher mit den Garantiebegriffen in den §§ 276 Abs. 1 S. 1 und 442 Abs. 1 S. 2 BGB, nicht aber mit dem in § 443 Abs. 1 BGB[34]. Auf sogenannte weiche Garantien, welche nur die Richtigkeit der Angaben nach bestem Wissen und Gewissen garantieren, ist er also nicht anwendbar, weil der Verkäufer die Pflichtverletzung dann immer noch zu vertreten haben muss[35].

Weiterhin stellt sich die Frage, ob sachlich auch die sogenannten „selbstständigen Garantien“ von § 444 Alt. 2 BGB erfasst sind. Dieses Problem hat durch die Entschärfung der Vorschrift wesentliches Gewicht verloren[36], soll aber der Klarstellung halber kurz erläutert werden. Als selbstständige Garantien sind jedenfalls Garantien über Umstände anzusehen, welche ohnehin nicht Gegen-

---

33 Vgl. die Stellungnahme des Bundesrates, BR-Drucks. 338/01 (Beschluss), S. 55; Erman-Grunewald, § 444 Rn. 11; Larisch, S. 223 f.; Dauner-Lieb/Thiessen, ZIP 2002, 108 (111); Fischer, DStR 2004, 276 (280); Knott, NZG 2002, 249 (255).

34 Fritzen, S. 209 ff.; Larisch, S. 223 f.; Haas/Medicus/Rolland/Schäfer/Wendtland-Haas, Kap. 5, Rn. 389; Henssler/v. Westphalen-v. Westphalen, § 444 Rn. 12; Dauner-Lieb/Thiessen, ZIP 2002, 108 (111); Triebel/Hölzle, BB 2002, 521 (530 f.); vgl. auch die Stellungnahme des Bundesrates, BR-Drucks. 338/01 (Beschluss), S. 55, und die Gegenäußerung der Bundesregierung, BT-Drucks. 14/6857, S. 61.

35 Vgl. Weitnauer, NJW 2002, 2511 (2515).

36 Unter der bisherigen Neuregelung wurde zum Teil auch die Ansicht vertreten, dass § 444 BGB nur auf Beschaffenheitsgarantien, nicht aber auf selbstständige Garantien anwendbar sei: Bergjan, S. 323 ff.; Amann/Brambring/Hertel-Rombach, S. 564; Holzapfel/Pöllath, Unternehmenskauf, Rn. 442 u. 491; Mueller-Thuns, in: Rödder/Hötzel/Mueller-Thuns, Unternehmenskauf, § 10 Rn. 8 f.; Picot, in: Dauner-Lieb, Unternehmenskauf und Schuldrechtsmodernisierung, S. 69 (77), und in: Picot, Unternehmenskauf, Teil I, Rn. 100; Eidenmüller, ZGS 2002, 290 (296); Hilgard/Kraayvanger, MDR 2002, 678 (681 f.); Jaques, BB 2002, 417 (418); Kindl, WM 2003, 409 (415); Knott, NZG 2002, 249 (255); K. J. Müller, NJW 2002, 1026 (1027); Picot/Russenschuck, M&A-Review 2002, 64 (66); Schröcker, ZGR 2005, 63 (94 f.); Seibt/Raschke/Reiche, NZG 2002, 256 (259); Triebel/Hölzle, BB 2002, 521 (530 ff., insb. These III und IV); wohl auch Weitnauer, NJW 2002, 2511 (2517).

stand einer Beschaffenheitsvereinbarung sein können[37]. Darunter fällt etwa der Eintritt eines rein zukünftigen oder vergangenen Umstands oder eines Umstands, der keine Beschaffenheit darstellt. Soweit die Parteien die Garantie nicht weiter klassifiziert haben, hat die Rechtsprechung bei der Garantie über Beschaffenheiten oder Eigenschaften hingegen keine selbstständige Garantie angenommen, wenn über die Vertragsmäßigkeit der Leistung hinaus kein weitergehender Erfolg garantiert wurde[38]. Soweit allerdings die Parteien auch bezüglich einer Eigenschaft ausdrücklich eine selbstständige Garantie vereinbart hatten, stand dem im Hinblick auf die Vertragsfreiheit nichts entgegen[39]. Dies gilt auch für Beschaffenheiten nach neuem Recht. Eine selbstständige Garantie liegt also dann vor, wenn sowohl Tatbestand als auch Rechtsfolgen autonom geregelt sind[40]. Davon abzugrenzen sind unselbstständige Garantien, die an das Gewährleistungssystem anknüpfen, es aber erweitern[41].

§ 444 Alt. 2 BGB ist schon vom Wortlaut her daran gebunden, dass eine Garantie hinsichtlich einer Beschaffenheit vorliegt[42]. Auf selbstständige Garantien, die keine Beschaffenheit betreffen, ist die Norm also nicht anwendbar[43]. Davon zu unterscheiden sind selbstständige Garantien, soweit sie eine Beschaffenheit des Unternehmens betreffen[44]. Es kann nicht relevant sein, ob die Parteien eine

37 BGH WM 1973, 411 f.; 1978, 554 (555); BGHZ 104, 82 (86); Soergel-Huber, § 459 Rn. 204.

38 BGH BB 1957, 1195; WM 1973, 411 f.; BB 1973, 1511 (1512); WM 1977, 365 (366); NJW 1986, 1927 (1927 f.); Soergel-Huber, § 459 Rn. 203; Walter, Kaufrecht, § 5 II 3 b) bb) (S. 157); Knott, NZG 2002, 249 (254 f.).

39 Soergel-Huber, § 459 Rn. 205; Staudinger-Honsell (1995), § 459 Rn. 88 ff.; v. Gierke/Paschen, GmbHR 2002, 457 (458); Hilgard/Kraayvanger, MDR 2002, 678 (681); Knott, NZG 2002, 249 (255); K. J. Müller, NJW 2002, 1026; Seibt/Raschke/Reiche, NZG 2002, 256 (258). Auch der BGH scheint dem zuzustimmen: vgl. BGHZ 65, 246 (252).

40 Vgl. Faust, ZGS 2002, 271 (272); Hermanns, ZIP 2002, 696 (698); Triebel/Hölzle, BB 2002, 521 (529). Folgerichtig empfiehlt deshalb etwa Mueller-Thuns, in: Rödder/Hötzel/Mueller-Thuns, Unternehmenskauf, § 10 Rn. 5, deutlich zu machen, dass man sich mit der jeweiligen Garantie außerhalb des gesetzlichen Gewährleistungssystem befindet.

41 Vgl. Hermanns, ZIP 2002, 696 (698); Knott, NZG 2002, 249 (254).

42 Dies deckt sich mit der Entstehungsgeschichte, die zeigt, dass die Beschaffenheitsgarantie aus der zugesicherten Eigenschaft hervorgegangen ist: Staudinger-Beckmann (2004), § 453 Rn. 44; Dauner-Lieb/Thiessen, ZIP 2002, 108 (111); Gaul, ZHR 166 (2002), 35 (62); Hilgard/Kraayvanger, MDR 2002, 678 (680); Knott, NZG 2002, 249 (255); Triebel/Hölzle, BB 2002, 521 (530); v. Westphalen, ZIP 2002, 545 (546).

43 Jaques BB 2002, 417 (418); Seibt/Raschke/Reiche, NZG 2002, 256 (258); Seibt/Reiche, DStR 2002, 1181; Triebel/Hölzle, BB 2002, 521 (530 f.). Anderer Ansicht aber offenbar der Gutachter des BMJ, ZGS 2003, 307 (308 f.); Faust, ZGS 2002, 271 (272); Fischer, DStR 2004 276 (282); Zerres, MDR 2003, 368 (370); unklar auch Hermanns, ZIP 2002, 696 (698), sowie v. Gierke/Paschen, GmbHR 2002, 457 (461).

44 Allein auf dieses Problem bezogen sind wohl auch die meisten Ausführungen auszulegen, in denen bisher die „Ausweitung" des § 444 Alt. 2 BGB auf selbstständige Garantien an-

Garantie als Beschaffenheitsgarantie oder selbstständige Garantie definieren. § 444 Alt. 2 BGB stellt als Ausfluss des Gebots von Treu und Glauben eine zwingende Vorschrift dar[45]. Durch eine andere Bezeichnung der Garantie kann diese Vorschrift nicht einfach ausgehebelt werden[46]. Es bleibt also festzustellen, dass die Anwendung des § 444 Alt. 2 BGB unabhängig von der Vereinbarung einer selbstständigen Garantie ist und somit jede Garantie erfasst, die eine Beschaffenheit im Sinne des Gewährleistungsrechts betrifft.

bb) Die Auswirkung des § 444 Alt. 2 BGB

Aus der Unabdingbarkeit der Vorschrift ergibt sich allerdings noch nicht, dass alle als Beschaffenheiten einzuordnenden Umstände beim Unternehmenskauf einer beschränkten Garantieerklärung weniger zugänglich wären als es bei sonstigen Umständen der Fall ist. Der Wortlaut des Gesetzes legt nahe, dass zuerst eine Auslegung der Gesamtvertragsregelung zu erfolgen hat. Wenn sich daraus ergibt, dass der Verkäufer nur beschränkt haften will, ist die Begrenzung grundsätzlich nicht durch § 444 Alt. 2 BGB ausgeschlossen, weil der Verkäufer dann nicht deutlich gemacht hat, unbegrenzt haften zu wollen und damit grundsätzlich nicht treuwidrig handelt[47].

Diese Argumentation greift jedoch etwas zu kurz, weil sie immer noch gewichtige Fälle des treuwidrigen Verhaltens nicht berücksichtigt. Auch wenn der Wille zum begrenzten Einstehenwollen deutlich wird, kann sich der Verkäufer treuwidrig verhalten[48]. Für eine Konkretisierung der Fallgruppen treuwidrigen Verhaltens bietet sich ein Rückblick auf die Rechtsprechung zu diesem Bereich im Hinblick auf die zugesicherten Eigenschaften nach altem Recht an: Danach war eine Vereinbarung von Haftungsbeschränkungen auch bei zugesicherten

---

gedacht wurde. Deutlich Hilgard/Kraayvanger, MDR 2002, 678 (681); Knott, NZG 2002, 249 (255); unklar v. Gierke/Paschen, GmbHR 2002, 457 (459 ff.).

45 Henssler/v. Westphalen-v. Westphalen, § 444 Rn. 18; v. Gierke/Paschen, GmbHR 2002, 457; Hilgard/Kraayvanger, MDR 2002, 678 (682 f.); vgl. auch BT-Drucks. 14/7052, S. 199: „eine allgemein [...] geltende Beschränkung der Abdingbarkeit kaufrechtlicher Vorschriften“; a. A. K. J. Müller, NJW 2002, 1026 (1027).

46 So auch Larisch, S. 224; Amann/Brambring/Hertel-Hertel, S. 188; Hermanns, ZIP 2002, 696 (698); v. Westphalen, ZIP 2002, 545 (547); auch das BMJ im Schreiben an die Bundesrechtsanwaltskammer vom 13.2.2002 unter 2 c.

47 U. Huber, AcP 202 (2002), 179 (238 f.); Knott, NZG 2002, 249 (255); Wolf/Kaiser, DB 2002, 411 (419); vgl. auch Fritzen, S. 217 f.

48 Die Definition der Garantie als Wille zum unbegrenzten Einstehenwollen für einen bestimmten Umstand stammt aus dem Bereich der zugesicherten Eigenschaft, wo die Rechtsfolgen in der Regel gerade nicht geregelt wurden und deshalb die Definition zutraf (vgl. U. Huber, AcP 202 (2002), 179 (238 f.)). Zu beachten ist aber, dass wie gesagt auch nach der alten Rechtslage die Rechtsfolgen und damit der Umfang der Einstandspflicht schon beschränkbar waren.

Eigenschaften möglich, allerdings nur, soweit sie mit dem Inhalt der Zusicherung vereinbar war[49] bzw. dem Käufer die Rechte, welche sich aus der Zusicherung ergaben, nicht wieder genommen wurden[50]. Dies kann in zweifacher Hinsicht eine Rolle spielen:

Zum einen ist es möglich, dass *zeitlich oder räumlich* ein widersprüchliches Verhalten darin liegt, dass erst eine unbeschränkte Garantie abgegeben wird, was etwa mündlich oder in Vorverträgen geschehen kann, diese dann aber später im endgültigen Vertrag eingeschränkt wird[51], oder dass an einer Stelle im Vertrag eine Zusicherung gemacht wird, an anderer Stelle aber eine darauf bezogene Haftungsbeschränkung vorgenommen wird[52]. Widersprüchlich ist dieses Verhalten aber nur dann, wenn der Verkäufer diese gegensätzlichen Aussagen verschleiert, etwa indem die Haftungsfreizeichnung in allgemeinerer Form vereinbart wird.

Zum anderen kann zusätzlich oder alternativ zu den genannten Fällen auch rein *inhaltlich* ein widersprüchliches Verhalten gegeben sein, wenn eine direkt mit der Zusicherung verbundene Haftungsbeschränkung so weit geht, dass dem Käufer die Vorteile, die sich für ihn aus der verschuldensunabhängigen Haftung ergeben können, von vornherein genommen werden[53]. Bei einem Haftungsausschluss ist das immer der Fall, bei Haftungsbeschränkungen nur, wenn die Beschränkung so weit geht, dass der mögliche Schaden nicht einmal annähernd erfasst werden kann[54].

In den genannten Fallgruppen kann die Gesamtauslegung durchaus ergeben, dass der Verkäufer nur beschränkt haften will, und dennoch kann sein Verhalten

49 BGH NJW 1983, 1424 (1425).

50 BGHZ 50, 200 (207); vgl. auch BGH NJW 1991, 912 f; 1992, 1384 f.

51 So in BGHZ 50, 200 (207), wo das Angebot eine Zusicherung enthielt, der Vertrag eine Haftung aber (in allgemeinen Geschäftsbedingungen) ausschloss; auch BGHZ 93, 338 (342), wo eine Zusicherung abgegeben wurde, später in einem kaufmännischen Bestätigungsschreiben die Gewährleistung aber ausgeschlossen war; vgl. auch Gutachten des BMJ, ZGS 2003, 207 (309).

52 Vgl. auch Eidenmüller, ZGS 2002, 290 (296); Zerres, MDR 2003, 368 (370). Die Rspr. hat dies insbesondere vor dem Inkrafttreten des AGBG für Haftungsbeschränkungen allgemeiner Natur in allgemeinen Geschäftsbedingungen bescheinigt: BGHZ 54, 236 (242 f.); NJW 1972, 1706 (1708); 1974, 272 f.; WM 1975, 895 (897); 1977, 365 (366); NJW 1978, 2241.

53 BGHZ 50, 200 (207); BGH WM 1975, 895 (897); 1977, 365 (366); BGHZ 87, 302 (308). Dieser Fall ist genau wie der des räumlichen Widerspruchs der Fallgruppe der *protestatio facto contrario* zuzuordnen, nur der Fall der zeitlichen Differenz stellt ein *venire contra factum proprium* dar.

54 Dabei muss aber beachtet werden, dass die Auslegung bereits ergeben kann, dass die abgegebene Garantie den Haftungsausschluss abbedingen soll (BGH NJW 1995, 516 (517)) oder der Haftungsausschluss die Garantie gar nicht erfassen soll (BGHZ 87, 302 (308); wohl auch BGH WM 1989, 1894 (1895)), selbst wenn der Wortlaut scheinbar eindeutig ist (BGH NJW 1992, 1384 (2385)). Vgl. auch Huber/Faust-Faust, Rn. 13/166.

treuwidrig sein, weil er beim Käufer widersprüchliche Eindrücke hinterlässt. Der Gesetzgeber selbst hat in der neueren Gesetzesbegründung deutlich gemacht, dass dieses widersprüchliche Verhalten sanktioniert werden soll[55], was für eine nicht zu restriktive Anwendung des § 444 Alt. 2 BGB spricht. Die im Ergebnis nicht anders aussehende Alternative dazu läge darin, die nicht von § 444 Alt. 2 BGB erfassten Fälle direkt über § 242 BGB zu lösen.

Für die Vertragspraxis ist deshalb nur zu empfehlen, Garantie und Haftungsbeschränkung in einen deutlichen Bezug zueinander zu bringen. Dadurch wird ein widersprüchliches Verhalten durch räumliche Trennung widersprüchlicher Aussagen im Vertragstext vermieden. Inhaltlich muss für den Käufer klar werden, dass die Haftungsbeschränkung sich auf die Garantie bezieht und diese Garantie gerade nicht unbeschränkt sein soll[56]. Insofern kann es auch durchaus hilfreich sein, sie als selbstständige Garantie auszuformulieren, weil dann für den Käufer deutlich wird, dass er sich auf kaufrechtliche Gewährleistungsvorschriften neben dieser Garantie nicht berufen können soll[57]. Zudem sollte der Vertrag nur Beschränkungen enthalten, die wirtschaftlich sinnvolle Sicherungsmaßnahmen des Verkäufers zur Verhinderung unüberschaubarer Haftungsrisiken darstellen oder sich durch anderweitige Risikoübernahmen rechtfertigen lassen.

c) Schlussfolgerung

Die genannten Erwägungen zeigen, dass § 444 Alt. 2 BGB nur eine Ausprägung des Grundsatzes des widersprüchlichen Verhaltens darstellt. Auch bei Garantien, welche eine Beschaffenheit des Unternehmens betreffen, muss daher einzelfallbezogen festgestellt werden, ob widersprüchliches Verhalten vorliegt. Dies ist nur der Fall, wenn der Verkäufer treuwidrig zu einer anderen Zeit oder an anderer Stelle im Vertrag eine weitergehende Haftungsübernahme suggeriert hat oder er die Garantie durch die Beschränkung wesentlich entwertet. Soweit ein Umstand nicht als Beschaffenheit einzuordnen ist, ist eine übernommene Garantie zwingend als selbstständige Garantie zu qualifizieren, die nicht dem § 444 Alt. 2 BGB unterliegt. Widersprüchliches Verhalten im Rahmen solch einer Garantie

---

55 BT-Drucks. 15/3483, S. 23.

56 Ähnlich MüKo-Westermann, § 444 Rn. 16; Larisch, S. 233; Picot, in: Picot, Unternehmenskauf, Teil I, Rn. 100 (S. 165 f.); Reiner, in: Semler/Volhard, ÜN Hdb., § 56 Rn. 284; Wertenbruch, in: Dauner-Lieb/Konzen/Schmidt, Das neue Schuldrecht in der Praxis, S. 493 (512); Zerres, MDR 2003, 368 (371).

57 Insoweit kann man den bisherigen Empfehlungen der Literatur folgen, wobei allerdings deren Ansatz unzutreffend ist, damit § 444 Alt. 2 BGB gar nicht erst anwendbar zu machen: vgl. Bergjan, S. 329; Mueller-Thuns, in: Rödder/Hötzel/Mueller-Thuns, Unternehmenskauf, § 10 Rn. 9; v. Gierke/Paschen, GmbHR 2002, 457 (463); Gronstedt/Jörgens, ZIP 2002, 52 (58); Hilgard/Kraayvanger, MDR 2002, 678 (683); Seibt/Raschke/Reiche, NZG 2002, 256 (260); Seibt/Reiche, DStR 2002, 1181 (1182).

wird jedoch über § 242 BGB mit derselben Rechtsfolge sanktioniert[58]. Die Sonderregelung im Kaufrecht rechtfertigt sich mit der Transparenz des Gesetzes, weil ein solches treuwidriges Verhalten im Rahmen von Garantieverträgen im Kaufrecht häufiger vorkommt. Die im Einzelnen ausgehandelten Garantien in Unternehmenskaufverträgen werden in dieser Hinsicht allerdings selten Probleme aufwerfen. Daraus ergibt sich, dass die Vorschrift des § 444 Alt. 2 BGB für die Frage der Einordnung der Ertragsfähigkeit als Beschaffenheit indifferent ist.

3. Das Problem der angemessenen Verjährung

Schließlich stellt sich die Frage, ob die gewährleistungsrechtliche Verjährung einen Grund darstellen kann, Falschangaben zur Ertragsfähigkeit nur über die §§ 280 Abs. 1, 311 Abs. 2, 241 Abs. 2 BGB zu behandeln. Im Gewährleistungsrecht beträgt die Verjährungsfrist nach neuer Rechtslage grundsätzlich zwei Jahre ab Ablieferung. Dies ergibt sich aus § 438 Abs. 1 Nr. 3 BGB[59], während sie gemäß § 477 Abs. 1 S. 1 BGB a. F. grundsätzlich sechs Monate betrug. Nach dem Fristablauf ist auch die Ausübung des Rücktritts- und des Minderungsrechts unwirksam[60]. Ansprüche aus den §§ 280 Abs. 1, 311 Abs. 2, 241 Abs. 2 BGB verjähren demgegenüber nach § 195 BGB, der nun keine dreißig-, sondern nur noch eine dreijährige Verjährungsfrist vorsieht. Dafür beginnt die Frist nicht mehr mit der Entstehung des Anspruchs (§ 198 S. 1 BGB a. F.), sondern erst mit dem Schluss des Jahres, in dem er entstanden ist und der Gläubiger Kenntnis der anspruchsbegründenden Umstände erlangt oder infolge grober Fahrlässigkeit nicht erlangt hat (§ 199 Abs. 1 BGB). An die Stelle einer objektiven 30-Jahres-Frist tritt also eine subjektive 3-Jahres-Frist, die § 852 Abs. 1 BGB a. F. ähnelt.

a) Die Diskussion zum alten Recht

Die bisher geltende Frist von sechs Monaten im Rahmen der Gewährleistung war für den Unternehmenskauf insgesamt und ganz besonders im Bereich der falschen Abschlussangaben zu kurz[61]. Insbesondere ergeben sich Zweifel an der

---

58 Vgl. BGH WM 1977, 365 (366).

59 Das gilt nunmehr auch für Rechtsmängel. Ausgenommen bleibt die Arglisthaftung (§ 438 Abs. 3 S. 1 BGB). Sonderfälle existieren für die Verjährung von Mängeln an Bauwerken und in Eviktionsfällen, wenn also ein Dritter aufgrund eines dinglichen Rechts an der Sache ihre Herausgabe verlangen kann.

60 Vgl. § 438 Abs. 4 S. 1 bzw. Abs. 5 i. V. m. § 218 Abs. 1 S. 1 BGB. Die Besonderheit der Ausgestaltung als Gestaltungsrechte hat dazu geführt, dass diese mangels Anspruchscharakter nicht schon per se der Verjährung unterliegen (vgl. § 194 Abs. 1 BGB).

61 Vgl. Ebenroth/Boujong/Joost-G. Müller, HGB, Vor § 373 Rn. 53; ders., Lossagungsrecht, S. 443 u. 454; ders., ZHR 147 (1983), 501 (526); ders., ZIP 1993, 1045 (1050); MüKoHGB-Lieb, Anh § 25 Rn. 137; Soergel-Huber, § 459 Rn. 252; Staub-Hüffer, HGB,

Richtigkeit der Geschäftsergebnisse erst, wenn die erwarteten Ergebnisse über längere Zeit nicht erreicht werden und der nächste Jahresabschluss erstellt wird. Die Rechtsprechung hielt trotzdem generell an der kurzen Verjährung fest, insbesondere weil die Gefahr der schnellen Umgestaltung bestünde und es dem Verkäufer nicht mehr zumutbar sei, das Unternehmen nach längerer Zeit zurückzunehmen[62]. Auch die Nachweisbarkeit der Mängel sei nach so langer Zeit schwierig[63]. Daraus erklärte sich die Motivation, auch zur Schaffung einer angemessenen Verjährung Angaben über Geschäftsergebnisse nahezu generell aus dem Anwendungsbereich des Gewährleistungsrechts zu verdrängen[64]. Dieser Intention folgend wurde § 477 BGB a. F. auch nicht analog auf den Anspruch aus culpa in contrahendo angewendet[65]. Dogmatisch leuchtete dies ein, weil sich die Angaben nicht auf eine Beschaffenheit der Kaufsache bezogen[66].

In der Literatur existierte eine Vielzahl von Lösungsansätzen. Selten wurde die Anwendung des § 477 BGB a. F. generell akzeptiert[67]. Zum Teil wurde der Rechtsprechung zugestimmt, soweit es sich um Mängel im sachlichen Substrat handelte[68]. Auch hier wurden aber Bedenken laut, ob die kurze Frist tatsächlich

---

Vor § 22 Rn. 50; Staudinger-Honsell (1995), § 459 Rn. 8; Drexler, S. 141 f.; Fuest, S. 47 u. 49; Kantenwein, S. 73 f.; Canaris, Handelsrecht, § 8 Rn. 24; ders., ZGR 1982, 395 (401); K. Schmidt, Handelsrecht, § 6 II 3 b aa (S. 154); Walter, Kaufrecht, § 5 II 2 c) bb) (S. 148); Aderhold, DStR 1991, 844 (846); Baur, BB 1979, 381 (385); Hiddemann, ZGR 1982, 435 (449); Kanzleiter, DNotZ 1991, 141 (147 f.); Knott, NZG 2002, 249 (254); Mössle, BB 1983, 2146 (2152); dennoch bevorzugend Hommelhoff, ZHR 140 (1976), 271 (300).

62 RGZ 98, 289 (293); 138, 354 (358); dagegen allerdings Hommelhoff, Sachmängelhaftung, S. 122 f.

63 BGH WM 1974, 51 (52); Motive II, S. 238.

64 So auch Staudinger-Honsell (1995), § 459 Rn. 8; G. Müller, Lossagungsrecht, S. 443 (bezweifelnd allerdings ders., in: ZIP 1993, 1045 (1050 f.)); Büdenbender, in: Dauner-Lieb, Unternehmenskauf und Schuldrechtsmodernisierung, S. 5 (6); Haas/Medicus/Rolland/Schäfer/Wendtland-Haas, Kap. 5, Rn. 539; Hölters-Semler, Teil VI, Rn. 167; Larenz, Schuldrecht II/1, § 45 II a (S. 167); Lorenz/Riehm, Rn. 575; Schmidt-Räntsch, Rn. 831; Aderhold, DStR 1991, 844 (846); Barnert, WM 2003, 416 (423); Canaris, ZGR 1982, 395 (401); Gruber, MDR 2002, 433 (436); Hommelhoff, ZHR 150 (1986), 254 (273).

65 BGH WM 1974, 51 (52); NJW 1977, 1536 (1537); 1977, 1538 (1539); 1990, 1658 (1659); zust. Kanzleiter, DNotZ 1991, 141 (147). Kritisch G. Müller, ZIP 1993, 1045 (1048); ders., ZIP 2000, 817 (819).

66 Deutlich BGH NJW 1990, 1658 (1659).

67 So aber im Grundsatz Hommelhoff, der in der Dispositionsfreiheit des Verkäufers den überragenden Grund für die kurze Verjährung sah (Sachmängelhaftung, S. 124 f.; ZHR 140 (1976), 271 (300); BB 1976, 155 (156)); auch Staub-Brüggemann, § 377 Anm. 136 und § 381 Anm. 38; Knöpfler, S. 55, 135 f.

68 Soergel-Huber, § 459 Rn. 261 u. 275; ders., ZGR 1972, 395 (419); Angermann, S. 50 und 85; Kantenwein, S. 124; Moosmayer, S. 72 f.; Larenz, Schuldrecht II/1, § 45 II a (S. 168); Zimmer, NJW 1997, 2345 (2350).

immer angemessen sei[69]. Dennoch wurde selten die Anwendung der allgemeinen Verjährung vorgeschlagen[70]. Oftmals wurde vorgeschlagen, die einjährige Frist für Grundstücksmängel anzuwenden, weil die verzögerte Erkennbarkeit beim Unternehmenskauf ebenso auftrete wie beim Grundstückskauf[71] oder bei vermögensrechtlich so wichtigen Gegenständen der Schutz des Äquivalenzinteresses stärker ausfallen müsse[72]. Im Hinblick auf die Rechtssicherheit eher bedenkliche Lösungswege stellten Vorschläge einer Verlängerung durch Vertragsauslegung[73] oder durch einzelfallbezogene Festlegung des Richters[74] dar. Weitere Lockerungen wurden durch einen späteren Beginn der Verjährung zu erreichen versucht. Den konnte man allgemein für verborgene Mängel erst auf den Zeitpunkt der Erkennbarkeit festlegen[75], was allerdings klar dem Wortlaut und der Intention des Gesetzgebers, Rechtssicherheit zu schaffen, widersprach[76].

---

69 Vgl. Kanzleiter, DNotZ 1991, 141 (147); als problematisch bezeichnend Willemsen, AcP 182 (1982), 515 (561); als „leidlich" passend erachtend Westermann, ZGR 1982, 45 (61).

70 Vgl. etwa Heck, Schuldrecht, § 91 Nr. 11 (S. 288), der allgemein darauf verweist, dass für die Prüfung der Rentabilität eines Unternehmens § 477 BGB a. F. zu kurz sei.

71 Mössle, BB 1983, 2146 (2153); Prölss, ZIP 1981, 337 (344 f.); Willemsen, AcP 182 (1982), 515 (568). Zumindest für Mängel an mitverkauften Grundstücken: Soergel-Huber, § 459 Rn. 275; ders., ZGR 1972, 395 (419); Moosmayer, S. 72 f.; wohl auch MüKoHGB-Lieb, Anh § 25 Rn. 138. Für Bilanzmängel MüKo-Westermann (3. Aufl.), § 477 Rn. 5; ders., ZGR 1982, 45 (61); noch weitergehend Fuest, S. 110, der dort § 195 BGB a. F. anwenden wollte, allerdings aus der Notwendigkeit heraus, dass er diese Mängel über die positive Forderungsverletzung erfassen wollte und deshalb die kaufrechtliche Verjährung für nicht anwendbar hielt.

72 Hommelhoff/Schwab, FS Zimmerer, S. 267 (278 f.).

73 So aber Mössle, BB 1983, 2146 (2153), für Mängel, die sich typischerweise erst bei Bilanzerstellung zeigen und solche Mängel, die das Unternehmen weitestgehend entwerten. Vgl. auch Herberger, S. 72 Fn. 36; Lieb, FS Gernhuber, S. 259 (270 f.); Willemsen, AcP 182 (1982), 515 (568). Dagegen auch K. Schmidt, Handelsrecht, § 6 II 3 b) aa) (S. 154); G. Müller, ZIP 2000, 817 (819).

74 So aber Flume, Eigenschaftsirrtum, S. 195, allerdings nur für immaterielle Fehler; auch Enneccerus/Lehmann, Schuldrecht, § 108 IV 1 (S. 438); zustimmend Lieb, FS Gernhuber, S. 259 (271). Dagegen Herberger, S. 72 (Fn. 36); Hommelhoff, Sachmängelhaftung, S. 124; ders., ZHR 140 (1976), 271 (300); G. Müller, ZIP 2000, 817 (826 f.) (vgl. aber noch Lossagungsrecht, S. 455); Baur, BB 1979, 381 (385).

75 AK BGB-Reich, § 477 Rn. 2; MüKoHGB-Lieb, Anh § 25 Rn. 141; ders., FS Gernhuber, S. 259 (271), der für Bilanzmängel dann die Aufstellung des ersten Jahresabschlusses für relevant ansah; dasselbe aus einer entsprechenden Vertragsauslegung herleitend Staub-Brüggemann, § 377 Anm. 136; ähnlich (nicht speziell zum Unternehmenskauf) auch Fabricius, JuS 1964, 1 (9 f.), der die Problematik insgesamt über § 121 BGB analog lösen wollte, indem Verjährung eintreten sollte, wenn der Mangel nach dem Erkennen nicht unverzüglich gerügt wurde.

76 Fuest, S. 50; G. Müller, ZHR 147 (1983), 501 (527); ders., ZIP 1993, 1045 (1048); ders., ZIP 2000, 817 (826 f.); Hiddemann, ZGR 1982, 435 (450); Hommelhoff/Schwab, FS Zimmerer, S. 267 (281 f.).

Vorgeschlagen wurde auch, die Verjährung zumindest erst mit abgeschlossener Einweisung beginnen zu lassen[77]. Vor diesem Hintergrund verwundert es nicht, dass der Ruf nach gesetzgeberischem Handeln lauter wurde[78].

In der Praxis wurde die kurze Verjährung regelmäßig abbedungen und durch eine ebenfalls objektive Frist von zumeist ein bis drei Jahren ersetzt[79], zum Teil verbunden mit einem hinausgeschobenen Beginn der Verjährung auf die Erstellung des nächsten Jahresabschlusses[80]. Für Steuern und Abgaben vor dem Übergabestichtag wurden die Fristen häufig auf etwa fünf Jahre verlängert[81]. Ähnlich verhielt es sich mit schwer erkennbaren Umständen wie etwa Altlasten[82].

Soweit man die Abschlussangaben aus dem Bereich des Gewährleistungsrechts verbannen wollte, zeigte sich das entgegengesetzte Problem, denn auch eine Verjährung von dreißig Jahren bot keine akzeptable Regelung[83]. Um einer solchen „Endloshaftung“[84] entgegenzuwirken, wurde neben dem Mittelweg der einzelfallorientierten Verjährung nach Treu und Glauben bzw. der Vertragsauslegung vorgeschlagen, § 852 BGB a. F. analog anzuwenden[85] und eine zusätzliche aus § 242 BGB hergeleitete unverzügliche Rügepflicht einzuführen, deren

---

77 Hommelhoff/Schwab, FS Zimmerer, S. 267 (280 f.); Willemsen, AcP 182 (1982), 515 (568).

78 Hiddemann, ZGR 1982, 435 (450); auch G. Müller, Lossagungsrecht, S. 455; Baur, BB 1979, 381 (385); Kanzleiter, DNotZ 1991, 141 (147 f.).

79 Im Einzelnen weichen die Einschätzungen der Praktiker hier ab: Triebel/Hölzle, BB 2002, 521 (522): 1-5 Jahre; Roschmann, ZIP 1998, 1941 (1948 f.): 1-3 Jahre; Wessing, ZGR 1982, 455 (468): 1-2 Jahre; ebenso Angermann, S. 47, und Hommelhoff, ZHR 150 (1986), 254 (277); MüKoHGB-Lieb, Anh § 25 Rn. 65 u. 138: 2-3 Jahre; Hölters-Semler, Teil VI, Rn. 177, u. Rotthege/Wassermann-Rotthege, Rn. 1248: 2-4 Jahre.

80 Vgl. Roschmann, ZIP 1998, 1941 (1948 f.).

81 Vgl. Angermann, S. 47; Wessing, ZGR 1982, 455 (468); auch Roschmann, ZIP 1998, 1941 (1949), der diesen Effekt über abweichende Vereinbarungen des Verjährungsbeginns erreicht.

82 Vgl. Roschmann, ZIP 1998, 1941 (1948).

83 MüKoHGB-Lieb, Anh § 25 Rn. 65; ders., FS Gernhuber, S. 259 (261 und 268); G. Müller, Lossagungsrecht, S. 454; ders., BB 1980, 1393 (1396); ders., ZHR 147 (1983), 501 (527); ders., ZIP 2000, 817 (826); Hölters-Semler, Teil VI, Rn. 167; Hiddemann, ZGR 1982, 435 (449); Hommelhoff, BB 1976, 155 (156); ders., ZHR 150 (1986), 254 (274); Hommelhoff/Schwab, FS Zimmerer, S. 267 (284); Willemsen, AcP 182 (1982), 515 (561 und 567). Dennoch anwenden wollten sie aber Erman-Grunewald (10. Aufl.), § 459 Rn. 35; Angermann, S. 58 u. 87; Hollenberg, S. 241; Baur, BB 1979, 381 (385 f.); auch Kanzleiter, DNotZ 1991, 141 (147); ohne Erläuterung auch Larenz, Schuldrecht II/1, § 45 II a (S. 168), und Kantenwein, der auf S. 72 ff. lediglich die Probleme der kaufrechtlichen Verjährung bespricht.

84 G. Müller, ZHR 147 (1983), 501 (526).

85 Drexler, S. 157 f. u. 284; Fuest, S. 52 f.; Canaris, ZGR 1982, 395 (425); G. Müller, ZIP 2000, 817 (827) (dagegen aber noch ders., ZHR 147 (1983), 501 (529 f.)).

Versäumung analog § 121 BGB zum Anspruchsausschluss führen sollte[86]. Zum Teil wurde auch allgemein auf Verwirkung verwiesen[87]. Soweit der Weg über die Störung der Geschäftsgrundlage gegangen wurde, konnte man das Problem schon auf Tatbestandsseite lösen[88], was allerdings dem Rechtssicherheitsbedürfnis genauso widerstrebte wie die Lösung nach Treu und Glauben. Eine privatautonome Gestaltung wurde durchweg empfohlen[89].

An den unterschiedlichen Verjährungsfristen bei der culpa in contrahendo und dem Gewährleistungsrecht ließen sich dann bei der Behandlung der Geschäftsergebnisse auch zahlreiche Ungereimtheiten aufzeigen, die sich ergaben, wenn man den Unternehmenskauf mit dem einfachen Anteilskauf verglich[90] oder berücksichtigte, dass für die Gewährleistungshaftung eine Zusicherung[91] und Angaben über einen längeren Zeitraum erforderlich waren[92].

b) Die Entscheidung nach neuem Recht

Die Anwendung des Gewährleistungsrechts auf den Unternehmenskauf insgesamt ist nach neuem Recht auch im Hinblick auf die üblichen vertraglichen Verjährungsfristen der Praxis nicht mehr problematisch[93], obwohl kaum anzunehmen ist, dass diese von einer eigenständigen Regelung Abstand nehmen

---

86 U. Huber, ZGR 1972, 395 (420); Mössle, BB 1983, 2146 (2153); sehr wandelhaft G. Müller, der diese Lösung erst aus Sicht der Gewährleistungslösung (Lossagungsrecht, S. 455), anschließend vom Standpunkt der Geschäftsgrundlagenlösung befürwortete (ZHR 147 (1983), 501 (541)), um sie schließlich abzulehnen (ZIP 2000, 817 (821 ff.)). Aus § 377 HGB leiten Enneccerus/Lehmann, Schuldrecht, § 108 IV 1 (S. 438), eine solche Rügepflicht ab. Dagegen aber Staub-Brüggemann, § 377 Anm. 5; Hommelhoff, Sachmängelhaftung, S. 125 f.; Knöpfler, S. 64 f.; Fabricius, JuS 1964, 1 (9 f.); Wunderlich, WM 2002, 981 (989 f.).

87 Vgl. Keil, S. 186; auch Wilhelm, S. 28 Fn. 21.

88 Canaris, ZGR 1982, 395 (402 f.).

89 Vgl. etwa U. Huber, ZGR 1972, 395 (420).

90 Baur, BB 1979, 381 (384): Der Verkäufer eines kleineren Teils eines Betriebes sollte nicht länger haften müssen, als der Verkäufer eines ganzen Betriebs. Beim Rechtskauf wurde eine Sachmängelhaftung weitestgehend abgelehnt, so dass sich ähnliche Ansprüche wiederum allenfalls aus culpa in contrahendo ergeben konnten. Diese verjährten nach § 195 BGB a. F. Vgl. auch Keil, S. 64 f.

91 G. Müller, ZHR 147 (1983), 501 (513); ders., ZIP 1993, 1045 (1051): Die Zusicherung solle für eine strengere Haftung sorgen. Dann könne es aber nicht sein, dass derjenige, der etwas zusichert, nur ein halbes Jahr hafte, derjenige, der es nicht tut, aber 30 Jahre.

92 Man konnte darauf abstellen, dass es eher bei den weniger verlässlichen Angaben über kurze Zeit sinnvoll sei, eine kurze Verjährung zu bestimmen als umgekehrt (Canaris, ZGR 1982, 395 (412 f.); allgemeiner Hiddemann, ZGR 1982, 435 (449)). Zudem sei es unbillig, bei den fließenden Grenzen, wann die Zeitangaben genügend lang sind, so unterschiedlich lange Verjährungsfristen als Alternativen zu haben (G. Müller, Lossagungsrecht, S. 97; ders., ZHR 147 (1983), 501 (518)).

93 Mueller-Thuns, in: Rödder/Hötzel/Mueller-Thuns, Unternehmenskauf, § 9 Rn. 120.

wird[94]. Auch die Fünf-Jahres-Frist für Bauwerke dürfte allenfalls für Mängel an mitverkauften Grundstücken gelten[95], nicht aber allgemein[96]. Mängel im sachlichen Substrat etwa sind relativ leicht auffindbar, so dass keine allgemeine Vergleichbarkeit mit Mängeln an der Bausubstanz besteht. Dass auch Rechtsmängel jetzt nach kurzer Zeit verjähren, entspricht der insoweit nicht abweichenden Vertragspraxis und ist deshalb nicht bedenklich. Als Beginn der Verjährung dürfte hinsichtlich physischer Mängel der Zeitpunkt maßgeblich sein, an dem einvernehmlich der unmittelbare Besitz an den Betriebsmitteln übergeht, in allen anderen Fällen der Zeitpunkt des Betriebsübergangs[97].

Während nach neuem Recht sowohl die Zwei- als auch die Dreijahresfrist gemessen an den üblichen Vereinbarungen nicht unangemessen ist, liegt im unterschiedlichen Verjährungsbeginn noch ein relevanter Unterschied, der immerhin zu einer Diskrepanz von acht Jahren führen kann[98]. Häufig werden Bilanzmängel bei Aufstellung des nächsten Jahresabschlusses erkennbar sein, was aber nicht pauschal für alle Falschangaben gesagt werden kann. Man kann deshalb von einer Entschärfung[99], nicht aber von einer Hinfälligkeit der Problematik sprechen[100]. Es verwundert daher nicht, dass weiterhin empfohlen wird, die Verjährung individualvertraglich zu regeln[101].

---

94 Dieses bedingt sowohl das Interesse an einer Fristverlängerung für besondere Umstände wie etwa Altlasten oder Steuern (vgl. Knott, NZG 2002, 249 (254)) als auch die fortbestehenden Probleme bei der Bestimmung der Umstände, die überhaupt einen Sachmangel darstellen können und damit unter § 438 BGB fallen.

95 So Staudinger-Matusche-Beckmann (2004), § 438 Rn. 42, 47; Henssler/v. Westphalen-v. Westphalen, § 453 Rn. 13; Reiner, in: Semler/Volhard, ÜN Hdb., § 56 Rn. 235, der dann auch bei Eviktionsfällen hinsichtlich einzelner Bestandteile die 30jährige Frist anwenden will; vgl. auch MüKo-Westermann, § 453 Rn. 56. Grundsätzlich gegen eine Differenzierung hinsichtlich der Mängel aber Larisch, S. 128 f.; Hommelhoff/Schwab, FS Zimmerer, S. 267 (277 f.); wohl auch Bergjan, S. 188.

96 Erman-Grunewald, § 453 Rn. 24. A. A. Haas/Medicus/Rolland/Schäfer/Wendtland-Haas, Kap. 5, Rn. 554.

97 So der differenzierende Vorschlag Reiners, in: Semler/Volhard, ÜN Hdb., § 56 Rn. 240. Pauschaler für den Zeitpunkt des Übergangs der Betriebsmittel: Gaul, ZHR 166 (2002), 35 (67); Triebel/Hölzle, BB 2002, 521 (535). Für den Betriebsübergang: Regierungsbegründung, BT-Drucks. 14/6040, S. 227; Gruber, MDR 2002, 433 (436); Wunderlich, WM 2002, 981 (988). Etwas weitgehend Wälzholz, DStR 2002, 500 (504), der allein die tatsächliche Einwirkungsmöglichkeit des Käufers als Ansatzpunkt wählt. Zusätzlich die Einweisung fordernd Larisch, S. 129 f.

98 Dieser Unterschied ergibt sich daraus, dass § 199 Abs. 3 Nr. 1 BGB eine Höchstfrist von zehn Jahren ab Anspruchsentstehung, also dem Schadenseintritt vorsieht. Der Schaden tritt bei der Verpflichtung zur Zahlung eines zu hohen Kaufpreises bereits mit Vertragsabschluss ein.

99 U. Huber, AcP 202 (2002), 179 (234); auch Wertenbruch, in: Dauner-Lieb/Konzen/Schmidt, Das neue Schuldrecht in der Praxis, S. 493 (493 f.).

100 So auch Barnert, WM 2003, 416 (424); Gronstedt/Jörgens, ZIP 2002, 52 (64); Seibt/Reiche, DStR 2002, 1181 (1183); Wolf/Kaiser, DB 2002, 411 (418 f.); Zimmermann/

Wenn es darum geht, eine Entscheidung zu treffen, welche der beiden Fristen bei Falschangaben über Geschäftsergebnisse trotz allem angemessener ist, ist dem Lösungsweg über die §§ 280 Abs. 1, 311 Abs. 2, 241 Abs. 2 BGB zuzubilligen, dass die Frist zumindest nicht unzumutbar lang ist[102]. Im Wesentlichen entspricht die Neuregelung dann der Ansicht, die eine Analogie zu § 852 BGB a. F. befürwortet hat[103]. Dem gerade beim Unternehmenskauf wichtigen Bedürfnis, aufgrund der schwer kalkulierbaren Höhe etwaiger Ansprüche nach einer gewissen Zeit Sicherheit zu haben, dass die rechtlichen Verhältnisse endgültig geklärt sind, entspricht allerdings eindeutig die gesetzliche Regelung des § 438 Abs. 1 Nr. 3 BGB[104]. Die Zweijahresfrist erscheint dann zwar immer noch relativ kurz, sie bietet dem Käufer aber immerhin einen ausreichenden Prüfungszeitraum und überlässt ihm ein durchaus zumutbares Risiko, nicht alle Fehler rechtzeitig aufzufinden[105]. Dieser potentielle Nachteil des Käufers ist durchaus ein angemessener Ausgleich für die im Übrigen stärkere Verkäuferhaftung[106]. Auch die üblichen Vereinbarungen in der Praxis sehen einen objektiven Fristbeginn vor und lassen sich nicht auf subjektive Faktoren ein, die der allgemeinen Verjährung zugrunde liegen. Eine Verwirkung wegen unterlassener Rüge sollte daneben für den Regelfall nicht anzunehmen sein[107].

Damit bleiben allerdings die bereits angesprochenen Diskrepanzen bestehen, dass Schadensersatzansprüche aufgrund falscher Angaben unterhalb der Schwelle der Ertragsfähigkeit immer noch später verjähren als solche, die ei-

---

Leenen/Mansel/Ernst, JZ 2001, 684 (692); unkritischer aber Fleischer/Körber, BB 2001, 841 (843).

101 Bergjan, S. 179; Liebs, Der Unternehmenskauf, Rn. 113; Gronstedt/Jörgens, ZIP 2002, 52 (64); Seibt/Reiche, DStR 2002, 1181 (1183).

102 Als mindestens ebenso angemessen betrachtet sie Kindl, WM 2003, 409 (413), für angemessener hält sie U. Huber, AcP 202 (2002), 179 (234).

103 Ein Unterschied besteht nur insofern, als die Frist des § 852 Abs. 1 BGB a. F. mit Kenntnis des Geschädigten vom Schaden und Schädiger zu laufen begann, die des § 199 Abs. 1 BGB aber erst mit dem Schluss des Jahres beginnt, in dem diese Voraussetzungen vorliegen.

104 So auch (allerdings für sämtliche Abschlussangaben) Larisch, S. 20 f., 127 ff; Büdenbender, in: Dauner-Lieb, Unternehmenskauf und Schuldrechtsmodernisierung, S. 5 (47); Gruber, MDR 2002, 433 (436). Sehr pauschalisierend auch Wunderlich, WM 2002, 981 (988).

105 Anders allerdings U. Huber, AcP 202 (2002), 179 (234), der die Tatsache, dass durchaus auch nach Ablauf der Zweijahresfrist Mängel zu Tage treten können, als so gewichtig wertet, dass er die allgemeine Verjährung für angemessener hält.

106 Reinicke/Tiedtke, Kaufrecht, Rn. 1259. Wolf/Kaiser, DB 2002, 411 (419), sehen das sogar als Grund an, auch dem Verkäufer das Gewährleistungsrecht nicht ohne Weiteres durch ein Ausweichen auf die §§ 280 Abs. 1, 311 Abs. 2, 241 Abs. 2 BGB zu entziehen.

107 Als möglich erachtend immer noch Wunderlich, WM 2002, 981 (990). Auch Mössle, BB 1983, 2146 (2153), hielt eine Rügepflicht für erforderlich, obwohl er nur eine einjährige Verjährungsfrist annahm.

gentlich eine viel stärkere Relevanz für den Käufer haben. Man sollte sich aber vor Augen führen, dass dieser Bereich bei der hier vorgeschlagenen weniger restriktiven Anwendung des Begriffs der Ertragsfähigkeit relativ klein ist. Da hier ein Bereich angesprochen ist, in dem der Käufer viel weniger auf die Maßgeblichkeit der Angaben für die Brauchbarkeit des Unternehmens vertrauen darf, wäre aber eine analoge Anwendung des § 438 Abs. 1 Nr. 3 BGB zumindest denkbar, wenn man auch genau wie im alten Recht bedenken muss, dass die kürzere Frist gewissermaßen das Risiko der verschuldensunabhängigen Haftung des Verkäufers aufwiegen soll, welches er bei der Haftung über die §§ 280 Abs. 1, 311 Abs. 2, 241 Abs. 2 BGB gar nicht trägt. Rechtfertigen ließe sich dieser Weg dennoch, wenn man bedenkt, dass durch die Anerkennung der Ertragsfähigkeit bei Angaben über Geschäftsergebnisse ein bei sonstigen Angaben nicht vorhandenes Stufenverhältnis gebildet wird, welches durchaus fließende Übergänge enthält, so dass eine gleichgelagerte Verjährung durchaus wünschenswert ist[108]. Dies kann aber nur für die Pflicht zur Angabe von richtigen Zahlen gelten. Geht es dagegen um unterlassene Hinweise auf Gefahrenlagen, muss im Rahmen der §§ 280 Abs. 1, 311 Abs. 2, 241 Abs. 2 BGB die allgemeine Verjährung gelten.

108 Als logisch empfand diese Schlussfolgerung auch nach altem Recht schon G. Müller, ZIP 1993, 1045 (1046). Auf vertraglicher Ebene empfiehlt auch Knott eine einheitliche Verjährung der Gewährleistungsrechte und der Verjährung aus §§ 280 Abs. 1, 311 Abs. 2, 241 Abs. 2 BGB (NZG 2002, 249 (254)).

VI. Ergebnis

Die Untersuchung zeigt, dass das Sachmängelgewährleistungsrecht beim Unternehmenskauf nicht nur auf Mängel im sachlichen Substrat entsprechend angewendet werden kann, sondern neben dem schlechten Ruf auch in Teilen auf Falschangaben über Geschäftsergebnisse. Aufgrund der geforderten gleichartigen Interessenlage mit anderen Beschaffenheiten ist aber zu berücksichtigen, dass nur Angaben über die Ertragsfähigkeit eine gewährleistungsrechtliche Haftung auslösen können, weil sie typischerweise das Äquivalenzverhältnis ausmachen und den gegenwärtigen Zustand des Unternehmens beschreiben. Dazu gehören hinsichtlich der Vergangenheitszahlen aber auch schon Durchschnittsangaben oder Angaben, deren Umfang eine Unternehmensbewertung seitens des Käufers ermöglicht. Eine von der bisherigen Rechtsprechung vorgenommene restriktivere Handhabung ist nicht zu befürworten. Falschangaben unterhalb dieser Schwelle sind über die §§ 280 Abs. 1, 311 Abs. 2, 241 Abs. 2 BGB zu lösen. Unterlassene Angaben sind weiterhin über die §§ 280 Abs. 1, 311 Abs. 2, 241 Abs. 2 BGB zu behandeln, es sei denn, der Umfang der erforderlichen Aufklärung reicht so weit, dass Angaben zur Ertragsfähigkeit erforderlich sind. In solchen Fällen kann stattdessen § 434 Abs. 1 S. 2 Nr. 1 BGB eingreifen. § 313 BGB kommt nicht zur Anwendung.

Auf der Rechtsfolgenseite erweist sich diese Handhabung als durchführbar und interessengerecht. Bei Falschangaben über bisherige Geschäftsergebnisse, die Angaben zur Ertragsfähigkeit begründen, ist eine Nacherfüllung nicht möglich. Der Käufer kann auf Minderung zurückgreifen und in den Fällen, in denen der ursprüngliche Vertragszweck gefährdet ist, zurücktreten. Hierbei kann aber in Fällen der Umgestaltung oder der Auflösung die Rückgabe des Unternehmens dennoch ausgeschlossen sein, so dass ein Ausgleich auf rein finanzieller Ebene stattfindet. Bei Verschulden des Verkäufers haftet dieser auf Schadensersatz nach den §§ 437 Nr. 3, 311a Abs. 2 BGB und alternativ auf Aufwendungsersatz nach den §§ 437 Nr. 3, 284 BGB. Die Verjährung der Ansprüche beträgt zwei Jahre gemäß § 438 Abs. 1 Nr. 3 BGB. Eine Haftungsbeschränkung ist bis zur Grenze des durch § 444 Alt. 2 BGB konkretisierten Maßstab widersprüchlichen Verhaltens möglich.

Kommen die §§ 280 Abs. 1, 311 Abs. 2, 241 Abs. 2 BGB zur Anwendung, haftet der Verkäufer dagegen nur bei Verschulden und auf das negative Interesse. Hier gilt die allgemeine Verjährung. Nur bei Falschangaben zu Vergangenheitsergebnissen ist eine kürzere Verjährung analog § 438 Abs. 1 Nr. 3 BGB angemessen.

3. Kapitel: Die Haftung für unerwartete Verbindlichkeiten

Einen gesondert zu behandelnden Fall hinsichtlich falscher Abschlussangaben stellen unerwartete Verbindlichkeiten dar. Die Verbindlichkeiten des Unternehmens werden dem Käufer im Rahmen der Verhandlungen häufig entweder durch Vorlage der Bilanzen oder einer gesonderten Aufstellung bekannt gegeben. Auch hier besteht die Möglichkeit, dass Angaben gänzlich unterlassen oder einzelne Verbindlichkeiten nicht mitgeteilt wurden, sei es, weil der Verkäufer sie nicht erkannt oder einfach vergessen hat. Dazu können etwa Steuernachforderungen gehören oder Ansprüche aus Produkthaftung, die erst später bekannt werden. Die Möglichkeit, dass den Verkäufer bei der Nichtangabe einzelner Zahlen kein Verschulden trifft, ist hier wesentlich größer als bei der Falschangabe früherer Geschäftsergebnisse. Ein anderer wesentlicher Unterschied besteht nach neuer Rechtslage dahingehend, dass bei Annahme eines Mangels die Nacherfüllung in Form der Ablösung der Verbindlichkeiten durchaus möglich ist[1]. Daraus entstehen hinsichtlich der Haftungssystematik verschiedene Probleme.

I. Überblick zum Meinungsstand

Die höchstrichterliche Rechtsprechung musste bisher nicht endgültig Stellung zur Einordnung unerwarteter Verbindlichkeiten beziehen. In einem Urteil von 1920 sah das RG die Zusicherung, dass vorhandene Schulden einen gewissen Höchstbetrag nicht übersteigen, potentiell als zugesicherte Eigenschaft an[2]. In einer Entscheidung von 1934 ging es ebenfalls von einer zusicherungsfähigen Eigenschaft aus, entschied aber in dem Fall, in dem es um unerwartete Steuernachzahlungen ging, dass es sich um eine zukünftige Verbindlichkeit handele und legte die Vereinbarung, dass das Unternehmen nicht mehr als die ausgewiesenen Schulden habe, als selbstständiges Garantieversprechen aus, so dass es

1 Siehe Büdenbender, in: Dauner-Lieb, Unternehmenskauf und Schuldrechtsmodernisierung, S. 5 (39); Gronstedt/Jörgens, ZIP 2002, 52 (61); Kindl, WM 2003, 409 (412); Triebel/Hölzle, BB 2002, 521 (526).

2 RGZ 100, 200 (204). Der Kläger hatte von den drei Anteilseignern einer GmbH jeweils die gesamten Anteile gekauft. Zwei Verkäufer hatten zugesichert, dass ein bestimmter Schuldenstand nicht überschritten sei. Das RG konnte darin eine selbstständige Garantie sehen, weil es keinen Unternehmens-, sondern einen reinen Anteilskauf annahm, bei dem eine Sachmängelhaftung nicht anerkannt wurde.

ebenfalls nicht zu einer Anwendung des § 477 BGB a. F. kam[3]. Ob es sich um einen Fehler handeln könne, entschied das Gericht nicht[4].

Der BGH konnte die Frage in den bisher entschiedenen Fällen gänzlich offen lassen[5]. Wenn er zu nicht mitgeteilten Verbindlichkeiten Stellung bezog, ging es nur um eine Haftung aus culpa in contrahendo, was aber daraus folgte, dass es entweder um die Inanspruchnahme Dritter ging[6] oder um einen Anteilskauf, auf den das Gewährleistungsrecht nicht angewendet wurde[7]. In einem Fall, in dem der Kläger unter anderem geltend machte, über die Konkursreife und (im Innenverhältnis nicht übernommene) Verbindlichkeiten getäuscht worden zu sein, hat der BGH ebenfalls nur ein Verschulden bei Vertragsschluss geprüft, ohne zu dem Problem Stellung zu beziehen[8]. Es kann also eigentlich nur festgehalten werden, dass die Rechtsprechung auch hier eher den Weg über das

---

3 RGZ 146, 120 (123 ff.). Kritisch dazu Hommelhoff, Sachmängelhaftung, S. 55 f.; U. Huber, ZGR 1972, 395 (420).

4 Unklar insoweit RGZ 159, 321 (333), wo es um die Mangelhaftigkeit eines als Sacheinlage geleisteten Unternehmens ging. Dort führt das RG aus, dass es sich um Mängel handeln könne, wenn die Käufer sich darauf berufen, dass das Unternehmen mit unerwarteten Lieferverpflichtungen belastet sei und die Passiva höher seien als in der Bilanz angegeben. Das RG entschied die Frage jedoch nicht, sondern sah jedenfalls für die Revisionsinstanz einen Anspruch als gegeben an.

5 Vgl. etwa BGH WM 1970, 819 (821). Dort ging es um das arglistige Verschweigen von Schulden im Rahmen der Haftung aus § 463 S. 2 BGB a. F. Allerdings hatte die Klägerin nicht substantiiert dargelegt, dass überhaupt verschwiegene Passiva vorhanden waren (zum Sachverhalt bereits Kap. 2 I 1 b) (Fn. 46)). Auch dort, wo die Rechtsfolgen in Form einer Ablösungsverpflichtung bereits vertraglich vereinbart sind, erübrigt sich eine Stellungnahme zur gesetzlichen Regelung, vgl. BGH WM 1979, 944.

6 BGH WM 1987, 77 (78 f.). Dort war der Bekl. nur Verhandlungsführer und nicht Vertragspartner. Zudem ging es nur um einen Anteilskauf.

7 So BGHZ 65, 246. Dort erwarb die Klägerin 49 % der Anteile an einer GmbH. Hinsichtlich eines weiteren Prozents hatte sie eine Kaufoption, und das Stimmrecht war gleichmäßig verteilt, so dass das Geschäft auf eine paritätische Beteiligung angelegt war. Der BGH sprach einen Anspruch aus Verschulden bei Vertragsschluss zu, weil es die verschafften Anteile für zu gering hielt, um Gewährleistungsrecht anzuwenden. Vgl. auch BGH NJW 1980, 2408 (2409 f.). Dort ging es um Schadensersatz wegen abgelöster Verbindlichkeiten, die beim Erwerb einer 60 %-Beteiligung an einer GmbH nicht in der vorgelegten Bilanz aufgeführt worden waren. Auch hier verneinte der BGH die Gleichstellung des Anteilskaufs mit einem Unternehmenskauf und kam deshalb zu einer Haftung aus culpa in contrahendo.

8 BGH NJW 2002, 1042, wo der Schwerpunkt des Vorwurfs aber darin lag, dass der Verkäufer nicht über Verluste der Vorjahre aufgeklärt hatte, worauf sich auch die Konkursreife bezog. Zwar hatte der Käufer auch geltend gemacht, über Verbindlichkeiten getäuscht worden zu sein, aber insofern handelte es sich nur um Probleme hinsichtlich der Außenhaftung, weil gar nicht alle Verbindlichkeiten übernommen worden waren. Ob man in dem Urteil deshalb eine Abwendung von der reichsgerichtlichen Ansicht sehen kann, dass der Schuldenstand eine zusicherungsfähige Eigenschaft sein könnte, erscheint fraglich.

Gewährleistungsrecht ablehnt, sich aber offengehalten hat, den Schuldenstand als zusicherungsfähige Eigenschaft anzuerkennen[9].

In der Literatur zur alten Rechtslage war das Meinungsbild nicht viel einheitlicher als hinsichtlich der Angaben über Geschäftsergebnisse. Zum Teil wurde von einem Rechtsmangel des Unternehmens ausgegangen[10], zum Teil von einem Sachmangel[11]. Diejenigen, die bei Falschangaben über Geschäftsergebnisse regelmäßig nur die culpa in contrahendo zuließen, neigten auch bei Falschangaben über Verbindlichkeiten zu diesem Ergebnis[12]. Auch der Lösungsweg über die Störung der Geschäftsgrundlage wurde hier konsequent weiterverfolgt[13]. Hinzu kam der Ansatz, grundsätzlich über die Auslegung der Parteivereinbarung zu ermitteln, wer im Innenverhältnis die Verbindlichkeiten zu tragen hat[14]. Es verwundert daher nicht, dass auch in diesem Bereich häufig eine detaillierte privatautonome Regelung empfohlen wurde[15].

---

9 So auch Hiddemann, ZGR 1982, 435 (446 f.), damals vorsitzender Richter am BGH.

10 So insb. Flume, Eigenschaftsirrtum, S. 194; Koller, S. 343 f.; Landsberg, S. 200; Loos, MDR 1962, 172 (173); Schlosser, JZ 1969, 337 (338). Bedingt Wiedemann, JZ 1977, 132, der jedenfalls bei Konkursreife einen Rechtsmangel annahm; zustimmend G. Müller, BB 1980, 1393 (1397).

11 MüKoHGB-Lieb, Anh § 25 Rn. 97; MüKo-Westermann (3. Aufl.), § 459 Rn. 53; ders., ZGR 1982, 45 (47); W. Müller, JuS 1975, 489 (491 f.), bezogen auf die Vermögenslage; Prölss, ZIP 1981, 337 (342 f.); Willemsen, AcP 182 (1982), 515 (545). Vgl. auch noch U. Huber mit der Beschränkung auf bei Anwendung kaufmännischer Sorgfalt erkennbare Schulden (ZGR 1972, 395 (411)), der aber später den generellen Weg über die culpa in contrahendo verfolgte, und G. Müller (Lossagungsrecht, S. 370), der später den Weg über die Störung der Geschäftsgrundlage wählte.

12 Soergel-Huber, § 459 Rn. 258; ders., AcP 202 (2002), 179 (211 f.); Staub-Hüffer, HGB, Vor § 22 Rn. 50; Staudinger-Honsell (1995), § 459 Rn. 89 u. 8, Vorbem zu §§ 459 ff. Rn. 62; Angermann, S. 87 u. 96 ff.; Baur, BB 1979, 381 (385); ebenfalls vom Pflichtverletzungsansatz ausgehend, aber die positive Forderungsverletzung anwendend Fuest, S. 130 ff. Vgl. auch Keil, S. 140 f., die auf die positive Forderungsverletzung zurückgreifen wollte, wenn der Schuldenstand vereinbart war, im Übrigen aber von der Anwendung der culpa in contrahendo ausging.

13 Canaris, Handelsrecht, § 8 Rn. 24; ders., ZGR 1982, 395 (411); G. Müller, ZIP 1993, 1045 (1052 ff.); auch Hollenberg für den Fall, dass das Unternehmen völlig überschuldet oder konkursreif war (S. 212), ansonsten hielt er die Auslegung für vorrangig (S. 210 f.).

14 So insb. Hommelhoff, Sachmängelhaftung, S. 56; ders., ZHR 140 (1976), 271 (295); Kantenwein, S. 137 ff.; Grunewald, ZGR 1981, 622 (630 ff.); als zusätzliches Argument nutzend MüKo-Westermann (3. Aufl.), § 459 Rn. 53; ders., ZGR 1982, 45 (57).

15 Quack, ZGR 1982, 350 (360 f.); auch Hommelhoff, ZHR 150 (1986), 254 (269 f.), der hier wieder auf die Möglichkeit der Regelung über eine Abrechnungsbilanz hinweist.

Die Literatur zur neuen Rechtslage bietet hier kaum neue Ansatzpunkte. Nur hin und wieder ist zu lesen, dass der Schuldenstand eine Beschaffenheit des Unternehmens sei und deshalb einen Sachmangel auslösen könne[16].

16 Vgl. MüKo-Westermann, § 453 Rn. 31; Staudinger-Beckmann (2004), § 453 Rn. 31; Büdenbender, in: Dauner-Lieb, Unternehmenskauf und Schuldrechtsmodernisierung, S. 5 (29 ff.); Rotthege/Wassermann-Rotthege, Rn. 1157; Gaul, ZHR 166 (2002), 35 (47); Triebel/Hölzle, BB 2002, 521 (526); Wolf/Kaiser, DB 2002, 411 (414). Etwas detaillierter, aber letztlich auf einen erweiterten Beschaffenheitsbegriff gestützt Larisch, S. 58 ff.

II. Gewährleistungsrechtliche Einordnungsmöglichkeiten unerwarteter Verbindlichkeiten

1. Die Annahme eines Rechtsmangels

Die Annahme eines Rechtsmangels liegt deshalb nahe, weil es sich ebenfalls um Rechte handelt, die dem Käufer gegenüber geltend gemacht werden können[1]. Aufgrund des Zwecks des § 434 BGB a. F., der grundsätzlich eine nutzungsbeschränkende Wirkung in Bezug auf das Unternehmen als Kaufgegenstand verlangt, genügt diese Begründung aber nicht[2]. Selbst soweit die Nutzbarkeit des Unternehmens etwa durch Insolvenz beeinträchtigt wird, ist dies allenfalls eine indirekte Folge der Schuldenbelastung[3]. Eine Ausweitung des Umfangs der Rechtsmängelhaftung könnte man allein damit begründen, dass insofern ähnlich wie bei nicht verschafften Forderungen des Unternehmens eine Nichterfüllung der Rechtsverschaffungspflicht (angelehnt an § 437 BGB a. F.) vorliegen könnte[4]. Dies ist aber nicht der Fall, denn es wurden alle Rechte des Unternehmens verschafft, nur liegen einige Verpflichtungen mehr vor, als angenommen wurde[5]. Der Fall kann also nicht mit dem einer nicht verschafften Forderung gleichgesetzt werden. Eine Rechtsmängelhaftung ist abzulehnen[6].

---

1 Dies gilt unmittelbar nur für den Kauf eines Einzelhandelsgewerbes, nicht aber für den Anteilskauf, wo die Verbindlichkeit in erster Linie das Unternehmen trifft, der Käufer aber wirtschaftlich belastet wird. Soweit die Lage aus Sicht des Anteilskaufs betrachtet wird, sollte man sich deutlich machen, dass es sich nur um eine Gleichstellung mit der Lage beim echten Unternehmenskauf handelt, welcher der Ausgangspunkt der dogmatischen Betrachtung bleiben muss. Deshalb ist die Fragestellung, ob die abweichende wirtschaftliche Ausgestaltung des Anteils infolge der Verbindlichkeiten einen Rechtsmangel darstellen kann (so Loos, MDR 1962, 172 (173)), bei der Beantwortung nicht dienlich (zutreffend Hollenberg, S. 51).

2 So etwa Angermann, S. 86; Fuest, S. 128; Hommelhoff, Sachmängelhaftung, S. 52 f.; Grunewald, ZGR 1981, 622 (623 f.); darauf verzichtend und deshalb einen Rechtsmangel annehmend etwa Flume, Eigenschaftsirrtum, S. 194, und Landsberg, S. 200.

3 Grunewald, ZGR 1981, 622 (624 f.); auch Postert, S. 101 f.

4 So Schlosser, JZ 1969, 337 (338).

5 Siehe auch Hiddemann, ZGR 1982, 435 (446); U. Huber, ZGR 1972, 395 (413 f.).

6 So auch deutlich MüKo-Westermann (3. Aufl.), § 459 Rn. 53; Soergel-Huber, § 434 Rn. 76 u. § 459 Rn. 279; ders., ZGR 1972, 395 (413 f.); Fuest, S. 128; Grunewald, Grenzziehung, S. 99 f.; dies., ZGR 1981, 622 (623 ff.); Hollenberg, S. 51 ff.; Hommelhoff, Sachmängelhaftung, S. 52 f.; Larisch, S. 62 f.; G. Müller, Lossagungsrecht, S. 370; Postert, S. 101 f.; Baur, BB 1979, 381 (386); Hiddemann, ZGR 1982, 435 (446).

2. Der Schuldenstand als Beschaffenheit des Unternehmens

Eine näherliegende Frage ist die, ob man das Sachmängelgewährleistungsrecht anwenden könnte, was nach neuem Recht im Ergebnis kaum Unterschiede zur Rechtsmängelhaftung aufweist. Soweit dieser Ansatz befürwortet wird, wird er zumeist damit begründet, dass der Schuldenstand oder die Vermögenslage[7] den gegenwärtigen Zustand des Unternehmens beschreibe und deshalb eine Eigenschaft bzw. Beschaffenheit darstelle[8]. Worin die dogmatische Ungenauigkeit dieses Ansatzes liegt, wird deutlich, wenn man sich die Ausführungen zu den Geschäftsergebnissen noch einmal vor Augen führt. Es wurde hinsichtlich der Analogiefrage zwischen zwei Komplexen getrennt: einmal der Frage, ob im Hinblick darauf, dass nicht das sachliche Substrat betroffen ist, eine Analogie anhand der passenden Voraussetzungen und Rechtsfolgen überhaupt geboten ist und innerhalb der Voraussetzungen, ob aufgrund der Tatsache, dass Außenfaktoren eine Rolle spielen, eine Nähe zum Beschaffenheitsbegriff anzunehmen war[9]. Letztgenannte Frage lässt sich beim Schuldenstand relativ leicht beantworten. Das Nichtvorhandensein höherer Schulden als mitgeteilt begründet ähnlich wie das Vorhandensein der Gegenstände des Aktivvermögens das Äquivalenzverhältnis[10]. Damit wird auch ein nicht nur äußerst vorübergehender gegenwärtiger Zustand des Unternehmens beschrieben, so dass auch das Merkmal des Anhaftens erfüllt ist[11]. Anders als bei den Angaben über Geschäftsergebnisse ent-

---

7 Diesen Ansatz wählt W. Müller, JuS 1975, 489 (491 f.). Dieses führt nur dann zu abweichenden Ergebnissen, wenn höhere Aktivwerte als aufgeführt den höheren Passivstand wieder ausgleichen. Der höhere Schuldenstand ermöglicht als Sachmangel einen solchen Ausgleich nicht. Das erscheint allerdings auch nicht übermäßig bedenklich, zumal das Vorhandensein stiller Reserven auf der Aktivseite vorausgesetzt und mitbezahlt wird (vgl. Prölss, ZIP 1981, 337 (342)).

8 So v. a. die Befürworter des erweiterten Beschaffenheitsbegriffs nach neuem Recht: Larisch, S. 60 f.; Büdenbender, in: Dauner-Lieb, Unternehmenskauf und Schuldrechtsmodernisierung, S. 5 (29 ff.); Gaul, ZHR 166 (2002), 35 (47); Triebel/Hölzle, BB 2002, 521 (526); Wolf/Kaiser, DB 2002, 411 (414). Zur alten Rechtslage ist die Argumentation ähnlich: vgl. G. Müller, Lossagungsrecht, S. 370; W. Müller, JuS 1975, 489 (491 f.); Prölss, ZIP 1981, 337 (342 f.); Willemsen, AcP 182 (1982), 515 (545).

9 Siehe Kap. 2 II 2. Während die erste Frage nur aufgrund der Gesamtbetrachtung von Voraussetzung und Rechtsfolgen zu beantworten war, betraf die letzte Frage nur den Beschaffenheitsbegriff.

10 Bei der Substanzwertmethode ist das nahezu uneingeschränkt der Fall, bei der Ertragswertmethode und Mischwertmethoden eher mittelbar, weil sowohl Aktiva als auch Passiva nicht der einzige Ansatzpunkt für die Kaufpreisfestsetzung sind. Dies hindert jedoch nicht daran, bei Störungen im sachlichen Substrat eine Beschaffenheitsabweichung und damit eine Äquivalenzstörung anzunehmen. Etwas anderes sollte dann auch nicht auf der Passivseite der Bilanz gelten.

11 Vgl. auch Willemsen, AcP 182 (1982), 515 (545). Dagegen richtet sich etwa Fuest, S. 129, weil er meint, die Forderungen haften nur dem Schuldnervermögen an. Diese

fällt also das Problem der Begrenzung durch den Beschaffenheitsbegriff, ohne dass dadurch aber die Frage nach der generellen Analogiefähigkeit hinsichtlich des Schuldenstands beantwortet wäre[12].

Differenzierung erscheint jedoch zu subtil. Beim Anteilskauf trifft sie nicht zu und beim Unternehmenskauf bezieht sich die Verbindlichkeit nur aufgrund des unternehmerischen Handelns auf das Vermögen des Schuldners. Dass ihr Anfallen im Unternehmen begründet liegt, dürfte kaum außer Frage stehen, so dass auch der Sachbezug gegeben ist. Ein unmittelbares Anhaften, weshalb etwa Hiddemann, ZGR 1982, 435 (446), eine Beschaffenheit nach altem Recht ablehnte, ist darüber hinaus nicht zu fordern, vgl. Kap. 2 III 2 a) ee).

12 Auch hier wird demgegenüber wieder die Tendenz verfolgt, allein wegen dem fehlenden Bezug zum sachlichen Substrat die Möglichkeit einer Sachmängelhaftung generell auszuschließen: Angermann, S. 82, 87 u. 96 ff.; Kantenwein, S. 129; Grunewald, ZGR 1981, 622 (626 f.).

III. Die Sachgerechtigkeit der Analogie zum Sachmängelgewährleistungsrecht

1. Vorrang der Auslegung

Wie generell bei dispositiven Vorschriften des Schuldrechts ist die Auslegung vorrangig gegenüber der gesetzlichen Haftung. Das Sachmängelgewährleistungsrecht bietet eine dispositive Regelung für den Fall an, dass eine Sache mit bestimmten Beschaffenheiten gekauft wurde und nun die Rechtsfolgen in Frage stehen, wenn eine Beschaffenheit nicht vorhanden ist. Bei der Übernahme von Schulden stellt sich aber von vornherein eine ganz andere Frage, nämlich die, ob die als Grundlage der Beschaffenheitsvereinbarung in Frage kommenden Schulden überhaupt übernommen wurden[1]. Nur wenn das der Fall ist, kommt eine Sachmängelhaftung in Frage. Es handelt sich hier also nicht um eine Alternative zur Anwendung des Gewährleistungsrechts, sondern eine der Analogiefrage vorausgehende Prüfung. § 25 HGB kann diese Frage nicht lösen, weil er nur für das Außenverhältnis eine Haftung des Käufers festlegt, ohne zum Innenverhältnis Stellung zu beziehen[2].

In der Frage, in welche Richtung die Auslegung für das Innenverhältnis zu tendieren hat, gehen die Ansichten aber weit auseinander. *Hommelhoff* meint, dass im Regelfall der Käufer die nicht aufgeführten Verbindlichkeiten nicht übernehmen wolle und stellt eine andere Auslegung in Aussicht, wenn er die Verbindlichkeiten erfragt oder sich gegen Bilanzen, in denen sie aufgeführt sind, nicht verwehrt[3]. *Grunewald* geht in eine ähnliche Richtung, wenn sie zwar anscheinend von einer Schuldenübernahme ausgeht, aber meint, der Verkäufer hafte aus dem Vertrag dafür, dass die Verwendbarkeit des Unternehmens nicht durch vor Gefahrübergang aufgetretene Geschehnisse beeinträchtigt ist, insbesondere die Verträge ordnungsgemäß abgewickelt sein müssen[4]. Sie begrenzt die Haftung aber darauf, dass keine außergewöhnlichen Verbindlichkeiten auftreten dürfen, so dass im Rahmen des Gewöhnlichen dem Käufer kein Ausgleich zustehe. Als Anhaltspunkt für die zu erwartende Fluktuation zieht sie die Höhe der gebildeten Rückstellungen heran[5]. Vom genauen Gegenteil geht aber etwa *Kantenwein* aus, der regelmäßig annehmen will, dass das Unternehmen inklusive der vorhandenen Verbindlichkeiten gekauft ist, wie es steht und liegt. Die-

---

1 Vgl. auch OLG Koblenz, GmbHR 1992, 49 (50 f.).

2 Hommelhoff, Sachmängelhaftung, S. 56; Kantenwein, S. 136 f.

3 Sachmängelhaftung, S. 56; ders., ZHR 140 (1976), 271 (295). Er argumentiert damit, dass die Verbindlichkeiten aus der Geschäftstätigkeit des Vorgängers herrühren, der immerhin die Gewinne daraus gezogen habe und deshalb auch die Verluste tragen solle.

4 ZGR 1981, 622 (634 ff.).

5 S. 636 ff. Von den Rückstellungen lässt sie zudem pauschal eine Abweichung von 20 % zu.

ses Argument der Risikoübernahme sei höher zu bewerten als die Tatsache, dass die Verbindlichkeiten aus der Zeit herrühren, als der Verkäufer Unternehmensinhaber war. Deshalb seien auch sehr hohe oder ungewöhnliche Verbindlichkeiten von der Risikoübernahme erfasst[6]. Die nachvollziehbaren Begründungen beider Seiten führen hier zu einem hohen Maß an Rechtsunsicherheit.

2. Die Bedeutung der Rechtsfolgenseite des Gewährleistungsrechts für die Frage der Auslegung

Vorausgesetzt, man ginge von einer Übernahme auch unentdeckter Schulden durch den Käufer aus und nähme bei einem höheren Schuldenstand als vereinbart die gewährleistungsrechtliche Haftung an, ergäbe sich folgendes Bild: Ein (ggf. unerheblicher) Mangel des Gesamtunternehmens wird regelmäßig vorliegen, eine Begrenzung ist aber auch hier wieder durch das geschuldete Maß der Mangelfreiheit zu ziehen. Nur im Rahmen der Grundsätze ordnungsgemäßer Buchführung kann der Käufer in der Regel mit der Richtigkeit der Angaben rechnen, zudem herrscht auch bei den Verbindlichkeiten eine Art übliche Fluktuation und es wird mit einem gewissen Maß unerkannter Verbindlichkeiten gerechnet[7]. Was üblich ist, ergibt sich aus der Art des Unternehmens und kann zum Teil auch aus den Rückstellungen abgelesen werden, die bedingt als Maßstab gelten können[8]. Treten darüber hinaus Verbindlichkeiten auf, wird von einem Sachmangel auszugehen sein. Im Hinblick auf die Rechtsfolgen wird das Problem des Rücktritts zum einen dadurch zurückgedrängt, dass nur bei völliger Überschuldung der ursprüngliche Vertragszweck gefährdet sein dürfte, im übrigen die vorrangige Nacherfüllung hier anders als bei Angaben über Geschäftsergebnisse möglich ist. Der Schadensersatz wird im Regelfall nicht höher ausfallen als diese Nacherfüllung. Innerhalb der Verjährungsfrist von zwei Jahren sind die meisten Verbindlichkeiten auffindbar. Für bis dahin nicht entdeckte Verbindlichkeiten lässt sich hier viel eher als nach früherem Recht rechtfertigen, dass der Käufer sie zu tragen hat, weil nach einer solchen Zeit auch der Verkäufer davon ausgehen können muss, den Kaufpreis behalten zu können. Insofern entspricht die Verjährung auch hier durchaus der Vertragspraxis, die nur verein-

6 S. 138 f.

7 In dieser Hinsicht kommt eigentlich jede denkbare Ansicht zumindest zu einer Haftungsbegrenzung. Vgl. Loos, MDR 1962, 172 (174), für die Rechtsmängelhaftung; Grunewald, ZGR 1981, 622 (636 ff.), für die Vertragsauslegung und Fuest, S. 130, hinsichtlich der Pflichtverletzungsansätze.

8 Insofern wird man den Ausführungen Grunewalds folgen können (ZGR 1981, 622 (636 f.)). Zu bedenken ist aber, dass Rückstellungen zumeist begrenzte Einzelbereiche betreffen, etwa solche für erwartete Verpflichtungen aus vertraglichen oder gesetzlichen Garantien.

zelt längere Fristen insbesondere für Steuern vorsieht[9]. Die §§ 280 Abs. 1, 311 Abs. 2, 241 Abs. 2 BGB finden dann bei gänzlich unterlassenen Angaben keine Anwendung. Dies ist aber nicht weiter problematisch, weil der Käufer, der sich über die von ihm übernommenen Schulden gar nicht informiert, nicht schutzwürdig ist[10]. Allerdings kann man daraus ggf. schließen, dass die Verbindlichkeiten gar nicht übernommen werden sollten. Im Übrigen müssen die §§ 280 Abs. 1, 311 Abs. 2, 241 Abs. 2 BGB Anwendung finden, soweit es sich um noch nicht entstandene Ansprüche handelt.

Zutreffend weist allerdings *Kindl* auf ein Problem hin: Die Ablösung der Verbindlichkeiten im Rahmen der Nacherfüllung entspricht in der Regel dem Schadensersatz und liegt aufgrund der Tatsache, dass der Kaufpreis sich eher am Ertragswert als am Stand der Verbindlichkeiten orientiert, in den allermeisten Fällen über dem Minderungswert[11]. Dass sich durch die Nacherfüllungspflicht eine verschuldensunabhängige Schadensersatzpflicht ergibt, ist dennoch nicht ganz richtig. Es liegt einfach ein Fall vor, in dem in der Regel kein über den Wert der Nacherfüllung hinausgehender Schaden entsteht. Jedoch besteht anders als bisher durch die echte Erfüllungspflicht eine volle Ausgleichspflicht des Verkäufers, die über den Minderungsbetrag hinausgeht[12], aber bei fehlendem Verschulden durch den Kaufpreis begrenzt sein sollte[13]. Demgegenüber bliebe es bei einer Lösung über die §§ 280 Abs. 1, 311 Abs. 2, 241 Abs. 2 BGB nach der bisherigen Rechtsprechung bei einer Art Minderung oder Rückgewährpflicht.

Als Ergebnis bleibt festzuhalten, dass die Anerkennung eines Sachmangels bei einem höheren Schuldenstand als vereinbart i. d. R. im Innenverhältnis zu demselben Ergebnis kommt wie die Auslegung, dass der Verkäufer die Verbindlichkeiten zu tragen hat. Dieses Ergebnis hat seinen Grund darin, dass anders als

9 Insofern kann man sagen, dass die neue Verjährung den Interessen der Parteien sogar eher entspricht als die allgemeine Verjährungsfrist, die immerhin bis zu zehn Jahren betragen kann. Die alternativen Lösungswege zum alten Recht verfolgten zumeist die Intention, die tatsächlich zu kurze Frist des § 477 BGB a. F. nicht anwenden zu müssen: vgl. Angermann, S. 96; Fuest, S. 130; Hommelhoff, Sachmängelhaftung, S. 55 f.; Baur, BB 1979, 381 (385); Grunewald, ZGR 1981, 622 (638); Loos, MDR 1962, 172 (174); auch noch U. Huber, ZGR 1972, 395 (420). Diese Notwendigkeit tritt nach neuem Recht erheblich zurück.

10 Deshalb lehnt auch Völker eine Pflicht zur Mitteilung der Verbindlichkeiten im Rahmen der culpa in contrahendo ab (S. 143 f.).

11 Kindl, WM 2003, 409 (412).

12 Eine Minderung kommt aufgrund der regelmäßigen Behebbarkeit des Mangels kaum in Betracht, denn wenn der Verkäufer die Nacherfüllungspflicht nicht erfüllt, ergibt sich regelmäßig aufgrund des Verschuldens in dieser Hinsicht eine Schadensersatzpflicht, die über die Minderung hinausgeht.

13 Siehe dazu bereits die Ausführungen unter Kap. 2 IV 1 a) bb) im Anschluss an U. Huber, FS Schlechtriem, S. 521 (546). Folgt man den Argumenten Ackermanns, JZ 2002, 378 (382 ff.), der nur eine Nacherfüllung bis zum Minderungsbetrag für erforderlich hält, kommt man bei fehlendem Verschulden sogar nur zu einer Art Minderung.

bei den meisten Mängeln auf der Aktivseite der Bilanz, wo einfach die Frage ist, ob ein Sach- oder Rechtsmangel des einzelnen Gegenstands auch einen Unternehmensmangel darstellt, bei unerwarteten Verbindlichkeiten im Rahmen der Übernahme etwa eines einzelnen Vertrags gar kein Sach- oder Rechtsmangel des Vertrags vorliegt[14]. Deshalb kann hier nur zur Debatte stehen, ob auf Gesamtunternehmensebene ein Sachmangel vorliegt. Insofern ist die Lage mit der bei der Ertragsfähigkeit und dem schlechten Ruf vergleichbar.

3. Konsequenzen für die Auslegungsfrage

Erkennt man den zu hohen Schuldenstand nicht als potentiellen Sachmangel an, bleibt es bei der Unsicherheit hinsichtlich der Auslegung. Bei Übernahme der Haftung bietet auch die Anwendung der §§ 280 Abs. 1, 311 Abs. 2, 241 Abs. 2 BGB keine sehr überzeugende Alternative, weil man für eine minderungsartige Wirkung wieder von den allgemeinen Kausalitätsgrundsätzen abweichen muss[15] und eine rücktrittsartige Wirkung hier auch in Betracht kommt, ohne dass der Verkäufer die Möglichkeit einer Nacherfüllung hätte.

Die Anerkennung eines Sachmangels in dieser Hinsicht bietet demgegenüber einen Vorteil: Man könnte regelmäßig annehmen, dass das Unternehmen insgesamt mit allen Schulden übernommen wird und hat nicht jede Verbindlichkeit darauf zu prüfen, ob der Käufer sie tatsächlich übernehmen wollte oder nicht[16]. Dennoch bleibt dem Käufer die Möglichkeit, bei Inanspruchnahme aufgrund unerwarteter und ungewöhnlicher Verbindlichkeiten beim Verkäufer Regress zu nehmen. Der entscheidende Unterschied zur gegenteiligen Auslegung liegt darin, dass die Regressmöglichkeit zeitlich begrenzt ist. Bei der Auslegung, dass der Käufer die Verbindlichkeiten nicht übernimmt, besteht für den Verkäufer zeitlich unbegrenzt die mögliche Einstandspflicht, obwohl er ein Interesse daran hat, sich endgültig von den Risiken der Unternehmung zu lösen. Überzeugender lässt sich diesem Interesse Rechnung tragen, wenn der Käufer regelmäßig alle Schulden übernimmt, aber eine zeitlich begrenzte Ausgleichspflicht durch die Verjährung des § 438 Abs. 1 Nr. 3 BGB besteht[17]. Den Interessen im

14 Vgl. dazu die Ausführungen Grunewalds, ZGR 1981, 622 (634 ff.).

15 Siehe dazu bereits Kap. 2 IV 2 c) aa) bis cc).

16 Man mag alternativ mit Hommelhoff für den Asset Deal generell von einer Nichtübernahme unbekannter Verbindlichkeiten ausgehen. Jedenfalls sobald man auf die Ebene des Anteilskaufs mit analoger Anwendung des Gewährleistungsrechts kommt, ist das aber kaum möglich, denn da die Verbindlichkeit sich in erster Linie gegen das Unternehmen selbst richtet, gehen die Parteien zumindest dort wie selbstverständlich davon aus, dass das Unternehmen die Verbindlichkeiten weiterhin zu tragen hat und deshalb wirtschaftlich der Käufer belastet wird. In dem Fall kommt die Auslegung dann zu einer fehlenden Regressmöglichkeit außerhalb der §§ 280 Abs. 1, 311 Abs. 2, 241 Abs. 2 BGB.

17 Die Tatsache, dass die Ablösungspflicht häufig über die Minderung hinausgeht, erscheint dann auch in Anbetracht der alternativen Auslegung, dass der Käufer die Verbindlich-

Einzelfall können die Parteien dadurch Rechnung tragen, dass sie die Verjährungsfristen anders festlegen.

In der expliziten Erklärung des Käufers, alle Schulden übernehmen zu wollen, liegt demgegenüber oftmals die Übereinkunft, dass der Käufer auch das Risiko des Vorliegens unerkannter Verbindlichkeiten auf sich nehmen soll. Dieses muss dann nicht nur als Schuldübernahme im Innenverhältnis ausgelegt werden, sondern bei analoger Anwendung des Gewährleistungsrechts zudem so, dass es keinen Rückgriff beim Verkäufer geben soll, die Gewährleistung hinsichtlich des Schuldenstands also ausgeschlossen ist.

keiten gar nicht übernimmt, nicht interessenwidrig. Zudem muss beachtet werden, dass die Nacherfüllungspflicht auch bei Mängeln im Hinblick auf die Aktivseite der Bilanz regelmäßig über den Minderungsbetrag hinausreicht, ohne dass hier außerhalb abweichender Parteivereinbarungen eine anderweitige Lösungsmöglichkeit besteht.

4. Kapitel: Die Anwendung der Grundsätze des Unternehmenskaufs auf den Anteilskauf

Der Asset Deal spielt bei der Übertragung kleinerer Unternehmen sowie bei Käufen im Rahmen einer Krise oder Insolvenz auch heute noch eine große Rolle. Insbesondere wenn Anteile von Kapitalgesellschaften übertragen werden sollen, kommt es jedoch selten vor, dass die Gesellschaft ihre Wirtschaftsgüter verkauft. Häufig werden vielmehr einige oder alle Anteile der Gesellschaft verkauft. Bei Personengesellschaften verhält sich das nicht anders. Der Verkauf solcher Anteile stellt keinen Unternehmenskauf, sondern einen Rechtskauf dar[1]. Inwiefern auch hier die vorgenannten Grundsätze anzuwenden sind, soll im Folgenden kurz beleuchtet werden.

I. Übersicht der Rechtsprechung und Literatur

1. Die Rechtsprechung zur alten Rechtslage

Das grundlegende Problem der Gewährleistungshaftung beim Anteilskauf hat das RG in einer Entscheidung von 1904 plausibel dargelegt[2]. Im zugrundeliegenden Fall waren die Grubenfelder eines Bergwerksunternehmens, von dem der Käufer Aktien gekauft hatte, mangelhaft. Das RG hielt Sachmängel nur hinsichtlich des Papiers selbst für möglich, Rechtsmängel nur, soweit das verbriefte Recht nicht besteht oder belastet ist. Hinsichtlich des Gesellschaftsvermögens, auf welches durch den Rechtskauf nur mittelbar Einfluss verschafft wird, verneinte es aber kategorisch eine Anwendung von Gewährleistungsrecht, insbesondere sei dieses Problem wesensverschieden von dem der erweiterten Auslegung des Eigenschaftsbegriffs[3]. Später machte das RG deutlich, dass insofern der abschließende Charakter der §§ 437, 438 BGB a. F. eine Sachmängelhaftung beim Rechtskauf ausschließe[4]. Noch 1915 vertrat es den Standpunkt, dass selbst der Verkauf aller Anteile einer Gesellschaft keine Haftung für Mängel im Gesellschaftsvermögen begründen könne[5]. 1920 ließ es jedoch beim Verkauf aller Geschäftsanteile einer GmbH die Anwendung von Gewährleistungsrecht zu. Konstruktiv erschien dem RG dies aufgrund der Auslegung möglich, dass es im

1 Soweit besteht Einigkeit, vgl. Bergjan, S. 85 f.

2 RGZ 59, 240 (242 ff.).

3 RGZ 59, 240 (242 ff.). Das Gericht verneinte insofern einen unmittelbaren Bezug zur Kaufsache (S. 243), schien damit aber nicht die Abgrenzung zwischen Beschaffenheit und Eigenschaft anzusprechen, weil zu Einnahmen und Erträgen abgegrenzt wird, die auch nicht als Beschaffenheit anerkannt waren.

4 RGZ 63, 57 (61 f.).

5 RGZ 86, 146 (148 f.).

Verkauf der Anteile zugleich den Verkauf des Gesellschaftsvermögens sah[6]. Gerade weil der Verkäufer aber nicht Inhaber des Gesellschaftsvermögens ist und deshalb nicht selbst darüber verfügen kann und sich im Zweifel auch nicht dazu verpflichten will, war diese Rechtsprechung angreifbar[7]. Dementsprechend wendete sich das RG 1928 auch von dieser Argumentation ab und rechtfertigte die Anwendung der kaufrechtlichen Vorschriften mit dem Gesichtspunkt, dass regelmäßig der Kauf aller Anteile wirtschaftlich dem Kauf des Unternehmens entspreche und demnach auch die gleiche Haftungslage bestehen müsse[8]. Es forderte nicht, dass dieser wirtschaftliche Wille im Vertrag explizit zum Ausdruck kommt[9]. Im selben Jahr lehnte es die Anwendung von Gewährleistungsrecht beim sukzessiven Erwerb von 590 der 600 Aktien einer AG ab und begründete dieses damit, dass das Gewährleistungsrecht nur bei Einmanngesellschaften und der Übertragung aller Anteile eingreife[10]. Nur kurze Zeit später begründete es die Ablehnung der gewährleistungsrechtlichen Haftung beim gleichzeitigen Verkauf aller Aktien einer AG durch zwei Verkäufer an drei Käufer aber allein damit, dass keine Anhaltspunkte für einen Willen zum gemeinschaftlichen Erwerb des Unternehmens erkennbar gewesen seien[11]. Konsequenterweise wurde beim Erwerb von 50 % der Aktien einer AG keine gewährleistungsrechtliche Haftung angenommen[12].

Unbestritten galt auch in der BGH-Rechtsprechung, dass der Verkauf aller Anteile einem Unternehmenskauf gleichzustellen sei[13]. Auf Verkäufer- und Käu-

---

6 RGZ 98, 298 (291 f.). Auch in RGZ 100, 200 (203 f.), wurde diese Rechtsprechung noch zugrunde gelegt.

7 So zu Recht kritisch zum genannten Urteil Hollenberg, S. 126; G. Müller, Lossagungsrecht, S. 28 f.

8 RGZ 120, 283 (287), wo es um eine nachträglich aufgewertete Hypothek auf dem einzigen Grundstück einer Grundstücks-GmbH ging. Das RG wendete darauf die Rechtsmängelhaftung analog an. Ca. ein Jahr später hatte das RG in diesem Fall noch einmal zu entscheiden (RGZ 124, 164). Einen nahezu identischen Fall behandelte es mit gleichartiger Argumentation in JW 1929, 1374 (Nr. 10). Noch 1927 hatte das RG einen ähnlichen Fall über die Annahme einer vertraglichen Sonderverpflichtung gelöst (SeuffA 82, 163 (164 f.)). Hier ging das RG allerdings noch von der Unanwendbarkeit des Gewährleistungsrechts auf Anteilskäufe aus.

9 RGZ 120, 283 (287); deutlich auch unter Bestätigung dieser Rechtsprechung im Übrigen RG JW 1930, 3740 Nr. 7 (3741); vgl. auch RG WarnRspr 1941 Nr. 1 (S. 4).

10 RG LZ 1929, 396 (397 f.). Nur zusätzlich weist es darauf hin, dass der Verkauf hier nicht uno acto erfolgte.

11 RGZ 122, 378 (381).

12 RG Dt. Recht 1944, 485 (485 f.).

13 Vgl. zur GmbH: BGH BB 1958, 1108 (1109); JZ 1969, 336 (337); WM 1970, 819 (820 f.). Zu Kommanditanteilen: BGH WM 1975, 230. Zum Verkauf aller Anteile einer GmbH & Co. KG (sowohl der GmbH- als auch der Kommanditanteile): BGH WM 1978, 59 (60); BGHZ 85, 367 (370).

ferseite konnten dabei auch mehrere Personen beteiligt sein[14]. Unterhalb dieser Grenze war die Rechtslage aber unklar. Das OLG München entschied 1966, dass der gleichzeitige Verkauf von 80 % der Anteile einer GmbH durch mehrere Verkäufer an einen Käufer ausreiche, um die Grundsätze des Unternehmenskaufs anzuwenden, weil gerade der Erwerb des Unternehmens selbst im Interesse des Käufers und damit im Vordergrund des Vertrags gestanden habe[15]. Der BGH hat sich nicht so eindeutig festgelegt, wich aber 1970 zumindest insofern von der bisherigen Rechtsprechung ab, als er es für die Anwendung der Grundsätze des Unternehmenskaufs als ausreichend erachtete, dass der Käufer alle Anteile bis auf einen unerheblichen Rest von 0,2 % bzw. 0,25 % erhielt. Relevant sei nur, dass der Käufer die beherrschende Stellung erlange und der Wille der Parteien insoweit auf den Verkauf des Unternehmens gerichtet sei[16]. Interessant ist zudem, dass es dem BGH offenbar nur auf die nach dem Verkauf bei den Käufern befindlichen Anteile ankam. In einem Fall von 1979, in dem die Käufer bereits die Hälfte der Aktien einer AG hielten und nun die zweite Hälfte von den Verkäufern erwarben, ging der BGH ohne größere Diskussion von einer Anwendung der Grundsätze des Unternehmenskaufs aus, allerdings nur in einem obiter dictum[17].

Eine intensivere Auseinandersetzung mit der Grenze der Anwendbarkeit der Grundsätze des Unternehmenskaufs erfolgte 1975, als es um den Erwerb einer paritätischen Beteiligung an einer GmbH ging[18]. Dort stellte der BGH klar, dass Sachmängelgewährleistung nicht auf jeden Anteilskauf anwendbar sei. Ausreichen solle außerdem nicht, dass der Kaufpreis am Unternehmenswert ausge-

14 BGH WM 1984, 936 (937 f.), wo alle Anteile einer ausländischen GmbH von sechs Gesellschaftern an zwei Käufer verkauft wurden. Vgl. auch schon OLG Hamburg, MDR 1953, 49.

15 NJW 1967, 1326 (1327).

16 BGH WM 1970, 819 (821). In dem Fall ging es um den Verkauf aller GmbH-Geschäftsanteile eines Verstorbenen. Dieser hielt zusammen mit einer GmbH (B), an der er zu 100 % beteiligt war, alle Anteile an einer zweiten GmbH (S). Die S war zu 99,8 % an der französischen Firma M beteiligt und mit der M zusammen zu 99,75 % an der französischen Firma L. Der BGH entschied den Fall einheitlich nach Gewährleistungsrecht, weil auch hinsichtlich der französischen Gesellschaften ein Unternehmenskauf vorgelegen habe (vgl. zum Fall auch Kap. 2 I 1 b) (Fn. 46)).

17 BGH WM 1980, 284 (287). Anders dagegen das OLG Naumburg, BB 1995, 1816. Dort hatte der Käufer aufgrund eines einheitlichen Kaufvertrages von den beiden Mitgesellschaftern je 33 % der Geschäftsanteile einer GmbH gekauft und wurde so Alleingesellschafter. Weil der in der Hand des Käufers befindliche Anteil als unbeachtlich angesehen wurde und der gekaufte Anteil keine satzungsändernde Mehrheit verschaffte, wurde die Anwendung von Sachmängelgewährleistungsrecht abgelehnt.

18 BGHZ 65, 246 ff. Genaugenommen hatte der Kl. durch den Kauf vom Bekl. und durch Übernahme von Anteilen aus einer Kapitalerhöhung der GmbH 49 % aller Anteile erworben und es war eine Option für die Übernahme eines weiteren Prozents vereinbart sowie eine Stimmrechtsverteilung, die ein hälftiges Stimmrecht vermittelte.

richtet ist und der Kauf auf die Erlangung einer beherrschenden oder maßgeblichen Stellung als Träger des Unternehmens gerichtet ist[19]. Eine hälftige Beteiligung hielt er für nicht ausreichend, weil der Käufer gegenüber den übrigen Gesellschaftern nicht in der Lage sei, seine Vorstellungen der Unternehmensführung durchzusetzen. Darin sei sowohl nach den Parteivorstellungen als auch nach der Verkehrsanschauung kein Kauf des Unternehmens selbst zu sehen. Ausdrücklich ließ er jedoch offen, ob die Grenze im Einzelfall dort liegt, wo nur ein unerheblicher Rest von der Übertragung ausgeschlossen bleibt, ob die Sperrminorität ausgeschlossen sein muss oder schon der Erwerb einer satzungsändernden Mehrheit genügt[20]. Aufgrund des Mindesterfordernisses einer satzungsändernden Mehrheit sah der BGH dann auch die Grenze dort nicht als erreicht an, wo 40 %[21] bzw. 60 %[22] der Anteile einer GmbH verkauft wurden. In neueren Urteilen wurde der BGH zu einer genaueren Stellungnahme nicht mehr genötigt. Die Frage der Behandlung des Anteilskaufs als Unternehmenskauf spielte eher eine untergeordnete Rolle[23]. Soweit die Grenze nicht überschritten wurde, sprach man dem Käufer aber nicht nur Ansprüche aus §§ 437 Abs. 1, 440 Abs. 1, 320 ff. BGB a. F. zu, sondern hielt die culpa in contrahendo auch hinsichtlich der Unternehmensmängel für uneingeschränkt anwendbar.

2. Die Literatur zur alten Rechtslage

Die Literatur vertrat zur Beantwortung der Frage, ob Gewährleistungsrecht hinsichtlich des von der Gesellschaft betriebenen Unternehmens anzuwenden sei, sehr unterschiedliche Ansatzpunkte, die von rein objektiven bis zu rein subjektiven Kriterien rangierten. Dass die Grundsätze des Unternehmenskaufs auch auf den Anteilskauf angewendet werden konnten, wenn alle oder fast alle Anteile verkauft worden sind, galt in der neueren Literatur nahezu als unbestritten[24].

Der objektive Ansatz orientierte sich zumeist an dem dem Sachkauf zugrundeliegenden Element der Sachherrschaftsverschaffung. Nur wenn der oder die Verkäufer dem oder den Käufern aufgrund eines einheitlichen Kaufvertrags die

---

19 BGHZ 65, 246 (249 f.).

20 BGHZ 65, 246 (251 f.).

21 BGH NJW 2001, 2163 (2164).

22 BGH NJW 1980, 2408 (2409).

23 Vgl. etwa BGH WM 1991, 589 (591), wo die Unzuverlässigkeit eines Mitarbeiters jedenfalls nicht als zusicherungsfähige Eigenschaft qualifiziert wurde und BGHZ 138, 195 (204 f.), wo der Eintritt des Gefahrübergangs verneint wurde.

24 Anderer Ansicht in neuerer Zeit nur noch Moosmayer, S. 42 ff. Aus der älteren Literatur auch Roth, JW 1928, 1392 ff.; ders., LZ 1928, 1022 (1024 ff.) und 1281 ff. Dagegen schon Fuchs, LZ 1928, 1035 ff. und 1577 ff., für den Verkauf aller Anteile und Sontag, LZ 1928, 1030 ff., der auch damals schon beim Verkauf nicht aller Anteile die Regeln des Unternehmenskaufs anwenden wollte. Den Übergang aller Anteile fordernd auch Enneccerus/Lehmann, Schuldrecht, § 108 IV 2 (S. 438); Pinner, JW 1929, 641 f.

unternehmerische Leitungsmacht über das von der Gesellschaft betriebene Unternehmen verschaffen, könne man Gewährleistungsrecht anwenden[25]. Davon ausgehend wurde dennoch unterschiedlich bewertet, wann eine der Sachherrschaft entsprechende Stellung vorlag. Ein Teil der Literatur forderte, dass nur ein nicht näher bezeichneter Rest (quantité négligeable) übrig bleiben dürfe[26]. Ein dem verwandter Ansatz forderte die Ausschaltung von Minderheitsrechten[27]. Verbreitet war aber auch die Forderung einer satzungsändernden Mehrheit[28]. Zum Teil wurde sogar der Erwerb von 50 % der Anteile als ausreichend erachtet[29].

Abweichend davon wurde vertreten, es käme nur darauf an, ob der Käufer eine beherrschende Stellung erlange[30] bzw. nur darauf, ob der Verkäufer eine beherrschende Stellung veräußere[31]. Zum Teil wurde der auf Übertragung einer beherrschenden Stellung gerichtete Wille der Parteien zusätzlich gefordert, etwa

---

25 Staudinger-Köhler (1995), § 434 Rn. 16; Fuest, S. 151 ff.; Landsberg, S. 177 ff.; Aderhold, DStR 1991, 844 (844 f.); Hommelhoff, ZHR 140 (1976), 271 (274 ff.); ders., ZGR 1982, 366 (376 ff.); Mössle, BB 1983, 2146 (2147). Nicht so deutlich (von einer wirtschaftlichen Betrachtungsweise ausgehend) Baumbach/Hueck-Hueck/Fastrich, GmbHG, § 15 Rn. 7; Hachenburg-Zutt, GmbHG, Anh. § 15 Rn. 21; Staub-Brüggemann, § 381 Anm. 38 (S. 628); Angermann, S. 90; Knöpfler, S. 61; Hiddemann, ZGR 1982, 435 (439); ähnlich Wiedemann, FS Nipperdey I, S. 815 (835 f.). Im Wesentlichen der Rechtsprechung folgend Schlosser, JZ 1969, 337.

26 Grundlegend Wiedemann, FS Nipperdey I, S. 815 (835 f.), der allerdings auch den Parteiwillen für relevant ansah und deshalb kaum deutlich machte, wie groß dieser Restanteil sein sollte. Ähnlich unklar Angermann, S. 89 ff., der eine wirtschaftliche Austauschbarkeit von Unternehmenskauf und Anteilskauf und deshalb den Erwerb fast aller Anteile unter Ausschaltung jeglicher Minderheitsrechte forderte. Vgl. auch Roth/Altmeppen-Altmeppen, GmbHG, § 15 Rn. 10 f. (zur neuen Rechtslage offenlassend, Rn. 13).

27 Dafür ist bei der GmbH erforderlich, dass die Grenze von 90 % überschritten ist (§ 50 Abs. 1 GmbHG). Bei der AG werden 95 % gefordert (§§ 122 Abs. 1, 258 Abs. 2 AktG). So etwa Hachenburg-Zutt, GmbHG, Anh. § 15 Rn. 21; Scholz-Winter, GmbHG, § 15 Rn. 113; Staudinger-Köhler (1995), § 434 Rn. 16; Aderhold, DStR 1991, 844 (844 f.); Hiddemann, ZGR 1982, 435 (440 f.); ähnlich Baumbach/Hueck-Hueck/Fastrich, GmbHG, § 15 Rn. 7, die jedenfalls eine strengere Handhabung als die Forderung nach einer satzungsändernden Mehrheit begrüßen.

28 Siehe Landsberg, S. 178 ff.; Mössle, BB 1983, 2146 (2147); auch noch Hommelhoff, ZHR 140 (1976), 271 (285 ff.). Danach läge die Grenze etwa für die GmbH und die AG bei 75 % (§ 53 Abs. 2 S. 1 GmbHG, § 179 Abs. 2 S. 1 AktG), wenn der Gesellschaftsvertrag nichts anderweitiges bestimmt. Bei Personengesellschaften wird dagegen auf den Gesellschaftsvertrag abgestellt.

29 Hommelhoff, ZGR 1982, 366 (380 ff.), über 50 % fordert Staub-Brüggemann, § 381 Anm. 38 (S. 628).

30 Fuest, S. 155, ebenfalls von einer qualifizierten Mehrheit als Grenze ausgehend.

31 Neumann-Duesberg, WM 1968, 494 (502).

durch Ausrichtung des Kaufpreises am Unternehmenswert[32]. In dem Fall diente das subjektive Element eigentlich nur als negatives Korrektiv für den Fall, dass eine beherrschende Stellung verschafft wurde, die Parteien darauf aber gar nicht abgezielt hatten[33].

Konzeptionell anders bürdete in Anlehnung an den Gedanken der Risikobeherrschung *Prölss* dem Verkäufer dann die verschuldensunabhängige Haftung auf, wenn er einen Informationsvorsprung hinsichtlich des in Frage stehenden Mangels hatte[34]. *Grunewald* lehnte sich demgegenüber an die unverzügliche Kontrollmöglichkeit beider Seiten an und forderte darauf aufbauend ebenfalls die Ausschaltung von Minderheitsrechten bei Kapitalgesellschaften[35].

Eine entgegengesetzte Strömung ging von der alleinigen Maßgeblichkeit des Parteiwillens aus. Im Ergebnis führte das jedenfalls dann kaum zu wesentlichen Unterschieden im Vergleich zu objektiven Ansätzen, wenn gefordert wurde, dass der Wille auf den Erwerb unternehmerischer Leitungsmacht gerichtet sein musste[36]. Zu einer weitergehenden Anwendung des Gewährleistungsrechts kam aber etwa *Loos*, der den Teilerwerb des Unternehmens als ausreichend ansah und eine dahingehende wirtschaftliche Zwecksetzung der Parteivereinbarung forderte[37].

---

32 Vgl. Hachenburg-Zutt, GmbHG, Anh. § 15 Rn. 21; Scholz-Winter, GmbHG, § 15 Rn. 113; Staudinger-Köhler (1995), § 434 Rn. 16; Landsberg, S. 180.

33 Dieser Fall ist aber eher theoretischer Natur, weil kaum denkbar ist, dass die Parteien sich des Umfangs der Übertragung nicht bewusst sind.

34 ZIP 1981, 337 (339 ff.). Die Grenzziehung erfolgte hier eher einzelfallbezogen. So sollte beim Aktionär eine beherrschende Stellung nach § 17 AktG erforderlich sein, während ein geschäftsführender Gesellschafter immer haftete. Ein nicht geschäftsführender Gesellschafter sollte bei der GmbH gar nicht und bei der OHG aufgrund seiner Kontrollrechte aus § 118 HGB immer haften, soweit der Mangel nicht völlig unerkennbar war. Ähnlich Koller, S. 343.

35 Grenzziehung, S. 113 f. Als Grund für den strengen Maßstab führte sie an, dass Minderheiten die Zugriffsmöglichkeiten des Käufers verzögern können und deshalb die Verjährungsfrist zu kurz sei. Ähnlich stellte Staub-Hüffer, HGB, Vor § 22 Rn. 57, darauf ab, ob Einweisung und Übergabe wie beim Unternehmenskauf erfolge und der Käufer deshalb innerhalb der Frist des § 477 BGB a. F. Mängel erkennen könne.

36 K. Schmidt, Handelsrecht, § 6 II 3 a) aa) (S. 150 f.), der ebenfalls eine qualifizierte Mehrheit als Richtschnur angab.

37 NJW 1962, 519 (521 ff.). Hierfür sollte im Regelfall der Erwerb von 50 % des Gesellschaftsvermögens ausreichen, aber bei höherer Streuung der Anteile sollten auch schon wesentlich geringere Anteile genügen. Relevant sollte nur das Ziel sein, auf das Unternehmen einzuwirken, was wesentlich von den zum Vertragsinhalt gewordenen Intentionen des Käufers abhängen sollte. Einen ähnlichen Ansatz verfolgte schon Heck, Schuldrecht, § 91 Nr. 7 c; auch Schumacher, JW 1937, 2249 (2252), der darauf abstellte, ob das Interesse der Parteien auf die Veräußerung des Gesellschaftsvermögens oder bloß eines Mitgliedschaftsrechts gerichtet war. Äußerst weit demgegenüber Pelkmann, der die Analogie bei jeglichem Anteilskauf bejahte (LZ 1917, 1119).

Gänzlich anders verfuhr die Strömung des subjektiven Ansatzes, die den Parteiwillen allein danach untersuchte, ob die entsprechenden Eigenschaften des Unternehmen Gegenstand der Vereinbarung waren. Die Haftung wurde hier allein aus dem Äquivalenzprinzip begründet, und das Abgrenzungsproblem wurde auf die Ebene der Vertragsauslegung verschoben[38]. Einigermaßen feste Grenzen konnten dabei nicht gezogen werden, verbreitet war aber die Betrachtung der Kaufpreisberechnung: Eine Orientierung am Börsenkurs führe beim Aktienkauf regelmäßig zum Ausschluss des Gewährleistungsrechts, wohingegen etwa beim Kauf von GmbH-Anteilen in der Regel das Unternehmen selbst bewertet werde und daran der Kaufpreis ausgerichtet sei, so dass man eine Vereinbarung der Eigenschaften des Unternehmens dort annehmen könne[39].

Eine von der Unterscheidung zwischen einem reinen Anteils- und einem Unternehmenskauf nicht abhängende Lösung bot auch hier der Weg über die Störung der Geschäftsgrundlage an. Weil alle Faktoren des Unternehmens nur Geschäftsgrundlage seien, sei nur darauf abzustellen, ob eine solche Geschäftsgrundlage tatsächlich aufgebaut worden sei[40]. Die Ergebnisse unterschieden sich nicht wesentlich von denen des Auslegungsansatzes[41]. Auch *Baur* lehnte die Anwendung des Gewährleistungsrechts generell ab und verwies auf die Haftung aus culpa in contrahendo[42].

3. Die Literatur zur neuen Rechtslage

Die neue Rechtslage hat an den Richtungen, die in der Literatur eingeschlagen werden, nichts Grundsätzliches verändert. Die Tatsache, dass § 453 Abs. 1 BGB ohne wörtliche Beschränkung auf die §§ 433 ff. BGB verweist, wird allerdings in weiten Teilen der Literatur als Begründung herangezogen, sich für die Ausle-

---

38 MüKoHGB-Lieb, Anh § 25 Rn. 154; ders., FS Gernhuber, S. 259 (277 ff.); Westermann, ZGR 1982, 45 (55), der die Verschaffung einer beherrschenden Stellung nur dann forderte, wenn eine solche Vereinbarung nicht vorlag; Flume, Eigenschaftsirrtum, S. 188 ff.; Herberger, S. 71; Larenz, Schuldrecht II/1, § 45 II a (S. 169); auch noch U. Huber, ZGR 1972, 395 (402 ff.), der aber in Soergel, § 459 Rn. 291, ebenfalls vom Äquivalenzprinzip ausgehend dennoch nur beim Verbleib von ganz unwesentlichen Anteilen Gewährleistungsrecht anwenden wollte.

39 Vgl. Flume, Eigenschaftsirrtum, S. 189 f.; Haas/Medicus/Rolland/Schäfer/Wendtland-Haas, Kap. 5, Rn. 557 f.; Seibt/Reiche, DStR 2002, 1135 (1138); auch noch U. Huber, ZGR 1972, 395 (407 ff.).

40 Hollenberg, S. 242 ff.; Canaris, Handelsrecht, § 8 Rn. 42; ders., ZGR 1982, 395 (403 ff.), G. Müller, ZIP 2000, 817 (825 ff.), der vorher noch der reinen Auslegungslösung folgte: vgl. Lossagungsrecht, S. 349 ff., 367 f., und BB 1980, 1393 (1395).

41 Vgl. Hollenberg, S. 244; Canaris, ZGR 1982, 395 (405 f.).

42 BB 1979, 381 (385). Diese Lösung befürwortet er für den Unternehmenskauf generell. Vgl. auch Keil, S. 99 ff.

gungslösung zu entscheiden, so dass jede Eigenschaft des Unternehmens als Beschaffenheit beim Anteilskauf vereinbart werden könne[43]. Auch der subjektive Ansatz bezogen auf die Auslegung des Willens, die Kontrolle über die Gesellschaft zu erlangen, wird weiterhin vertreten[44]. Dem steht aber inzwischen eine breite Front von Ansichten entgegen, die davon ausgehen, dass § 453 Abs. 1 BGB nur eine strukturelle Vereinfachung darstelle, die an der alten Rechtsprechung zur Abgrenzung nichts ändere. Demnach wird auch weiterhin die Differenzierung nach objektiven Kriterien[45] mit unterschiedlichen Anforderungen vertreten, welche an allgemeinen[46] oder an Regelgrenzen ausgerichtet sind[47]. Verbreitet ist auch der differenzierte Ansatz, die Auslegungslösung hinsichtlich vereinbarter Beschaffenheiten des Unternehmens anzunehmen, in den Fällen des

43 So Fritzen, S. 126 ff.; Larisch, S. 194 ff.; Beisel/Klumpp-Klumpp, Kap. 16, Rn. 4 f.; Fezer, Klausurenkurs im Handelsrecht, Rn. 194 f.; Haas/Medicus/Rolland/Schäfer/Wendtland-Haas, Kap. 5, Rn. 556 ff.; Gaul, ZHR 166 (2002), 35 (39); Gronstedt/Jörgens, ZIP 2002, 52 (55); Gruber, MDR 2002, 433 (437); Knott, NZG 2002, 249 (250); Seibt/Reiche, DStR 2002, 1135 (1137 f.); Wolf/Kaiser, DB 2002, 411 (415 ff.). Unklar dagegen Bergmann, in: Rowedder/Schmidt-Leithoff, GmbHG, § 15 Rn. 11; Dauner-Lieb/Thiessen, ZIP 2002, 108 (110); v. Gierke/Paschen, GmbHR 2002, 457 (459); Hermanns, ZIP 2002, 696.

44 So etwa Lange, ZGS 2003, 300 (301 ff.), der von allen anderen Ansichten abweicht, indem er entweder nur einen Rechtskauf oder nur einen Unternehmenskauf annimmt, so dass etwa die Rechtsmängelhaftung hinsichtlich der Anteile ausscheide, wenn die Auslegung ergibt, dass ein Unternehmenskauf gewollt ist. Die Regelgrenze zieht er bei börsennotierten Gesellschaften in Anlehnung an § 29 Abs. 2 WpÜG bei 30 %, im Übrigen bei 50 % der Stimmanteile.

45 Zum Teil wird auch weiterhin auf den Willen der Parteien zusätzlich verwiesen, so dass dem subjektiven Element Korrekturwirkung beizumessen ist: vgl. MüKo-Westermann, § 453 Rn. 23; Michalski-Ebbing, GmbHG, § 15 Rn. 182 u. 178 b; Oetker/Maultzsch, Vertragliche Schuldverhältnisse, § 2 B V (S. 25); Jaques, BB 2002, 417.

46 Vgl. Bamberger/Roth-Faust, § 453 Rn. 32: Verbleib einer die Verfügungsbefugnis nicht entscheidend beeinträchtigenden Beteiligung; Oetker/Maultzsch, Vertragliche Schuldverhältnisse, § 2 B V (S. 25): Verschaffung des alleinigen Einflusses auf die Unternehmenspolitik; Verschaffung der Kontrollmöglichkeit über das Unternehmen: Erman-Grunewald, § 453 Rn. 20; Eidenmüller, ZGS 2002, 290 (294), und NJW 2002, 1625 (1627): Verkauf aller oder fast aller Anteile; U. Huber, AcP 202 (2002), 179 (229 ff.): nahezu 100 %. Allgemein von einer Fortführung der bisherigen Rechtsprechung gehen aus: KompaktKomBGB-Tonner, § 453 Rn. 7: Picot, in: Picot, Unternehmenskauf, Teil I, Rn. 87 (134); Fischer, DStR 2004, 276 (279 f.).

47 Ausschaltung von Minderheitsbeteiligungen: Baumbach/Hopt-Hopt, HGB, § 105 Rn. 73; Michalski-Ebbing, GmbHG, § 15 Rn. 182 u. 178 b; Wertenbruch, in: Dauner-Lieb/Konzen/Schmidt, Das neue Schuldrecht in der Praxis, S. 493 (507 f.). Satzungsändernde Mehrheit: Staudinger-Beckmann (2004), § 453 Rn. 33; Bergjan, S. 293 f. (bei Personengesellschaften sollen schon 50 % genügen); Mueller-Thuns, in: Rödder/Hötzel/Mueller-Thuns, Unternehmenskauf, § 9 Rn. 49 f., 43 ff.; Rehberg, ZGS 2002, 456 (457); Weitnauer, NJW 2002, 2511 (2514 f.). Mindestens 50 %: Jaques, BB 2002, 417.

§ 434 Abs. 1 S. 2 BGB dagegen weiterhin auf objektive Grenzen zurückzugreifen[48].

48 Holzapfel/Pöllath, Unternehmenskauf, Rn. 421 ff.; Holzapfel, in: Dauner-Lieb, Unternehmenskauf und Schuldrechtsmodernisierung, S. 87 (95 ff.); Schröcker, ZGR 2005, 63 (68 f., 87 f.); Triebel/Hölzle, BB 2002, 521 (523 f.); auch Kroiß-Plassmeier, Klauselbuch Schuldrecht, § 21 Rn. 19 ff. Als objektive Grenze wird dann von den Genannten schon eine einfache Mehrheitsbeteiligung (ab 50 %) als ausreichend erachtet. Vgl. auch Fezer, Klausurenkurs im Handelsrecht, Rn. 194 f. u. 207, der jedoch für § 434 Abs. 1 S. 2 BGB weiterhin auf eine satzungsändernde Mehrheit abstellt.

II. Die Verweisung des § 453 Abs. 1 BGB beim Rechtskauf

1. Haftung für Bestand und inhaltliche Ausgestaltung des Rechts

Beim Verkauf eines Mitgliedschaftsrechts haftete der Verkäufer bisher verschuldensunabhängig für den Bestand des Rechts nach den §§ 437 Abs. 1, 440 Abs. 1, 320 ff. BGB a. F. Dazu gehörte auch die inhaltliche Ausgestaltung des Mitgliedschaftsrechts wie etwa das Stimmrecht, die quotale Gewinnbeteiligung oder etwaige Sonderrechte[1]. Für Rechtsmängel wurde über die §§ 434, 440 Abs. 1, 320 ff. BGB a. F. ebenfalls in das allgemeine Schuldrecht verwiesen. Die Neuregelung führt im Wesentlichen dazu, dass nun auch bei Rechtsmängeln Minderung verlangt werden kann und die Verjährungsfristen des § 438 BGB zu beachten sind[2]. Im Übrigen ist die Haftung jedoch im Grundsatz immer noch auf solche Rechte beschränkt, die Dritte in Bezug auf das Mitgliedschaftsrecht geltend machen können[3].

Im Gegensatz dazu ist § 437 BGB a. F. entfallen, was allerdings primär den Grund hatte, dass keine gesetzliche Ausnahme zur Unwirksamkeit eines Vertrags bei anfänglicher Unmöglichkeit mehr erforderlich ist[4]. Deshalb ist die Frage der Bestandshaftung für das Recht inzwischen nicht mehr ganz unumstritten. Zum Teil wird die Anwendung des Kaufrechts bejaht, wenn das Recht nicht besteht[5], einem Dritten zusteht[6] oder einfach nicht wirksam übertragen

1 Vgl. Baumbach/Hueck-Hueck/Fastrich, GmbHG, § 15 Rn. 6; Scholz-Winter, GmbHG, § 15 Rn. 112; Staudinger-Köhler (1995), § 437 Rn. 17.

2 In der Regel ist das § 438 Abs. 1 Nr. 3 BGB. Eine generelle Analogie zu § 438 Abs. 1 Nr. 1 b BGB erwägt aber Amann, DNotZ 2002, 94 (120). Mittelbar gibt es natürlich durch die Änderung des allgemeinen Schuldrechts weitere Änderungen, etwa die, dass für anfängliches Unvermögen der rechtsmängelfreien Rechtsverschaffung nur noch verschuldensabhängig gehaftet wird.

3 Vgl. zu den in Betracht kommenden Rechtsmängeln Staudinger-Köhler (1995), § 434 Rn. 15.

4 Vgl. die Regierungsbegründung, BT-Drucks. 14/6040, S. 202. Bisher sah § 306 BGB a. F. noch vor, dass ein auf eine unmögliche Leistung gerichteter Vertrag unwirksam ist, wohingegen § 311a Abs. 1 BGB genau das Gegenteil festschreibt.

5 Heerstraßen/Reinhard, BB 2002, 1429 (1433 f.), wollen den Fall mit dem gleichstellen, dass die Beteiligung einem Dritten zusteht, dabei aber § 438 Abs. 1 Nr. 1 BGB analog anwenden. Für die verjährungsrechtliche Analogie bei sonstiger Geltung des allgemeinen Schuldrechts Bamberger/Roth-Faust, § 453 Rn. 12. Für allgemeines Leistungsstörungsrecht allerdings Palandt-Putzo, § 453 Rn. 19; Fritzen, S. 149 ff.; Eidenmüller, NJW 2002, 1625 (1626).

6 Für Rechtsmängelgewährleistung mit analoger Anwendung des § 438 Abs. 1 Nr. 1 BGB Eidenmüller, NJW 2002, 1625 (1626); Heerstraßen/Reinhard, BB 2002, 1429 (1430 ff.). Wiederum für allgemeines Leistungsstörungsrecht mit verjährungsrechtlicher Analogie Bamberger/Roth-Faust, § 453 Rn. 12; auch Fritzen, S. 153 f. Für allgemeines Leistungsstörungsrecht Palandt-Putzo, § 453 Rn. 20a.

wird[7]. In all diesen Fällen enthält der Käufer aber gar nichts, weshalb kein Mangel der Kaufsache vorliegt, sondern ein einfacher Fall der Nichterfüllung, der zum allgemeinen Leistungsstörungsrecht mit allgemeiner Verjährung führt[8]. Schadensersatz wird nur verschuldensabhängig gewährt[9]. Problematisch ist auch die Haftung für die inhaltliche Ausgestaltung des Rechts. Fehlende Bestandteile des Mitgliedschaftsrechts stellen keine entgegenstehenden Rechte Dritter dar. Dennoch hat der Verkäufer seine Rechtsverschaffungspflicht nicht erfüllt und weil es sich eher um eine Schlechtleistung handelt, liegt es nahe, Gewährleistungsrecht anzuwenden[10]. Hier wird teilweise vorgeschlagen, für die inhaltliche Ausgestaltung des Rechts die Verweisung des § 453 Abs. 1 BGB auf § 434 BGB zu erstrecken[11]. Alternativ wird eine Analogie zu § 435 BGB erwogen[12], ohne dass die Einordnung für das Ergebnis sonderlich relevant ist.

Auf die Gewährleistungsfrage hinsichtlich der Mängel des von der Gesellschaft betriebenen Unternehmens haben diese Probleme keinen Einfluss. Selbst wenn man die Verweisung des § 453 Abs. 1 BGB für den Rechtskauf hinsichtlich der inhaltlichen Ausgestaltung des Rechts auf § 434 BGB erstreckt, ist der Meinung, welche die Anwendung des § 434 BGB völlig ablehnt, jedenfalls zuzugeben, dass ein Recht keine sachlichen Mängel, sondern nur rechtliche aufweisen kann[13]. Was etwa die Gewinnbeteiligung betrifft, kann der Mangel

---

7 Wälzholz, DStR 2002, 500 (503), mit der Frist des § 438 Abs. 1 Nr. 3 BGB. Insgesamt offengelassen bei Amann, DNotZ 2002, 94 (120).

8 Vgl. auch Larisch, S. 182 ff.; Grunewald, NZG 2003, 372 (373).

9 Die Garantiehaftung des § 437 Abs. 1 BGB a. F. ist somit entfallen. Es gilt das allgemeine Erfordernis des Vertretenmüssens. Um die alte Rechtslage aufrecht zu erhalten, wird z. T. vorgeschlagen, häufiger eine konkludente Garantieübernahme für den Bestand des Rechts anzunehmen oder eine solche aus der Natur des Geschäfts herzuleiten, vgl. Bergjan, S. 288 f.; Amann/Brambring/Hertel-Hertel, S. 177; Oechsler, Schuldrecht BT, Rn. 402 (für den Forderungskauf); Zimmer, in: Ernst/Zimmermann, S. 191 (193 f.); Westermann, NJW 2002, 241 (247). Dem zu Recht widersprechend Bamberger/Roth-Faust, § 453 Rn. 18; Huber/Faust-Faust, Rn. 7/31; Eidenmüller, ZGS 2002, 290 (293). Jedenfalls für die Vertragspraxis wird eine solche Garantiehaftung empfohlen, vgl. Wälzholz, DStR 2002, 500 (502).

10 Unabhängig von der genauen Einordnung wendet Wälzholz, DStR 2002, 500 (503), deshalb § 438 Abs. 1 Nr. 3 BGB an, wohingegen Grunewald, NZG 2003, 372 (373), auch auf diesen Fall allgemeines Leistungsstörungsrecht anwenden will.

11 So Bamberger/Roth-Faust, § 453 Rn. 10; Eidenmüller, ZGS 2002, 290 (291); auch Larisch, S. 188.

12 Vgl. Jauernig-Berger, § 453 Rn. 4; Palandt-Putzo, § 453 Rn. 18; Roth/Altmeppen-Altmeppen, GmbHG, § 15 Rn. 15; Bergjan, S. 285 f.; Grigoleit/Herresthal, JZ 2003, 118 (124 f.).

13 Das gegen die Verweisung auf § 434 BGB regelmäßig angeführte Argument lautet, dass ein Recht keine Sachmängel aufweisen könne, vgl. Palandt-Putzo, § 453 Rn. 17; Brox/Walker, Schuldrecht BT, § 2 Rn. 13; U. Huber, AcP 202 (2002), 179 (229 ff.); Schellhammer, MDR 2002, 485 (488); ähnlich Wertenbruch, in: Dauner-Lieb/Konzen/Schmidt,

nur darin liegen, dass das Recht auf den vereinbarten Anteil (also die Quote) nicht gewährt wird. Was die tatsächliche Höhe des Gewinns oder die Ertragsfähigkeit des Anteils angeht, so betrifft dies außerrechtliche Faktoren, die nicht Gegenstand des Rechts sind, sondern sich aus dem Gegenstand ergeben, der durch das Recht nur vermittelt wird[14].

2. Die Auslegung des Parteiwillens als Anknüpfungspunkt für eine Haftung hinsichtlich der Mängel des durch den Anteilskauf vermittelten Unternehmens

Die Frage der Haftung für durch das Recht nur vermittelte Gegenstände führt zu dem bereits dargestellten Lösungsweg in der Literatur, allein die Parteivereinbarung für maßgeblich zu erachten. Der Tatsache, dass ein Rechtskauf vorliegt, kommt diesem Ansatz nach keine entscheidende Bedeutung zu. Stellt man an den Beschaffenheitsbegriff keine erhöhten Anforderungen, kommt eine Sachmängelhaftung auch dann in Frage, wenn nur ein durch das Recht vermittelter Gegenstand mangelhaft ist. Eine Rechtsmängelhaftung kommt wegen deren rein objektiver Anknüpfung an Rechte Dritter in Bezug auf das Recht selbst nicht in Betracht.

Schon die Gesetzessystematik legt diesem Ansatz allerdings Steine in den Weg[15]. § 453 Abs. 3 BGB ordnet eine Sachmängelhaftung für Mängel der durch das Recht vermittelten Sache nur dann an, wenn das Recht zum Besitz der Sache berechtigt, was beim Anteilskauf hinsichtlich des Unternehmens nicht der Fall ist[16]. Diese Anordnung muss gerade im Hinblick auf die bisherige Rechtspre-

---

Das neue Schuldrecht in der Praxis, S. 493 (508), und Grigoleit/Herresthal, JZ 2003, 118 (124 f.).

14 Anders Holzapfel/Pöllath, Unternehmenskauf, Rn. 418, und Wolf/Kaiser, DB 2002, 411 (416), die insgesamt die Auslegungslösung befürworten; auch Wiedemann, FS Nipperdey I, S. 815 (827 f.), der die vergangenen Erträge des Anteils als Beschaffenheiten des Rechts anerkennen will. Die vergangenen Erträge selbst sind aber für die Beschreibung des gegenwärtigen Zustands genauso wenig geeignet wie beim Unternehmenskauf. Eine Ertragsfähigkeit hinsichtlich des Anteils als Beschaffenheit anzuerkennen, würde nichts anderes bedeuten als die Haftung für die Ertragsfähigkeit des Unternehmens. Eine solche Haftung gilt es aber gerade abzugrenzen, weil es sich dabei um tatsächliche und nicht rechtliche Verhältnisse handelt.

15 Bereits nach altem Recht war streitig, ob § 437 BGB a. F. Sperrwirkung für die Haftung entwickelte. Dies wurde von denen bejaht, die schon aus § 437 BGB a. F. schlossen, dass der Verkäufer nur für die Verität, nicht aber für die Bonität haftete: vgl. Fuest, S. 157; Hommelhoff, ZGR 1982, 366 (371 f.). Für nicht aussagekräftig hielten diejenigen das Argument, die nur in § 438 BGB a. F. einen Ausschluss der Bonitätshaftung sahen, denn dann war der Ausschluss nur für Forderungen vorgesehen: Vgl. MüKoHGB-Lieb, Anh § 25 Rn. 155; G. Müller, Lossagungsrecht, S. 349 ff.; auch Pelkmann, LZ 1917, 1119; Prölss, ZIP 1981, 337 (338); Wiedemann, FS Nipperdey I, S. 815 (823 ff.).

16 Vgl. eingehend Wälzholz, DStR 2002, 500 (502 f.); a. A. allerdings Fritzen, S. 141 ff.

chung als Ausnahme von der anderslautenden Regel aufgefasst werden, so dass grundsätzlich keine Haftung für Mängel des Unternehmens festgelegt wird[17].

Aber auch der dogmatische Ansatzpunkt der Auslegungslösung bereitet Schwierigkeiten. Die eigentliche Frage lautet, inwiefern der Verkäufer eines Geschäftsanteils für Mängel des Unternehmens haftet. Dies umfasst auch die Frage nach der Haftung für Rechtsmängel. Es mutet etwas merkwürdig an, dass eine solche Haftung nur noch über den allumfassenden Sachmangel möglich sein soll und nicht eher über die dafür geschaffene Vorschrift des § 435 BGB aufgrund der Gleichstellung von Anteilskauf und Unternehmenskauf. Die Verweisung des § 453 Abs. 1 BGB unabhängig von der Frage anzuwenden, ob ein Rechtskauf oder ein Kauf von Gesamtheiten aus Sachen, Rechten und Immaterialgütern vorliegt, kann nicht mehr zu dogmatisch greifbaren Lösungen führen[18]. § 453 Abs. 1 BGB erleichtert zwar die gesetzliche Verweisung, macht eine dogmatische Differenzierung nach Art des Kaufgegenstands aber nicht entbehrlich[19]. Dem Reichsgericht ist deshalb zuzustimmen, wenn es geltend macht, die Frage der Haftung für Mängel des durch den Anteil vermittelten Unternehmens sei wesensverschieden von der Frage des Beschaffenheitsbegriffs[20].

---

17 So auch Bamberger/Roth-Faust, § 453 Rn. 21; Baumbach/Hopt-Hopt, HGB, § 105 Rn. 73; Rotthege/Wassermann-Rotthege, Rn. 1148; Grigoleit/Herresthal, JZ 2003, 118 (125); Grunewald, NZG 2003, 372 (373); U. Huber, AcP 202 (2002), 179 (230 f.); tendenziell auch KompaktKomBGB-Tonner, § 453 Rn. 7. Die Vertreter der Auslegungslösung sehen in § 453 Abs. 3 BGB keine Ausnahmeregelung (vgl. Larisch, S. 195 f.; Holzapfel, in: Dauner-Lieb, Unternehmenskauf und Schuldrechtsmodernisierung, S. 87 (99); Seibt/Reiche, DStR 2002, 1135 (1137); Wolf/Kaiser, DB 2002, 411 (416)), oder lassen dieses Argument unbeachtet (vgl. die Übrigen in Kap. 4 I 3 (Fn. 43) Genannten). Offengelassen bei Barnert, WM 2003, 416 (419 f.).

18 Hier sei auf Wolf/Kaiser, DB 2002, 411 (416 f.), verwiesen, die keine Grenzen mehr für die Anwendung des Gewährleistungsrechts aufzeigen. Einen einheitlichen Verweis sehen auch Beisel/Klumpp-Klumpp, Kap. 16, Rn. 4 f., Gronstedt/Jörgens, ZIP 2002, 52 (55), und Knott, NZG 2002, 249 (250), für gegeben an, die als Voraussetzung für die Anwendung des § 434 BGB nur eine entsprechende Vereinbarung der Beschaffenheit des Unternehmens fordern. Vgl. auch Haas/Medicus/Rolland/Schäfer/Wendtland-Haas, Kap. 5, Rn. 556; Gaul, ZHR 166 (2002), 35 (39); Gruber, MDR 2002, 433 (437). Jeweils unklar Rowedder/Bergmann, in: Rowedder/Schmidt-Leithoff, GmbHG, § 15 Rn. 11; Dauner-Lieb/Thiessen, ZIP 2002, 108 (110); v. Gierke/Paschen, GmbHR 2002, 457 (459). Offengelassen von Roth/Altmeppen-Altmeppen, GmbHG, § 15 Rn. 13.

19 So i. E. auch Lutter/Bayer, in: Lutter/Hommelhoff, GmbHG, § 15 Rn. 7; Mueller-Thuns, in: Rödder/Hötzel/Mueller-Thuns, Unternehmenskauf, § 9 Rn. 49 f.; Oetker/Maultzsch, Vertragliche Schuldverhältnisse, § 2 B V (S. 26); Wertenbruch, in: Dauner-Lieb/Konzen/Schmidt, Das neue Schuldrecht in der Praxis, S. 493 (508); Eidenmüller, ZGS 2002, 290 (294); Grigoleit/Herresthal, JZ 2003, 118 (124 f.); Grunewald, NZG 2003, 372 (373); U. Huber, AcP 202 (2002), 179 (229 f.); Jaques, BB 2002, 417; Rehberg, ZGS 2002, 456 (457); Schellhammer, MDR 2002, 485 (488); Weitnauer, NJW 2002, 2511 (2514 f.).

20 RGZ 59, 240 (243).

Der richtige dogmatische Ansatzpunkt ist die Frage, ob Gewährleistungsrecht für Mängel des Unternehmens beim Anteilskauf überhaupt anwendbar ist. Es kommt also darauf an, ob der Anteilskauf dem Unternehmenskauf gleichzustellen ist. Ob eine tatsächliche Vereinbarung der Eigenschaften vorliegt, ist eine Folgefrage. Wenn diese Ansatzpunkte verwechselt werden, so liegt das daran, dass auch das Kriterium des „Anhaftens“ beim Beschaffenheitsbegriff die Funktion hat, sachbezogene Beschreibungen von Angaben abzugrenzen, die keine kaufrechtliche Haftung zur Folge haben sollen. Dasselbe Problem ist auf übergeordneter Ebene zu lösen, wenn zu fragen ist, ob die Regelungen des Sachkaufs auf den Rechtskauf überhaupt passen. Es geht nicht um die Frage, ob der beschriebene Faktor einen Bezug zur Kaufsache aufweist, sondern um die Frage, inwiefern das Unternehmen als sachähnlicher Gegenstand überhaupt als Gegenstand des Kaufvertrags angesehen werden kann.

III. Die Gleichstellung des Rechtskaufs mit einem Unternehmenskauf

1. Die fehlende Ergiebigkeit rein subjektiver Ansatzpunkte

Mit der Einordnung des dogmatischen Ansatzpunkts der Problemlösung bei der Gleichstellung von Anteils- und Unternehmenskauf lassen sich die rein subjektiven Ansätze noch nicht von der Hand weisen. Es leuchtet ein, dass das Vertragsrecht maßgeblich vom Parteiwillen abhängt. Wenn die Parteien vereinbaren, dass die Leistungspflicht sich beim Anteilskauf auf bestimmte Beschaffenheiten des Unternehmens beziehen soll, kann dies haftungsrechtlich nicht ohne Belang sein[1]. Man kann den subjektiven Ansatz also auch insofern verfolgen, als in solchen Fällen der Parteiwille grundsätzlich darauf abzielen muss, das Unternehmen selbst (ganz oder zum Teil) zum Kaufgegenstand zu erklären, damit auch die Leistungspflicht hinsichtlich seiner Beschaffenheit besteht[2]. Die Frage ist aber in jedem Fall, ob eine rein an der Auslegung orientierte Lösung überhaupt handhabbar ist.

a) Die Beschaffenheit des Unternehmens zwischen Kalkulationsgrundlage und Vereinbarung

Liegt eine Garantie von Unternehmenseigenschaften vor, haftet der Unternehmensverkäufer in jedem Fall, entweder nach Kaufrecht oder aufgrund eines Garantievertrags. In einem solchen Fall entscheidet die Abgrenzung nur über die Verjährungsfrist. Relevant ist sie dagegen dann, wenn keine Garantie vorliegt. Selbst wenn der Kaufpreis am Unternehmenswert ausgerichtet wird, stellen sich etwaige Angaben über das Unternehmen (insb. durch Bilanzvorlage) beim einfachen Anteilskauf auch aus Käufersicht nur bedingt als Leistungsbeschreibung dar. In einem solchen Fall gehen zwar ggf. beide Parteien von einer bestimmten Beschaffenheit des Unternehmens aus, hinsichtlich der Bilanzen ist dem Käufer

1 Darin liegt das Hauptargument der Auslegungslösung: Vgl. zum alten Recht MüKoHGB-Lieb, Anh § 25 Rn. 159 u. 161; ders., FS Gernhuber, S. 259 (278 f.); Flume, Eigenschaftsirrtum, S. 188 ff.; Herberger, S. 71; auch noch U. Huber, ZGR 1972, 395 (401 ff.), und G. Müller, Lossagungsrecht, S. 355 ff., sowie ders., BB 1980, 1393 (1395). Noch weitergehender, indem nicht einmal zwingend ein besonderer Parteiwille gefordert wird: Pelkmann, LZ 1917, 1119 (1120 ff.). Zum neuen Recht: Fritzen, S. 131 f.; Seibt/Reiche, DStR 2002, 1135 (1137 f.); Wolf/Kaiser, DB 2002, 411 (416); auch Triebel/Hölzle, BB 2002, 521 (523), die aber die Rechtsprechung noch anwenden wollen, soweit es sich um objektive Erwartungshaltungen handelt, also keine Vereinbarung vorliegt. Dann wird aber in den wenigsten Fällen überhaupt ein Mangel des Unternehmens anzunehmen sein (vgl. Kap. 2 III 3 c)).

2 In diese Richtung argumentierend etwa H. P. Westermann, ZGR 1982, 45 (55 f.); vgl. auch Herberger, S. 71; Larenz, Schuldrecht II/1, § 45 II a (S. 169).

aber klar, dass die Gesellschaft diese erstellt hat[3], der Verkäufer also nur das Werk eines Dritten vorlegt. Er beschreibt nicht „sein“ Unternehmen, welches er an den Käufer übertragen will, sondern zeigt dem Käufer nur auf, worauf sich das zu übertragende Recht bezieht. Dass die Bilanz eventuell unrichtig ist, liegt nicht in seinem Verantwortungsbereich und da dies auch dem Käufer bewusst ist, kann dieser nicht geltend machen, dass der Verkäufer eine Leistungspflicht begründen wollte. Hier ist eher die Nähe zur gemeinsamen Kalkulationsgrundlage gegeben[4]. Allein die Kaufpreisberechnung anhand des Unternehmenswertes kann also keinen verlässlichen Anhaltspunkt für die Abgrenzung von Vereinbarung und Kalkulationsgrundlage geben[5]. Es verwundert deshalb nicht, wenn etwa *U. Huber* geltend macht, die Äquivalenzstörung sei allein maßgeblich für die Frage der Anwendung von Gewährleistungsrecht, eine solche aber nur beim Verkauf von ganz unerheblich unter 100 % der Anteile annimmt, weil ansonsten nur die Kalkulationsgrundlage betroffen sei[6]. Es handelt sich hierbei nicht um ein faktisches Problem, was die Parteien vereinbart haben, sondern um ein dogmatisches Problem, wann die gemeinsame Voraussetzung als Leistungsvereinbarung eingestuft werden kann[7].

---

3 Zur Buchführung und Bilanzierung ist der Kaufmann verpflichtet (§§ 238 Abs. 1 S. 1, 242 HGB), und das sind grundsätzlich die Gesellschaften selbst (vgl. § 6 Abs. 1 HGB, § 3 Abs. 1 AktG, § 13 Abs. 3 GmbHG). Nur bei der OHG und KG wird z. T. vertreten, insofern im Hinblick auf § 245 HGB auf die Gesellschafter abzustellen (vgl. Baumbach/Hopt-Merkt, HGB, § 238 Rn. 8; anders aber etwa MüKoHGB-K. Schmidt, § 1 Rn. 54).

4 Vgl. auch Grunewald, NZG 2003, 372; zum alten Recht Wiedemann, FS Nipperdey I, S. 815 (830 ff.); Willemsen, AcP 182 (1982), 515 (571). Insofern ist auch Hollenberg, S. 242 ff., und G. Müller, ZIP 2000, 817 (821 f.), zuzustimmen, bedingt auch Canaris, ZGR 1982, 395 (405 f.), der aber einen Fall der Äquivalenzstörung im Rahmen der Geschäftsgrundlagenlehre annimmt.

5 Insbesondere ist die Geschäftsgrundlage auch beim Kauf geringer Anteile einer GmbH betroffen und nicht nur bei Aktien, die am Börsenkurs ausgerichtet sind. So auch Wiedemann, FS Nipperdey I, S. 815 (834 f.). Anders aber Flume, Eigenschaftsirrtum, S. 189 f.; G. Müller, Lossagungsrecht, S. 361, 365 f.; Haas/Medicus/Rolland/Schäfer/Wendtland-Haas, Kap. 5, Rn. 557 f.; U. Huber, ZGR 1972, 395 (407 ff.); Seibt/Reiche, DStR 2002, 1135 (1138).

6 In: Soergel, § 459 Rn. 292; dem folgend Roth/Altmeppen-Altmeppen, GmbHG, § 15 Rn. 10.

7 Hier liegt ein gewichtiger Unterschied zur Einordnung der Ertragsfähigkeit bei Angaben beim Unternehmenskauf. Während dort die Zusammensetzung des Leistungsgegenstands beschrieben wird, was unmittelbar die Leistung beschreibt, ist das beim Anteilskauf nicht der Fall. Will man dies in der Weise konkretisieren, dass nur unmittelbar der Kaufsache anhaftende Faktoren Gewährleistungsrechte auslösen können, handelt es sich um eine andere Art der Unmittelbarkeit als diejenige, die nach den Ausführungen in Kap. 2 III 2 a) ee) nicht mehr dem Beschaffenheitsbegriff zugrunde liegt, weil diese Angaben nicht erst auf der Ebene der Beschaffenheit herausfallen, sondern schon viel früher bei der Frage, ob eine dem Sachkauf ähnliche Situation vorliegt.

Will man dennoch die Auslegungslösung verfolgen, wird man klare Anhaltspunkte für eine Vereinbarung suchen müssen und solche sind nur dann gegeben, wenn der Verkäufer explizit zusagt, dass das Unternehmen bestimmte Eigenschaften aufweist[8]. Darin wird man aber häufig schon ein selbstständiges Garantieversprechen sehen können. Ein solches wird auch in der Praxis bisher regelmäßig ausdrücklich vereinbart[9].

b) Fortsetzung der Unklarheit auf der Rechtsfolgenseite

Auch in Bezug auf die Rechtsfolgen passt das Kaufrecht nicht in allen Fällen des Anteilskaufs. Eine Nacherfüllung wird beim Verkauf kleinerer Anteile zumindest unzumutbar, wenn nicht gar unmöglich sein. Die verschuldensunabhängige Haftung auf Minderung und Rücktritt passt genau wie die Haftung auf das positive Interesse nur dort, wo ein Leistungsversprechen gegeben wurde, nicht bei einer bloßen Kalkulationsgrundlage. Hier taucht das schon erwähnte Abgrenzungsproblem wieder auf. Hinsichtlich der Verjährung fehlt dem Käufer schon die Prüfungsmöglichkeit, wenn er nicht direkt auf das Unternehmen zugreifen kann, was dazu führte, dass die Halbjahresfrist des § 477 Abs. 1 S. 1 BGB a. F. jedenfalls zu kurz war[10]. Auch die neue Zweijahresfrist bedarf aber der Rechtfertigung. Bei kleinen Anteilskäufen fehlt die Prüfungsmöglichkeit je nach Unternehmen und Mangel manchmal gänzlich und auch das Kriterium der Dispositionsfreiheit des Verkäufers nach einer gewissen Zeit rechtfertigt sich nur damit, dass ihn eine schärfere Haftung trifft, deren Rechtfertigung allein durch Auslegung nicht möglich ist.

c) Ausrichtung der Vereinbarung an objektiven Kriterien

Ähnlich unergiebig sind die Ansichten, die für die Auslegung mehr oder weniger objektive Ansatzpunkte wählen. So fordert etwa *Loos* die Differenzierung zwischen einem Teilerwerb des Unternehmens und einem bloßen Erwerb der Mitgliedschaft[11]. Was gewollt ist, soll an den (zum Vertragsinhalt geworde-

---

8 Vgl. etwa zum Aktienkauf Wolf/Kaiser, DB 2002, 411 (417 f.).

9 Vgl. Hess/Fabricius, in: Vertrags- und Formularhandbuch Handelsrecht, S. 670 ff. Wegen § 444 Alt. 2 BGB ausdrücklich als Beschaffenheitsvereinbarungen definiert allerdings bei Mielert, in: Beck'sches Formularbuch, S. 124 ff. Man wird darin dennoch ein selbstständiges Garantieversprechen sehen müssen, weil ersichtlich eine Haftung gewollt ist.

10 Dennoch führte es auch nach alter Rechtslage wohl zu weit, wenn Baur daraus die Konsequenz des völligen Ausschlusses des Gewährleistungsrechts zog (BB 1979, 381 (384 f.)).

11 NJW 1962, 519 (520 ff.); ähnlich im Hinblick darauf, dass auch nur ein Teil des Unternehmens oder ein gewisser unternehmerischer Einfluss verschafft werden soll, schon Heck, Schuldrecht, § 91 Nr. 7 c), und Schumacher, JW 1937, 2249 (2252); nach neuer Rechtslage auch Lange, ZGS 2003, 300 (301 ff.), der darauf abstellt, ob unternehmerisches Potential vermittelt werden soll und dieses dann annimmt, wenn Anteile ab 30 %

nen[12]) Intentionen des Käufers ausgerichtet werden. Abgesehen davon, dass sich die Frage stellt, inwiefern der Käufer die Intentionen offen legt und wie sie zu bewerten sind[13], läuft dies darauf hinaus, dass zumindest ein gewisser Beherrschungsgrad veräußert werden soll. Ist das nur ein kleiner Teil, der aber etwa wegen großer Splitterung der Beteiligungen einen gewissen Einfluss verschafft, liegt die Geschäftsleitung zumeist in fremder Hand, so dass auch hier der Verkäufer nicht den unmittelbaren Zugriff auf das Unternehmen hat, also nicht „sein" Unternehmen beschreibt. Auch hier liegt die Kalkulationsgrundlage näher. Dasselbe gilt in den Fällen, in denen der Inhaber von 74 % der Anteile einer GmbH eine beherrschende Stellung erlangen soll, indem er 2 % der Anteile von einem anderen Gesellschafter kauft[14]. Dass der Verkäufer einer Minderheitsbeteiligung gegenüber einem Käufer, der auf den mittelbar verschafften Gegenstand einen größeren Einfluss besitzt, gewährleistungsrechtlich haften soll, leuchtet nicht ein. Mehr als eine Kalkulationsgrundlage kann das Unternehmensvermögen auch hier nicht sein.

2. Die Grenzziehung für einen objektiven Ansatzpunkt

Im Zentrum der Abgrenzungsüberlegung muss also stehen, wann überhaupt eine Beschreibung des Unternehmens mehr als eine bloße Kalkulationsgrundlage darstellt. Nur dann, wenn das Unternehmen selbst zumindest aus wirtschaftlicher Perspektive als Kaufobjekt angesehen werden kann, kann man auch eine Aufstellung des Unternehmensvermögens als Beschreibung des Leistungsgegenstands selbst betrachten und nicht nur als Kalkulationsgrundlage. Daraus ergibt sich die Richtigkeit des objektiven Ansatzes der neueren Rechtsprechung, die dem Willen der Parteien insofern allenfalls eine Korrekturfunktion zuweist[15]. Zudem kann darüber auch die Haftung in Fällen des § 434 Abs. 1 S. 2 BGB ge-

---

bei börsennotierten Gesellschaften verschafft werden sollen, ansonsten ab 50 % (S. 304 f.).

12 Dieses Kriterium fordert Loos eigentlich auch, unklar bleibt nur, wann im Einzelfall eine Käuferintention Vertragsinhalt wird. Dennoch wird ihm häufig vorgeworfen, er wolle einseitige Motive des Käufers zur Haftungsbegründung heranziehen: vgl. G. Müller, Lossagungsrecht, S. 304 f.; Hiddemann, ZGR 1982, 435 (440); Neumann-Duesberg, WM 1968, 494 (502); Wiedemann, FS Nipperdey I, S. 815 (834).

13 Kritisch insofern auch Wiedemann, FS Nipperdey, S. 815 (830), der geltend macht, dass sich ein Anteil nie auf einen realen oder ideellen Bruchteil des Unternehmens beziehe. Es bleibt deshalb bei Loos zu unklar, was einen Teilerwerb des Unternehmens überhaupt ausmachen soll.

14 MüKo-Westermann, § 453 Rn. 24.

15 So auch Mössle, BB 1983, 2146 (2147), der dem subjektiven Kriterium nur bei gestrecktem Erwerb Bedeutung beimisst; vgl. auch Oetker/Maultzsch, Vertragliche Schuldverhältnisse, § 2 B V (S. 25).

regelt werden, also solchen, in denen die einzelnen Unternehmensfaktoren nicht explizit vereinbart sind.

a) Das maßgebliche Abgrenzungskriterium

Das Erfordernis der wirtschaftlichen Gleichstellung von Anteils- und Unternehmenskauf reicht zur Konkretisierung nicht aus, sondern stellt nur das Problem dar. Es handelt sich auch hier um die Frage, wann das Unternehmen üblicherweise in den Augen der Parteien die Kaufsache selbst darstellt und eine Störung im Unternehmen deshalb das Äquivalenzverhältnis stört.

Hier liegt die Antwort nahe, dass dann das Unternehmen zumindest wirtschaftlich als Kaufgegenstand angesehen werden kann, wenn wie beim Verkauf einer Sache die eigentumsrechtliche Position verschafft werden soll, der nach § 903 S. 1 BGB das Recht zugrunde liegt, mit der Sache nach Belieben zu verfahren und andere von der Einwirkung auszuschließen. Entgegengesetzt wird dem etwa von *Grunewald*, dass die Frage der Veränderungsmöglichkeit durch den Käufer oder Verkäufer für die Gewährleistung nicht von Bedeutung sein könne[16]. Die von ihr als maßgeblich erachtete sofortige Kontrollmöglichkeit[17] kann aber auch nicht allein maßgeblich sein, denn die Kontrolle der Sache ist nur ein Umstand, der aus der Sachherrschaft resultiert, bietet aber keinen tauglichen Ansatz für die Frage, ob das Unternehmen selbst den Kaufgegenstand ausmachen soll[18]. Auch der Informationsvorsprung, der von *Prölss* als maßgeblich erachtet wird[19], ist nur ein Ausfluss der Sachherrschaft[20]. So kann etwa selbst dann, wenn der Verkäufer geschäftsführender Gesellschafter ist, die Übertragung eines Minderheitenanteils kaum dazu führen, dass sich der Vertrag als Verkauf „seines" Unternehmens darstellt. Dies gilt erst recht für den nicht

---

16 Grenzziehung, S. 113.

17 S. 111. Ähnlich auch Staub-Hüffer, HGB, Vor § 22 Rn. 57.

18 Hommelhoff, ZHR 140 (1976), 271 (274 f.). Wenn Grunewalds Lösung dennoch keinen Grund zur Beanstandung gibt, liegt das nur daran, dass sie für die Kontrollmöglichkeit einen unverzüglichen Zugriff fordert, der nur bei Ausschluss der Minderheitsrechte gegeben sein soll (S. 113 f.). In den Fällen rechtfertigt sich die Gleichstellung aber auch deshalb, weil die völlige Beherrschung des Unternehmens vorliegt. Die Unzulänglichkeit des Ansatzes zeigt sich dann, wenn beim Verkauf kleiner Anteile der Verkäufer und der Käufer etwa aufgrund gesellschaftsvertraglicher Regelung die Möglichkeit jederzeitiger Kontrolle hätten. Allein diese Kontrollmöglichkeit macht das Unternehmen eben noch nicht zum Leistungsgegenstand. Grunewald hält ähnliche Fälle nur wegen der Unregelmäßigkeit für kaufrechtlich unbeachtlich (S. 114).

19 ZIP 1981, 337 (339 f.); ähnlich Koller, S. 343.

20 So auch Fuest, S. 155 f.; ähnlich Landsberg, S. 172 f., der jedenfalls meint, dass die Kontrollmöglichkeit des Käufers zusätzlich gegeben sein müsse und dies bei kleineren Anteilen nicht der Fall sei.

geschäftsführenden OHG-Gesellschafter[21]. Durch einen Informationsvorsprung wird das Unternehmen noch nicht zum Kaufgegenstand. Die Verschaffung einer dem Eigentümer entsprechenden Herrschaftsstellung bleibt deshalb nach wie vor das maßgebliche Abgrenzungskriterium.

b) Das Vorliegen einer beherrschenden Stellung

Das Kriterium der sachherrschaftsähnlichen Stellung selbst ist aber ebenfalls noch unklar. Bei einer Einmanngesellschaft liegt sie jedenfalls vor[22]. In allen anderen Fällen greift aber der Gedanke der nur gemeinschaftlichen Inhaberschaft umso mehr, je geringer der Anteil wird. Zumindest wird durch die analoge Anwendung des Gewährleistungsrechts die juristische Person selbst nicht in Frage gestellt, denn es kommt nur auf die Beurteilung eines Erwerbsvorgangs an, der keinen Bezug zur gesellschaftsrechtlichen Haftung hat[23]. Unabhängig von der Grenze muss jedenfalls maßgeblich sein, ob der Verkäufer die beherrschende Stellung an den Käufer überträgt, der die Sachherrschaft ausmachende Anteil also von einer Seite auf die andere übertragen wird[24]. Dies kann zwar zeitlich gestreckt erfolgen, allerdings nur, wenn ein einheitlicher Erwerbstatbestand zugrunde liegt[25]. Ansonsten rechtfertigt sich auf der Verkäuferseite nicht

---

21 Anders aber in beiden Fällen Prölss, ZIP 1981, 337 (341); kritisch dazu auch H. P. Westermann, ZGR 1982, 45 (51 f.).

22 Neumann-Duesberg, WM 1968, 494 (501 f.); Wiedemann, FS Nipperdey I, S. 815 (832 f.); auch Hommelhoff, ZHR 140 (1976), 271 (277 f.), der zu Recht darauf hinweist, dass auch hier der Anteilsinhaber nicht zwingend unbegrenzten Einfluss hat. So kann bei der AG etwa der Aufsichtsrat Einfluss nehmen, zudem können mitbestimmungsrechtliche Vorschriften der uneingeschränkten Handlungsfreiheit entgegenstehen, ohne dass dies etwas an dem zu fordernden Herrschaftsgrad ändern könnte. Auch hier eine Gleichstellung ablehnend jedoch Moosmayer, S. 42 ff.; Roth, JW 1928, 1392 ff.; ders., JZ 1928, 1022 ff. und 1281 ff. Darin jedenfalls die Grenze sehend offenbar Enneccerus/Lehmann, Schuldrecht, § 108 IV 2 (S. 438); Pinner, JW 1929, 641 (642); wohl auch Fuchs, LZ 1928, 1035 ff.; weitergehend schon Sontag, LZ 1928, 1030 (1035).

23 Ähnlich auch Staub-Hüffer, HGB, Vor § 22 Rn. 56; G. Müller, Lossagungsrecht, S. 312 ff.; ders., BB 1980, 1393 (1394 f.); Wilhelm, S. 23 ff; U. Huber, ZGR 1972, 395 (401 f.); Rehbinder, FS Fischer, S. 579 (591 f.). Als Durchgriffsproblem auffassend aber Hiddemann, ZGR 1982, 435 (439); Wiedemann, FS Nipperdey I, S. 815.

24 Ein reiner Zuerwerb, der zur beherrschenden Stellung führt, reicht also nicht aus, vgl. auch Scholz-Winter, GmbHG, § 15 Rn. 113; Mueller-Thuns, in: Rödder/Hötzel/Mueller-Thuns, Unternehmenskauf, § 9 Rn. 47. Insofern ist dem obiter dictum in BGH WM 1980, 284 (287), zu widersprechen. Diesem stand man auch in der Literatur schon sehr kritisch gegenüber, vgl. Hiddemann, ZGR 1982, 435 (441); H. P. Westermann, ZGR 1982, 45 (47 f.); für nicht repräsentativ erachtend Mössle, BB 1983, 2146 (2147). Für eine Beachtung der schon auf der Käuferseite vorhandenen Anteile aber etwa Fuest, S. 155.

25 Vgl. Hölters-Semler, Teil VI, Rn. 152; Mueller-Thuns, in: Rödder/Hötzel/Mueller-Thuns, Unternehmenskauf, § 9 Rn. 47; Mössle, BB 1983, 2146 (2147); Triebel/Hölzle, BB 2002, 521 (524).

die strengere Einstandspflicht und auf der Käuferseite nicht die kürzere Verjährung. Ob auf der Käufer- oder Verkäuferseite mehrere Personen stehen, ist irrelevant, soweit ein einheitlicher Vertrag zugrunde liegt[26].

Was die genaue Grenze angeht, so ist man sich zumindest insoweit einig, dass die Regelungen des Gesellschaftsvertrags maßgeblich sind[27]. Für die Bestimmung der Geschicke der Gesellschaft ist es erforderlich, dass der Unternehmensinhaber die Geschäftsführung übernehmen, den Gesellschaftszweck ändern oder Kapitalerhöhungen beschließen kann[28]. Ist dieses nicht der Fall, liegt auch die Annahme fern, dass er „sein" Unternehmen verkauft. Gibt es keine vertraglichen Sonderregelungen, sind bei Personengesellschaften nur alle Gesellschafter gemeinschaftlich geschäftsführungsbefugt, so dass ein Erwerb aller Anteile nötig ist[29]. Bei Kapitalgesellschaften genügt der Erwerb einer nur absoluten Mehrheitsbeteiligung nicht für eine satzungsändernde Entscheidung[30]. Im Übri-

---

26 Hachenburg-Zutt, GmbHG, Anh. § 15 Rn. 21; Scholz-Winter, GmbHG, § 15 Rn. 113; Soergel-Huber, § 459 Rn. 289; Mueller-Thuns, in: Rödder/Hötzel/Mueller-Thuns, Unternehmenskauf, § 9 Rn. 47; Triebel/Hölzle, BB 2002, 521 (524); ähnlich Grunewald, Grenzziehung, S. 115 f. Für die Verkäuferseite eine Person fordernd dagegen Neumann-Duesberg, WM 1968, 494 (502), mit dem Argument, der Verkäufer habe sonst nicht die erforderliche Zustandskenntnis. Eine Mehrheit von Verkäufern kann sich diese aber gemeinschaftlich genauso verschaffen wie ein einzelner Verkäufer.

27 Vgl. Fuest, S. 155; Landsberg, S. 181; Hiddemann, ZGR 1982, 435 (440).

28 So die Kriterien von Hommelhoff, ZHR 140 (1976), 271 (283 ff.), der aber später (ZGR 1982, 366 (380 ff.)) nur noch auf die unternehmenspolitischen Einflussmöglichkeiten im Rahmen der einfachen Mehrheitsentscheidungen abstellt. Damit will er eine Zuordnung des Unternehmens vornehmen und die Zustandsverantwortlichkeit begründen. Wenn die grundsätzlichen Geschicke des Unternehmens in der Hand Mehrerer liegen, kann das Unternehmen allerdings nur noch der Gesamtheit, nicht aber einem einzelnen Gesellschafter zugeordnet werden.

29 Anderer Ansicht Bergjan, S. 294, der dort nur einen Erwerb von 50 % der Anteile fordert, weil er meint, der Gesellschafter habe aufgrund gesetzlicher Vorschriften einen erheblichen Einfluss auf die Gesellschaft. Wie hier Mueller-Thuns, in: Rödder/Hötzel/Mueller-Thuns, Unternehmenskauf, § 9 Rn. 43; Hommelhoff, ZHR 140 (1976), 271 (289 ff.). Ist dagegen ein Mehrheitsbeschluss nach Anteilsgröße vereinbart, muss hinsichtlich des Kernbereichs des Gesellschaftsvertrags beachtet werden, dass die Möglichkeit der Mehrheitsentscheidung für jeden Bereich deutlich aus dem Vertrag ersichtlich sein muss, was aber bei Publikumsgesellschaften nicht so streng gehandhabt wird (vgl. Staudinger-Habermeier, § 709 Rn. 50). Dazu gehört die Möglichkeit der Gesellschaftszweckänderung und der Beitragserhöhung, deren Umfang im Übrigen beschränkt sein muss (vgl. MüKo-Ulmer, § 709 Rn. 92). Die Geschäftsführung kann einem Gesellschafter allein übertragen und das Widerspruchsrecht der anderen Gesellschafter ausgeschlossen werden (Baumbach/Hopt-Hopt, HGB, § 115 Rn. 7). Hat der Käufer die Möglichkeit, diese Freiheiten zu nutzen, können auch hier die Grenzen niedriger gesteckt werden, ohne dass die allgemeine Begrenzung durch die Treuepflicht dem entgegenstehen dürfte.

30 Dennoch diese Grenze für ausreichend erachtend Staub-Brüggemann, § 381 Anm. 38 (S. 628). Nach neuem Recht auch (soweit sie die Abgrenzung überhaupt für relevant

gen findet man aber kaum Begründungen dafür, warum etwa eine satzungsändernde Mehrheit ausreichen soll[31] oder nur eine Minoritäten ausschließende Mehrheit[32].

Trifft der Mehrheitsgesellschafter wichtige Entscheidungen, sind Minoritäten allerdings nur in der Lage, die Umsetzung zu verzögern, sie können sie nicht gänzlich verhindern[33]. Führte die Verzögerung unter dem Blickwinkel des § 477 Abs. 1 S. 1 BGB a. F. noch zur ernsthaften Möglichkeit des Rechtsverlusts, ist dies unter dem Aspekt des § 438 Abs. 1 Nr. 3 BGB kaum noch der Fall. Dass der Erwerber einer 75 %-Mehrheit eine die Geschicke des Unternehmens allein bestimmende Mehrheit erwirbt, entspricht durchaus dem üblichen Verständnis der Parteien[34].

---

halten): Holzapfel/Pöllath, Unternehmenskauf, Rn. 427; Holzapfel, in: Dauner-Lieb, Unternehmenskauf und Schuldrechtsmodernisierung, S. 87 (98); Triebel/Hölzle, BB 2002, 521 (523); vgl. auch Jaques, BB 2002, 417. Selbst bei paritätischer Beteiligung eine Gleichsetzung befürwortend Hommelhoff, ZGR 1982, 366 (383 f.).

31 Einen Begründungsversuch unternimmt aber Hommelhoff, ZHR 140 (1976), 271 (283 ff.). Dem folgend Bergjan, S. 293 f.; Landsberg, S. 178 ff.; Mueller-Thuns, in: Rödder/Hötzel/Mueller-Thuns, Unternehmenskauf, § 9 Rn. 43 ff.; Mössle, BB 1983, 2146 (2147); wenig begründend Staudinger-Beckmann (2004), § 453 Rn. 33; Rehberg, ZGS 2002, 456 (457); Weitnauer, NJW 2002, 2511 (2514 f.).

32 Baumbach/Hopt-Hopt, HGB, § 105 Rn. 73; Hachenburg-Zutt, GmbHG, Anh. § 15 Rn. 21; Michalski-Ebbing, GmbHG, § 15 Rn. 178b; Scholz-Winter, GmbHG, § 15 Rn. 113; Aderhold, DStR 1991, 844 (844 f.); Hiddemann, ZGR 1982, 435 (440 f.). Tendenziell strenger sogar Soergel-Huber, § 459 Rn. 292; ders., AcP 202 (2002), 179 (230); Angermann, S. 91; wohl auch Bamberger/Roth-Faust, § 453 Rn. 32; Wertenbruch, in: Dauner-Lieb/Konzen/Schmidt, Das neue Schuldrecht in der Praxis, S. 493 (507 f.).

33 Das gilt jedenfalls für Kapitalgesellschaften. Bei der Aktiengesellschaft besteht das wichtigste Recht in der Einberufung der Hauptversammlung (§ 122 Abs. 1 S. 1 AktG), daneben besteht u. a. ein Anfechtungsrecht hinsichtlich der Jahresgewinnverwendung (§ 254 Abs. 2 S. 3 AktG), ein Widerspruchsrecht hinsichtlich gesellschaftsinterner Verzichte und Vergleiche (vgl. §§ 50 S. 1; 93 Abs. 4 S. 3, 116 S. 1, 117 Abs. 4; 302 Abs. 3 S. 3, 309 Abs. 3 S. 1, 310 Abs. 4, 317 Abs. 4, 318 Abs. 4 AktG), und es existieren bestimmte der Kontrolle dienende gerichtliche Antragsrechte (§§ 103 Abs. 3 S. 3, 142 Abs. 2 S. 1 u. Abs. 4 S. 1; 258 Abs. 2 S. 3, 260 Abs. 1 S. 1 AktG). Erforderlich sind jeweils Anteilsgrößen von 10 % oder 5 %. Mit der Umsetzung des geplanten Gesetzes zur Unternehmensintegrität und Modernisierung des Anfechtungsrechts (UMAG) werden die Quoten für einige gerichtliche Antragsrechte sogar auf 1 % bzw. einen Börsenwert von 100.000 € herabgesetzt, so dass sich die Frage stellen würde, auf welche Minderheitenquote im Rahmen der Abgrenzung zwischen Anteils- und Unternehmenskauf überhaupt abgestellt werden soll. Für die GmbHG ergeben sich ähnliche Rechte häufiger aus der allgemeinen Treuepflicht. Gesetzlich vorgesehen ist auch hier u. a. das Recht zur Einberufung der Gesellschafterversammlung (§ 50 Abs. 1 GmbHG), zudem das Recht zur Erhebung der Auflösungsklage (§ 61 Abs. 2 S. 2 GmbHG).

34 Vgl. auch Landsberg, S. 178 ff.; K. Schmidt, Handelsrecht, § 6 II 3 a) aa) (S. 150). Im Einzelnen darstellend Hommelhoff, ZHR 140 (1976), 271 (283 ff.). Durch Satzungsänderung hat der GmbH-Anteilserwerber es in der Hand, sich selbst zum Geschäftsführer zu

Es stellt sich auch die Frage, ob die alternative Haftung aus den §§ 280 Abs. 1, 311 Abs. 2, 241 Abs. 2 BGB, die unterhalb der festzusetzenden Grenze eingreift[35], nicht aber bei Anwendbarkeit des Gewährleistungsrechts, einen effektiven Äquivalenzstörungsschutz bieten könnte. Es wurde bereits dargestellt, dass die minderungsartige Wirkung über diese Normenkette problematisch ist: Im Regelfall läuft ein schwerwiegender Fehler auf einen Anspruch auf Rückabwicklung hinaus, es sei denn § 251 Abs. 1 BGB greift ein, was beim Anteilskauf seltener der Fall sein wird. Die uneingeschränkte Möglichkeit der Geltendmachung des zu viel bezahlten Kaufpreises ist äußerst bedenklich[36]. Zudem wird gerade bei Bilanzvorlage das Verschuldenserfordernis hier viel eher zum Ausschluss des Anspruchs führen müssen als bei der Beschreibung eines direkt verkauften Unternehmens, denn hier ist wie gesagt die Gesellschaft zur Bilanzerstellung verpflichtet, so dass der Verkäufer daran nicht zwingend beteiligt war und eine Zurechnung des Verschuldens des Bilanzerstellers noch schwieriger zu begründen ist[37]. Konsequenterweise muss man auch hier fragen, ob der Verkäufer die Zahlen vor Weitergabe auf Richtigkeit überprüfen oder auf Änderungen hinweisen musste[38]. Danach wäre eine Haftung längst nicht in jedem Fall gegeben[39].

---

ernennen, Kapitalerhöhungen zu beschließen (Michalski-Hoffmann, GmbHG, § 55 Rn. 6) und den Gesellschaftszweck zu ändern. In der AG besteht zwar die Möglichkeit, Kapitalerhöhungen zu beschließen und den Gesellschaftszweck zu ändern, hinsichtlich der Geschäftsführung besteht allerdings das Problem, dass der Vorstand häufig aus mehreren Personen besteht und auch der Aufsichtsrat einen gewissen Einfluss besitzt. Ein Gesamteinfluss auf den Vorstand ist hier nur mit dem durch Abschluss eines Beherrschungsvertrags verbundenen Weisungsrecht gegenüber dem Vorstand möglich (§ 308 Abs. 1 S. 1 AktG). Für den Abschluss eines Beherrschungsvertrags bedarf es ebenfalls einer satzungsändernden Mehrheit (§ 293 Abs. 1 S. 2 AktG).

35 Dies ist zur bisherigen Rechtslage allgemein anerkannt. Dagegen nur Lieb, FS Gernhuber, S. 259 (275 ff.), der geltend macht, für die culpa in contrahendo müssten die selben Grenzen gelten wie für die Anwendung des Gewährleistungsrechts. Weil die culpa in contrahendo nicht am Leistungsversprechen ansetzt, sondern allgemein an vorvertragliche Aufklärungspflichten auch im Bereich der Angaben, welche die Geschäftsgrundlage betreffen, ist dem allerdings nicht zuzustimmen, vgl. auch Fuest, S. 158 f.

36 Siehe Kap. 2 IV 2 c).

37 Vgl. dazu die Ausführungen soeben (Kap. 4 III 1 a)) und in Kap. 2 IV 2 b).

38 Vgl. G. Müller, ZIP 2000, 817 (822 f.); auch U. Huber, AcP 202 (2002), 179 (215 f.). Anders dagegen (eher darstellend) Aderhold, DStR 1991, 844 (846), wonach das Verschulden bei der Bilanzaufstellung zugerechnet werde.

39 Soweit ein Anspruch gegeben ist, muss die Verjährung sich allerdings nach den allgemeinen Regeln richten, denn es besteht zum einen kein Grund, den Verkäufer, der in diesen Fällen nicht streng haftet, zu privilegieren. Zum anderen besteht auch nicht dieselbe Kontrollmöglichkeit für den Käufer, als wenn er einen beherrschenden Anteil kauft, vgl. Willemsen, AcP 182 (1982), 515 (570). Deshalb muss die allgemeine Verjährung auch in den Fällen gelten, in denen der Verkäufer ein Garantieversprechen abgibt und die Gleichstellungsgrenze nicht erreicht ist.

Auch über § 313 BGB ist dem Käufer alternativ kaum zu helfen. Zum einen kommt jetzt auch beim gemeinschaftlichen Irrtum über die Kalkulationsgrundlage nur bei Unzumutbarkeit eine Vertragsanpassung in Betracht, zum anderen wird man angesichts des Risikobewusstseins und der Vorhersehbarkeit unzutreffender Angaben das Risiko eher dem Käufer aufbürden müssen, soweit die gewährleistungsrechtliche Analogie abgelehnt wir[40].

In Anbetracht dieser Alternativen erscheint die Lösung über das Gewährleistungsrecht beim Kauf von Anteilen ab 75 % bei einer GmbH oder AG grundsätzlich interessengerechter, weil der Bezug zum Unternehmen als Kaufgegenstand auch dann schon hergestellt ist und Angaben des Unternehmens im Regelfall das Äquivalenzverhältnis prägen[41].

c) Die Rechtsfolgenseite beim Anteilskauf als Unternehmenskauf

Die entsprechende Anwendung des Gewährleistungsrechts hinsichtlich des Unternehmens beim Anteilskauf bedarf allerdings einiger Klarstellungen auf der Rechtsfolgenseite. Zum einen ändert die Tatsache, dass wirtschaftlich das Unternehmen durch den Anteilskauf übertragen wird, nichts an der Tatsache, dass ein Anteilskauf vorliegt und gewollt war. Selbst soweit der Anteilskauf nur als Vehikel zur Übertragung des Unternehmens angesehen wird, ändert das kaum etwas daran, dass das Bewusstsein vorhanden ist, dieses Vehikel zu benutzen. Dies hat zur Folge, dass die Regeln des Unternehmenskaufs zusätzlich zu den Rechtskaufregeln zu beachten sind, sie aber nicht verdrängen. Die Rechtsmängelhaftung greift daher immer ein und nicht nur dann, wenn der Rechtsmangel des Anteils auch das Unternehmen beeinträchtigt[42].

Zudem beschränken sich sämtliche Vereinbarungen trotz wirtschaftlicher Gleichstellung mit dem Unternehmenskauf im Ausgleichsverhältnis auf die Anteilshöhe. Eine Nachbesserung kommt grundsätzlich nur dann in Betracht, wenn tatsächlich alle Anteile verkauft werden oder so wenige, dass die anderen Anteile kaum ins Gewicht fallen. Nur dann kann der Käufer dem Verkäufer ohne Weiteres Zugang zum Unternehmen gewähren und was noch gewichtiger ist,

---

40 Vgl. auch Wiedemann, FS Nipperdey I, S. 815 (831 f.); zumindest für den Börsenkauf auch Soergel-Huber, § 459 Rn. 296.

41 Weitnauer, NJW 2002, 2511 (2514 f.).

42 So aber Lange, ZGS 2003, 300 (301 ff.). Es stellt sich die Frage, was überhaupt erforderlich sein soll, damit der Rechtsmangel am Anteil das Unternehmen beeinträchtigt. Steht der Anteil etwa einem Dritten zu oder hat er nicht das geschuldete Stimmrecht, beeinträchtigt das nie das Unternehmen, sondern nur den Einfluss des Käufers darauf. Zudem stellt etwa die Höhe des quotalen Gewinnbezugsrechts eine Vereinbarung dar, für die der Verkäufer einstehen muss. Daran kann sich nichts ändern, wenn der verkaufte Anteil größer wird. Wie hier Mueller-Thuns, in: Rödder/Hötzel/Mueller-Thuns, Unternehmenskauf, § 9 Rn. 50.

benachteiligt die Nacherfüllung den Verkäufer nicht unangemessen[43]. Wird nur ein Anteil von 75 % gekauft, erscheint es unbillig, dem Verkäufer eine volle Nacherfüllungspflicht aufzubürden, die nicht nur dem Käufer, sondern auch den anderen Anteilseignern zugute kommt. Dennoch kann allein dieses Problem nicht zur Ausschaltung des Gewährleistungsrechts führen, denn die Nacherfüllung ist nur im Rahmen des Möglichen und Geschuldeten vorgesehen. Insofern mag man die Nacherfüllung bei einem Anteil weit unter 100 % im Wege ergänzender Vertragsauslegung für nicht geschuldet halten oder einen Ausschluss nach § 439 Abs. 3 S. 1 BGB annehmen[44]. Des Weiteren erfolgt eine Minderung nur anteilig in Bezug auf die gekauften Anteile[45], genauso richtet sich der Schadensersatzanspruch danach, welche Schäden dem Käufer als Anteilsinhaber entstanden sind, nicht danach, wie hoch der Schaden für das Unternehmen ist. Die Verjährung richtet sich nach den Regeln über den Unternehmenskauf, hinsichtlich der Haftung für rechtliche Mängel am Anteil selbst dürfte allerdings die Übertragung des Anteils für den Verjährungsbeginn maßgeblich sein[46].

---

43 Unter anderem deshalb lehnt Wertenbruch, in: Dauner-Lieb/Konzen/Schmidt, Das neue Schuldrecht in der Praxis, S. 493 (509), die Anwendung des Gewährleistungsrechts unterhalb dieser Grenze ab.

44 Für einen generellen Ausschluss der Nacherfüllung bei Rechtsmängeln im bisherigen Recht schon Prölss, ZIP 1981, 337 (345). Die Anwendung von Sekundärrechtsbehelfen ist z. T. für den Verkäufer wesentlich günstiger. Man denke etwa daran, dass die Nacherfüllungspflicht den Verkäufer stärker belasten kann als die Minderung.

45 So auch Prölss, ZIP 1981, 337 (342 f.).

46 Vgl. Amann, DNotZ, 2002, 94 (119).

IV. Ergebnis

Eine Anwendung des Gewährleistungsrechts beim Anteilskauf im Hinblick auf Mängel des von der Gesellschaft betriebenen Unternehmens ist nach neuem Recht unter denselben Voraussetzungen möglich wie nach alter Rechtslage. Erforderlich ist die Übertragung einer beherrschenden Stellung, die den Käufer befähigt, die Geschicke des Unternehmens im Wesentlichen allein zu bestimmen. Die Grenze dafür sollte vorbehaltlich gesellschaftsvertraglicher Regelungen bei Kapitalgesellschaften die satzungsändernde Mehrheit darstellen, bei Personengesellschaften ist dagegen grundsätzlich der Erwerb aller Anteile erforderlich.

Literaturverzeichnis

Ackermann, Thomas: Die Nacherfüllungspflicht des Stückkäufers, JZ 2002, 378

Aderhold, Lutz: Culpa in contrahendo beim Unternehmenskauf, DStR 1991, 844

Alternativkommentar zum Bürgerlichen Gesetzbuch: Band §§ 433-853, Neuwied / Darmstadt 1979 (zit.: AK BGB-Bearbeiter, § ...)

Altmeppen, Holger: Untaugliche Regeln zum Vertrauensschaden und Erfüllungsinteresse im Schuldrechtsmodernisierungsentwurf, DB 2001, 1399

Altmeppen, Holger: Nochmals: Schadensersatz wegen Pflichtverletzung, anfängliche Unmöglichkeit und Aufwendungsersatz im Entwurf des Schuldrechtsmodernisierungsgesetz, DB 2001, 1821

Amann, Hermann / Brambring, Günter / Hertel, Christian (Hrsg.): Vertragspraxis nach neuem Schuldrecht, 2. Auflage, München 2003 (zit.: Amann/Brambring/Hertel-Bearbeiter, ...)

Amann, Hermann: Das Verjährungsrecht nach der Schuldrechtsreform aus notarieller Sicht, DNotZ 2002, 94

Angermann, Torsten: Zivilrechtliche Probleme beim Unternehmenskauf unter besonderer Berücksichtigung der Erwerbssituation während der Insolvenz, Hamburg 1987 (zit.: Angermann, S. ...)

Angersbach, Carsten J.: Due Diligence beim Unternehmenskauf, Baden-Baden 2002 (zit.: Angersbach, S. ...)

Anwaltkommentar Schuldrecht: Hrsg.: Dauner-Lieb, Barbara / Heidel, Thomas / Lepa, Manfred / Ring, Gerhard, Bonn 2002 (zit.: AnwKomBGB-Bearbeiter, § ...)

Arnold, Arnd: Das neue Recht der Rücktrittsfolgen, Jura 2002, 154

Baldi, Peter: Über die Gewährleistungspflicht des Verkäufers von Aktien, insbesondere beim Verkauf aller Aktien einer Gesellschaft, Zürich 1975 (zit.: Baldi, S. ...)

Ballerstedt, Kurt: Das Unternehmen als Gegenstand eines Bereicherungsausgleichs, in: „Gesellschaftsrecht und Unternehmensrecht“, Festschrift für Wolfgang Schilling, Berlin / New York 1973, S. 289

Ballwieser, Wolfgang: Unternehmensbewertung mit Discounted Cash Flow-Verfahren, Wpg 1998, 81

Bamberger, Heinz-Georg / Roth, Hubert: Kommentar zum Bürgerlichen Gesetzbuch, Band 1, München 2003 (zit.: Bamberger/Roth-Bearbeiter, § ...)

Barnert, Thomas: Mängelhaftung beim Unternehmenskauf zwischen Sachgewährleistung und Verschulden bei Vertragsschluss im neuen Schuldrecht, WM 2003, 416

Baumbach, Adolf / Hopt, Klaus J.: Handelsgesetzbuch, 31. Auflage, München 2003 (zit.: Baumbach/Hopt-Bearbeiter, HGB, § ...)

Baumbach, Adolf / Hueck, Alfred: GmbH-Gesetz, 17. Auflage, München 2000 (zit.: Baumbach/ Hueck-Bearbeiter, GmbHG, § ...)

Baur, Jürgen F.: Die Gewährleistungshaftung des Unternehmensverkäufers, BB 1979, 381

Beck'sches Formularbuch bürgerliches, Handels- und Wirtschaftsrecht: Hrsg.: Hoffmann-Becking, Michael / Rawert, Peter, 8. Auflage, München 2003 (zit.: Bearbeiter, in: Beck'sches Formularbuch, ...)

Behringer, Stefan: Das Ertragswertverfahren zur Bewertung von kleineren Unternehmen, DStR 2001, 719

Beisel, Wilhelm / Klumpp, Hans-Hermann: Der Unternehmenskauf, 4. Auflage, München 2003 (zit.: Beisel/Klumpp-Bearbeiter, Kap. ...)

Berger, Christian: Der Beschaffenheitsbegriff des § 434 Abs. 1 BGB, JZ 2004, 276

Bergjan, Ralf: Die Auswirkungen der Schuldrechtsreform 2002 auf den Unternehmenskauf, Berlin 2003 (zit.: Bergjan, S. ...)

Bernuth, Wolf H. v.: Die Gewährleistungshaftung des Unternehmensverkäufers für Angaben in Geschäftsplänen (Business Plans), DB 1999, 1689

Bitter, Georg / Meidt, Britta: Nacherfüllungsrecht und Nacherfüllungspflicht des Verkäufers im neuen Schuldrecht, ZIP 2001, 2114

Boerner, Dietmar: Kaufrechtliche Sachmängelhaftung und Schuldrechtsreform, ZIP 2001, 2264

Born, Karl: Überleitung von der Discounted-Cash-flow-Methode (DCF-Methode) zur Ertragswertmethode bei der Unternehmensbewertung, DB 1996, 1885

Brors, Christiane: Zu den Konkurrenzen im neuen Kaufgewährleistungsrecht, WM 2002, 1780

Brox, Hans / Elsing, Siegfried: Die Mängelhaftung bei Kauf, Miete und Werkvertrag, JuS 1976, 1

Brox, Hans / Walker, Wolf-Dietrich: Allgemeines Schuldrecht, 30. Auflage, München 2004 (zit.: Brox/Walker, Schuldrecht AT, § ...)

Brox, Hans / Walker, Wolf-Dietrich: Besonderes Schuldrecht, 29. Auflage, München 2004 (zit.: Brox/Walker, Schuldrecht BT, § ...)

Buchwaldt, Ekkehard: Bilanz und Beteiligungserwerb, NJW 1994, 153

Busse v. Colbe, Walther / Pellens, Bernhard (Hrsg.): Lexikon des Rechnungswesens, 4. Auflage, München / Wien 1998

Caemmerer, Ernst v.: Falschlieferung, in: Festschrift für Martin Wolff, Tübingen 1952, S. 3

Canaris, Claus-Wilhelm: Handelsrecht, 23. Auflage, München 2000

Canaris, Claus-Wilhelm: Schuldrechtsmodernisierung 2002, München 2002

Canaris, Claus-Wilhelm: Leistungsstörungen beim Unternehmenskauf, ZGR 1982, 395

Canaris, Claus-Wilhelm: Schadensersatz wegen Pflichtverletzung, anfängliche Unmöglichkeit und Aufwendungsersatz im Entwurf des Schuldrechtsmodernisierungsgesetzes, DB 2001, 1815

Canaris, Claus-Wilhelm: Das allgemeine Leistungsstörungsrecht im Schuldrechtsmodernisierungsgesetz, ZRP 2001, 329

Canaris, Claus-Wilhelm: Die Reform des Rechts der Leistungsstörungen, JZ 2001, 499

Canaris, Claus-Wilhelm: Wandlungen des Schuldvertragsrechts – Tendenzen zu seiner „Materialisierung", AcP 200 (2000), 273

Canaris, Claus-Wilhelm: Die Neuregelung des Leistungsstörungs- und des Kaufrechts – Grundstrukturen und Problemschwerpunkte –, in: Karlsruher Forum 2002: Schuldrechtsmodernisierung, S. 5 (zit.: Canaris, Karlsruher Forum 2002, S. ...)

Dauner-Lieb, Barbara (Hrsg.): Unternehmenskauf und Schuldrechtsmodernisierung, München 2003

Dauner-Lieb, Barbara / Dötsch, Wolfgang: Schuldrechtsreform: Haftungsgefahren für Zwischenhändler nach neuem Recht?, DB 2001, 2535

Dauner-Lieb, Barbara / Heidel, Thomas / Lepa, Manfred / Ring, Gerhard (Hrsg.): Das neue Schuldrecht, Heidelberg 2002 (zit.: Dauner-Lieb/Heidel/Lepa/Ring-Bearbeiter, § ...)

Dauner-Lieb, Barbara / Konzen, Horst / Schmidt, Karsten (Hrsg.): Das neue Schuldrecht in der Praxis, Köln, Berlin, Bonn, München 2003

Dauner-Lieb, Barbara / Thiessen, Jan: Das neue Leistungsstörungsrecht – Leistungshemmend und störanfällig?, DStR 2002, 809

Dauner-Lieb, Barbara / Thiessen, Jan: Garantiebeschränkungen in Unternehmenskaufverträgen nach der Schuldrechtsreform, ZIP 2002, 108

Diedrichsen, Uwe: Das Zusammentreffen von Ansprüchen aus Verschulden beim Vertragsschluß und Sachmängelgewährleistung, BB 1965, 401

Drexler, Volker: Das Verhältnis von culpa in contrahendo zur Sachmängelgewährleistung, insbesondere unter Berücksichtigung der Rechtslage beim Unternehmenskauf, Köln 1998 (zit.: Drexler, S. ...)

Drukarczyk, Jochen: Unternehmensbewertung, 4. Auflage, München 2003 (zit.: Drukarczyk, S. ...)

Ebenroth, Carsten Thomas / Boujong, Karlheinz / Joost, Detlef: Handelsgesetzbuch, Band 2, München 2001 (zit.: Ebenroth/Boujong/Joost-Bearbeiter, HGB, § ...)

Eggenberger, Jens: Gesellschaftsrechtliche Voraussetzungen und Folgen einer due-diligence Prüfung, Frankfurt a. M. 2001 (zit.: Eggenberger, S. ...)

Ehmann, Horst / Sutschet, Holger: Modernisiertes Schuldrecht, München 2002 (zit.: Ehmann/Sutschet, § ...)

Eidenmüller, Horst: Die Verjährung beim Rechtskauf, NJW 2002, 1625

Eidenmüller, Horst: Rechtskauf und Unternehmenskauf, ZGS 2002, 290

Emmerich, Volker: Verschulden bei Vertragsverletzungen, positive Vertragsverletzung und Sachmängelhaftung beim Kauf, in: Festschrift für Günther Jahr, Tübingen 1993, S. 267

Emmerich, Volker / Habersack, Mathias: Aktien- und GmbH-Konzernrecht, 3. Auflage, München 2003 (zit.: Bearbeiter, in: Emmerich/Habersack, Aktien- u. GmbH-Konzernrecht, § ...)

Emmerich, Volker / Sonnenschein, Jürgen / Habersack, Mathias: Konzernrecht, 7. Auflage, München 2001 (zit.: Bearbeiter, in: Emmerich/Sonnenschein/Habersack, Konzernrecht, § ...)

Enneccerus, Ludwig / Lehmann, Heinrich: Recht der Schuldverhältnisse, 15. Auflage, Tübingen 1958 (zit.: Enneccerus/Lehmann, Schuldrecht, § ...)

Erman: Bürgerliches Gesetzbuch – Handkommentar, Hrsg.: Westermann, Harm Peter, Band I,
11. Auflage, Münster 2004 (zit.: Erman-Bearbeiter, § ...)
10. Auflage, Münster 2000 (zit.: Erman-Bearbeiter (10. Aufl.), § ...)

Ernst, Wolfgang / Zimmermann, Reinhard (Hrsg.): Zivilrechtswissenschaft und Schuldrechtsreform, Tübingen 2001 (zit.: Bearbeiter, in: Ernst/Zimmermann, S. ...)

Esser, Josef / Weyers, Hans-Leo: Schuldrecht, Band II (Besonderer Teil), Teilband 1 (Verträge), 8. Auflage, Heidelberg 1998 (Esser/Weyers, Schuldrecht II/1, § ...)

Fabricius, Fritz: Schlechtlieferung und Falschlieferung beim Kauf, JuS 1964, 1 und 46

Fabricius, Fritz: Anmerkung zu BGH VIII ZR 176/66 vom 16.4.1969, JZ 1970, 29

Faust, Florian: Garantie und Haftungsbeschränkung in § 444 BGB, ZGS 2002, 271

Fezer, Karl-Heinz: Klausurenkurs im Handelsrecht, 3. Auflage, Heidelberg 2003

Fikentscher, Wolfgang: Schuldrecht, 9. Auflage, Berlin / New York 1997

Fischer, Michael: Die Haftung des Unternehmensverkäufers nach neuem Schuldrecht, DStR 2004, 276

Fleischer, Holger: Konkurrenzprobleme um die culpa in contrahendo: Fahrlässige Irreführung versus arglistige Täuschung, AcP 200 (2000), 91
Fleischer, Holger / Körber, Torsten: Due diligence und Gewährleistung beim Unternehmenskauf, BB 2001, 841
Flume, Werner: Eigenschaftsirrtum und Kauf, Regensberg / Münster 1948 (unveränderte Neuauflage 1975) (zit.: Flume, Eigenschaftsirrtum, S. ...)
Flume, Werner: Allgemeiner Teil des Bürgerlichen Rechts, Zweiter Band, Das Rechtsgeschäft, 4. Auflage, Berlin / Heidelberg / New York 1992 (zit.: Flume, BGB AT II, § ...)
Flume, Werner: Gesetzesreform der Sachmängelhaftung beim Kauf?, AcP 193 (1993), 89
Frankfurter Handbuch zum neuen Schuldrecht: Hrsg.: Schimmel, Roland / Buhlmann, Dirk, Neuwied / Kriftel 2002 (zit.: Frankfurter HdB-Bearbeiter, ...)
Friesen, Juliane v.: Der Fehlbestand beim Unternehmenskauf, NJW 1979, 2288
Fritzen, Roland: Unternehmenskauf, Due Diligence und Garantien nach der Schuldrechtsreform, Bonn 2004 (zit.: Fritzen, S. ...)
Fuchs, Ernst: Wirtschaftliche Zielsetzung und rechtliche Gestaltung im Zivilrecht (III), LZ 1928, 1035
Fuchs, Ernst: Formale Rechtsfindung und wahres Recht, LZ 1928, 1577
Fuest, Thorsten: Mängelhaftung beim Unternehmenskauf, Hannover 1999 (zit.: Fuest, S. ...)

Gaier, Reinhard: Die Minderungsberechnung im Schuldrechtsmodernisierungsgesetz, ZRP 2001, 336
Gaier, Reinhard: Das Rücktritts(folgen)recht nach dem Schuldrechtsmodernisierungsgesetz, WM 2002, 1
Gaul, Björn: Schuldrechtsmodernisierung und Unternehmenskauf, ZHR 166 (2002), 35-71
Gierke, Klaus v. / Paschen, Uwe: Die Mängelgewährleistung beim Unternehmenskauf, GmbHR 2002, 457
Gieseler, Dieter: Die Struktur des Leistungsstörungsrechts beim Schadensersatz und Rücktritt, JR 2004, 133
Goltz, Hanno: Die Haftung des Verkäufers bei der Veräußerung eines Erwerbsgeschäfts, DB 1974, 1609
Grigoleit, Hans Christoph: Vorvertragliche Informationshaftung, München 1997 (zit.: Grigoleit, S. ...)
Grigoleit, Hans Christoph / Herresthal, Carsten: Grundlagen der Sachmängelhaftung im Kaufrecht, JZ 2003, 118
Grigoleit, Hans Christoph / Herresthal, Carsten: Die Beschaffenheitsvereinbarung und ihre Typisierungen in § 434 I BGB, JZ 2003, 233

Grigoleit, Hans Christoph / Riehm, Thomas: Grenzen der Gleichstellung von Zuwenig-Leistung und Sachmangel, ZGS 2002, 115

Grigoleit, Hans Christoph / Riehm, Thomas: Der mangelbedingte Betriebsausfallschaden im System des Leistungsstörungsrechts, JuS 2004, 745

Gronstedt, Sebastian / Jörgens, Stefan: Die Gewährleistungshaftung bei Unternehmensverkäufen nach dem neuen Schuldrecht, ZIP 2002, 52

Grossfeld, Bernhard: Unternehmensbewertung als Rechtsproblem, JZ 1981, 641

Gruber, Urs Peter: Die Nacherfüllung als zentraler Rechtsbehelf im neuen deutschen Kaufrecht – eine methodische und vergleichende Betrachtung zur Auslegung, in: Jahrbuch junger Zivilrechtswissenschaftler 2001, S. 187

Gruber, Urs Peter: Neues Kaufrecht – Umsatz und Ertragsangaben beim Unternehmenskauf, MDR 2002, 433

Grunewald, Barbara: Die Grenzziehung zwischen der Rechts- und Sachmängelhaftung beim Kauf, Bonn 1980 (zit.: Grunewald, Grenzziehung, S. ...)

Grunewald, Barbara: Unerwartete Verbindlichkeiten beim Unternehmenskauf, ZGR 1981, 622

Grunewald, Barbara: Vorschläge für eine Neuregelung der anfänglichen Unmöglichkeit und des anfänglichen Unvermögens, JZ 2001, 433

Grunewald, Barbara: Rechts- und Sachmängelhaftung beim Kauf von Unternehmensanteilen, NZG 2003, 372

Grunewald, Barbara: Die Loslösung vom nicht erwartungsgerechten Vertrag, in: Festschrift für Herbert Wiedemann zum 70. Geburtstag, München 2002, S. 75

Gsell, Beate: Der Schadensersatz statt der Leistung im neuen Schuldrecht, in: Jahrbuch junger Zivilrechtswissenschaftler 2001, S. 105

Haas, Lothar: Entwurf eines Schuldrechtsmodernisierungsgesetzes: Kauf- und Werkvertragsrecht, BB 2001, 1313

Haas, Lothar / Medicus, Dieter / Rolland, Walter / Schäfer, Carsten / Wendtland, Holger : Das neue Schuldrecht, München 2002 (zit.: Haas/Medicus/Rolland/Schäfer/Wendtland-Bearbeiter, Kap. ...)

Hachenburg: Gesetz betreffend die Gesellschaften mit beschränkter Haftung (GmbHG) – Großkommentar, 1. Band, Hrsg.: Ulmer, Peter, 8. Auflage, Berlin / New York 1992 (zit.: Hachenburg-Bearbeiter, GmbHG, § ...)

Hadding, Walther: Sicherungsrechte beim Unternehmenskauf, ZGR 1982, 476

Handkommentar Bürgerliches Gesetzbuch: Hrsg.: Dörner, Heinrich / Ebert, Ina / Eckert, Jörn / Hoeren, Thomas / Kemper, Rainer / Saenger, Ingo / Schulte-Nölke, Hans / Schulze, Reiner / Staudinger, Ansgar, 3. Auflage, Baden-Baden 2003 (zit.: HK BGB-Bearbeiter, § ...)

Harke, Jan Dirk: § 444 BGB und die Beschaffenheitsgarantie: Verwechslung von Tatbestand und Rechtsfolge, JR 2003, 400

Häublein, Martin: Der Beschaffenheitsbegriff und seine Bedeutung für das Verhältnis der Haftung aus culpa in contrahendo zum Kaufrecht, NJW 2003, 388

Heck, Philipp: Grundriß des Schuldrechts, Tübingen 1929 (zit.: Heck, Schuldrecht, § ...)

Heerstraßen, Frank / Reinhard, Thorsten: Die Verjährung von Rechtsmängelansprüchen nach der Schuldrechtsreform, BB 2002, 1429

Henssler, Martin / Westphalen, Friedrich Graf v. (Hrsg.): Praxis der Schuldrechtsreform, 2. Auflage, Recklinghausen 2003 (zit.: Henssler/v. Westphalen-Bearbeiter, § ...)

Herberger, Klaus: Rechtsnatur, Aufgabe und Funktion der Sachmängelhaftung nach dem Bürgerlichen Gesetzbuch, Berlin 1974 (zit.: Herberger, S. ...)

Hermanns, Marc: Garantien beim Unternehmens- und Anteilskaufvertrag – Gestaltungsmöglichkeiten und Formulierungsvorschläge, ZIP 2002, 696

Hiddemann, Hans-Joachim: Leistungsstörungen beim Unternehmenskauf aus der Sicht der Rechtsprechung, ZGR 1982, 435

Hilgard, Mark C. / Kraayvanger, Jan: Unternehmenskauf – Rechtsfolgen eines selbständigen Garantieversprechens nach der Reform, MDR 2002, 678

Hirsch, Christoph: Schadensersatz statt der Leistung, Jura 2003, 289

Hollenberg, Christian: Die unrichtige Bilanz beim Unternehmensverkauf, Bonn 1985 (zit.: Hollenberg, S. ...)

Hölters, Wolfgang (Hrsg.): Handbuch des Unternehmens- und Beteiligungskaufs, 5. Auflage, Köln 2002 (zit.: Hölters-Bearbeiter, Teil ...)

Holzapfel, Hans-Joachim / Pöllath, Reinhard: Unternehmenskauf in Recht und Praxis, 11. Auflage, Köln 2003 (zit.: Holzapfel/Pöllath, Rn. ...)

Hommelhoff, Peter: Die Sachmängelhaftung beim Unternehmenskauf, Köln / Berlin / Bonn / München 1975 (zit.: Hommelhoff, Sachmängelhaftung, S. ...)

Hommelhoff, Peter: Die Sachmängelhaftung beim Unternehmenskauf durch Anteilserwerb, ZHR 140 (1976), 271

Hommelhoff, Peter: Zur Abgrenzung von Unternehmenskauf und Anteilserwerb, ZGR 1982, 366

Hommelhoff, Peter: Der Unternehmenskauf als Gegenstand der Rechtsgestaltung, ZHR 150 (1986), 254

Hommelhoff, Peter: Anmerkung zu BGH VIII ZR 142/74 vom 12.11.1975, BB 1976, 155

Hommelhoff, Peter / Schwab, Martin: Leistungsstörungen beim Unternehmenskauf – systematische Folgerichtigkeit contra interessengerechte Ergebnisse, in: Umbruch und Wandel – Herausforderungen zur Jahrhundertwende, Festschrift für Prof. Dr. Carl Zimmerer, München 1997, S. 267

Honsell, Heinrich: Die EG-Richtlinie über den Verbrauchsgüterkauf und ihre Umsetzung ins BGB, JZ 2001, 278

Honsell, Heinrich / Mayer-Maly, Theo / Selb, Walter : Römisches Recht, 4. Auflage , Berlin / Heidelberg / New York 1987

Horn, Daniel / Bernau, Timo: Der praktische Fall: Ärger zuhauf beim Praxiskauf, Jura 2003, 702

Huber, Peter: Der Nacherfüllungsanspruch im neuen Kaufrecht, NJW 2002, 1004

Huber, Peter / Faust, Florian: Schuldrechtsmodernisierung, München 2002 (zit.: Huber/Faust-Bearbeiter, Rn. ...)

Huber, Ulrich: Die Schadensersatzhaftung des Verkäufers wegen Nichterfüllung der Nacherfüllungspflicht und die Haftungsbegrenzung des § 275 Abs. 2 BGB neuer Fassung, in: Festschrift für Peter Schlechtriem, Tübingen 2003, S. 521

Huber, Ulrich: Zur Haftung des Verkäufers wegen positiver Forderungsverletzung, AcP 177 (1977), 281

Huber, Ulrich: Die Praxis des Unternehmenskaufs im System des Kaufrechts, AcP 202 (2002), 179

Huber, Ulrich: Mängelhaftung beim Kauf von Gesellschaftsanteilen, ZGR 1972, 395

Hülsmann, Christoph: Gesellschafterabfindung und Unternehmensbewertung nach der Ertragswertmethode im Lichte der Rechtsprechung, ZIP 2001, 450

Immenga, Ulrich: Fehler oder zugesicherte Eigenschaft?, AcP 171 (1971), 1

Janssen, Bernhard: Die Bewertung von Anwaltskanzleien, NJW 2003, 3387

Jaques, Henning: Haftung des Verkäufers für arglistiges Verhalten beim Unternehmenskauf – Zugleich Stellungnahme zu § 444 BGB n. F., BB 2002, 417

Jauernig, Othmar (Hrsg.): Bürgerliches Gesetzbuch, 11. Auflage, München 2004 (zit.: Jauernig-Bearbeiter, § ...)

Jung, Willi: Praxis des Unternehmenskaufs, 2. Auflage, Stuttgart 1993

Kaiser, Dagmar: Die Rechtsfolgen des Rücktritts in der Schuldrechtsreform, JZ 2001, 1057

Kantenwein, Thomas: Die Sachmängelgewährleistung beim Unternehmenskauf, München 1988 (zit.: Kantenwein, S. ...)

Kanzleiter, Rainer: Anmerkung zu BGH V ZR 13/89 vom 30.3.1990, DNotZ 1991, 141

Kaser, Max / Knütel, Rolf: Römisches Privatrecht, 17. Auflage, München 2003

Keil, Barbara: Fehlerhafte Unternehmenskäufe, Berlin 1998 (zit.: Keil, S. ...)

Kiethe, Kurt: Der Schaden beim Unternehmenskauf, DStR 1995, 1756

Kindl, Johann: Unternehmenskauf und Schuldrechtsmodernisierung, WM 2003, 409

Knöpfle, Robert: Der Fehler beim Kauf, München 1989

Knöpfle, Robert: Anmerkung zu BGH V ZR 13/89 vom 30.3.1990, EWiR 1990, 873

Knöpfle, Robert: Zum Verhältnis zwischen Gewährleistungsansprüchen und Ansprüchen aus culpa in contrahendo oder positiver Vertragsverletzung, NJW 1990, 2497

Knöpfle, Robert: Zum Inhalt des Fehlers und der Zusicherung i. S. des § 459 I, II BGB, NJW 1987, 801

Knöpfle, Robert: Zur Problematik des subjektiven Fehlerbegriffs im Kaufrecht, JZ 1978, 121

Knöpfle, Robert: Der Begriff des Fehlers im Sinne des § 459 I BGB bei beweglichen Sachen und seine praktischen Auswirkungen, insbesondere bei Produkten mit schlechtem Testergebnis, AcP 180 (1980), 462

Knöpfler, Kathrin: Rechtliche Auswirkungen der Due Diligence bei Unternehmensakquisitionen, Frankfurt a. M. 2001 (zit.: Knöpfler, S. ...)

Knott, Hermann J.: Unternehmenskauf nach der Schuldrechtsreform, NZG 2002, 249

Knott, Hermann J. / Mielke, Werner / Weidlich, Thomas: Unternehmenskauf, Köln 2000 (zit.: Knott/Mielke/Weidlich, Unternehmenskauf, Rn. ...)

Kohl, Torsten / Schulte, Jörn: Ertragswertverfahren und DCF-Verfahren – Ein Überblick vor dem Hintergrund der Anforderungen des IDW S 1 –, Wpg 2000, 1147

Kohler, Jürgen: Bemerkungen zur vorgeschlagenen Überarbeitung des Rücktrittsrechts, WM 1993, 45

Kohler, Jürgen: Das Rücktrittsrecht in der Reform, JZ 2001, 325

Kohler, Jürgen: Rücktrittsrechtliche Bereicherungshaftung, JZ 2002, 682

Koller, Ingo: Die Risikozurechnung bei Vertragsstörungen in Austauschverträgen, München 1979 (zit.: Koller, S. ...)

Kompaktkommentar - Das neue Schuldrecht: Hrsg.: Kohte, Wolfhard / Micklitz, Hans-W. / Rott, Peter / Tonner, Klaus / Willingmann, Armin, Neuwied / München 2003 (zit.: KompaktKomBGB-Bearbeiter, § ...)

Körting, Erhart: Anmerkung zu BGH I ZR 93/67 vom 12.11.1969, NJW 1970, 1077

Kraus-Grünewald, Marion: Gibt es einen objektiven Unternehmenswert?, BB 1995, 1839

Krebs, Peter: Die große Schuldrechtsreform, DB 2000, Beilage 14

Krecek, Thomas: Die Gewährleistungshaftung beim Unternehmenskauf nach deutschem und englischem Recht, Köln 2001 (zit.: Krecek, S. ...)

Kroiß, Ludwig (Hrsg.): Klauselbuch Schuldrecht, Bonn 2003 (zit.: Kroiß-Bearbeiter, Klauselbuch Schuldrecht, § ...)

Küting, Karl Heinz / Weber, Claus-Peter (Hrsg.): Handbuch der Rechnungslegung, Band 2, 5. Auflage, Stuttgart, Loseblatt, Stand: März 2004

Landsberg, Gerd: Die Abgrenzung zwischen Sach- und Rechtsmängeln beim Kauf, Bonn 1981 (zit.: Landsberg, S. ...)

Lange, Oliver: Ungelöste Rechtsfragen der gesetzlichen Unternehmensmangelgewährleistung, ZGS 2003, 300

Larenz, Karl: Methodenlehre der Rechtswissenschaft, 6. Auflage, Berlin / Heidelberg / New York 1991 (zit.: Larenz, Methodenlehre, S. ...)

Larenz, Karl: Lehrbuch des Schuldrechts, Band I, 14. Auflage, München 1987 (zit.: Larenz, Schuldrecht I, § ...)

Larenz, Karl: Lehrbuch des Schuldrechts, Band II, Halbband 1, 13. Auflage, München 1986 (zit.: Larenz, Schuldrecht II/1, § ...)

Larenz, Karl / Wolf, Manfred: Allgemeiner Teil des Bürgerlichen Rechts, 9. Auflage, München 2004 (zit.: Larenz/Wolf, BGB AT, § ...)

Larisch, Tobias: Gewährleistungshaftung beim Unternehmens- und Beteiligungskauf, Köln 2004

Lehmann, Michael: Informationsverantwortung und Gewährleistung für Werbeangaben beim Verbrauchsgüterkauf, JZ 2000, 280

Leser, Hans G.: Der Rücktritt vom Vertrag, Tübingen 1975 (zit.: Leser, S. ...)

Lieb, Manfred: Gewährleistung beim Unternehmenskauf, in: Festschrift für Joachim Gernhuber, Tübingen 1993, S. 259

Lieb, Manfred: Vertragsaufhebung oder Geldersatz?, in: Festschrift der Rechtswissenschaftlichen Fakultät zur 600-Jahr-Feier der Universität zu Köln, Köln / Berlin / Bonn / München 1988, S. 251

Liebs, Rüdiger: Der Unternehmenskauf, 2. Auflage, Köln 2003

Loderer, Claudio / Jörg, Petra / Pichler, Karl / Roth, Lukas / Zgraggen, Pius: Handbuch der Bewertung, 2. Auflage, Zürich 2002 (zit.: Loderer/Jörg/Pichler/Roth/Zgraggen, S. ...)

Loges, Rainer: Der Einfluß der „Due Diligence“ auf die Rechtsstellung des Käufers eines Unternehmens, DB 1997, 965

Löhnig, Martin: Irrtumsrecht nach der Schuldrechtsmodernisierung, JA 2003, 516

Loos, Gerold: Mängelhaftung für schuldrechtliche Verpflichtungen des Gesellschaftsunternehmens bei Verkauf von Aktien oder GmbH-Anteilen, MDR 1962, 172

Loos, Gerold: Die Haftung für Rechts- und Sachmängel des Unternehmens beim Verkauf von Aktien oder GmbH-Anteilen, NJW 1962, 519

Looschelders, Dirk: Schuldrecht, Allgemeiner Teil, 2. Auflage, Köln / Berlin / Bonn / München 2004 (zit.: Looschelders, Schuldrecht AT, Rn. ...)

Lorenz, Stephan: Der Schutz vor dem unerwünschten Vertrag, München 1997 (zit.: Lorenz, S. ...)

Lorenz, Stephan: Vertragsaufhebung wegen culpa in contrahendo: Schutz der Entscheidungsfreiheit oder des Vermögens?, ZIP 1998, 1053
Lorenz, Stephan: Schadensersatz wegen Pflichtverletzung – ein Beispiel für die Überhastung der Kritik an der Schuldrechtsreform, JZ 2001, 742
Lorenz, Stephan: Rücktritt, Minderung und Schadensersatz wegen Sachmängeln im neuen Kaufrecht: Was hat der Verkäufer zu vertreten?, NJW 2002, 2497
Lorenz, Stephan / Riehm, Thomas: Lehrbuch zum neuen Schuldrecht, München 2003 (zit.: Lorenz/ Riehm, Rn. ...)
Lukas, Andreas: Unternehmensbewertung und intellektuelles Kapital, Berlin 2004 (zit.: Lukas, S. ...)
Lutter, Marcus / Hommelhoff, Peter (Hrsg.): GmbH-Gesetz, Kommentar, 16. Auflage, Köln 2004 (zit.: Bearbeiter, in: Lutter/Hommelhoff, GmbHG, § ...)

Mandl, Gerwald / Rabel, Klaus: Unternehmensbewertung, Wien 1997
Mankowski, Peter: § 324 BGB ist keine Lösung für die fahrlässige Täuschung, ZGS 2003, 91
Mattheus, Daniela: Schuldrechtsmodernisierung 2001/2002 – Die Neuordnung des allgemeinen Leistungsstörungsrechts, JuS 2002, 209
Mayer-Maly, Theo: Römisches Recht, 2. Auflage, Wien / New York 1999
Medicus, Dieter: Bürgerliches Recht, 20. Auflage, Köln / Berlin / Bonn / München 2004
Medicus, Dieter: Ansprüche auf das Erfüllungsinteresse aus Verschulden bei Vertragsverhandlungen?, in: Festschrift für Hermann Lange, Stuttgart / Berlin / Köln 1992, S. 539
Medicus, Dieter: Anmerkung zu BGH VIII ZR 222/87 vom 5.10.1988, EWiR 1989, 19
Medicus, Dieter: Grenzen der Haftung für culpa in contrahendo, JuS 1965, 209
Merkt, Hanno: Due Diligence und Gewährleistung beim Unternehmenskauf, BB 1995, 1041
Mertens, Bernd: Die Rechtsfolgen einer Haftung aus culpa in contrahendo beim zustande gekommenen Vertrag nach neuem Recht, ZGS 2004, 67
Messer, Herbert: Schadensersatzansprüche aus Verschulden bei Vertragsverhandlungen wegen der Verletzung für den Vertragsinhalt wesentlicher vorvertraglicher Pflichten, in: Festschrift für Ernst Steindorff, Berlin / New York 1990, S. 743
Michalski, Lutz (Hrsg.): Gesetz betreffend die Gesellschaften mit beschränkter Haftung (GmbH-Gesetz), Band I und II, München 2002 (zit.: Michalski-Bearbeiter, GmbHG, § ...)
Moosmayer, Oliver: Aufklärungspflichten beim Unternehmenskauf, Hamburg 2000 (zit.: Moosmayer, S. ...)

Mössle, Klaus: Leistungsstörungen beim Unternehmenskauf – neue Tendenzen, BB1983, 2146
Motsch, Richard: Neues Schuldrecht: Rücktritt vom Kauf, JR 2002, 221
Moxter, Adolf: Unternehmens- und Praxisübertragungen, BB 1995, 1518
Müller, Gerd: Haftung und Lossagungsrecht des Verkäufers von GmbH-Anteilen bei einseitiger oder gemeinsamer Fehleinschätzung der Unternehmenslage, Bonn 1980 (zit.: G. Müller, Lossagungsrecht, S. ...)
Müller, Gerd: Anmerkung zu BGH VIII ZR 64/79 vom 2.6.1980, BB 1980, 1393
Müller, Gerd: Kaufrechtliche Sachmängelhaftung oder culpa in contrahendo?, ZIP 1993, 1045
Müller, Gerd: Zur Haftung des Verkäufers von GmbH-Anteilen für falsche Auskünfte über den Wert des Unternehmens, ZIP 2000, 817
Müller, Gerd: Umsätze und Erträge – Eigenschaften der Kaufsache?, ZHR 147 (1983), 501-543
Müller, Klaus J.: Unternehmenskauf, Garantie und Schuldrechtsreform – ein Sturm im Wasserglas?, NJW 2002, 1026
Müller, Klaus J.: Einfluss der due diligence auf die Gewährleistungsrechte des Käufers beim Unternehmenskauf, NJW 2004, 2196
Müller, Welf: Die Unternehmensbewertung in der Rechtsprechung, in: Festschrift für Gerold Bezzenberger, Berlin / New York 2000, S. 705
Müller, Welf: Der Wert der Unternehmung, JuS 1973, 603, 745, JuS 1974, 147, 288, 424, 558, JuS 1975, 489
Münchener Kommentar zum Aktiengesetz: Band 8, Hrsg.: Kropff, Bruno / Semler, Johannes, 2. Auflage, München 2000 (zit.: MüKoAktG-Bearbeiter, § ...)
Münchener Kommentar zum Bürgerlichen Gesetzbuch:
4. Auflage, Hrsg.: Rebmann, Kurt / Säcker, Franz Jürgen / Rixecker, Roland: Band 1, München 2001; Band 2, München 2001; Band 2a, München 2003; Band 3, München 2004; Band 5, München 2004 (zit.: MüKo-Bearbeiter, § ...)
3. Auflage, Hrsg.: Rebmann, Kurt / Säcker, Franz Jürgen: Band 3, München 1995 (zit.: MüKo-Bearbeiter (3. Aufl.), § ...)
Münchener Kommentar zum Handelsgesetzbuch: Band 1, Hrsg.: Schmidt, Karsten, München 1996 (zit.: MüKoHGB-Bearbeiter, § ...)
Münchener Vertragshandbuch: Band 2: Wirtschaftsrecht I, Hrsg.: Schütze, Rolf A. / Weipert, Lutz, 5. Auflage, München 2004 (zit.: Bearbeiter, in: Münchener Vertragshandbuch, Band 2, ...)

Neumann-Duesberg, Horst: Gewährleistung für Unternehmensmängel bei Verkauf von Gesellschaftsanteilen, WM 1968, 494

Nirk, Rudolf: Culpa in contrahendo – eine richterliche Rechtsfortbildung – in der Rechtsprechung des Bundesgerichtshofes, in: Festschrift für Philipp Möhring, München / Berlin 1965, S. 385

Nirk, Rudolf: Culpa in contrahendo – eine geglückte richterliche Rechtsfortbildung – Quo vadis?, in: Festschrift für Philipp Möhring, München 1975, S. 71

Noll, Bernd: Gewährleistungsrechte wegen falscher Umsatzangaben beim Unternehmenskauf, WM 1985, 341

Oechsler, Jürgen: Schuldrecht, Besonderer Teil – Vertragsrecht, München 2003 (zit.: Oechsler, Schuldrecht BT, § ...)

Oertmann, Paul: Die Geschäftsgrundlage, Leipzig / Erlangen 1921 (zit.: Oertmann, S. ...)

Oetker, Hartmut / Maultzsch, Felix: Vertragliche Schuldverhältnisse, 2. Auflage, Berlin / Heidelberg / New York 2004

Paefgen, Walter G.: Haftung für mangelhafte Aufklärung aus culpa in contrahendo, Baden-Baden 1999 (zit.: Paefgen, S. ...)

Palandt: Bürgerliches Gesetzbuch, 64. Auflage, München 2005 (zit.: Palandt-Bearbeiter, § ...)

Pammler, Sebastian: Zum Ersatzlieferungsanspruch beim Stückkauf, NJW 2003, 1992

Peemöller, Volker H.: Grundsätze der Unternehmensbewertung – Anmerkung zum Standard IDW S 1, DStR 2001, 1401

Pelkmann: Gewährleistungsanspruch wegen Sachmangels bei einem Kaufe wertloser Aktien, LZ 1917, 1119

Pfeiffer, Thomas: Systemdenken im neuen Leistungsstörungs- und Gewährleistungsrecht, ZGS 2002, 23

Picot, Gerhard: Unternehmenskauf und Restrukturierung, 3. Auflage, München 2004 (zit.: Bearbeiter, in: Picot, Unternehmenskauf, Teil ...)

Picot, Gerhard (Hrsg.): Handbuch Mergers & Acquisitions, 2. Auflage, Stuttgart 2002 (zit.: Bearbeiter, in: Picot, HdB M&A, ...)

Picot, Gerhard / Russenschuck, Viola: Gibt es noch selbständige Garantien?, M&A-Review 2002, 64

Piltz, Detlev J.: Die Unternehmensbewertung in der Rechtsprechung, 3. Auflage, Düsseldorf 1994

Pinner, Albrecht: Anmerkung zu RG I 79/28 vom 10.10.1928, JW 1929, 641

Postert, Hermann: Die Rechtsmängelhaftung nach den §§ 434, 437 BGB beim Unternehmenskauf, Dissertation Essen 2001 (zit.: Postert, S. ...)

Prölss, Jürgen: Die Haftung des Verkäufers von Gesellschaftsanteilen für Unternehmensmängel, ZIP 1981, 337

Putzo, Hans: Anmerkung zu BGH I ZR 93/67 vom 12.11.1969, NJW 1970, 653

Quack, Karlheinz: Der Unternehmenskauf und seine Probleme, ZGR 1982, 350

Raape, Leo: Sachmängelhaftung und Irrtum beim Kauf, AcP 150 (1949), 481
Rallermeyer: Bericht zur Diskussion, ZGR 1982, 472
Recker, Wilfried: Schadensersatz statt der Leistung – oder: Mangelschaden und Mangelfolgeschaden, NJW 2002, 1247
Rehberg, Martin: Mängel beim Unternehmenskauf: Ein Share-Deal mit Tücken, ZGS 2002, 456
Rehbinder, Eckhard: 10 Jahre Rechtsprechung zum Durchgriff, in: Festschrift für Robert Fischer, Berlin / New York 1979, S. 579
Reichenbach, Sandy Bernd: Das Tatbestandsmerkmal der Pflichtverletzung im neuen Leistungsstörungsrecht, Jura 2003, 512
Reinicke, Dietrich / Tiedtke, Klaus: Kaufrecht, 7. Auflage, München 2004
RGRK: Das Bürgerliche Gesetzbuch mit besonderer Berücksichtigung der Rechtsprechung des Reichsgerichts und des Bundesgerichtshofes, Band II, 2. Teil, 12. Auflage, Berlin / New York 1978 (zit.: RGRK-Bearbeiter, § ...)
Rheinländer, Peter: Die Haftung des Zurücktretenden bei Kenntnis der Rücktrittsberechtigung, ZGS 2004, 178
Rödder, Thomas / Hötzel, Oliver / Mueller-Thuns, Thomas: Unternehmenskauf, Unternehmensverkauf, München 2003 (Bearbeiter, in: Rödder/Hötzel/Mueller-Thuns, Unternehmenskauf, § 10 ...)
Römermann, Volker / Schröder, Henning: Die Bewertung von Anwaltskanzleien, NJW 2003, 2709
Roschmann, Christian: Haftungsklauseln bei Unternehmenskaufverträgen, ZIP 1998, 1941
Roth, Alfons: Anmerkung zu RG II 489/27 vom 9.3.1928, JW 1928, 1392
Roth, Alfons: Wirtschaftliche Zielsetzung und rechtliche Gestaltung im Zivilrecht (I), LZ 1928, 1022
Roth, Alfons: Das wahre Recht, LZ 1928, 1281
Roth, Günter H. / Altmeppen, Holger: Gesetz betreffend die Gesellschaften mit beschränkter Haftung (GmbHG), 4. Auflage, München 2003 (zit.: Roth/Altmeppen-Bearbeiter, GmbHG, § ...)
Rotthege, Georg / Wassermann, Bernd (Hrsg.): Mandatspraxis Unternehmenskauf, Köln / Berlin / Bonn / München 2002 (zit.: Rotthege/Wassermann-Bearbeiter, Rn. ...)
Rowedder, Heinz / Schmidt-Leithoff, Christian: Gesetz betreffend die Gesellschaften mit beschränkter Haftung (GmbHG), 4. Auflage, München 2002 (zit.: Bearbeiter, in: Rowedder/ Schmidt-Leithoff, GmbHG, § ...)
Rupietta, Dirk: Die bereicherungsrechtliche Rückabwicklung unwirksamer Unternehmenskaufverträge, Lohmar / Köln 2001 (zit.: Rupietta, S. ...)

Schaumburg, Heide: Haftung des Verkäufers für fahrlässige Falschangaben bei Kaufabschluß?, MDR 1975, 105

Schellhammer, Kurt: Die Haftung des Verkäufers für Sach- und Rechtsmängel – Neue Struktur und neuer Mangelbegriff, MDR 2002, 241

Schellhammer, Kurt: Das neue Kaufrecht – Die Sachmängelrechte des Käufers, MDR 2002, 301

Schellhammer, Kurt: Das neue Kaufrecht – Rechtsmängelhaftung, Rechtskauf und Verbrauchsgüterkauf, MDR 2002, 485

Schlechtriem, Peter: Schuldrecht Besonderer Teil, 6. Auflage Tübingen 2003 (zit.: Schlechtriem, Schuldrecht BT, Rn. ...)

Schlosser, Hans: Anmerkung zu BGH I ZR 81/66 vom 16.10.1968, JZ 1969, 337

Schmidt, Karsten: Handelsrecht, 5. Auflage, München 1999

Schmidt, Rudolf: Die Falschlieferung beim Kauf, NJW 1962, 710

Schmidt-Räntsch, Jürgen: Das neue Schuldrecht, Köln / Berlin / Bonn / München 2002 (zit.: Schmidt-Räntsch, Rn. ...)

Scholz, Franz: Kommentar zum GmbH-Gesetz, I. Band, 9. Auflage, Köln 2002 (zit.: Scholz-Bearbeiter, GmbHG, § ...)

Schreiber, Klaus: Die Falschlieferung beim Gattungskauf, Jura 1986, 444

Schröcker, Stefan: Unternehmenskauf und Anteilskauf nach der Schuldrechtsreform, ZGR 2005, 63

Schröder, Jochen: Irrtumsanfechtung und Sachmängelhaftung beim Kunsthandel nach deutschem und Schweizer Recht, in: Internationales Privatrecht und Rechtsvergleichung im Ausgang des 20. Jahrhunderts – Bewahrung oder Wende?, Festschrift für Gerhard Kegel, Frankfurt a. M. 1977, S. 397

Schubel, Christina: Schuldrechtsmodernisierung 2001/2002 – Das neue Kaufrecht, JuS 2002, 313

Schubert, Werner: Unredliches Verhalten Dritter bei Vertragsabschluß, AcP 168 (1968), 470

Schulte-Nölke, Hans: Vertragsfreiheit und Informationszwang nach der Schuldrechtsreform, ZGS 2002, 72

Schulze, Reiner / Ebers, Martin: Streitfragen im neuen Schuldrecht, JuS 2004, 266, 366, 462

Schulze, Reiner / Schulte-Nölke, Hans (Hrsg.): Die Schuldrechtsreform vor dem Hintergrund des Gemeinschaftsrechts, Tübingen 2001, S. 43 (zit.: Bearbeiter, in: Schulze/Schulte-Nölke, S. ...)

Schumacher, Kurt: Die Gleichstellung der GmbH mit ihren Gesellschaftern, JW 1937, 2249

Schur, Wolfgang: Eigenschaftsirrtum und Neuregelung des Kaufrechts, AcP 204 (2004), 883

Schwab, Martin: Das neue Schuldrecht im Überblick, JuS 2002, 1

Schwab, Martin: Schuldrechtsmodernisierung 2001/2002 – Die Rückabwicklung von Verträgen nach §§ 346 ff. BGB n. F., JuS 2002, 630
Schwintowski, Hans-Peter: Das Unternehmen im Bereicherungsausgleich, JZ 1987, 588
Seibt, Christopher / Reiche, Felix: Unternehmens- und Beteiligungskauf nach der Schuldrechtsreform, DStR 2002, 1135 und 1181
Seibt, Christoph H. / Raschke, Thorsten / Reiche, Felix: Rechtsfragen der Haftungsbegrenzung bei Garantien (§ 444 n. F.) und M&A-Transaktionen, NZG 2002, 256
Semler, Johannes / Stengel, Arndt (Hrsg.): Umwandlungsgesetz, München 2003 (zit.: Semler/Stengel-Bearbeiter, UmwG, § ...)
Semler, Johannes / Volhard, Rüdiger (Hrsg.): Arbeitshandbuch für Unternehmensübernahmen, Band 2 – Das neue Übernahmerecht, München 2003 (zit.: Bearbeiter, in: Semler/Volhard, ÜN Hdb., § ...)
Sieben, Günter: Unternehmensbewertung: Discounted Cash Flow-Verfahren und Ertragswertverfahren – Zwei völlig unterschiedliche Ansätze?, in: Festschrift für Hans Havermann, Düsseldorf 1995, S. 713
Siepe, Günter / Dörschell, Andreas / Schulte, Jörn: Der neue IDW Standard: Grundsätze zur Durchführung von Unternehmensbewertungen (IDS S 1), Wpg 2000, 946
Soergel: Bürgerliches Gesetzbuch mit Einführungsgesetz und Nebengesetzen: Band 2, 13. Auflage, Stuttgart / Berlin / Köln 1999; Band 2, 12. Auflage, Stuttgart / Berlin / Köln 1990; Band 3, 12. Auflage, Stuttgart / Berlin / Köln 1991 (zit.: Soergel-Bearbeiter, § ...)
Sontag: Wirtschaftliche Zielsetzung und rechtliche Gestaltung im Zivilrecht (II), LZ 1928, 1030
Staub, Hermann (Begr.): Handelsgesetzbuch, Großkommentar: 1. Band, 4. Auflage, Berlin / New York 1995; 4. Band, 3. Auflage, Berlin 1970 (zit.: Staub-Bearbeiter, HGB, § ...)
Staudinger: Kommentar zum Bürgerlichen Gesetzbuch mit Einführungsgesetz und Nebengesetzen: §§ 21-103, 13. Bearbeitung, Berlin 1995; §§ 328-359, Neubearbeitung, Berlin 2004; §§ 433-534, 13. Bearbeitung, Berlin 1995; §§ 433-487, Leasing, Neubearbeitung, Berlin 2004; §§ 705-740, 13. Bearbeitung, Berlin 2003; §§ 812-822, Neubearbeitung, Berlin 1999; §§ 985-1011, Neubearbeitung, Berlin 1999 (zit.: Staudinger-Bearbeiter (Jahr), § ...)
Stengel, Arndt / Scholderer, Frank: Aufklärungspflichten beim Beteiligungs- und Unternehmenskauf, NJW 1994, 158
Stoll, Hans: Haftungsfolgen fehlerhafter Erklärungen beim Vertragsschluss, in: Festschrift für Stefan Riesenfeld, Heidelberg 1983, S. 275
Stoll, Hans: Anmerkung zu BGH VIII ZR 349/85 vom 10.12.1986, JZ 1987, 517

Stoll, Hans: Notizen zur Neuordnung des Rechts der Leistungsstörungen, JZ 2001, 589

Stoppel, Jan: Der Ersatz frustrierter Aufwendungen nach § 284 BGB, AcP 204 (2004), 81

Tiedtke, Klaus: Der Inhalt des Schadensersatzanspruchs aus Verschulden beim Vertragsabschluß wegen fehlender Aufklärung, JZ 1989, 569

Tiedtke, Klaus: Schaden bei entgangenem Vorsteuerabzug, DB 1989, 1321

Tiedtke, Klaus: Quantitätsmängel und Qualitätsmängel, DB 1993, 1071

Triebel, Volker / Hölzle, Gerrit: Schuldrechtsreform und Unternehmenskaufverträge, BB 2002, 521

Vertrags- und Formularhandbuch zum Handels-, Gesellschafts-, Bank- und Transportrecht: Hrsg. Hopt, Klaus J., 2. Auflage, Berlin 2000 (zit.: Bearbeiter, in: Vertrags- u. Formularhandbuch Handelsrecht, ...)

Völker, Gregor: Vorvertragliche Pflichten und Gefahrtragung beim Unternehmenskauf, München 2003 (zit.: Völker, S. ...)

Wagner, Franz: Informationspflichten des Verkäufers bei M+A-Transaktionen und Vertragsgestaltung unter Berücksichtigung von altem und neuem Schuldrecht, DStR 2002, 1400

Walter, Gerhard: Kaufrecht, Tübingen 1987

Wälzholz, Eckhard: Auswirkungen der Schuldrechtsreform auf Gesellschaften und Geschäftsanteilsabtretungen, DStR 2002, 500

Weiler, Frank: Culpa in contrahendo, Anfechtung und Kaufrecht – alte Konkurrenzfragen in neuem Licht, ZGS 2002, 249

Weitnauer, Wolfgang: Der Unternehmenskauf nach neuem Kaufrecht, NJW 2002, 2511

Wendlandt, Bettina: Die Folgen des Wegfalls von § 464 BGB a. F. und ihre Vermeidung, ZGS 2004, 178

Wertenbruch, Johannes: Die eingeschränkte Bindung des Käufers an Rücktritt und Minderung, JZ 2002, 862

Wessing, Kurt: Vertragsklauseln beim Unternehmenskauf, ZGR 1982, 455

Westermann, Harm Peter (Hrsg.): Das Schuldrecht 2002, Stuttgart / München / Hannover / Berlin / Weimar / Dresden / Boorberg 2002 (zit.: Westermann-Bearbeiter, Das Schuldrecht 2002, S. ...)

Westermann, Harm Peter: Neuere Entwicklungen der Verkäuferhaftung beim Kauf von Unternehmensbeteiligungen, ZGR 1982, 45

Westermann, Harm Peter: Das neue Kaufrecht, NJW 2002, 241

Westermann, Harm Peter: Das neue Kaufrecht einschließlich des Verbrauchsgüterkaufs, JZ 2001, 530

Westphalen, Friedrich Graf v.: Ein Stein des Anstoßes: § 444 BGB n. F., ZIP 2001, 2107
Westphalen, Friedrich Graf v.: Nach der Schuldrechtsreform: Neue Grenzen für Haftungsfreizeichnungs- und Haftungsbegrenzungsklauseln, BB 2002, 209
Westphalen, Friedrich Graf v.: „Garantien" bei Lieferung von Maschinen und Anlagen – Todesstoß für Haftungsbegrenzungen durch §§ 444, 635 BGB?, ZIP 2002, 545
Wiedemann, Herbert: Die Haftung des Verkäufers von Gesellschaftsanteilen für Mängel des Unternehmens, in: Festschrift für Hans Carl Nipperdey, Band 1, München / Berlin 1965, S. 815
Wiedemann, Herbert: Anmerkung zu BGH VII ZR 142/74 vom 12.11.1975, JZ 1977, 132
Wiedemann, Herbert: Anmerkung zu BGH V ZR 29/96 vom 26.9.1997, JZ 1998, 1176
Wiesner, Eberhard: Eine Revolution des Schuldrechts, NJW 2001, 121
Wilhelm, Jan: Rechtsform und Haftung bei der juristischen Person, Köln / Berlin / Bonn / München 1981 (zit.: Wilhelm, S. ...)
Wilhelm, Jan: Schuldrechtsreform 2001, JZ 2001, 861
Willemsen, Heinz Josef: Zum Verhältnis von Sachmängelhaftung und culpa in contrahendo beim Unternehmenskauf, AcP 182 (1982), 515
Wilmowsky, Peter v.: Pflichtverletzungen im Schuldverhältnis, JuS 2002, Beilage 1
Windel, Peter A.: Was nie sich fügt, was nie gelingt – Systematisierungsversuche zu § 311a BGB, JR 2004, 265
Wolf, Manfred / Kaiser, Jochen: Die Mängelhaftung beim Unternehmenskauf nach neuem Recht, DB 2002, 411
Wollny, Paul: Unternehmens- und Praxisübertragungen, 5. Auflage, Berlin 2001 (zit.: Wollny, Rn. ...)
Wunderlich, Nils-Christian: Die kaufrechtliche Haftung beim asset deal nach dem SchuldRModG, WM 2002, 981

Zerres, Thomas: Schuldrechtsreform – Haftungsausschlüsse und –beschränkungen beim Unternehmenskauf, MDR 2003, 368
Zimmer, Daniel: Der Anwendungsbereich des Sachmängelgewährleistungsrechts beim Unternehmenskauf – Plädoyer für eine Neubestimmung, NJW 1997, 2345
Zimmer, Daniel: Das neue Recht der Leistungsstörungen, NJW 2002, 1
Zimmer, Daniel / Eckhold, Thomas: Das neue Mängelgewährleistungsrecht beim Kauf, Jura 2002, 145

Zimmermann, Reinhard / Leenen, Detlef / Mansel, Heinz-Peter / Ernst, Wolfgang: Finis Litium? Zum Verjährungsrecht nach dem Regierungsentwurf eines Schuldrechtsmodernisierungsgesetzes, JZ 2001, 684
Zitzelsberger, Stephan: Ertragsüberschussrechnung vs. Discounted Cash Flow-Rechnung, Dissertation, Bamberg 2000 (zit.: Zitzelsberger, S. ...)

Kolibri 360 GmbH
Ferdinand-Jühlke-Straße 7
99095 Erfurt, Deutschland
produktsicherheit@kolibri360.de

Druck:
CPI Druckdienstleistungen GmbH
im Auftrag der
Kolibri 360 GmbH
Ferdinand-Jühlke-Str. 7
99095 Erfurt